메트로 이코노미

메가시티, 어떻게 성공할 것인가

메가시티,
어떻게
성공할
것인가

메트로
이코노미
Metro Economy

이양승 지음

메트로이코노미

메가시티, 어떻게 성공할 것인가

2023년 12월 15일 초판 1쇄 펴냄

지은이 | 이양승

펴낸이 | 길도형
편집 | 이현수
인쇄 | 삼영인쇄문화
펴낸곳 | 타임라인출판
등록 | 제406-2016-000076호
주소 | 경기도 고양시 일산서구 덕산로 250
전화 | 031-923-8668
팩스 | 031-923-8669
E-mail | jhanulso@hanmail.net

ⓒ 이양승, 2023

ISBN 979-11-92267-09-8 03300

서문

'메트로 이코노미'. 생소할 것이다. 쉽다. '메트로(metro)'라는 말은 메트로폴리탄(metropolitan)의 준말이다. '메트로'는 거대도시를 표현한다. '몰림과 쏠림'의 결과이다. 이 책은 주로 '몰림과 쏠림'에 따라 만들어지는 '경제성'을 분석한다. 몰리고 쏠리면 '집적 이익'이 발생한다. 그렇다면 '집적 이익'은 뭘까? '몰림과 쏠림'의 결과 얻어지는 이득이라고 보면 된다. 예를 들어, 지금 한국은 '메가 서울'이 큰 이슈이다. 모든 것이 서울로 몰리고 쏠린다. 서울과 시골을 떠올려보자. 당신은 어디에 살고 싶은가? 서울일 것이다. '전원일기'를 상상하며 시골에 살고 싶다고 말하는 이들도 있겠다. 실은 시골에 '살고 싶다'는 뜻이지 '살겠다'는 다짐이 아니다. 이유가 있다. 궁벽진 시골보다 '메트로' 서울에 살면 좋은 게 많아서다. 그 '좋은 것'들이 바로 '집적 이익'이라고 보면 된다.

몰림과 쏠림은 자연스럽다. 사람들이 많이 모일수록 생산도 많아지고 소비도 많아진다. 즉, 시장이 커진다. 더 큰 이윤을 만들어낼 기회가 열리고 그 '더 큰 이윤'을 위해 더 많이 노력할 유인이 발생한다. 그 노력은 혁신으로 이어진다. 사람들이 많아지면 똑똑한 사람들도 더 많이 섞이게 된다. 그들 중심으로 새로운 지식이 만들어지고 전파된다. 그 결과 생산성이 높아지고 임금수준도 올라간다. 따라서 사람들이 더욱 몰린다. 하버드대 글레이져 교수 표현대로 인류 최고의 발명품은 도시일 수도 있다. 인류가 도시를 만들어내지 않았다면 지식 생산과 전파가 훨씬 느렸을 것이다. 한국도 그 '몰림과 쏠림' 현상에서 예외일 수 없다. 분리하자. 몰림과 쏠림은 다르다. 몰림이 과도해지면 쏠림이 된다. 몰림은 자연스럽지만 쏠림은 위험하다. 비극적이지만 이태원 참사도 실은 쏠림 때문이었다. 시간여행을 해보자. 과거 한국과 러시아 수교 소식이 전해지자 전국 대학들의 노어노문학과로 입학지원자들이 몰렸던 적이 있다. 한국에는 쏠림의 DNA가 있다. 쏠림은 거대한 소용돌이를 일으키며 경제적 효과를 내기도 한다.

그 쏠림의 소용돌이가 휩쓸고 간 곳이 지방이라고 보면 된다. 지방소멸은 그 흔적이다. 지금 한국에 '균형발전'이란 말이 유행처럼 번지고 있다. 이 책은 쏠림의 소용돌이가 남긴 잔해의 모습을 써보고자 한다. 아울러 '균형발전'을 위해 가장 현실적인 대안을 제시하고자 한다. '균형발전'이란 말은 '불균형발전'을 전제로 성립한다. 용어부터 정확히 할 필요가 있다. '불균형발전'이 아니라 '공간 양극화'가 맞다. 한국에서 '소득 양극화' 개념은 매우 친숙하다. 좌파진영은 요란하게 '소득 양극화'를 떠들지만 '공간 양극화'에 대해선 놀라우리만치 무관심하다. 핵심만 지적하자면 지금 서울 쏠림의 소용돌이는 좌파가 만들어냈다. 하나 더 지적하자면 그 소용돌이는 이제 돌이킬 수 없다. 지방 발전을 외치는 이들은 많다. 하지만 그렇게 외치는 그들은 대개 전략 마인드가 없다. 그래서 백일몽에 가깝다. 낯뜨겁지만 그들의 일관된 주장은 중앙정부에 선심을 요구하자는 것이다. 돈 달라는 소리다. 그 맥락에서 문재인 정부 때 '지방분권' 얘기가 나왔던 것이다. 지방에 막강한 권한을 부여하겠다는 것인데 매우 위험스럽다. 지금 대한민국은 지방자치 선거만 있고 지방자치는 없다. 중앙과

'줄'로 연결된 아바타들이 중앙을 대신해 지방을 대리 통치하는 식이다. '지방분권'은 그 아바타들의 권력이 더 강해진다는 뜻이다.

　방법은 없다. 딱 하나 있다면 지방 스스로 바뀌는 것이다. 특히 지방의 정치문화가 바뀌어야 한다. 일당 지배체제는 사라져야 한다. 그건 정치가 아니라 피라미드식 통치이다. 지역 내 아바타들은 실제 지역발전을 바라지 않는다. 역설적이게도 그 지역이 정체될 때 그들의 정치적 이득이 극대화되기 때문이다. 지방은 스스로 망한다. 시스템이 없기 때문이다. 이 책은 균형발전을 위한 지침서가 되기엔 부족한 점이 많다. 아니 솔직히 말해 한국 균형발전을 위해 지침서는 존재하지 않는다. 이 책의 제목을 '균형발전의 연금술'이라고 하려 했던 이유이다. 지방 소멸을 막기 위해 필요한 건 새로운 통찰이다.

　이렇게 말하고 보니 한국의 지방자치제도가 '금덩이'를 '돌멩이'로 만들고 있는 게 아닌가 싶다. 연금술은 돌을 금으로 만들려고 했던 시도이다. 한국은 금을 돌로 만드는 중이다. 돌을 금으로 만들건 금을 돌로 만들건 중요한 건 화학반응일 것이다. 이러한 문제제기를 통해 한국인들의 의식에 작은 화학반응이 나타났으면 좋겠다. 한국 경제의 잠재적 성장은 지방으로부터 나온다. 서울과 수도권 그리고 지방을 포함한 한국 경제는 '메트로 이코노미'로 수렴하는 중이다. '메트로 이코노미'는 필자가 만들어낸 경제 신개념이다. '몰림과 쏠림'을 통한 '동적(dynamic) 자동조정'을 강조한다. '몰림과 쏠림'을 인정하자는 것이다. 규제만이 능사가 아니다. 지방을 파편화시킨 그 소용돌이는 이제 돌이킬 수 없다. 차라리 그 소용돌이가 일으키는 에너지를 역으로 이용할 때다. '메트로 이코노미' 시대에 맞춰 새로운 정책과 전략이 필요하다.

목차

서론

이 책의 제목은 '메트로 이코노미'이다. '메트로 이코노미'는 경제 신개념이다. 필자가 만들어냈다. '메트로(metro)'라는 말은 메트로폴리탄(metropolitan)의 준말이다. 예를 들면 '서울 메트로'는 서울 지하철 공사의 이름이다. '메트로'는 거대도시를 표현한다. 거대도시 '메트로'는 '몰림과 쏠림'의 결과이다. 원래 경제는 크게 '마이크로 이코노미(미시경제)'와 '매크로 이코노미(거시경제)'로 나뉜다. 이 책은 '메트로 이코노미'이다. 주로 '몰림과 쏠림'을 분석하기 때문이다. 왜 몰리고 쏠릴까? '집적 이익'이 발생하기 때문이다. '집적 이익'은 뭘까? '몰림과 쏠림'의 결과 얻어지는 이익이라고 보면 된다. 다시 얘기해보자. 한국에는 모든 것이 서울로 몰리고 쏠린다. 서울과 궁벽진 시골을 떠올려보자. 당신은 어디에 살고 싶은가? 서울일 것이다. '전원일기'를 상상하며 지방에 살고 싶다고 말하는 이들도 있다. 실은 그렇게 말하는 이들조차 지방에 '살고 싶다'이지 '살겠다'가 아니다. 이유가 있다. 궁벽진 시골보다 '메트로' 서울에 살면 유리한 것들이 많아서다. 그 유리한 것들이 바로 '집적 이익'의 결과라고 보면 된다.

애덤 스미스와 데이비드 리카도는 '보이지 않는 손'과 '비교우위'를 강조했을 뿐 '공간' 또는 '입지'를 고려하지 않았다. 같은 나라 안에서도 지역별로 '보이지 않는 손'과 '비교우위'가 다르게 작용할 수 있음을 간과했던 것이다. 당시는 지금처럼 몰림과 쏠림 현상이 심하지 않았기 때문이다.

인적자원들은 한곳으로 몰리고 쏠리는 경향이 있다. 이익을 좇기 때문이다. 인적자원이 한곳으로 쏠리면 자본투자도 당연히 쏠릴 수밖에 없다. 자본투자는 사람들을 따라가기 때문이다. 그 점을 파악해 폴 크루그먼은 새로운 무역이론을 제시했고 그 공로를 인정받아 노벨경제학상을 수상했다. 공간은 한정되어 있고 지역별로 지리적 특징이 다르다. 그리고 누구나 좋은 환경에서 살고 싶어 한다. 날씨가 좋거나 경치가 아름다운 곳으로 사람들은 몰린다. 미국에서는 캘리포니아에 사람들이 많이 몰려 있고 캐나다에서는 상대적으로 따뜻한 남쪽 국경에 인구 80%가 몰려 있다. 한국도 과거에는 서부 평야 지대에 사람들이 많이 몰려 살았다. 주로 농업에 종사했기 때문이다.

몰림과 쏠림은 자연스럽다. 언급한 대로 몰림과 쏠림을 통해 집적 이익이 발생한다. 사람들이 많이 모일수록 생산도 많아지고 소비도 많아진다. 즉 시장이 커진다. 더 큰 이윤을 만들어낼 기회가 열리고 그 '더 큰 이윤'을 위해 더 많이 노력할 유인이 발생한다. 그 노력은 혁신으로 이어진다. 사람들이 많아지면 똑똑한 사람들도 더 많이 섞이게 된다. 그들 중심으로 새로운 지식이 만들어지고 전파된다. 그 결과 생산성이 높아지고 임금 수준도 올라간다. 따라서 사람들이 더욱 몰린다. 글레이저 교수 표현대로 인류 최고의 발명품은 도시일 수도 있다. 인류가 도시를 만들어내지 않았다면 지식 생산과 전파가 훨씬 느렸을 것이다. 한국도 그 '몰림과 쏠림' 현상에서 예외일 수 없다. 분리하자. 몰림과 쏠림은 다르다. 몰림이 과도해지면 쏠림이 된다. 몰림은 자연스럽지만 쏠림은 위험하다. 지금 한국은 그 쏠림이 소용돌이를 일으키는 중이다.

균형발전 메커니즘

한국에 '균형발전'이란 말이 유행처럼 번지고 있다. 이 책은 수도권 쏠림과 그 소용돌이를 분석하고자 한다. 그리고 '균형발전'을 위한 대안도 제시하고자 한다. '균형발전'이란 말은 '불균형발전'을 전제한다. 용어부터 정확히 할 필요가 있다. '불균형발전'이 아니라 '공간 양극화'가 맞다. 한국에서 '소득 양극화' 개념은 매우 친숙하다. 평등주의자들에 의해 문제 제기가 많기 때문이다. 하지만 '공간 양극화'에 대해선 놀라우리만치 무관심하다. 꼭 알아야 할 것이 있다. '소득 양극화'보다 심각한 것이 바로 '공간 양극화'이다. '공간 양극화'는 반드시 '소득 양극화'를 의미한다. 하지만 '소득 양극화'가 반드시 '공간 양극화'를 의미하지 않는다. 따라서 '공간 양극화'가 '소득 양극화'보다 더 큰 비극을 초래할 수 있다. '소득 양극화'는 정책을 설계하고 제도를 잘 보완하면 차후에라도 문제가 호전될 가능성이 있다. 하지만 '공간 양극화'는 어림없다. 이미 한곳에 쏠려 있는 사회간접자본과 공적 인프라를 뜯어 옮기려면 엄청난 비용이 들기 때문이다. 제도를 보완한다고 해도 '공간 양극화'를 되돌릴 수 없다. 한국의 정책연구자들이 '소득 양극화'보다 '공간 양극화'에 초점을 맞추어야 하는 이유다.

'균형발전'이란 말 자체에 혐오감을 품는 사람들도 많다. 주로 서울 사람들이다. 그럴 필요 없다. 공간 양극화가 해소되면 서울은 더 좋아진다. 미국 뉴욕은 옛날보다 더 번창하고 있다. '블랙홀'처럼 인구와 자원들을 빨아들인 결과가 아니라 사람들에게 '즐거움'을 준 결과이다. 사람들은 돈을 쓰러 뉴욕에 몰리고 있다. 공간 양극화가 시정되지 않으면 서울은 뉴욕보다 멕시코 시티에 가까워질 것이다. 하지만 분명히 할 것이 있다. 지금 회자 되는 '균형발전' 전략들은 모조리 허구다. 뒤늦게라도 공간 양극화를 해소하기 위한 시도라고 볼 수 있는데 너무 정략적이기 때문이다. 특히 현실성이 없다. 대개는 서울의 것을 지방과 나누자는 식이다. 그건 전략이 아니다. '상호작용'에 대한 헤아림이 빠져 있어서다. 무턱대고 서울의 것을 나누자고 하면 서울은 손 놓고 있을 수 없다. 뺏기지 않기 위해 오히려 태세를 더욱 단단히 할 것이다. 그럴수록 지방은 나눠 갖기 위해 더욱 열을 올릴 것이다. 빼앗기 위해 그리고 빼앗기지 않기 위해 마구잡이식 싸움이 일어난다. 정책은 조정하는 것이지 싸움을 붙이는 것이 아니다. 먼저 원인을 분명히 짚자. 지금의 공간 양극화는 '몰아주기'에서 비롯됐다. 문제가 '몰아주기'에서 시작됐으니 '나눠 먹기'를 통해 문제가 시정될 수 있다고 생각하기 쉽다. 엉터리다. '몰아주기'도 안 되지만 자본주의 사회에서는 '나눠 먹기'도 대안이 될 수 없다. 그와 같은 엉터리 정책들을 남발하는 이유는 두 가지 중에 하나다. 바보이거나 또는 '공간 양극화' 해소를 위해 진정성이 없는 경우다. 후자일 것이다. 정책연구자들 또는 설계자들은 고학력자들이기에 바보일 리 없다. 다만 진정성이 없을 뿐이다. 그들 대부분은 서울권에 살고 있기 때문이다.

　서울권에 살면서 균형발전을 외친다면 그 건 위선에 가깝다. 지방을 생각해주는 오지랖은 좋지만 그들은 지방을 정확히 알지 못한다. 더 중요한 것은 서울권에 사는 그들이 지방에 유리한 정책을 만들 수도 없다. 기본적으로 인간은 사익을 추구한다. 그 지역 발전을 위해선 그 지역 사람들이 목소리를 내는 것이 맞다. 게임이론 시각에서 보면 그 지역에 필요한 것은 그 지역 사람들이 가장 잘 알고 있다. 따라서 그 지역을 위한다면 그 지역 사람들에게 필요한 것을 스스로 추구하도록 정책을 만들어 제안할 필요가 있다. 수도권 사람들 오지랖이나 도덕심에 호소해 지역 발전을 꾀할 것이 아니고 해당 지역들이 필요한 것을 스스로 얻도록 해야 한다는 것이다. 게임이론에는 '메커니즘 설계'라는 개념이 있다. 별 게 아니다. 판을 깔아주면 경제주체들 스스로 유리한 전략들을 알아서 선택한다. 그러한 원리를 통해 발생한 균형이 가장 안정적이다. 원래는 이 책 제목을 '균형발전 연금술' 또는 '균형발전의 마술'이라고 하려 했다. 굳이 표현하자면 '마술'보다는 '연금술'이 맞을 것 같다. 마술과 연금술은 다르다. 마술은 현실이 아니다. 눈속임이다. 연금술은 목표는 황당했지만 눈속임이 아니다. 현실이다. 생각해보라. 금을 캐러 다니다가 요행 금을 발견하면 그야말로 횡재한 것이다. 금을 찾으러 다니는 것보다 금을 만들 수 있다면 얼마나 좋을까? 연금술의 시작이다. 이 책은 한국이 직면한 공간 양극화 문제를 해소하기 위해 대안을 제시하고자 한다. 한국에서 금은 지방에 존재한다. 지금 한국은 서울권 쏠림과 그 소용돌이로 인해 지방이 초토화되고 있다.

지방에 대한 시각이 바뀌어야 한다. 지방은 유배지가 아니다. 어엿한 시장이다. 그래서 지방소멸은 시장소멸이다. 시장소멸은 한국경제 소멸을 의미한다. 지방 발전을 논하는데 왜 연금술을 갖다 붙였을까? 금을 만들자는 뜻이다. 한국 경제의 잠재력은 주로 지방에 남아 있다. 그래서 지방발전이 바로 한국발전이다. 솔직히 말한다. 지금 같은 환경에서 지방 발전은 요원하다. 방법이 없어서가 아니라 장기적 안목이 없어서다. 눈앞에 이득을 놓고 사생결단식 '제로섬' 게임이 벌어지는 판에 장기적 안목은 사치다. 당장 눈앞의 이득을 포기할 사람이 없기 때문이다. '제로섬'이란 말은 게임이론에서 나왔다. 게임 방식이 '일회적'이고 경제주체들의 이득을 모두 합치면 '0'이 된다. 정책은 '제로섬'이 아니다. 장기적 안목을 통해 미래가치를 크게 만드는 것이다. 한국에는 지금 가장 중요한 그것 즉, 장기적인 안목이 없다. 장기적인 안목은 도덕심이 아니라 전략적 사고로부터 나온다. 더 큰 미래가치를 위해 그리고 잠재 성장 동력을 끌어내기 위해서라도 공간 양극화 문제 해소가 꼭 필요하다.

요즘 '균형발전'이 화두로 떠오르는 가운데 지방소멸 위기가 '불균형'에서 왔다고 이해하기 쉽다. 오해다. 지방소멸 위기는 '균형'으로부터 왔다. 그래서 문제가 더 심각한 것이다. 사람들이 지방을 떠나 서울로 몰려가는 것은 이유가 있다. 얻어지는 것이 있어서다. 뭔가를 얻기 위해 서울로 떠나는 그들을 비합리적이라고 말할 수 없다. 그들은 더 얻기 위해 '합리적'인 선택을 했을 뿐이다. 지금도 하루에 수백 명씩 지방을 떠나고 있다. 그게 최선의 전략이기 때문이다. 다만 그렇게 '합리적'인 선택들이 모여진 결과 지방은 소멸 위기를 맞게 됐고 한국경제의 성장 잠재력도 발휘되지 못하는 중이다. 게임이론에서는 모두가 자기 나름대로 '합리적'인 선택을 위해 노력하지만 '비합리적'인 결과가 나타날 수 있다고 설명한다. 눈앞의 이익을 놓고 불필요한 경쟁이 가열될 때다. 지방을 떠나는 이들이 장기적인 안목에서 한국의 미래를 걱정할 의무가 없다. 그 의무는 누구에게 있을까? 정책 설계자들에게 있다. 하지만 한국 사회에서 정책 설계자들은 하달된 일을 안 하면 문책 대상이 되지만, 한국의 미래를 걱정하지 않았다고 해서 문책의 대상이 되지는 않는다. 그리고 정책 설계자들도 눈앞의 이익을 좇는 데 분주할 것이다.

　중세에 돌멩이를 금덩이로 만들겠다는 사람들이 있었다. 연금술사들이다. 그들은 진지하게 그리고 끊임없이 노력했다. 돌멩이를 금덩이로 만들 순 없었다. 그건 불가능하다. 하지만 그 과정에서 금덩이보다 더 중요한 것이 만들어졌다. '화학'이란 학문이다. 그들의 무모한 노력을 놓고 비웃는 이들도 많았다. 하지만 화학까지 비웃을 수는 없을 것이다. 이 책 제목을 원래 '균형발전 연금술'이라고 하려 했던 이유이다. 지방을 관찰하면서 깨달은 것이 하나 있다.

지방은 스스로 망한다

지방은 스스로 망한다. 스스로 바뀌지 않기 때문이다. 더 심각한 것은 지방 사람들 스스로 지방 발전을 간절히 바라지 않는다. 그들은 실제 지방소멸에 관심조차 없어 보인다.

지방 발전을 모색한다면 전략과 대안들을 찾을 것이다. 하지만 대부분 '역선택' 중이다. 거꾸로 하고 있는 것이다. 망하는 공식이다. 뭔가가 부족해서 망한다고 생각하기 쉬운데 그렇지 않다. 자원의 양 때문에 망하는 것이 아니라 자원배분 시스템이 불량해 망하는 것이다. 노벨경제학상 수상자 다렌 아세모글로 교수가 강조하는 사실이다. 자원배분 시스템이 불량해지면 좋은 자원이 유입될 수 없다. 물론 자원의 양도 중요하다. 하지만 자원의 질도 매우 중요하다. 품질에 따라 가격이 다르게 정해지는 것이 가격 시스템이다. 그 시스템이 불량해지면 역선택이 일어나게 된다. '고품질' 상품과 '저품질' 상품이 구분되지 않기 때문이다. 역설적이게도 그 상황에서 수혜자는 '저품질' 상품 보유자이다. 피해자는 '고품질' 상품 보유자이다. '고품질' 상품은 빠르게 그 시장을 빠져나간다. '고품질' 상품이 빠져나간다는 소문이 번지면 그 시장의 평판은 추락한다. 고객들은 수요를 더 꺼리게 된다. 수요가 부족해지면 그나마 품질이 나은 편이던 상품들이 시장을 빠져나간다. 그 과정이 반복되면 결국 그 시장에는 '저품질 상품들만 남아 있게 된다. 시장에서 낮은 품질의 상품들만 거래된다는 사실이 역설적이다. 그래서 역선택이다. 그렇게 역선택이 나타나게 되면 그 시장은 기능을 하지 못한다. 그러한 시장에서는 '고품질' 상품을 보유하고 있어도 제대로 된 대우를 받지 못한다. 지금 지방이 처한 모습이다. 불량 시스템이 완전히 시장을 망가뜨린 것이다.

그 불량 시스템은 부패 시스템으로 이어진다. 부패 시스템은 '끼리끼리' 부패 고리를 만들어 자원을 배분하게끔 한다. '부패'와 '부패 시스템'은 어떻게 다를까? 쉽다. 부패는 도덕성 또는 윤리의식이 부족한 사람이 저지른다. 부패 시스템은 정상적인 사람들도 같이 저지르게 된다. 홀로 청렴하면 그에게 불이익 또는 해코지가 돌아가기 때문에 부패에 가담하지 않을 수 없다. 따라서 모두가 같이 부패를 저지르고 모두가 같이 나눠먹고 모두가 같이 은폐한다. 그것이 '부패 시스템'이다. 한 개인의 부패 또는 부당거래는 자원배분 시스템에 영향을 미치지 않는다. 반면 부패 시스템은 시장 기능을 완전히 무력화시킨다. 시장 기능이 정상적이라면 가장 노력한 사람에게 가장 많은 자원이 배분되어야 맞다. 한국의 시스템은 어떨까? 이 책의 목적은 지방 발전을 모색해보기 위해서다. 한국 전체를 말하기 전에 지방의 시스템은 서울과 비교해서 어떨까? 경쟁력이 있을까? 흔히 시장경쟁력이라고 하면 어떤 상품이 그 시장에서 얼마나 잘 팔릴 수 있느냐를 말한다고 생각하기 쉽다. 게임이론 시각에서 보면 시장 자체가 보유한 경쟁력도 있다. 어느 한 시장은 품질을 선별해내는 기능이 잘 발휘되고 다른 한 시장은 그렇지 못하다고 해보자. 그럼 전자의 시장이 더 경쟁력이 있다고 말할 수 있다. 지방 시장이 갖는 경쟁력은 어떨까? 꼭 묻고 싶은 질문이다. 그 경쟁력은 시스템에서 나온다.

지역에 따라 편차가 있겠지만 지방이 서울보다 '반-시장'적이다. 그 '반-시장' 시스템은 중앙 엘리트들이 깔아놓았다. 그 반시장 시스템을 관리하는 이들이 바로 지방 엘리트들이다. 지방 엘리트들은 중앙 엘리트들의 아바타이다. 그들은 서로 '전략적 보완' 관계이다. 이해관계가 겹쳐 같은 목표를 지향한다는 뜻이다. 이해관계가 다르면 '전략적 대체' 관계라고 한다. 여당과 야당이 그런 관계이다. 중앙과 지방이 이해관계가 겹칠 수 없다. 오히려 상충한다고 봐야 타당하다. 한국은 거꾸로다. 서울 중앙당에서 지방선거 후보자 공천을 결정하는 것이 바로 그 증거다. 그들은 항상 입으로 '지방 발전'을 외친다. 하지만 행동은 정반대로 한다. 지방에 더 큰 권한을 부여하면 지방이 발전할 것이라고 기대하는 경향이 있다. 허구다. 한국의 지방자치 역사가 오래될수록 지방이 발전하기는커녕 도리어 망가지고 있는 것이 그 증거다.

'메트로' 권력과 내부자들

정당 공천제를 폐지하지 않는 한 '지방분권'은 사기극에 불과하다. 정당 공천제는 지방의 '내부자들'만을 양성할 뿐이다. 지방이 망하는 것은 서울 '메트로' 엘리트들 때문이 아니라 지방 엘리트들 때문이다.

지방 엘리트들은 특징이 있다. 지방 통치 권력을 부여받기 위해 서울 엘리트들에게 경쟁적으로 굴종한다. 그래서 지방 '내부자'로 행세한다. 그리고 그들은 서울 엘리트들보다 서울을 더 좋아한다. 그들에게 서울은 권력과 욕망이다. 제 가족들은 '서울 특별시민'으로 살게 하고 자신들만 지방에 살며 '렌트'를 최대한 챙겨 서울로 올려보낸다. 중남미 부자들이 제 가족들은 '미국 시민'으로 살게 하고 자신들은 중남미에서 돈만 벌어가는 행태와 비슷하다. 꽃 중에 해바라기가 있다. 해만 바라본다고 해서 해바라기다. 지방 엘리트들은 '서울바라기'다. 그들이 '서울바라기'가 되는 것은 일종의 본능이다. 알고 보면 서울 엘리트들은 생각보다 지방에 우호적이다. 그들은 최소한 지방에 대해 '전원일기 판타지'라도 갖고 있다. MBC에서 방영한 '전원일기'는 한국 최장수 TV 드라마이다. '전원일기'에서 자원은 인정과 선심을 통해 배분된다. 시장원리가 아니다. 지금도 서울 방송사들은 '향수'를 자극할 요량으로 TV 프로그램들을 끊임없이 개발하고 있다. 상술이다. 그러한 TV 프로그램들이 시청률을 올리는 데 도움이 될 수는 있겠지만, 지방 발전을 오히려 더디게 하는 측면이 있다.

시청률은 돈이다. 방송사는 '정겨운 고향' 마케팅을 벌여 돈을 벌면 되지만 그 대가로 지방에는 낙인이 남는다. 변화가 없고 도전이 없으며 시장 시스템이 없어 발전할 수 없는 곳이라는 낙인이다. TV 시청을 즐기는 한국인들은 매우 이중적이다. 농촌이 무조건 좋은 양 찬양을 해대면서 막상 농촌에 내려가 살라고 하면 펄쩍 뛴다. 내려가 살기도 싫은 곳에 돈을 들여 투자하라고 하면 어떨까? 그래서 투자가 없는 것이다. '전원일기'는 없다. 그건 서울 엘리트들이 돈을 벌 목적으로 만들어낸 판타지일 뿐이다.

지방 엘리트들은 지방 발전에 냉소적이다. 아니, 그들은 오히려 지방 발전을 바라지 않는다. 그 이유는 간단하다. 지방에 번져 있는 반시장 시스템 때문이다. 자본주의 사회에서 사익 추구는 자연스럽다. 모든 경제주체의 사익 추구 동기들이 한데 모여 자원이 합리적으로 배분되도록 돕는 것이 바로 시장이다. 그래서 시장원리라고 일컬어진다. 지방에는 시장 시스템이 장착되어 있지 않다. 그 시장 시스템을 거부할 유인이 가장 큰 집단이 바로 지방 엘리트들이다. 흔히 경쟁력이 취약한 집단이 시장 시스템을 꺼릴 것으로 생각하기 쉬운데 그렇지 않다. 광범위한 인적 네트워크 그리고 튼튼한 연고를 형성하고 있는 지방 엘리트들이 시장 시스템을 가장 꺼릴 수밖에 없다. 쉽게 설명하면 그들은 지방을 손아귀에 넣고 있기 때문에 경쟁 원리가 도입되지 않으면 그들에 대한 도전 자체가 존재하지 않게 된다. 그렇게 되면 그들은 지방 권력을 영구히 쥘 수 있다는 결론이 된다. 지방권력을 쉽게 보면 안 된다. 한국에서 지방 경제력은 별 볼 일 없을지 몰라도 지방권력은 만만치 않다. 특히 한국처럼 지역별로 '몰아주기' 투표 행태가 극심한 상황에서는 지방권력이야말로 끝판 권력이 될 수밖에 없다. 지방권력과 중앙권력은 긴밀히 유착되어 있다. 동전의 앞뒷면과 같다. 앞서 언급했지만, 지방권력은 중앙권력의 '내부자'다. 정상이라면 지방과 중앙은 경쟁하고 서로 견제하는 것이 맞다. 선진국들은 모두 그런 식으로 나라가 돌아간다. 아무리 미국이 대통령 중심제라고 해도 지역민들의 삶에 직접적인 영향을 미치는 이는 주지사다. 연방을 이루고 있지만 각 주는 각기 정체성을 유지한 채 다른 주들과 경쟁 관계에 있다. 미국 수도인 워싱턴 D.C. 정치인들 또는 각료들과 각 주 지역 정치인들은 친밀함을 유지하지만 긴장감이 없을 수 없다. 이해관계가 달라도 자기 지역 이익을 위해 서로 협조하는 사이이다. 상호주의이다. 한국에는 그런 것이 없다. 일방주의이다. 지방 권력은 중앙권력의 내부자라고 표현했다. 내부자는 영혼이 없다. 시키는 대로 할 뿐이다. 영혼이 없는 마당에 애향심이 있을 턱이 없다. 지방이 망하는 이유다. 다시 강조한다. 관찰한 바에 따르면 지방은 스스로 망한다. 결론이다.

'메트로' 발전 연금술

지방 발전을 위해선 지방 스스로가 바뀌어야 한다. 지방 발전 문제를 지방 엘리트들에게 맡겨선 안 된다. 그 중앙권력의 내부자들은 지방 발전을 말하지만, 실제 지방 발전을 바라지 않는다. 지방이 정체되어 있을 때 그들의 이득이 극대화되기 때문이다. 이 책은 지방 발전을 위한 지침서가 되기에는 부족한 점이 많다. 아니 솔직히 말해 한국 지방 발전을 위해선 지침서가 존재하지 않는다. 지방 발전과 소외가 약탈로만 이뤄진 것이 아니라 지방 내부자들의 조력 아래 매우 치밀하게 이뤄졌고 그 결과 지역별로 '약탈' 시스템이 갖춰져 있기 때문이다. 지방 발전을 외치는 이들은 많다. 하지만 그들은 전략이 없거나 설령 있더라도 비현실적이다. 낯 뜨겁지만 그들의 전략은 중앙정부가 선심을 쓰게 하는 것이다. 지방을 위해 수도권을 규제해 주든지 아니면 공공기관들을 지방에 강제로 이전해주든지 등을 요구하기도 한다. 그 맥락에서 문재인 정부 시절에는 '지방분권' 얘기가 나왔던 것이다. 전국을 몇 개 권역으로 묶어서 지방에 권한을 부여해 한국을 연방국가처럼 만들겠다는 발상이었다. 지방에 막강한 권한을 부여한다는 얘기는 지방 통치 아바타들의 권력이 더 강해진다는 얘기다. 그 경우 중앙권력이 지방 통제를 더 공고히 해 지방은 더욱 정체성을 잃고 말 것이다. 지방에는 가장 중요한 정체성이 없다. 동향 출신 서울 엘리트들과 연계해 권력투쟁을 벌이는 과정에서 뼛속까지 새겨진 지역감정만 남아 있을 뿐이다.

강조하지만 지방 발전을 위해 왕도는 없다. 시스템이 바뀌어야 한다. 높은 건물은 지어 올릴 수 있다. 하지만 그 높은 건물 안에 사는 사람들의 생각과 의식은 쉽게 바뀌지 않는다. 지방 발전이 곧 한국발전이다. 그 발전은 의식 변화를 전제로 한다. 그래서 어렵다. 발전을 논하고 전략을 제시한다는 것 자체가 연금술에 가까워 보인다. 그래서 이 책의 제목을 '균형발전의 연금술'이라고 하려 했던 것이다. 그런데 이렇게 말하고 보니 한국의 지방자치제가 '금덩이'들을 '돌멩이'들로 만들고 있는 게 아닌가 싶다. 연금술은 돌을 금으로 만들려고 했던 시도이다. 한국은 금을 돌로 만드는 중이다. 돌을 금으로 만들건 금을 돌로 만들건 중요한 사실은 연금술을 통해 화학이 등장했다는 점이다. 지방 발전을 위한 이 '연금술'도 무모할 것이다. 냉소도 많을 것이다. 그 과정에서 한국인들의 의식에 작은 화학반응이 나타났으면 좋겠다. 지방 발전이 곧 한국 발전이다. 서울권은 이미 '메트로 이코노미'이다. 지방도 '메토로 이코노미'를 지향한다. 서울과 지방 포함 한국 경제는 '메트로 이코노미'로 수렴한다. '메트로 이코노미' 시대에 맞춰 새로운 정책과 전략이 필요하다.

1
공간 양극화

1. 공간 양극화

한국에는 소득 양극화에 목소리를 내는 사람들이 많다. 하지만 공간 양극화에 대해선 놀라우리만치 무관심하다. 소득 양극화라는 개념이 모호해서 그렇다. 그렇기에 좌파나 우파나 진보나 보수나 소득 양극화가 문제라고 쉽게 동의하는 것 같다. 원론이기 때문이다. 그저 동의만 할 뿐이다. 상대성도 적용된다. 자신보다 부자들을 보면 자신의 소득이 적다고 느껴지기 때문에 '소득 양극화' 문제에 공감을 할 수 있는 것이다. 그리고 소득 양극화 문제를 해결하기 위해 대안을 제시하면 대개 세제이다. 결론이라고 해봐야 결국 부자들에게 세금을 더 걷자는 것이기 때문에 공감도 쉽다. 따라서 소득 양극화는 이슈가 된다. 하지만 공간 양극화는 이슈가 되지 못한다. 너무 구체적이어서 그렇다. 좌파 정치인도 자기 집값이 떨어진다면 펄쩍 뛸 것이다. 경제적 불이익이 돌아가기 때문이다.

서론에서 얘기했지만, 한국에서는 소득 양극화보다 공간 양극화가 더 심각하다. 진짜 문제는 공간 양극화다. 소득 양극화는 제도 보완을 통해 호전될 가능성이 있지만, 공간 양극화는 돌이킬 수 없다. 한 곳에 집중된 사회간접자본과 인프라를 뜯어 옮길 수 없기 때문이다. 공간 양극화는 생산요소 일부만 쓰게 하므로 국내 총생산을 줄어들게 한다. 그 결과 총소득이 줄어들고 소득 양극화는 더욱 격심해질 수밖에 없다. 한국처럼 영토가 협소한 나라에서 소득 양극화는 공간 양극화에서 나온다고 보면 틀리지 않다. 한국의 정책연구자들이 소득 양극화보다 공간 양극화에 초점을 맞추어야 하는 이유다.서울과 경기, 인천 등 수도권 인구가 2019년(2,592만 5,799명)을 기점으로 대한민국 전체 인구(5,184만 9,861명)의 절반을 넘어섰다. 1970년 28.7%이던 수도권 인구 비중은 50년 동안 21.3%가 늘어났다. 이미 밝혔지만 지역 내 총생산(GRDP)의 수도권 비중도 52.1%(2020년 현재)이다. 국토 면적의 12.1%에 불과한 수도권이 경제력과 인구 면에서 비수도권 전체를 앞지르면서 한국은 '지방소멸' 가능성이 제기되고 있다. 도시집중화는 어느 나라나 다 있다고 하지만 한국의 경우 그 정도가 매우 심각하다. 말 그대로 서울 일극체제다. 한국과 유사한 나라가 있다. 멕시코다. 멕시코 역시 수도인 멕시코시티 중심으로 모든 것이 몰려 있다. 한국에서 국가균형발전 정책이 시작된 지 20년째이지만 '서울 일극체제'는 오히려 더 심해지고 있다.

공간 양극화다. 공간 양극화가 이렇게 심각한데도 한국 지식계의 논쟁은 '소득 양극화'에만 맞추어져 있다. 또 말하지만 한국은 '공간 양극화'가 '소득 양극화'보다 더 심각하다. 소득 양극화란 소득이 한 방향으로 몰린 상황을 표현한다. 비슷하다. 공간 양극화는 입지 선택이 한 방향으로 몰린 상황을 표현한다. 전자는 세계 어디서나 나타나는 현상이지만 후자는 한국이 특히 심각하다. 노벨경제학상 수상자 폴 크루그먼 교수 지적에 따르면 토지는 특수생산요소다. 공간 양극화 문제가 발생하면 그 중요한 생산요소를 일부만 쓰게 된다. 그 과정에서 비효율과 비용이 발생한다. 당연히 총생산도 줄어들고 소득수준도 낮아진다.

역설이다. 한국은 영토가 협소한데 한국인들은 영토를 더 협소하게 쓰고 있다. 그럴수록 큰 영토에 대한 판타지가 범람한다. '고대사 판타지'도 그 가운데 하나다. 옛날 얘기이지만 어떤 역사가들은 한민족의 영토가 고대에 어마어마하게 넓었다고 주장한다. 아시아 대륙 대부분이 한민족 땅

이었다는 주장도 있고 세계에서 가장 찬란한 고대문명을 열었다는 주장
도 있다. 그렇게 믿고 싶지만, 실증적 사료나 증거는 없는 상황이다. 남한
에 살면서 백제 신라 역사보다 고구려 역사에 더 관심을 기울이는 사람들
도 많다. 짧은 역사 지식이지만 고구려는 한반도 남쪽과 별로 관련이 없
다. 정체감이 있다면 남한 사람들은 고구려보다 백제 또는 신라에 관심이
더 많아야 정상 아닐까? 예전 한 인기 가수 콘서트 타이틀도 '고구려'였
다. 돌아다녀 보면 술집 이름도 '고구려'가 많다. 광대한 영토에 대한 판타
지에서 비롯된 현상이 아닌가 싶다.

　최근에는 독도 사랑이 뜨겁다. 그 뜨거운 독도 사랑은 역설적이게도 무
관심에서 시작됐다. 조선시대에는 독도가 있는지조차도 몰랐다고 한다.
조선은 직업 차별이 심했던 나라였다. 사대부들은 쌀과 보리를 주식으로
먹으면서도 농민들을 무시했고, 고기가 귀해 먹지 못했으면서도 백정들
을 천민 취급했다. 바닷가에서 물고기 잡는 사람들도 마찬가지였다. 사람
들이 사는 섬은 유배지로 활용됐다. 무인도에 관심이 있었을 수가 없다.
뜨거운 독도 사랑은 일본이 독도 영유권을 주장하면서부터 시작됐다고
볼 수 있다.

　독도는 중요하다. 하지만 독도말고도 한국의 바다에 방치된 무인도들
은 얼마든지 있다. 유인도 중에도 관심 부족으로 섬 주민들 전체가 불편
을 겪는 경우도 많다. 그뿐 아니다. 지방의 어촌을 두고 '노인과 바다'라는
조롱도 많다. 그러한 무관심과 조롱들을 감안해보면 독도 사랑은 너무
유난스러운 측면이 있다. 한국인들은 분단을 한탄한다. 마냥 통일을 염원
하고 있는 사람들도 많다. 만약 남북 분단이 없었다면 한국이 더 부강한
나라가 됐을 거라고 믿는 이들도 많다. 하지만 진짜 분단은 휴전선이 아
니라 공간 양극화로 만들어진 분단일 수도 있다.

'두 번째 분단'

경향신문이 '절반의 한국'이란 주제로 위기에 빠진 지방의 실태를 연재했던 적이 있다. 그 가운데 어떤 기사는 한국이 '두 번째 분단' 상황에 있다고 표현했다. 첫 번째 분단은 이념 때문이었다. 결과 남북으로 나뉘었다. 두 번째 분단은 정책 때문이다. 결과 수도권과 지방으로 나뉘었다. 수도권 초집중화에 대해 문제의식을 드러낸 이는 노무현 전 대통령이었다. 그는 대선 후보 시절이던 2002년 행정수도 건설을 공약했고, 2003년 국가균형발전위원회를 출범시켰다. 그리고 지역 곳곳에 혁신도시들을 건설했고 공공기관들을 이전했다. 하지만 기업에 대한 정책은 거꾸로 갔다. 2006년 수도권정비계획법 시행령을 풀어 경기 파주에 LG 디스플레이 공장을 짓도록 허용한 것이 한 예다. 그의 표현대로 '돈 안 되는' 것들은 지방으로 보내고, '돈 되는' 것들은 수도권으로 불러들였던 것이다.

이명박 정부는 한 술 더 떴다. 그는 수도권 공장 신증설에 대한 규제를 해제해 버렸다. 박근혜 정부도 마찬가지였다. 경기 북부만 제외했다. 문재인 정부도 해외에서 국내로 돌아오는 기업들의 입지 제한을 풀었다. '균형발전'을 외쳤지만 기업들이 수도권으로 집중되도록 정부가 독려한 것이다. 입으로 독려한 적이 없다고 주장할지 모르겠다. 하지만 게임이론 시각에서 볼 때 정부의 그와 같은 조치는 독려한 것과 같은 효과를 낸다. 왜냐하면 입지 제한을 풀면 기업들은 수도권에 입지를 택할 '유인'이 매우 크기 때문이다. 정말 자신들의 말대로 균형발전을 목표했다면 그 '유인'을 줄이기 위해 정책을 마련했어야 맞다. 예를 들면, 지방에 입지를 정하는 기업에 대해 세제 혜택을 주는 것이다. 게임이론은 말보다 행동을 본다. 말보다 행동이 어렵기 때문이다. '행동'은 바로 정책이다. 지금까지 역대 대통령들은 모두 '균형발전'이란 말을 외쳤지만 행동한 사람은 없었다고 평가할 수 있다.

'두 번째 분단'이란 말 속에는 청년 문제도 녹아 들어가 있다. 취업과 주거문제 때문이다. 판교와 강남이 영양과다라면 지방은 영양실조 상태다. 한때나마 제조단지가 있었던 지역 도시들조차 사양화가 번지며 '러스트 벨트'가 되어 가고 있다. 지금도 지방 청년들은 기회를 찾아 수도권으로 몰려들고 있다. 좁은 곳으로 사람들이 몰려드니 취업난과 주거난이 없을 리 없다. '헬조선'이 시작된 이유다. 그럼에도 불구하고 정부 정책은 정반대로 가고 있다. 집값 폭등이 빈번한 수도권에 국비 몇십조를 들여 광역급행철도(GTX)를 건설하고 있고 청년들을 위한다는 구실로 공공주택들도 마구 건설하고 있다. 전국을 향해 수도권으로 더 모이라고 '신호'를 보내는 격이다. 그 신호에 맞춰 지방 청년들은 더욱 수도권으로 몰린다. 인구과밀로 주택수요가 주택공급을 초과한다. 주거난이 해소되지 못하면 다시 정부를 향해 교통 인프라를 더 구축하고 아파트를 더 지으라고 요구한다. 어떤 정파가 권력을 잡더라도 정치적 이득을 위해 그 요구를 들어주지 않을 수 없다. 그 요구가 다시 '신호'로 작용한다. 지방 청년들은 더 수도권으로 몰려든다. 그럴수록 가장 큰 이득은 수도권에 부동산 자산이 많은 이들일 것이다. 수도권 초집중화와 두 번째 분단은 전략 실패에서 나타난 결과라고 봐야 한다.

그나마 2010년 중반까지는 '수도권은 본사와 연구개발 그리고 지방은 제조단지' 이런 식으로 공간 균형이 형성되었던 적이 있다. 하지만 그러한 공간 균형도 2010년대 중반 '4차 산업혁명'의 구호가 등장하면서 허물어지고 말았다. 2019년 경기 용인에 반도체 클러스터 건설이 결정된 것은 결정타였다. 그 결과 판교와 기흥을 마지노선으로 DMZ 못지않게 삼엄한 '취업 남방한계선'이 그어졌다.

'남방한계선' 판교

　취업 '남방한계선'은 판교다. 언급했지만 판교의 성공은 '4차 산업혁명' 흐름과도 맞물린다. '직업의 지리학'을 쓴 경제학자 엔리코 모레티는 미국 320개 대도시 노동자 110만 명을 분석했다. 그 연구에 따르면 첨단기술 일자리가 1개 생기면 부수적 일자리 5개가 만들어진다고 한다. 실리콘밸리가 성공한 이유이기도 하다. 그렇기에 각 도시는 혼잡비용이 발생함에도 불구하고 사람과 기업을 모으려 경쟁하고 있는 것이다. 성남시 판교테크노밸리는 2기 신도시인 판교신도시의 첨단산업단지로 조성됐다. 베드타운에 그친 1기 신도시와 달리 2기 신도시는 일과 삶을 합친 공간을 지향한다고 한다. 2009년 첫 기업이 입주했고, 2015년 핵심 지원시설인 경기창조경제혁신센터가 문을 열며 사업이 일단락됐다. 강남 테헤란밸리의 IT 기업들이 이주해가면서 '한국판 실리콘밸리'로서 자리 잡아 가는 중이다. 첨단 제조업이 자리 잡은 경기 남부권과도 가깝기 때문에 판교는 입지 면에서도 유리했다고 볼 수 있다. '2021년도 판교테크노밸리 입주기업 실태조사'에 따르면 입주기업 수는 1,697개로 대기업 64개(3.8%), 중견기업 97개(5.7%), 중소기업 1,487개(87.6%), 공공기관·협회 49개(2.8%) 순이다. 대기업의 계열사들, 소프트웨어 업체들, 게임업체들, 그리고 바이오 기업들이 입주했다. 이들의 매출 합산액은 연간 110조 원에 육박한다. 회사 임직원들 가운데 2, 30대가 3분의 2에 이른다.

　판교 땅값도 치솟았다. 공간이 부족하다며 지금도 제2, 제3 판교테크노밸리를 짓고 있다고 한다. 국내 지자체부터 해외 개발도상국까지 매년 수백 명이 판교를 찾고 있는데 그들의 관심사는 무조건 판교 '따라하기'이다. 10여 년 전부터 대기업 인사담당자 사이에서는 '취업 남방한계선'

이란 말이 등장했다고 한다. 우수 인재들이 기흥 이남 근무를 기피하기 때문이라고 한다. 최근 들어 사무직은 판교까지만 간다고 해서 '판교라인' 그리고 기술직 엔지니어는 기흥까지만 간다고 해서 '기흥 라인'이라고 불린다. 화성 현대차 남양연구소, 평택 삼성반도체클러스터도 그 기흥 라인에서 멀지 않다. 그런 추세는 2008년 수도권 규제가 완화되면서 본격화됐다. 국내 30대 그룹 중 등기상 본사가 지방인 기업은 포스코(경북 포항), 현대중공업(울산), 카카오(제주), 하림(전북 익산) 4개뿐이다. 삼성중공업, 현대중공업, 두산중공업, SK케미칼, 한화테크윈 등은 이미 판교로 R&D 기능을 옮겼다.

연구소뿐이 아니다. 이젠 대기업 제조단지도 수도권에 짓기 시작했다. SK하이닉스는 2019년에 120조 원 규모의 공장을 용인에 짓기로 결정했다. 수도권이 부풀어 오르며 최근에는 '수청권(수도권+충청권)'이라는 말도 등장했다. 대기업 제조단지들이 경기도 접경인 충남도 북부지역에 입주하면서 수도권 자장이 넓어진 데 따른 것이다. 물리적 공간이 부족한 수도권이 충청권 북부까지 넓어진 것으로 볼 수 있다. 그뿐이 아니다. 정부는 리쇼어링(제조기업 본국 회귀)을 촉진하기 위해 국내 복귀 기업들에게 수도권 부지를 우선 배정한다는 방침이다.

국토연구원의 2019년 28만 4,424개 기업을 분석한 결과 연구개발비 지출을 통해 고용이 확대되고 매출이 성장한 '혁신성장기업'은 대부분 서울과 경기 남부에 몰려 있는 것으로 나타났다. 스타트업만을 대상으로 하면 수도권 집중은 더욱 두드러진다. 스타트업 얼라이언스의 '2019년 스타트업 주소 분석 트렌드 리포트'에 따르면 10억 원 이상 투자를 받은 575개 스타트업 중 90%가 수도권, 80% 이상이 서울, 절반이 강남구와 서초구, 3분의 1이 테헤란밸리 부근에 있다고 한다.

'기러기 엄마'와 '가시고기 아빠'

'두 번째 분단' 이유는 많다. 그 중에 하나가 입시열이다. 입시열은 사교육으로 이어진다. 2020년에 한국교육개발원이 시행한 설문조사에 따르면 대한민국 학부모 97.9%가 사교육을 시킨다고 답했다. 사교육을 시키지 않는다고 답한 학부모는 단 2.1%뿐이었다. 사교육을 시키는 가장 큰 이유는 경쟁 심리를 꼽았다. 1위는 '남들보다 앞서 나가게 하기 위해'(24.6%)서였고 2위는 '남들이 하니까 심리적으로 불안해서'(23.3%)였다. 1위와 2위를 합치면 거의 50%에 육박한다. 이는 한국인들의 '딜레마'를 반영한다. 남들이 사교육을 시키면 당연히 자기도 자식들 사교육을 시켜야 하고, 남들이 사교육을 안 시킨다고 하면 그 틈을 타 자기 자식을 위해 사교육을 시키면 자기 자식이 대학입시에서 경쟁력을 확보할 수 있기 때문에 사교육을 시킬 유인이 존재하는 상황이다.

한국인들 대부분 같은 딜레마에 처해 있다. 따라서 사회적 딜레마다. 학부모 중에 94.7%는 사교육비가 부담된다고 답했다. 교육부와 통계청이 발표한 자료에 따르면 2019년 사교육비 총액은 약 21조 원으로 2018년보다 7.8%인 1조 5,000억 원이 증가했다. 1인당 월평균 사교육비는 전년보다 10.4% 오른 32만 1,000원을 기록했다. 사교육 참여 학생 기준으로 보면 1인당 월평균 사교육비는 42만 9000원이었다. 시도별로 사교육비 격차가 났는데 1인당 사교육비 지출이 가장 많은 서울(45만 1,000원)과 가장 적은 전남(18만 1,000원)의 차이는 약 2.5배였다. 전년도에 비해 격차가 더 커진 것으로 조사됐다.

서울대 경제학과 주병기 교수의 분석에 따르면 부모의 소득이 많을수록 자녀의 수능성적이 높아지는 경향이 있다고 한다. 당연하다. 부모 소득이 높으면 그만큼 높은 수준의 사교육도 시킬 수 있기 때문이다. 부모의 직업에 따라 그리고 부모의 학벌이 좋을수록 사교육 투자도 더 많을 수밖에 없다. 그 논리를 해석해보면 부의 대물림이 교육 대물림으로 이어지고 교육 대물림은 소득 양극화로 이어진다는 결론이 가능하다. 학생들이 사는 지역에 따라 입시 결과도 달라진다고 한다. 서울과 지방이 다르고 같은 서울이어도 강남과 비강남이 다르다. 많은 것을 누리는 사람들은 자신들의 기득권이 입시경쟁과 관련된 것으로 인식하여 자녀들의 사교육에 몰입하고, 많은 것을 누리지 못하고 사는 사람들은 자신들의 부족함이 역시 입시경쟁과 관련된 것으로 받아들여 자녀의 사교육에 더더욱 몰입한다. 이것이 바로 사회적 딜레마다.

사교육 때문에 공교육이 망가졌음을 지적하기에는 너무 새삼스럽다. 중요한 점은 사회적 딜레마 상황의 특성이다. 사회적 딜레마는 내쉬균형에 속하고 그 균형의 가장 큰 특성은 어느 경기자도 그 균형을 홀로 이탈할 유인이 없다는 것이다. 홀로 이탈하게 되면 그에게 불이익이 돌아간다. 예를 들어 모두가 자식들 입시를 위해 사교육에 매진하는데 자신만 입시에 무관심하면 자녀가 입시경쟁에서 밀릴 가능성이 커진다. 한국에서 입시는 청소년들이 부모 대신 치르는 대리전이다. 그래서 '입시공화국'이다. 그러한 사회적 딜레마를 학교 또는 공적 시스템을 통해 바꿀 수 없다. 국민들 의식 전체가 바뀌지 않는다면 어떠한 정책도 효과를 내기 어렵다. 도리어 엉뚱한 결과를 초래할 수도 있다. 아무리 훌륭한 교사가 교장이 되어도, 교육장이 되어도, 교육감이 되어도, 교육부총리가 되어도, 총리가 되어도, 심지어 대통령이 된다 해도 그 딜레마 상황을 해결할 수 없다.

상황이 달라지지 않을 것이라고 전제하면 가장 좋은 방법은 뭘까? 방법은 딱 하나다. 더 적극적으로 사교육에 나서 자신의 자식이 입시경쟁에서 승리하게 하는 것이다. 그러한 딜레마 상황이 한국을 헬조선으로 만들고 있다. 문제는 그 딜레마 상황이 공간 양극화를 더 심각하게 한다는 것이다. 한국에서는 대학보다 학원이 더 중요하다. 대학 졸업보다 입학이 더 어렵기 때문이다. 그래서 '입결'이라고 한다. 입시와 입결을 위해 사교육에 더 매진할 수밖에 없다. 사교육의 중심은 서울이다. 지방 사람들은 입시경쟁에서 불리함을 극복하고자 더 적극적으로 대응한다. 시골에서 농사를 지으면서 자식들을 서울 학원에 보내는 경우도 많다. 서울에서 대학을 다니고자 지방 청년들이 이탈하기도 하지만 학원에 다니기 위해 청소년들과 지방대생들까지도 서울로 빨려 들어간다. 그들은 방학만 되면 서울로 간다. 학원에 다니기 위해서이다. 그렇게 발생하는 비용은 추산조차 할 수 없다.

지방의 대학생들이 서울 소재 대학으로 편입을 시도하기도 하고 그게 아니라면 서울에서 학원이라도 다녀야 한다는 결론이 나온다. 공무원 시험을 준비하든지 자격증을 준비하든지 그게 아니라면 영어 성적이라도 받기 위해선 학원 수강이 필수적이기 때문이다. 대학 수업보다 학원 수업을 더 중요하게 여길 수도 있다. 한국은 '서울 공화국'이면서 '영어 공화국'이다. 지방의 대학생들이 방학을 맞으면 영어학원이 밀집한 서울 종로와 강남으로 몰려드는 것은 당연하다. 방학 동안에 영어 공부에 '올인'해 점수를 올리기 위해서다. 한국 대졸자들을 대상으로 하는 구직시장에서 영어 성적 제출은 기본이다. 그렇기에 학원을 다니기 위해 지방대생들이 서울로 '유학'을 떠나는 것이다. 그들은 대개 고시원에서 지낸다고 한다. 고시원비와 학원비 그리고 식비까지 하면 아무리 아낀다고 해도 한 달 생활비가 100만 원 가까이 든다고 한다. 한국에서 영어는 언어가 아니라 등급이다. 소통 기능보다 공인 점수가 더 중요하기 때문이다. 실제로 한국에서 영어로 소통할 일은 없다. 직장이나 대학에서조차 영어 쓸 일이 거의 없다. 꼭 필요할 때는 전문 통역인이 따라다닌다. 그렇기에 굳이 그렇게 영어를 열심히 배울 필요가 없어 보인다. 한국은 '영어'를 배우는 것이 아니라 높은 점수를 따내기 위해 문제집을 외우고 있다. 즉, 한국에서 영어는 소통 수단이 아니라 등급으로 나누기 위한 선별 수단이다. '게임 이론'에서는 시각에서 볼 때 그 선별 기능을 무시할 수는 없다.

구직시장에서 구직자들 능력을 선별할 필요가 있다. 일차적 선별 수단은 대학 간판이다. 이차적 선별 수단은 무엇이 될 수 있을까? 정상이라면 학점이 되어야 맞다. 하지만 대학마다 편차가 너무 커서 위험이 너무 크다. 그렇기에 모두에게 공통으로 적용될 수 있는 영어 점수를 요구하는 것이다. 고용자들은 구직자에게서 대학 '간판'과 영어 점수를 받아보고 그 구직자의 역량을 예측해볼 수 있다. 구직시장에서 영어 점수 제출을 요구하는 이유다. 지방대생들에게는 영어 점수가 더 중요할 수도 있다. 대학 '간판'이 작기 때문이다. 그래서 지방대생들도 방학 때만 되면, 심지어 휴학해서라도 서울에 올라가 학원에 다니며 영어 점수를 올리려고 노력한다. 대학뿐 아니라 학원도 '인(in)서울'해야만 살아남을 수 있다. 서울에 입지한 학원과 지방에 입지한 학원은 매출 격차가 매우 크다. 지방대생들에게 '게임 체인저'는 토익 고득점이라고 한다. 구직 시장에서 고전하는 학생들일수록 '토익 고득점'이 더 간절해질 것이다. 하루에 토익공부를 17시간씩 한다는 학생들도 많다. 대학생들이 취업을 위해 남의 나라 언어를 하루 17간씩 공부할 필요가 있는지 의문이다.

그 과정에서 '기러기 아빠'에 이어 '기러기 엄마'란 말도 등장했다. 남편은 지방 집에 남겨둔 채 학업을 위해 서울에 올라간 자녀를 곁에서 뒷바라지하는 엄마들을 일컫는다고 한다. 이미 강조했지만, 여름방학에 청소년들이 서울 학원가로 몰리기 때문이다. '단기 유학'인 셈이다. 아직 미성년자인 자녀를 서울에 혼자 보내기가 안쓰러워 엄마가 따라나서기 때문에 '기러기 엄마'라고 부른다. 그렇게 '단기 유학'을 간 지방 청소년들은 대개 강남의 입시전문학원에서 영어와 국어 특강을 듣는다고 한다. 따라서 여름방학이 다가오는 시즌에는 강남에 '기러기 엄마'들이 늘면서 방구하기도 어려워진다. 방 구하기 경쟁이 벌어지기 때문이다. 주로 원룸을 찾는다고 하는데 60~100만 원 선에서 거래가 많이 이뤄지고 있고, 성수기에는 20만 원 정도 프리미엄까지 붙는다고 한다. 특목고 진학을 위해 여름방학 특강을 듣는 중학생들도 많다. 그들이 갈구하는 것은 경쟁자들보다 좀 더 나은 '정보'이다. 단기간이라고는 하지만 그러한 '단기 유학'이 청소년들 정서에 부정적인 영향을 끼칠 수 있다는 지적도 많다. 하지만 입시와 입결을 생각하면 정서라는 말은 너무 사치스러울 수밖에 없다.

'기러기 엄마'만 있는 것이 아니다. '가시고기 아빠'도 있다. 가시고기는 암컷이 알을 낳고 떠나면 수컷이 새끼가 부화해 독립할 때까지 둥지를 지키고 보호한다고 한다. 그래서 부성애의 상징으로 여겨진다. 공공기관들이 혁신도시로 이전하면서 서울에 '가시고기 아빠'들이 많아졌다고 한다. 아내가 직장 때문에 지방으로 내려갔지만 아이들을 지방으로 내려보내기 싫어 서울에서 아빠가 아이들을 양육하는 경우가 많아졌기 때문이다. 서울이 지방에 비해 교육 여건이 훨씬 더 좋을 수밖에 없다. 특히 입시경쟁 때문에 자녀들을 지방으로 데리고 내려갈 엄두를 못 낸다고 한다. 공공기관들이 지방으로 이전하고 있지만 가족과 함께 모두 이주하는 경우는 약 25%에 불과하다고 한다. 균형발전을 위해 혁신도시가 만들어졌지만 '일류 학원'이 없기 때문에 신종 기러기 족들이 나타난다고 볼 수 있다.

이종범과 이정후; 광주와 서울

공간 양극화는 야구라고 예외가 아니다. 한국 야구의 지역별 선수 자원 격차가 최근 10년 새 더 커졌다고 한다. 고교 유망주들의 서울 쏠림 현상은 더 심해졌다. 주전급 선수들의 서울 쏠림 현상에 대해 여러 이유가 있겠지만 '야구 유학'으로 인해 지방 고교 야구부들이 많이 해체됐기 때문이다. 즉 지방에서 어린 야구 유망주들이 야구를 제대로 하기 위해 수도권으로 '유학'을 떠난다고 한다. '바람의 손자'라고 불리는 이정후 선수가 서울의 휘문고로 진학한 것은 매우 상징적이다. 그는 이종범 선수의 아들이다. 광주시민들의 이종범에 대한 애정은 대단하다. 이종범은 광주 야구의 상징이다. 이종범의 아들 이정후가 광주가 아닌 서울에서 야구를 했다면 사연이 있을 수밖에 없다. 물론 인프라 차이도 크지만 모두가 서울로 떠나는 마당에 홀로 광주에 남아 그 추세를 거스르기 어려웠을 것이다. 야구 선수가 되고자 하면 일찌감치 서울이나 수도권 지역의 학교로 야구 유학을 가는 경우가 많아지고 있다. 앞으로 지방 고교들은 선수 자원을 발굴하기가 더 어려울 것으로 전망된다.

그나마 광주 같은 광역시는 다른 지역에 비하면 사정이 나은 편이다. 호남에서 중소 도시 지역의 고교 야구부들 역시 소멸을 기다리고 있다. 한 고교 감독은 자기 지역 내에도 중학교 선수들이 있지만 대부분 대도시 학교로 진학을 원한다고 푸념한다. 중소도시 학교 야구부는 대도시 학교에 가기 힘든 수준의 선수들 또는 다른 학교에서 문제를 일으켜 전학한 선수들로 구성되어 있다고 한다. 물론 지도자의 능력과 선수의 노력이 만나 몇 년에 한 번씩 프로에 진출하는 선수가 나오기도 하지만 근본적으로 한계가 있을 수밖에 없다. 이것도 양극화라고 볼 수 있다. 지역 간의 선수 자원 불균형이 결국은 프로야구 구단 간의 전력 불균형으로 이어지고 있다.

이는 1차 지명 제도 때문이라고 한다. 그 제도는 KBO리그 원년부터 계속 시행됐었다가 한동안 폐지되기도 했었는데 일부 구단들이 강력히 요구해 부활했다. 매년 열리는 신인 드래프트에서는 가장 재능이 뛰어나고, 성공 가능성 큰 선수들이 일차적으로 지명된다. 하지만 지역 간 불균형이 너무 심각해 1차 지명은 '기울어진 운동장'이 될 수밖에 없다. 그렇기에 '전력 평준화'라는 신인 드래프트의 근본 취지와는 거리가 멀어도 너무 멀다. 스포츠 경기는 선수 재능이 가장 중요한 결정 인자다. 우수 선수들이 넘쳐나는 수도권은 갈수록 선택 폭이 넓어지고 있지만 비수도권 구단들은 선택 폭이 좁아지고 있다. 프로야구 10개 구단 중에 5개가 수도권에 위치한다. 수도권이라고 하면 서울 인천 경기도를 아우르기 때문에 세 개의 광역단체들이라고 생각할 수 있지만 외국인들이 볼 때는 '서울 메트로폴리탄'일 뿐이다. 그 팀들의 구장들은 몇십 킬로미터 이내에 분포해 있기 때문이다. 외국의 경우 프로 스포츠팀들은 지역의 정체성을 반영하는 경우가 많다. 한국 수도권 5개의 프로야구팀 간에 정체성 차이를 말하기 어렵다.

최근 KBO와 대한야구협회가 고교 야구부 창단을 적극적으로 지원한 결과, 전국적으로 고교 야구부 숫자는 많이 늘었다고 한다. 긍정적인 현상이다. 하지만 신규 창단 형식만으로는 부족하다. 우수 선수 자원들의 서울과 대도시 쏠림 현상을 해소하기 위해 대책이 필요하다. 그리고 신인 드래프트 제도를 '전력 평준화' 본래 취지에 맞게 운영하기 위해 깊은 고민이 필요하다. 근본적인 해결 방법은 지역별 리그제다. 야구뿐이 아니다. 모든 스포츠가 마찬가지일 것이다. 지방 리그들이 활성화되면 지역 사람들에게 볼거리가 많아지는 셈이다. 선수자원이 부족한 것이 아닐 수도 있다. 한국의 중등교육이 입시 위주여서 선수 자원이 부족해 보일지 모르지만 실제 재능 있는 청소년들은 많을 수도 있다. 입시경쟁에 가려져 재능을 발휘할 기회가 부족하다. 스포츠 교육이 보다 활성화될 필요가 있다. 외국처럼 학생들이 고등학교 재학 시절 스포츠 종목 선수로 뛸 수 있도록 할 필요도 있다. 남학생들의 경우 야구, 축구, 농구 등의 종목 중에 두 개 이상 또는 여의치 않으면 한 종목을 택해서 열심히 뛰게 하면 된다. 그럼 자연스레 재능 있는 선수가 발굴될 수 있다. 그 선수가 훌륭한 기록을 남기면 장학금을 받고 대학에 진학할 수 있고 곧바로 프로 선수가 될 수도 있다. 강조하지만 재능 있는 청소년들은 많다. 발굴이 안 될 뿐이다.

재능 발굴을 위해서라도 스포츠 교육을 보다 활성화할 필요가 있다. 문제는 돈이다. 전국적으로 모든 중고교에 인기 스포츠 야구, 축구, 농구 세 종목을 육성하라고 하면 교육부는 재원 마련을 어떻게 하느냐며 펄쩍 뛸 것이다. 항상 돈이 없어 못 한다는 식이다. 하지만 이제 돈타령은 설득력이 떨어진다. 한국은 더 이상 돈이 없는 나라가 아니다. 국제사회에 원조까지 하고 있다. 돈이 없는 것이 아니라 돈을 잘못 쓰고 있을 뿐이다. 정부 재정도 마찬가지다. '밑 빠진 독에 물 붓기' 식으로 들어가고 있는 세금도 많고 보조금 부정수급도 많다. 스포츠 교육을 장려하기 위해 예산 마련이 어렵다는 말은 거짓말에 가깝다. 얼마든지 예산 편성해서 전국의 학교들을 지원해주고도 남는다. 지금도 재정이 탕진되는 경우도 많다. 전국적으로 무차별적인 현금 살포도 많다. 대부분 큰 효용을 남기지 못한다. 정부 재정은 꼭 필요한 사업에 써야 한다.

서울은 갑이고 지방은 을이다

계급이 있다. 특히 병역의무를 진 남성들은 그 계급의 의미를 잘 알고 있다. 군대는 계급 사회이다. 평등은 있을 수 없다. 계급이 높으면 '자신감'이 붙는다. '행동경제학' 연구로 노벨경제학상을 수상한 로버트 실러 교수 주장에 따르면 자신감도 자산이 될 수 있다고 한다. 그의 이론은 한국에 잘 적용된다. 계급 의식도 공간 양극화를 심화시킬 수 있다. 한국에서 서울은 계급이다. 그렇기에 서울은 그 자신감을 바탕으로 모든 걸 빨아들이는 블랙홀이 된다. 물리학에서는 블랙홀에 비정상적 에너지가 있다고 설명한다. 경제학에서 그 비정상적 에너지란 경제주체들의 '심리'를 표현한다. 개념적으로 로버트 실러가 말한 '비이성적 과열'이 바로 '비정상적 에너지'와 비슷하다. 한국에서 그 비정상적 에너지란 서울 지역의 '넘치는 자신감'과 서울을 향한 '무조건적 선호'라고 볼 수 있다. 행동경제학자들 시각에서 경기 침체가 발생할 때 필요한 것은 '자신감'일 수도 있다. 그 시각에 따르면 지금 한국의 지방소멸 위기는 '자신감' 부족에서 온 것일 수도 있다. 반면 서울의 '자신감'은 넘친다. 자신감이 있으면 미래를 밝게 예측하고, 자신감이 없으면 미래를 어둡게 예측한다. 물론 사람들은 합리적으로 정보를 분석해 예측한다. 로버트 실러가 말하는 '자신감'은 합리성을 뛰어넘는다. 실제 자기 확신이 강한 사람들은 자신의 신념과 직관에 따라 행동할 때도 많다. 나아가 자신감은 경기순환에 영향을 미치기도 한다. 경기가 좋을 때는 미래를 낙관하기에 투자가 많아진다. 당연히 자산 가격도 높게 형성된다. 그러다 자신감이 사라지면 순식간에 분위기가 역전될 수 있다. 사람들은 자신감이 있으면 자산을 사는 경향이 있고 자신감이 없으면 자산을 파는 경향이 있다. 세계 경제사는 호황과 불황 주기로 표현되어 있는데 그 주기는 자신감을 반영하기도 한다.

도시 발전 주기도 자신감을 반영할 수 있다. 미국도 처음에는 개발이 동부지역 중심으로 이뤄지던 것이 중부지역으로 그리고 서부지역으로 그 개발 축이 옮겨갔다. 최근까지 서부지역 전성기라고 볼 수 있었는데 지금 기업들 투자가 남부 지역을 찾아가고 있다고 한다. 한때 뉴욕은 '할렘 디자이어(harlem desire)' 노래가 말해 주듯 슬럼화 문제가 있었지만 지금은 옛날보다 더 화려해졌다. 자신감은 옮겨 다닌다고 표현할 수 있다고 한다. 결과적으로 도시의 흥망성쇠도 패턴을 같이 하는 것이다.

서울은 그 '자신감'이 넘친다. 역사적으로 보더라도 서울은 조선시대 이래 단 한 번도 '자신감'을 잃었던 적이 없다. 그 자신감 이면에 '무조건적 선호'가 있다. 사람의 선호 체계는 다양하다. 하지만 민족별로 또는 나라별로 사람들 선호도에 있어 어떤 공통점이나 패턴이 발견될 수 있다. 한국인들 선호 체계의 코드는 '사대주의'이다. 오해가 있을 수 있다. 한국인들에게 사대주의란 외교 영역에서 쓰이는 낱말이라고 그 용도를 국한하기 쉽다. 하지만 사대주의라고 하면 원래 '큰 것'을 선호한다는 뜻이다. 누구나 '큰 것'을 선호할 수 있다. 그 큰 것을 선호하고 끝나면 문제가 덜될 것이다. 하지만 큰 것을 선호한 결과 작은 것을 무시하게 된다는 것이 문제다. 그래서 사대주의가 아니라 '차별적' 사대주의라고 해야 맞을 것같다. 명나라가 망했건만 조선의 선비들은 명나라를 숭배했다고 전한다. 그러면서 정작 제 나라 백성들은 '상놈'들이라고 차별했다. 차별적 사대주의는 서열에 대한 광적인 집착을 낳는다.

한국은 서열의 나라다. 언제 어디에서나 서열을 따진다. '장유유서'란 말도 있고 '찬물도 위아래가 있다'고 한다. 같은 자식이어도 적자와 서자 간에 서열이 존재한다. 적서차별이다. 서열은 반드시 차별을 낳는다. 홍길동이 아버지를 아버지라 부르지 못하고 형을 형이라 부르지 못한 것도 적서차별 때문이었다. 서울은 서열 넘버원이다. 규모로 볼 때 가장 크기도하고 순서로 볼 때 가장 높기도 하다. 가장 힘이 센 사람들 가장 돈이 많은 사람들이 서울에 산다는 뜻이다. 가장 화려하고 가장 비싼 것도 모두서울에 있다. 가장 좋은 것도 가장 멋진 것도 모두 서울에 있다. 서울은자본과 권력의 땅이고, 돈과 출세의 땅이다. '넘버원' 서열주의는 서울이갖는 '자신감'의 비결이다. 단순히 크기가 크고 인구가 많아서가 아니다. 한국인들은 서울을 무조건적으로 선호할 수밖에 없다. 합리적으로 서울을 선호하는 것이 아니라 본능이다.

로버트 실러 교수 이론을 따르면 서울이란 말 자체가 사람들에게 '자신감'을 심어주기에 서울을 좋아하는 것이다. 실제 대기업들의 본사는 대부분 서울에 있다. 반면 사업장은 지방에 있는 경우도 많다. 정리하자면 고위직과 핵심 요직은 모조리 서울에 있는 것이다. 일자리가 부족한 와중에도 근무처를 따진다고 한다. 본인이 지방 출신이어도 서울 근무를 선호하고, 서울에서 근무하면 자연스레 지방 근무를 무시하기도 한다. 사양세에 있는 제조업의 경우 그 제조단지가 지방에 있는 경우도 많다. 그래서 공대 졸업자들은 지방 근무가 거의 필수적일 수밖에 없다. 이공계 기피 현상도 실은 공간 양극화 문제의 한 측면이다. 생산성 시각에서 파악하면, 기업들이 연구소를 지방 제조단지 근처에 배치하면 더 유리하다. 비용도 절감되고 업무 효율도 향상되기 때문이다. 그럼에도 불구하고 연구소를 수도권에 두는 이유 중 하나가 직원들의 반발 때문이라고 한다. 즉, 직원들 대부분이 서울 거주를 강력히 원하기 때문에 자신의 근무지가 지방으로 이전하면 역선택 현상이 발생할 수 있다.

자본주의 사회에서 기업과 연구소가 가장 필요로 하는 직원들은 유능한 이들일 것이다. 하지만 그 유능한 직원들은 유능하기 때문에 다른 기업에서도 수요가 많을 것이다. 따라서 그들의 근무지가 지방으로 옮겨지면 엉뚱하게도 그 유능한 직원들에게 이직 또는 전직 '유인'이 발생한다. 실제 그 유능한 직원들은 서울에 남기 위해 직장을 옮기고 말 것이다. 그럼 지방으로 내려가는 직원들은 상대적으로 유능하지 못한 직원들일 가능성이 높다. 그렇다면 그 기업에 상대적으로 기여도가 부족한 직원들만 지방으로 내려간다는 결론이 된다. 그 현상이 바로 역선택이다. 망하는 공식이 있다. 어느 기업과 조직은 완전히 망하기 전에 역선택이 먼저 발생한다. 꼭 필요한 것은 없고 필요 없는 것은 넘쳐난다. 역선택은 동태적 효과가 있다. 시간이 갈수록 더 심해진다. 흔히 망조 들었다고 하는데 역선택 현상을 표현한다. 시간이 가면서 그 역선택이 더 심각해지고 끝내는 완전히 망하게 되는 것이다.

예전에 경영자 헨리 포드가 자사 직원들의 임금을 몇 배 올려준 적이 있다. 그 이유를 두고 여러 해석이 가능하다. 직원들 처우를 개선할 목적도 있었다고 하고 직원들의 소득수준을 높여 주면 자동차 수요가 늘어날 것이라고 예상해서 그렇게 했다는 분석도 있다. 게임이론 시각에서 볼 때 포드의 그와 같은 조치는 유능한 직원들의 이직을 막기 위해서였다. 실제 그 목적은 달성됐다. 당시에는 이직이 빈번했는데 포드의 직원들은 자신들이 받는 임금이 매우 높은 수준이었기 때문에 이직을 고려하지 않고 근무에 집중할 수 있었다. 그 결과 포드의 생산성은 더욱 높아지게 되었다. 서울에 있는 대기업들도 마찬가지일 것이다. 비용이 더 들어가더라도 유능한 인력들을 붙잡아 두기 위해서라도 본사를 서울에 유지하는 것이 더 유리하다. 근무처가 서울에 있다는 이유 하나만으로도 유능한 직원의 이직을 방지할 수 있기 때문이다.

한국 사회에서는 옛날부터 누군가가 지방발령 났다고 하면 좌천됐을 것이라고 짐작하는 경향이 있다. 주로 요직은 서울에 있고 한직은 지방에 있기 때문이다. 그렇다 보니 지방 근무를 좋아할 턱이 없다. 심지어는 지방 사람들도 지방에 근무하라고 하면 서러울 판에 서울 사람들더러 지방에 근무하라고 하면 그 서러움은 더할 것이다. 한국에서 지방 근무는 관념적으로 '좌천'에 가깝다. 굴레이자 차별이다. 행정부처와 공공기관들이 지방으로 이전하며 전직과 이직이 많이 발생했다. 행정고시 출신 엘리트 관료들 중에 어떤 이들은 세종시로 내려가느니 차라리 서울시 7급 공무원 시험에 합격해 서울에 남겠다고 선언한 사람들도 있었다고 한다. 실제 정부부처 세종시 이전 때문에 공무원 시험 분위기도 많이 바뀌었다고 한다. 감사원, 국회, 대법원 등은 서울에 남아 있기 때문에 그 기관들에 대한 인기가 더 치솟았다고 한다. 게다가 서울 근무가 보장되는 몇몇 공공기관이나 수도권 지방직 (서울특별시, 인천광역시, 경기도) 공무원 시험 경쟁률이 크게 올랐다고 한다. 절대 과장이 아니다. 2019년 행정고시 수석은 서울특별시 지방직이었는데 매우 이례적인 경우라고 한다. 전통적으로 행정고시 수석은 항상 재경직에서 나왔다고 한다. 더 재미있는 것은 2019년 행정고시 차석부터 5등까지도 경기도 지방직, 인천광역시 지방직, 서울특별시 지방직(2명) 등이었다. 최상위 성적 5명이 모두 국가직이 아닌 수도권 지방직을 지망했다는 것이다. 한국 사회에서 수도권이란 입지가 얼마나 중요한지를 웅변한다고 평가할 수 있다.

지방 발령이 실제 좌천인 경우도 많다. 핵심 기관이 대부분 서울에 있는 가운데 서울 근무 중인 직원을 지방으로 발령 내면 이는 신호로 해석될 수 있기 때문이다. 직접 해고해 법적 시비가 따를 수 있는 경우 적당히 지방으로 발령 내 그 직원이 스스로 그만두도록 유도하기도 한다. 그렇기에 한국에서 지방 발령은 정리해고의 '신호'로 해석될 수 있다. 실제 영화나 TV 드라마들을 보면 그런 대사들도 많이 등장한다. 누군가가 무능하거나 무례하면 지방 발령 내라는 식으로 대사를 한다. 따라서 어느 회사원의 경우 지방 발령 자체를 부당노동행위로 받아들여 회사를 고소해 법적 분쟁이 벌어지기도 한다. 실제로 회사 내규 자체가 순환 근무인 경우, '직원의 명백한 비위(예를 들면 음주운전 등) 등의 명확한 이유 없이 비연고지 근무'를 강요하면 부당노동행위로 간주될 수 있다. 누군가를 강제로 지방 근무를 하게 하면 안 될 것이다. 한국에서는 연봉보다 근무지가 더 중요할 수도 있다.

도시경제학에 헤도닉(Hedonic) 가격모형이 있는데 부동산 자산가치를 측정할 때 많이 활용된다. 그 모형은 로백(Loback) 교수에 의해 만들어졌다. 그 모형에 따르면 도시마다 부동산 가격 차이가 날 수밖에 없는데 삶의 질이 달라서라고 해석할 수 있다. 부동산 가격은 그 도시가 제공하는 인프라 혜택이나 문화적 혜택과 연관성이 깊다. 그 이론에 비추어 볼 때, 수도권 부동산 가격이 높은 이유는 중앙정부와 수도권 지자체가 수도권에 인프라와 문화시설들을 집중시켜 거주민들에게 혜택이 돌아간 결과라고 볼 수 있다. 그 시각으로 보면 서울 근무자들보다 지방 근무자들이 연봉을 더 많이 받아야 맞다. 인프라 혜택과 문화적 혜택을 덜 누리기 때문이다. 그게 아니라면 지방의 세율이 서울보다 낮아야 맞다. 하지만 현실은 반대다. 그렇다고 지방 물가수준이 더 낮은 것도 아니다. 그런 상황이기 때문에 수도권에 거주할 유인이 더 커지는 것이다.

수도권에 인구가 몰리면서 시장이 더 커지기 때문에 쇼핑몰이나 문화시설들이 더 들어차게 된다. 그 결과 서울 주민들의 '삶의 질 지수'가 지방보다 훨씬 더 높을 수밖에 없다. 그럴수록 사람들은 더욱 서울에 살고 싶어 하고 그에 따라 서울의 자산가치도 상승하기 때문에 기업들도 서울에 더 집착하게 된다. 그 과정에서 일자리들도 당연히 서울에서 더 많이 만들어질 수밖에 없는 것이다. 한국인 모두가 서울 몰아주기에 나서고 있는 판이다. 그 몰아주기판 정점에는 '서울특별시민' 정치인들과 정책 설계자들인 관료들이 있고 지방에는 그 '서울 특별시민'들의 '내부자들'인 '유사 서울특별시민'들이 있다. 그쯤 되면 '서울특별시'가 '서울특별공화국'이라고 불려도 이상할 것 없어 보인다. 도시의 집적 현상은 자연스럽지만 한국에서는 그 집적 정도가 비정상적이다. 지방을 소멸시킬 정도이기 때문이다. 지방도 한국 영토이고 사람들이 사는 곳이다. 그런데 회사가 지방발령을 내면 그 자체가 부당노동행위가 될 수 있다는 것을 어떻게 해석해야 할까? 지방을 서울과 다르게 본다는 뜻일 것이다. 왜 지방은 서울과 달라야 할까? 그것도 차별이 아닐까 싶다. 지방은 내부 식민지다. 내부 식민지가 아니라면 차별도 없어야 할 것 같다.

새로운 모순; 지방은 식민지다!

　전술했지만 지방은 식민지다. 한국은 한 지붕 두 가족이다. 즉, 하나의 나라지만 그 안에 실은 두 개의 나라가 존재하는 셈이다. 지방이 '내부 식민지'라는 주장의 근거다. 내부 식민지는 작동 방식이 있다. 그리고 큰 특징이 있다. 바로 그 구조를 영속화시키는 메커니즘이 설계 장착되어 있다. 그래서 식민지 내에 살고 있는 사람들 노력만으로는 문제 해결을 기대할 수 없다. 그 과정에서 공간 양극화 문제가 나타나는 것은 당연하다. 멕시코시티가 세계에서 가장 큰 도시가 된 이유이기도 하다. 내부 식민지 이론은 1970년대 남미에서 등장한 종속이론과 닿는다. 그 이론에 따르면 식민지는 국가 간에만 존재하는 게 아니라 한 국가 내에서도 존재할 수 있다. 극심한 지역 간 불평등 문제를 그 시각에서 파악할 수 있다. '내부 식민지' 개념은 지역 갈등이 있는 모든 나라에서 문제 제기된 바 있다. 한 국가 내에 중심부가 있고 그 중심부가 주변부를 착취한다고 설명한다. 마누엘 카스텔(Manuel Castells)은 남미의 도시화를 '종속적 도시화'라고 봤다. 남미 도시들이 생산된 가치를 착취하는 과정에서 나타났다고 본다. 그 결과 극심한 지역 간 불평등이 나타나는데 그게 바로 '내부 식민지'의 증거라는 것이다. 전북대 강준만 교수의 분석에 따르면 내부 식민지는 다음과 같은 특징들이 있다고 한다.

　첫 번째는 경제적 종속이다. 서울과 지방은 경제적 격차가 큰 것도 문제지만 더 큰 문제는 지방이 서울에 완전히 종속되어 있다는 사실이다. 한국은 수도권에 전체 경제력의 3분의 2, 국세 수입의 4분의 3, 100대 기업 본사의 95퍼센트, 그리고 예금의 70퍼센트가 집중되어 있다. 빈곤율도 지방이 수도권보다 2배 정도 높다. 그나마 수도권 빈곤층 대부분도 지방에서 상경한 사람들이다. 그들은 수도권에 거주하고 있지만 소외감을 느낄 수밖에 없다. 그 소외감 때문에 그들은 수도권에 거주하면서 향우회 활동에 더욱 적극적이다. 따라서 수도권 민의가 지방으로 도달하는 데 기여하고 있다. 역설적이다. 정상이라면 지방의 민의가 수도권에 전달되어야 문제 해결을 기대할 수 있을 텐데 역으로 수도권 민의가 지방으로 전파되고 있다. 그 결과 수도권에서 지지하는 특정 정당을 각 지역이 무조건 지지하는 방식이 된다. 그 정당들은 수도권 중심의 정책을 개발할 뿐 지방발전에 관심을 기울이지 않는다.

두 번째는 불평등 상태가 지속된다. 서울과 지방이 평등하다고 보는 사람은 거의 없을 것 같다. 그런 사람이 있다면 위선자이거나 현실을 외면하고 있거나 그 둘 중에 하나일 것이다. 그 불평등 정도는 시간이 갈수록 더 심해진다. 공간 양극화가 소득 양극화를 야기하고, 그 소득 양극화가 공간 양극화를 더 심화시키는 격이다. 지방 인구는 감소하다 못해 이젠 소멸 가능성까지 언급되는 상황이다.

세 번째는 정치적 종속이다. 게임이론 시각에서 보면, 서울과 지방이 경기자들이라면 서울은 선도자 입장이고 지방은 후발자 입장이다. 이론적으로 선도자는 '갑' 그리고 후발자는 '을'이라고 칭해진다. 지방은 서울의 주도권을 무조건 수용하고 따라가는 수동적인 자세를 취한다. 지방선거를 할 때마다 중앙당에서 그 선거 입후보자들을 공천하고 있다. 마을 기초의원부터 광역단체장까지 모두 서울 여의도에서 결정되는 구조다. 즉 지방에서 활약하는 지자체장 그리고 지방의원들의 '본사'는 서울 '여의도'이다. 그들이 국회의원의 '몸종'이라는 비아냥이 나오는 이유다. '풀뿌리' 민주주의를 위한다는 명분으로 지방에서 선거를 하고 있지만 형식에 불과하다. 내용을 놓고 보면 '본사' 중앙당 이해관계를 반영하는 선거이기 때문이다. 지방선거는 '지방의, 서울에 의한, 서울을 위한' 것이다.

네 번째는 엘리트 독점 현상이다. 한국의 국가 엘리트들 대부분은 서울에서 만들어진다. 서울은 지방의 엘리트들마저 모두 빨아들이고 있다. 그들은 고향보다 서울을 더 사랑한다. 따라서 정책 결정 과정에서 서울 기득권은 더욱 공고해질 수밖에 없다. 한국 엘리트들 가운데 지방에서 출생한 사람들은 많지만 지방에 살고 있는 경우는 드물다. 그들은 대부분 서울의 특정 대학을 나온 사람들이고 서울에 직장이 있거나 가족들이 모두 서울에 살고 있는 상황이다. 그렇기에 그들은 고향을 생각할 계제가 아니다. 지방은 정책 결정 과정에서 더욱 소외될 수밖에 없다.

다섯 번째는 소통 채널 독점 현상이다. 한국은 주요 언론매체들이 서울 한 곳에 집중되어 있다. 모든 공중파 방송과 종편 방송들 그리고 판매 부수가 수위에 드는 주요 일간지들 모두가 서울에 위치한다. 영향력 있는 언론인들과 지식인들 또한 대부분 서울에 살고 있다. 그들과 주요 매체들을 통해 서울 중심 사고방식이 전파될 수밖에 없는 구조다. 선진국 중에 주요 매체들이 한 도시에 몰려 있는 경우는 한국 빼고 없을 것 같다.

여섯 번째는 문화적 종속 상태다. 한국에서 문화적 인프라는 서울이 압도적이다. 지방 주민들의 문화 수요는 거의 충족되지 못한다. 문화 수요란 말 자체가 생소하게 느껴질 지경이다. 지방 사람들은 유명 가수 콘서트를 한 번 보려고 하면 그 비용이 이중적일 수밖에 없다. 서울까지 가야 하기 때문에 그 과정에서 교통비도 들어가고 대개 숙박비도 들어가게 된다. 해외 유명 인사들이 한국을 방문할 때도 주요 행사 대부분을 서울에서 한다. 지방 청년들은 서울에 대한 로망이 생길 수밖에 없다. 한국 지자체들이 좋아하는 말이 있다. '예향'이다. 듣기는 좋지만 과거 지향성을 표현할 수도 있다. 삐딱하게 들으면 현대성이 없다는 말로 들릴 수도 있다. 그리고 여전히 관습적이다. 기업과 개인의 문화예술 기부금의 수도권 집중도가 84.7%라고 한다. 유명 문화예술인들 대부분이 서울에 살고 있고 연예기획사는 100% 서울에 있다.

일곱 번째는 차별이다. 서울 사람들은 지방 사람들을 다른 나라 사람들 대하듯 할 때가 있다. 편견도 작용한다. 지방 사람들은 그러한 차별과 소외감을 문제 제기해 바로 잡으려 하지 않고 당연하게 수용하는 경향도 나타난다. 한국에서 지방 무시와 조롱은 매우 심각한 수준이다. 그런데 지방 사람들은 무시와 조롱을 바로 잡으려 하기보다는 자신의 자녀들을 서울 소재 대학에 진학시켜 지역 색깔을 세탁하도록 장려할 뿐이다. 돈을 열심히 벌고 모아 서울에 집을 사거나 자신들의 자녀를 서울로 보내는 것이 지방 차별에 항의하는 유일한 방법인 셈이다. 지방 사람들 가운데 서울에 가서 고향을 그리워하는 것이 아니라 오히려 본적을 바꾸는 경우도 많다. 강조하지만 서울 초집중화를 야기하는 쪽은 지방 사람들이다.

강준만 교수는 지방 전문가이다. 한국에서 그보다 더 지방에 관심과 애착을 둔 학자는 없을 것이다. 강준만 교수는 전주에 살면서 오랫동안 지방 문제를 분석해 왔는데 역설적으로 그는 전주 사람이 아니다. 하지만 전북대 교수직을 맡아 전주에 정착한 인연으로 전북 발전을 위해 누구보다 큰 목소리를 내고 있다. 한국에서 그만큼 지방자치제, 지방문화, 그리고 지방 언론에 관해 연구한 학자는 단언컨대 없다. 그런 강준만 교수가 한국의 지방 문제를 이해하고 분석하기 위해 '내부 식민지' 개념을 제시했다. 다음은 강준만 교수의 목소리다.

오늘날 서울-지방 간 발생하는 사회문화적 현상은 과거 일제강점기의 동경-경성 간 관계와 너무도 비슷해 깜짝 놀랄 정도로 지방은 정치·경제·문화·교육·언론 등 전 분야에서 서울에 종속된 식민지이다.

그가 2015년 자신의 저서 『지방식민지 독립선언』이란 책에서 제시한 해법은 '서울민국 타파'였다. '식민 종주국'이라고 해서 서울의 모든 주민들이 수혜자인 것은 아니다. 서울은 지금 부동산 때문에 모두가 미친다. 주택을 보유한 이들은 연일 상승하는 자산 가치 때문에 즐거워서 미치고 주택이 없는 사람들은 거주난과 상대적 박탈감 때문에 미친다. 그래서 모두가 미친다. 서울 시민들의 주택 보유율은 전국 평균에 훨씬 못 미친다. 게다가 문재인 정부 시절 서울 지역 집값은 더 큰 폭으로 상승했다. '영끌(영혼까지 끌어모으는 대출)'과 '빚투(빚내서 투자)'가 유행할 정도다. 그래서 주기적으로 선거판을 달구는 이슈가 있다. 바로 주택공급 확대 정책이다. 마강래 중앙대 교수는 언젠가 인터뷰에서 "핵폭탄급으로 공급 늘려도 서울 집값 못 잡는다"고 단언한 바 있다. 즉, 인구 쏠림이라는 수도권 일극 체제를 내버려 두고선 방법이 없다는 것이다. 한국에서 내부 식민지 논쟁은 사치스럽다. 모든 것이 몰리고 쏠리는데 한가롭게 논의만 하고 있을 때가 아니기 때문이다. 편견을 버려야 한다. 식민주의란 단순히 정치적, 경제적인 종속만을 뜻하는 것이 아니다. 영토적 경계가 있는 것도 아니다.

식민지는 국가 간에만 존재하는 것이 아니다. 한 국가 내부에서도 얼마든지 존재할 수 있다. 계급에 따라 지역에 따라 차별이 나타나고 그 결과 경제적 불평등이 발생하고 지속되면 그것이 내부 식민지인 것이다. 나라별로 내부 식민지는 계속 만들어지고 있는 중이다. 현대에 들어와 내부 식민지 이론은 예측력이 더 강해진다고 봐야 한다. 양극화 때문이다. 식민주의는 양극화다. 한국에서는 소득 양극화와 공간 양극화가 동시에 나타나고 있다. 이젠 문화적 지배와 종속으로까지 그 의미가 확대되고 있다. 서울에는 정치, 경제, 행정, 교육, 문화 등 모든 것이 집중되어 있다. 말 그대로 '서울 일극 체제'이다. 강조하지만 서울과 경쟁할 수 있는 도시는 한국에 존재하지 않는다. 한국의 제2의 도시는 부산이다. 하지만 서울과 부산은 '급'이 다르다. 현재 상태로는 부산이 서울에 맞서 경쟁할 수 없다. 수도권 사람들은 부산이 서울과 경쟁할 수 있는 같은 '급'의 도시라고 절대 인정하지 않을 것이다. 수도권 사람들뿐이 아니다. 한국인 대부분이 그렇게 생각하고 있을 것이다. 그들의 의식 속에는 한국이 서울이고 서울이 곧 한국이기 때문이다. 서울은 말 그대로 서울이고 부산은 그냥 '지방'의 한 도시일 뿐이다. 서울 밑의 부산이라고 해야 사람들은 수긍할 것이다. 그렇기에 경쟁 자체가 성립할 수 없다. 경쟁이 없다면 그건 독점 상태이다. 독점 상태에서는 시장 효율성이 제고될 수 없다. 표준경제학에서는 독점이라고 하면 공급자가 단 하나만 존재한 경우를 지칭한다. 게임이론 시각은 약간 다르다. 형식적인 '수'가 아니라 실질적인 '힘'을 강조한다. 다수의 공급자들이 존재한다고 해도 어느 한 공급자의 시장지배력이 너무 압도적이면 그건 사실상 독점이라고 볼 수 있다. 그 공급자가 다른 공급자들을 상대로 영향력을 행사할 수 있기 때문이다. 지금 서울이 그렇다. 그래서 한국은 '서울 공화국'이다.

내부 식민지 메카니즘

게임이론에 '메카니즘(mechanism)'이란 말이 있다. 어떤 '판'을 설계를 해놓으면 알아서 판이 돌아간다. 규칙과 제도들도 모두 메카니즘을 지향한다. 즉, 판을 돌리는 '규칙'을 정해 놓으면 판이 알아서 돌아가기 때문이다. 지방은 '내부 식민지'라고 했다. '식민지'라는 말이 거부감을 줄 수도 있지만 생각해볼 것이 있다. 식민지도 운영되는 방식이 있게 마련이다. 그리고 공식도 존재한다. 모든 식민지에는 그 식민 지배구조를 통해 이득을 챙기는 사람들이 '반드시' 존재한다. 그들은 식민 지배를 부끄러워하는 것이 아니라 오히려 식민 지배를 '정당화'한다. 식민 지배를 하고자 하는 이들은 식민지 백성 전부를 설득할 필요가 없다. 그 식민지 내에 '영향력' 있는 인사들을 포섭해서 그들이 식민 지배를 '스스로' 정당화할 수 있도록 '유인'을 제공하면 된다. 즉 '조력자들'을 만들면 되는 것이다. 그럼 그 조력자들이 식민 지배를 하는 쪽과 식민 지배를 받는 쪽 사이에서 적절하게 움직이며 식민 지배를 더욱 원활하게 할 수 있다. 지방이 내부 식민지라고 표현했는데 지방의 '내부자들'이 바로 그 조력자 역할을 한다고 볼 수 있다. 그 조력자들은 일제 식민지 시절 부역자들과 비슷한 역할을 한다고 볼 수 있다.

일제 식민지 시대를 맞이하기 전 조선은 근대화되지 못했고 이렇다 할 과학기술도 없었다. 조선이 식민지로 전락한 것은 조선 양반계급의 무능함 때문이었다. 당시 조선은 전략적 사고는 고사하고 과학적 사고조차도 없었던 상태였다. 문호를 개방하고 스스로 근대화를 할 수 있는 기회도 얼마든지 있었다. 근대화만 빨랐다면 일제 식민지 신세를 면했을 수 있다. 하지만 시대착오적인 일부 양반계급은 집요하게 근대화를 가로막았다. 민족의 아픔이기도 하겠지만 일제 식민지 시대를 통해 한국이 근대화가 된 측면도 있다. 일제 식민지는 분명 민족의 아픔이었을 것이다. 이제 모든 것은 과거가 되었다. 더 큰 문제는 지금 당면한 내부 식민지일 수도 있다. 한국의 서울과 일본의 도쿄는 다르다. 말도 다르고 민족도 다르고 나라도 다르다. 하지만 서울과 지방은 서로 다를 수 없다. 말도 같고 민족도 같고 나라도 같다.

그런데도 공간 양극화가 진행되면서 지방은 내부 식민지와 비슷해지는 상황이다. 지방의 엘리트들이 서울특별시민이 되면 정체감을 잊고, 서울이 더 유리해지도록 정책을 설계한다. 그렇게 지방이 내부 식민지로 전락해 갈수록 지방 내부자들은 오히려 수혜자가 된다. 그들은 지방에 살면서 지방 사람처럼 행세하고 여론을 주도하지만 실제로는 서울특별시민에 가깝기 때문이다. 가족들도 대부분 서울에 거주하고 있다. 그리고 그들 자산도 대부분 수도권에 있다. 따라서 지방이 내부 식민지로 전락하고 공간 양극화가 더 진행될수록 지방 내부자들은 얻는 것이 더 많아진다. 내부 식민지 체제로 인해 가장 큰 피해자들은 지방 사람들이다. 더 궁극적으로 지방 빈민들이다. 빈민들은 어디에서나 존재한다. 빈민들은 지방뿐만 아니라 수도권에도 많이 존재한다. 서울에서 부동산 가격이 오르면 물가도 따라 오르게 된다. 그렇게 되면 서울 빈민들의 주거난이 더 심해질 수밖에 없다. 자원들이 서울에 더 몰리고 쏠릴수록 공간 양극화는 더 심각해진다. 그럴수록 지방은 개발이 지체되고 지역 내 총생산이 감소하고 지역 소득수준이 낮아지게 된다. 당연히 일자리도 줄어들게 된다. 일자리가 부족한 가운데 물가상승은 가속화된다. 그 경우 실질임금은 감소하게 된다. 그런 식으로 빈민들의 삶이 더 어려워지는 것이다.

'공정'과 '기회균등'이란 말은 좋다. 누구나 동의할 수 있다. 하지만 중요한 것은 '말'이 아닌 '행동'이다. 한국의 문제는 바로 이것이다. 정치인들이 입으로는 공정과 기회균등을 외치지만 실천을 위해 행동하지 않는다. 그 경우 게임이론 시각에서 겉으로는 기회균등을 찬성하지만 속내는 기회균등을 반대하는 것으로 해석할 수 있다. 기회균등에 '무관심'한 것이 아니라 '반대'하는 것이다. 게임이론은 말보다 행동을 중요하게 본다. 문재인 정부 시절 서울 집값이 폭등해 서울 주택보유자들은 하루아침에 엄청난 자산가들이 되었다. 어느 날 잠에서 깼더니 자산가가 된 것이다. 서울 집값 상승은 수도권 전체 집값 상승으로 이어진다. 그 결과 수도권 전체에 자산가들이 더 많아졌다. 노력을 통한 자산 형성이 아니라 서울 친화적 정책으로 인해 서울 주택보유자들 자산이 부풀려진 것이다.

한국 좌파는 위선적이다. 한국에서 공간 양극화가 소득 양극화보다 더 심각한데도 불구하고 서울 초집중화 문제는 나몰라라 하고 '평등'을 외치고 있기 때문이다. 그들이 고민해야 할 것은 한국을 '수평사회'에서 '서열사회'로 만들어가는 메커니즘이다. 그 메커니즘이 바로 서울 초집중화이다. 앞서 언급했지만, 메커니즘이란 게임 '판'을 돌리는 동력이라고 말할 수 있다. 한국은 이미 어디에 사느냐에 따라 부와 권력과 기회에 대한 접근성이 결정된다. 그런데 이에 대한 문제 제기는 하지 않고 '평등' 또는 '기회균등'을 외치는 이들은 좌파건 우파건 위선적이다.

초집중화는 격한 경쟁으로 이어질 수밖에 없다. 그 경쟁은 대개 '제로섬 게임' 형태다. 경기자들의 이득을 합치면 항상 '0'이 된다. 즉 한쪽이 얻으면 다른 한쪽은 반드시 잃는다. 그런 사회에서 공존 개념이 있을 수 없다. 상대가 가져간 만큼 자기 몫이 줄어들기 때문이다. 그렇기에 그들의 삶은 늘 전투적일 수밖에 없다. 한국인들이 당면한 '헬조선'의 모습이다. 출산율이 떨어지는 것도 우연이 아니다. 모두 삶의 질 수준이 떨어져서다.

그런데 놀라운 것은 서울 초집중화 문제에 무감각한 사람들이 많다는 사실이다. 평등을 외치는 좌파 정치인들도 서울 초집중화에 대해서는 아무런 문제의식이 없다. 그게 진짜 문제다. 도리어 천연덕스럽게 지방을 무시하는 듯한 발언을 하기도 한다. 그러면서 서울 일극 체제를 당연시한다. 자신은 서울에 살면서 인프라의 편리함과 많은 문화적 혜택을 누릴 수 있기에 공간 양극화를 당연시한다. 공간 양극화를 당연시한다면 소득 양극화도 당연시해야 자연스럽다. 사용자와 노동자 간의 갈등도 있지만 서울과 지방 간의 갈등도 크다. 그러한 갈등은 나몰라라 하면서 계급 갈등에만 관심을 보인다면 그것은 또 다른 형태의 수직 서열화를 당연시하는 것이 되고 만다. 스스로 모순된다.

운동권 출신 정치인들은 더 위선적이다. 누구나 다 알듯 1980년대 당시 학생운동권에는 두 가지 큰 '투쟁과제'가 있었는데 '민족모순'과 '계급모순'이었다. 그들은 외세에 의한 남북분단과 독점자본에 의한 노동착취를 당시 한국 사회가 직면한 가장 큰 문제로 봤었다. 현재 한국은 또 다른 모순이 등장했다. 바로 서울 초집중화와 '서울 공화국' 등장으로 인한 내부 식민지 모순이다. 국토 12%도 되지 않는 수도권은 그 인구가 이미 한국 전체 인구 50%를 넘어섰고 경제력으로 따지면 그 집중도는 말할 것도 없이 심각하다. 반면 지방은 소멸 위기에 처해 있다. 가까운 미래에 상당수 기초지방자치단체가 소멸될 것으로 예측되고 있다. 문제는 그러한 예측이다. 예측은 사람들로 하여금 합리적으로 기대하게 한다. 그래서 기대는 '자기 실현성'이 있다. 즉, 모두가 같은 기대를 하면 그 기대는 실현된다. 모두가 곧 불황이 올 것으로 기대하면 지금부터 모두가 소비를 줄이기 시작한다. 모두의 소비가 줄어든 결과 진짜 불황이 찾아온다. 반대도 있다. 모두가 곧 호황이 올 것으로 기대하면 지금부터 투자를 늘리기 시작한다. 모두가 투자를 늘린 결과 진짜 호황이 찾아온다. 기대는 그렇게 실현된다. 그것이 바로 기대의 '자기실현성'이다. 그렇기에 지방소멸 예측만으로도 문제가 발생할 수 있다. 기대는 경제주체들의 행동계획에 직접적인 영향을 미친다. 누군가가 지방에 투자하려고 계획을 세웠다가 지방소멸이 예측되면 그 계획을 철회한다. 아직 지방에 인구가 남아 있다고 사태를 안일하게 보면 안 되는 이유다. 기대의 '자기 실현성'으로 인해 지방소멸이 가속화될 수 있기 때문이다.

극과 극; 서울과 지방

서울과 지방은 격차가 매우 크다. 파멸적 집적이란 말이 있다. 경제지리학에서 나왔다. 경제지리학에서는 고전경제학과 달리 공간과 입지에 대해서도 선호체계가 적용된다고 본다. 따라서 시장균형이라고 하면 공간균형도 포함하게 된다. 반면 표준경제학이 도출한 시장균형에는 공간 균형이 포함되지 않는다. 즉『국부론』을 쓴 애덤 스미스도 그리고 비교우위 이론을 바탕으로 자유무역을 설파한 데이비드 리카도 역시 공간 균형을 고려하지 않았다. 한 나라 안에서 제조 시설이 어디에 입지 하느냐에 따라 생산성이 달라질 수 있다. 대체로 시장이 큰 곳에서 생산성이 높고 외부성 효과가 더해지면 생산성이 더 높아진다. 그렇기에 기업들에 입지 전략은 매우 중요하다. 생산성이 높은 곳에서는 임금수준도 더 높을 수밖에 없다. 임금수준이 높아지면 사람들은 그 지역으로 더 몰린다. 사람이 몰리면 시장이 커진다. 시장이 커지면 기업들 이윤도 커진다. 선순환이다. 최근 연구에 따르면 공간 균형이 어떻게 실현되느냐에 따라 무역을 할 때 비교우위도 달라질 수 있다는 주장도 있다. 어쨌든 파멸적 집적 이론에 따르면 한 나라 안에서 특정 지역의 인구가 다른 지역보다 많아지게 되면 집적에 의한 경쟁우위가 발생해 다른 지역으로부터 기업과 노동인구를 더 많이 흡수하게 되고 그 흡수된 기업과 노동인구들을 바탕으로 더욱 경쟁우위를 누리게 되며, 그 경쟁우위가 더 많은 기업과 노동인구들을 흡수하게 된다. 그래서 결국은 기업과 인구 이동의 연쇄적 발생을 통해 다른 지역에 파멸적 결과를 가져오는 극단적 집적 현상이 나타나게 된다. 이를 파멸적 집적이라고 한다.

한국은 새해 벽두에 인구 뉴스가 등장한다. 2020년도에는 수도권 인구가 처음으로 그리고 공식적으로 한국 전체 인구의 50%를 돌파했다는 뉴스가 인상적이었다. 서울, 경기 그리고 인천 지역 인구를 합쳐서 그 인구가 나머지 14개 시도 인구를 모두 합한 인구를 초월했다는 것이다. 그 뉴스는 인상적이었지만 새삼스러웠다. 지방에 등록된 인구들 중에도 실제 수도권에서 거주하는 인구도 많기 때문이다. 한국인들에겐 수도권 인구가 50%를 넘었다는 얘기는 전혀 새롭지 않다. 아직도 지방에 인구가 대략 50% 가까이 살고 있다는 사실에 놀라는 사람들도 많다. 수도권에 모든 것이 몰려 있는데 지방에 인구가 그렇게 많을 수 있냐는 것이다. 어쨌든 공식적으로 수도권 인구가 비수도권 전체 인구를 넘어섰다. 이는 역대 정부의 지역균형발전정책이 사실상 실패한 것을 의미한다. 수도권 쏠림 현상은 문재인 정부 때 더욱 심화된 것으로 보인다. 문재인 정부가 출범한 2017년 말 수도권 인구 비중은 49.6%였다고 하는데 2020년이 되기까지 2년간 증가율이 무려 0.4%나 된다. 이 통계치는 지난 2010년 (49.2%)부터 2017년(49.6%)까지 7년간의 증가율과 비슷하다. 지금도 수도권 전입은 계속되고 있다. 왜 그럴까? 전술하였지만 그건 수도권이 살기 좋은 이유도 있지만 수도권에 사는 것이 더 경제적이어서 그렇다. 한국은 인구뿐만 아니라 교육, 의료, 문화시설, 교통 인프라와 모든 자원이 수도권에 집중되어 있다. 그러다 보니 수도권 교육 수요도 높아지게 된다. 대학이 지리적으로 서울에 있다는 이유 하나만으로 경쟁력이 발휘된다. 한국에서는 대학 경쟁력이 중심부 서울과의 지리적 인접성에 따라 결정되고 있다. 의료 기관도 마찬가지다. 통계청 자료에 수도권 요양기관 편중률은 50%를 넘었다고 한다. 아울러 전국 42개의 상급 종합병원 중 절반인 21개의 상급 종합병원이 수도권에 위치한다. 30대 대기업들 가운데 27개가 서울에 몰려 있다. 기업 규모 분포를 보면 상위권 기업과 중위권 기업은 격차가 매우 크다. 고용량도 전혀 다르다. 당연히 '양질의 일자리'도 수도권에 몰리게 된다. 일자리 문제는 청년들이 지방을 떠나는 큰 이유가 된다. 한국고용정보원이 발표한 '지역의 일자리 질과 사회적 경제적 불평등' 보고서에 따르면 17개 광역시도 가운데 서울이 일자리 질 종합지수가 가장 높았다고 한다.

전문가들은 수도권 초집중화가 더 심화될 경우 일극 체제로 인해 국가 경쟁력이 약화할 것으로 우려하고 있다. 하지만 그렇게 우려를 전달하는 '전문가들'은 지방 사람들이 대부분이고, 실제 정책 결정에 영향력을 미치는 '전문가들'은 대부분 서울 또는 인근에 살고 있다. 그들은 수도권 초집중화를 우려하는 것이 아니라 오히려 바라는 것 같다. 자신들에게 경제적 이득이 돌아가기 때문이다. 물론 그 이득은 단기적일 수밖에 없다. 한국은 비정상적 과열이 보편화된 상태여서 장기적 안목을 갖추기가 어렵다. 어떻게 급변할지 모른다. 수도권 초집중화가 이뤄지면 사회적 비용이 더욱 증가하게 될 것이다. 수도권 초집중화 현상은 '국가적 비상사태'라고 봐야 한다.

지방의 인구 감소는 지방세 감소로 이어져 지방재정을 더욱 열악하게 한다. 그리고 지역 총생산을 줄어들게 한다. 수도권의 총생산 비중은 계속해서 증가하고 있다. 수도권 과밀화 해소를 위해 문재인 정부는 국가균형발전 프로젝트를 가동했지만 사실상 실패했다. 문재인 대통령이 2020년 신년 인사회에서 "2020년은 '생활 SOC 10조 원 시대'의 첫 해"라며 "상생형 지역 일자리, 지역주도형 청년 일자리, 도시재생 뉴딜 등 지역주민의 삶의 질을 높이면서 국가균형발전을 이끌 수 있도록 지자체와도 적극 협력하겠다"고 말하며 국가균형발전에 대해 의지를 표명했지만 말뿐이었다. 구체적인 전략이 없었다. 오히려 수도권 초집중화가 더 심해지도록 방치한 측면이 있다. '3기 신도시 조성' 및 '수도권광역급행철도(GTX) 건설'이 동시에 추진되면서 '균형발전'은 '빛 좋은 개살구'가 되고 말았다.

빈집 공포와 유령 마을

지방은 빈집 빼고 모든 것이 사라지고 있다. 말 그대로 '빈집 공포'이다. 빈집은 인구 감소가 남긴 흔적이다. 공포 영화를 보면 대개 빈집이 나온다. 빈집 자체가 흉물스러워 공포 분위기를 낸다. 지방에서 번지는 빈집 공포는 영화가 아니다. 현실이다. 빈집 공포는 전 세계적 현상이라고 한다. 인구 감소 때문이다. 그래서 빈집 공포가 한국에만 있는 것처럼 요란

떨 일은 아니라고 한다. 하지만 빈집 발생 추세가 정상적이냐를 따져볼 필요가 있다. 세계 어느 지역보다 한국에서 빈집 발생이 빠른 속도로 증가하고 있다. 같은 나라 안에서도 어딘가에는 주택 부족으로 인해 집값이 치솟고 있다. 그런 곳에서는 청년들도 '영끌' 매수한다고 난리다. 서울이다. 하지만 어딘가에서는 빈집들이 넘쳐나고 흉물스럽게 방치되고 있다. 그 빈집들을 미관상 좋지도 않을 뿐 아니라 범죄로도 활용될 수 있다. 빈집 자체가 대형 쓰레기이다. 빈집들이 농촌에만 있을 것으로 생각하기 쉬운데 실제 지방 중소도시에도 빈집들이 많다.

통계청에 따르면 전국 빈집(공공주택·단독주택 포함) 수는 1995년 35만 가구였던 것이 매년 증가해 2000년에는 51만 가구, 2005년 73만 가구로 늘더니 급기야 2015년 100만 가구 선을 넘었다고 한다. 2018년 148만 가구에 달했으며 2022년에는 151만여 채가 빈집이라고 한다. 그 빈집 4채 가운데 1채는 1년 이상 비어 있는 채로 방치된 것으로 나타났다. 그 빈집들은 대개 지방이었다. 먼저 인구 감소가 빈집 수를 늘리고 저출산과 고령화가 더해져 더 빠르게 집들을 '무인화'시킨다고 한다. 지방 청년들이 수도권으로 유출되면서 지방에 '빈집 공포'가 더욱 확산되고 있다.

지방에 빈집들이 많아지면 '깨진 유리창' 법칙이 적용된다. 뒤에 자세하게 설명하겠지만 유리창이 깨진 채로 남아 있으면 범죄를 유인할 수 있다. '신호'(Signal)로 작용하기 때문이다. 빈집들은 '신호'가 된다. 지방에 투자를 마음먹었다가도 빈집들이 많아지고 있다고 하면 투자할 마음이 싹 사라질 것이다. 그것이 바로 신호 효과다. 신호 효과는 매우 구체적이다. 어떤 회사가 망할 때 공식이 있다. 그 회사가 망해서 주가가 떨어지는 것이 아니다. 일단 그 회사가 심한 타격을 입을 것으로 예측되면 주가가 하락한다. 그 주가 하락은 다른 투자가들의 전략적 반응을 이끌어낸다. 그 전략적 반응들이 그 회사의 주가를 더 빠르게 하락시킨다. 프로젝트 실패로 어려움에 처한 그 회사는 엎친 데 덮친 격으로 주가까지 하락하면서 더 큰 위기를 맞는 것이다. 그 상황에서 적절한 타개책을 내지 못하면 그 회사는 그대로 망하고 마는 것이다. 신호 효과란 그렇게 구체적이고 직접적이다. 어느 지역에 빈집들이 방치되면 그 지역은 더 빠르게 슬럼화된다. 그 결과 거주민들도 그 지역을 떠나고 싶어 한다. 거주민들도 그 지역을 떠나려는 마당에 인구 유입을 기대할 수 없다. 그 과정에서 빈집들은 더 많아진다. 슬럼화가 진행되면 미관상 좋지도 않지만 범죄율도 높아진다. 당연히 그 지역 삶의 질 지수도 하락한다. 그렇게 되면 인구가 더 유출된다. 슬럼화는 더 빠르게 진행된다. 즉 가속도가 붙는다.

빈집 증가세는 도시와 농촌을 가리지 않는다. 빈집이라고 하면 시골 벽지에 허름한 농가를 생각하기 쉬운데 실제 아파트도 많다고 한다. 80만 호가 넘는다. 그 다음 단독주택 그리고 다세대주택이라고 한다. 지역별로는 보면 전남, 강원 그리고 경북이 상대적으로 많다. 빈집 비율과 고령화 추세는 비례한다. 흥미로운 것은 전남과 경북은 '몰아주기' 투표 행태로 유명한 지역이다. 실제 전남의 고령화율은 전국에서 가장 높다. 물론 빈집 증가세는 서울과 세종을 빼면 공통적인 현상이다. 매년 예외 없이 전년과 비교해 빈집들이 증가하고 있다. 저출산과 고령화가 맞물리면서 상황은 더 악화되고 있다. 게다가 지방의 청년들은 언제라도 지방을 떠날 준비가 되어 있다. 지방의 빈집 공포는 더 심해질 것으로 보인다.

대안은 없다. 다만 빈집들을 활용할 필요가 있다. '깨진 유리창' 효과로 인해 슬럼화에 가속도가 붙는 것을 막기 위해서다. 지자체가 나서서 빈집을 활용해 도심 정비사업을 하면 정주 환경 개선을 기대해볼 수 있다. 빈집 터를 공영주차장으로 만들면 방문객들에게 편리함을 줄 수 있다. 지자체 단독으로 그 사업을 추진하기에는 한계가 따를 수 있다. 방법은 '빈집 거래'를 쉽게 하는 것이다. 실제 빈집들에 관심 갖는 사업자들도 있다.

하지만 여러 제약과 규제 때문에 사업 아이디어를 낼 수 없는 형편이다. 특히 한국에서 집을 매매할 때 '거래비용'이 크게 발생한다. 그 거래비용 때문에 거래 자체가 위축되는 경우도 많다. 지자체가 그 거래비용을 낮춰 줄 필요가 있다.

'청년회장=노인회장'

청년회장이 노인회장도 되고 노인회장이 청년회장도 된다. 요즘 지역을 다녀보면 60대 또는 70년대 '청년회장'이 많다. 한때 그가 가장 젊어 청년회장을 맡게 되었는데 이후 자신보다 젊은 사람들이 모두 수도권으로 떠났고 청년 유입도 없어 한 사람이 몇십 년째 청년회장을 계속하고 있어서다. 실제로 어느 지역에는 노인들만 남았다. 어촌 마을은 '노인과 바다'라는 우스개까지 있다. 그들에게 동네가 사라질 걱정은 새삼스럽다. 지방소멸은 나라의 근간을 위태롭게 할 수 있다. 수수방관해선 안 된다.

지방소멸 위험지수가 있다. 그 위험지수는 해당 지역의 20~39세 가임 여성 인구수를 65세 이상 인구수로 나눠 계산하는 수치다. 2014년 일본의 관료 출신인 마스다 히로야 도쿄대 교수가 처음 고안한 분석법이라고 한다. 이 수치가 0.5 미만일 경우 소멸위험이 크다는 것을 의미한다. 2022년 3월 기준 전국 기초지방자치단체 2곳 가운데 1곳은 소멸위험지역인 것으로 나타났다. 한국고용정보원이 통계청 주민등록 연앙인구(7월1일 기준 인구)와 월별 주민등록인구 통계자료를 이용해 분석한 결과, 2022년 3월 기준 전국 228개 기초지자체 가운데 소멸위험지역은 49.6%(113개)에 달하는 것으로 분석됐다. 2020년과 견줘 2022년에 새로 소멸위험지역으로 진입한 기초지자체는 11곳이었다. 제조업 쇠퇴 지역인 전북 군산과 경남 통영, 그리고 수도권 외곽지역인 경기 포천과 동두천

등이 신규 소멸위험지역으로 추가됐다. 지역 제조업이 쇠퇴하면서 일자리 상황이 더욱 악화되고 청년인구 유출이 발생한 결과인 것으로 보인다.

6개 광역시 중 네 곳이 10년 안에 '소멸위험지역'에 들어갈 것으로 전망됐다. 저출산과 고령화 때문이다. 지방 소도시와 농어촌에서 시작된 '인구 재앙'이 대도시로 확산하는 모양새다. 소멸 현상은 농어촌 낙후 지역뿐만 아니라 지방 대도시 그리고 혁신도시 주변까지도 확산되고 있다. 공공기관 본사들이 이전해갔음에도 혁신도시까지도 지방소멸 위기를 피하지 못한 것을 보면 충격이 아닐 수 없다. 이유는 간단하다. 그 지역으로 공공기관들은 이전했지만, 그 직원들은 그 지역에 거주하지 않기 때문이다. 따라서 공공기관 이전 효과가 거의 나타나고 있지 않다. 최근 발표된 통계청의 '지역소득통계'에 따르면 그동안 지역 소득 부동의 1위를 지켜왔던 울산은 2017년부터 서울에 밀려 2위로 주저앉았다. 조선업 부진과 자동차 산업 불황으로 인해 지역경제가 큰 타격을 입었기 때문으로 분석된다. 울산을 둘러싼 광역단체들, 즉 경북과 경남도 모두 성장률이 마이너스를 기록하고 있다.

한국은 특별법의 나라다. 항상 무슨 일이 벌어지고 나서야 부랴부랴 대책 마련을 한다. 대책이라고 하면 대개 법률 제정이다. 국회는 지방이 소멸 위기에 처해지자 특별법을 제정했다. 이른바 '지방소멸방지' 특별법이다. 정식 명칭은 더 길다. '인구감소지역지원특별법'이라고 한다. 물론 법도 중요하다. 하지만 게임이론 시각에서 볼 때 '법'은 '계약'에 속한다. '계약'은 경기자들의 행동을 묶는다. 넓은 의미로 보면 '약속'이다. 법이 없어서 지방소멸 위기가 도래한 것이 아니다. 어쨌든 2022년 5월 '지방소멸방지특별법'이 국회를 통과해 2023년 1월부터 시행됐다. 이 특별법은 지방소멸 위기에 대응하고 지역발전을 위해 국가 차원의 맞춤형 지원체계를 만들자는 취지라고 한다. 실효성은 여전히 의문으로 남지만 뒤늦게라도 지방과 중앙이 대안 마련을 위해 공감대를 찾았다는 것은 평가할 만하다. 하지만 특별법 제정은 필요조건이 될지언정 충분조건이 될 수 없다. 무엇보다 지방자치제 혁신이 필요하다. 청년들의 '지방 탈출'을 막기 위해 지방에서도 문화 수요가 충족되어야 한다는 것이 전문가들의 공통된 지적이다.

가장 시급한 것은 지방의 인식 전환이다. 막연히 정부만 바라보고 있어선 안 된다. 지방소멸 가능성이 제기되면서 긍정적인 현상도 있다. 해묵은 지역감정이 해소될 조짐을 보이고 있기 때문이다. 전라도와 경상도는 선거 때만 되면 반목이 존재했다. 하지만 지방소멸 문제를 앞두고 전라도와 경상도 간에 의기투합이 나타났기 때문이다. 2019년 12월 전라남도와 경상북도 간에 영호남 상생 발전을 위한 업무협약이 체결됐다. 두 지자체가 업무협약을 체결한 건 지난 1995년 민선 지자체가 출범한 후 처음이라고 한다. 협약을 맺게 된 계기는 '지방소멸'에 대한 위기의식과 공감대다. 실제 통계에 따르면 전남과 경북은 고령화가 가장 심각하고 빈집들 증가 속도가 가장 빠른 곳들이라고 볼 수 있다. 그래서 그 두 지역은 지방소멸 위기에 공동으로 대응하기 위해 '인구소멸지역 지원 특별법' 제정에 협력하기로 뜻을 모았다.

지방의 인구 감소 현상은 어제오늘 일이 아니다. 지방 인구는 오래전부터 감소해 왔다. 지역별로 정도 차이가 있었을 뿐이다. 정부도 균형발전이라는 시대적 사명을 다하기 위해 나름대로 노력을 기울이기도 했다. 혁신도시들을 만들기도 했고 지자체들에 대해 재정지원도 했다. 하지만 결과는 달라지지 않았다. 그게 중요한 포인트다. 왜 달라지지 않았을까? 여러 이유가 있겠지만 가장 중요한 것은 지방의 수동적인 자세 때문이다. 모든 것을 중앙정부에 맡기고 '예산폭탄'을 마냥 기다리고만 있다. 발전을 위해 지방도 스스로 능동적인 태도를 보여줄 필요가 있다. 즉 패배주의를 극복하고 정주 여건 개선을 위해 노력하는 자세를 보여줘야 한다. 그래야만 추가적인 인구 유출을 막고 인구 유입을 기대해 볼 수 있다.

무엇보다 절실한 것은 기업 유치다. 기업은 수도권에서 먼 지방으로 굳이 내려갈 이유를 찾지 못한다. 이 와중에 가장 어리석은 방법은 규제다. 지자체는 기업들이 지방에 관심을 갖도록 유인을 제시해야 한다. 중앙정부와 협의해 지방에 입지를 택한 기업들에 대해 법인세를 대폭 감면할 필요가 있다. 그리고 지방에 사는 전문직 종사자들의 소득세를 감면하면 인구유출을 막을 수 있다. 지역에 특화된 산업 생태계 조성도 필요하다. 잘 파악해보면 지역별로 특정 산업에 '비교우위'를 점하고 있을 수도 있다. 비교우위 발굴을 위한 노력도 선행되어야 한다. 지역 청년들의 '지방 탈출'은 청소년 시절부터 시작된다. 따라서 지역 청소년들이 지역에서 정체감을 갖고 가치 실현의 꿈을 키울 수 있도록 환경을 만들어주는 것도 중요하다.

지방독립투사 강준만

그의 책 제목이 『지방 식민지 독립선언』이다. 얼마 전 한국에서 'No Japan' 운동이 일어났다. '항일운동은 못 했지만 불매운동은 하겠다'는 비장한 표어까지 등장했다. 그 뜻은 가상했지만 약간은 차별적이다. 역사적으로 볼 때 한민족을 주로 괴롭혀온 민족은 북방의 유목민들이었다. 사이가 좋았던 적이 별로 없었다. 반면 일본인들과는 바다를 통해 교역을 해왔다. 교역은 필요한 것을 서로 맞바꾸는 것이다. 교역은 육지보다 바다에서 훨씬 쉽다. 배를 건조할 수 있고 항해술이 있으면 대규모 교역도 할 수 있다. 삼국시대 백제는 당나라에 맞서기 위해 일본과 동맹을 맺기도 했다. 실제 일본은 백제를 돕기 위해 구원군을 파견하고 당나라와 해전을 벌이기도 했다. 한국은 삼국시대라고 하면 매우 오래된 일이라고 생각하는 경향이 있는데 그렇게 오래된 얘기가 아니다. 한국인들이 일본을 증오하는 이유는 일제 식민지 시절 수탈당하고 차별받았다는 기억 때문일 것이다. 이 시점에 강준만 교수는 한국 사회에 이슈를 제기한다. 일제에 의한 차별은 몇십 년이 지나도록 잊지 못하면서 내부 식민지를 만들어 같은 나라 사람들을 차별하는 것에 문제 제기가 없다는 것이다.

강준만 교수 주장대로 대한민국은 무늬만 공화국일 수도 있다. 실제로는 서울 공화국과 지방 식민지 둘로 나뉘어져 있다고 볼 수 있다. 중요한 것은 지방 식민지는 독립된 상태가 아니라 서울 공화국에 예속되어 있다. 대한민국 상위 10%의 평균 순자산은 8억 3,000만 원 정도라고 한다. 지방 사람들 가운데 그 정도 자산을 보유한 이는 많지 않다. 반면 서울에서는 아파트 한 채만 가져도 그 정도 자산가가 될 수 있다는 뜻이다. 상위 10%의 부자 대부분은 서울 아파트 소유자들인 셈이다. 한국에서 부의 기준이 서울 아파트 소유 여부로 결정 난다고 해도 과언이 아니다. 그뿐이 아니다. 사회 전 분야에서 수도권과 지방의 격차는 돌이킬 수 없을 정도가 되었다. 그런 시각으로 보면 지방은 식민지라고 말하는 강준만 교수의 주장도 틀린 말이 아니다. 지방이 서울 사람들의 관심을 받을 때가 있다. 선거 때다. 선거 때만 되면 출향해 출세한 이들이 고향에 내려가 모든 연줄을 동원해 선거운동에 나선다. 그리고 그때서야 국토균형발전 공약을 내세우고 대규모 인프라 투자 그리고 미래산업 육성 등을 약속한다. 허언이다. 선거전략일 뿐이다. 그러한 선거전략이 지역발전전략으로 둔갑해 떠도는 것은 코미디가 아닐 수 없다. 엉터리이기 때문이다. 서울 사람들이 지방의 실상을 어떻게 알아서 그런 대안을 내는지 모르겠다. 더 황당한 것은 그 엉터리 대안들을 열심히 받아 적어 홍보에 나서는 지방 언론들이다. 지방이 망하게 하는 데 지방언론도 한몫하고 있다. 그들은 그 지역 사람들의 목소리를 담으려 굳이 노력하지 않는다. 그 대신 상경해서 출세하고 서울에 살고 있는 사람들 목소리를 담기 위해 더 노력한다. 서울 언론매체가 내놓는 의제를 따라가려고 애를 쓰는 것도 부자연스럽다. 정체감이 없어 보인다. 강준만 교수는 지방 신문이 '공무원 신문'이라고 표현한다. 지역민들의 민원 해결을 위해 노력하는 것보다 출세주의자들을 위해 '인간극장'을 만들어내는 것에 더 많은 노력을 기울인다고 일갈했다. 지방 신문이 지자체장 홍보에 열을 올리는 행태를 질타한 것이다.

노골적으로 지방자치제를 비웃는 사람들도 존재한다. 손바닥만 한 나라에 무슨 지방자치냐는 식이다. 한국인들은 지금도 중앙과 변방이라는 이항 대립적 사고에 익숙하다. 차별의식이 생활화되어서 그렇다. 조선시대부터 지방은 실각 또는 좌천을 의미했다. 당시 지방으로 유배를 떠난 이들은 권토중래를 꿈꾸었다. 권토중래는 서울 진출을 의미했다. 그 무의식이 남아 있는지도 모른다. 지금도 지방의 지식인들 가운데 서울 진출을 갈구하는 사람들이 많다. 그들의 사고방식을 보면 지방은 그냥 개천일 뿐이다. 평등을 지향한다는 좌파 지식인들은 모든 차별에 반대하는 것이 맞다. 도리어 지방 차별을 당연시하는 경향도 있다. '사람은 서울로 말은 제주도로 가야 한다'는 말이 있듯 옛날 양반들에겐 입신양명이란 서울 입성을 뜻했다. 강준만 교수는 대학의 분산 정책과 지역 언론의 활성화 방안을 제시했다. 강 교수의 말처럼 한국에서 대학은 교육이 아닌 어느 순간 정치적, 부동산 사업이 되어가는 중이다. 고향에서 적은 비용으로 편하게 학교를 다닐 수 있는 사람들이 '인서울' 강박증으로 인해 서울에서 '지옥고'를 감수하는 걸 보면 외국인들은 이해하기 어려울 것이다. '인서울' 대학 간판을 따기 위해서 도시 빈민 생활을 자청하는 격이다. 공부를 어디서 하건 그것은 자유다. 자유이기에 학비 조달도 학생 스스로 하는 게 맞다. 지자체가 나서서 재정 보조를 통해 학생을 도우려 하면 안 된다. 그 보조금에는 대학을 다니지 않은 청년들이 낸 세금도 포함되어 있기 때문이다. 예를 들면, 지자체가 서울에 장학숙을 짓고 서울로 유학 떠난 그 지역 출신 학생들에게 기숙사를 지어주는 것은 코미디다. 청년 유출을 걱정한다며 정반대로 청년들이 지역을 떠나도록 유인을 제공하는 격이기 때문이다. 서울 사람들을 지방으로 내려가게 하는 것보다 지방 청년들이 고향을 떠나지 않도록 하는 것이 중요하다.

지방 사람들은 지방선거를 다시 생각해볼 필요가 있다. 자신들이 지지한 이가 당선되면 '빽줄'이 생겼다고 좋아하는 눈치다. 하지만 진정 승자가 누구인지를 생각해봐야 한다. 승자는 '중앙'이요, 패자는 '지방'이다. 자기 지역 출신 대통령 만들자는 소리도 헛소리에 가깝다. 1995년 제1회 지방선거 이래 지방자치제는 허구였다. 지방자치제 결과 지방에서 민주주의가 퇴보되는 현상도 발견됐기 때문이다. 시대를 거슬러 가는 역주행이다. 다시 말하지만 지방은 중앙의 식민지다. 지방 식민지화는 국가 차원의 수직 서열화이다. 국가 전체가 거대한 권력 피라미드가 되는 것이다. '지방 식민지'를 주장하면 도리어 선동이라고 몰아가는 사람들도 있다. 그들은 대부분 서울에 거주하며 특혜를 누리는 기득권자들이다. 그런 사람들이 지방에도 존재한다. 지방의 '내부자들'이다. 이들은 언제든지 서울로 옮겨갈 준비가 되어 있는 사람들이다. 그렇기에 지방 식민지의 수령 노릇을 맡아 가면서 이득을 편취하는 중이다. 지방 내부자들은 바로 지방 엘리트들이다. 지방 사람들이 문제 해결 의지만 있으면 '지방 식민지화' 문제는 얼마든지 해결할 수 있다. 아직도 인구의 반은 지방 사람들이고 영토의 90% 가까이가 지방이기 때문이다.

2

몰림과 쏠림의 이론

2. 몰림과 쏠림의 이론

지금까지는 한국이 처한 공간 양극화 현상에 대해 얘기했다. 그럼 공간 양극화는 왜 발생할까? 한쪽으로 몰리고 쏠리기 때문이다. 이번 장에서는 자원이 왜 한쪽으로 몰리고 쏠리는지를 분석해 보고자 한다. 배경 이론들을 간략히 소개할 생각이다. 오랫동안 한국에서 외교관 생활을 한 그레고리 핸더슨은 자신의 저서 『소용돌이 한국 정치』에서 한국을 주변부가 돌면서 중심부를 향해 빨려 들어가는 나선형 사회라고 묘사했다. 그 중심부는 서울이다. 소용돌이처럼 돌면서 시간이 갈수록 중심부 서울로 모든 것이 빨려 들어간다는 것이다. 나선형 사회는 동태적 몰림과 쏠림을 반영한다. 먼저 왜 몰리고 쏠릴까? 세 가지 갈래에서 이론적 설명이 가능하다.

첫 번째 갈래는 전략적 사고를 통해 분석하는 게임이론 시각이다. 몰림과 쏠림을 호텔링(Hotelling) 게임의 결과로 본다. 경우에 따라 '지배전략의 폐해'라고 설명할 수도 있다. 두 번째 갈래는 도시경제학 시각이다. 사람들이 모이면서 집적이익이 발생한다고 본다. 신지식이 나타나고 빨리 전파되면서 생산성이 높아진다. 세 번째 갈래는 행동경제학 시각이다. 인간은 항상 합리적이지 않고 군집행동(herd behavior)이 나타난다. '친구 따라 강남 간다'는 말이 있다. 투자할 때 사람이 많이 몰리는 곳을 입지로 택하는 경우가 많다. 첫 번째와 두 번째의 경우는 합리성이 전제된다. 하지만 세 번째의 경우에는 합리성이 전제되지 않는다.

한국의 몰림과 쏠림 현상은 매우 특징적이다. 전략적 사고가 결여된 모습이다. 게임이론에서 파악할 때 '전략적 사고'란 어떤 선택이 가져올 '상호작용'에 대한 헤아림이다. 모든 것은 게임이다. 다만 게임의 종류는 다양할 뿐이다. 일회적 게임도 있고 반복 게임도 있다. 일회적 게임을 할 때는 미래가치가 고려되지 않는다. 단 한 번으로 게임이 끝나기 때문이다. 다음 게임을 생각할 필요가 없기에 미래가치에 대한 헤아림 자체가 존재하지 않는다. 반면 반복 게임에선 미래가치를 크게 여긴다. 게임이 계속 반복되기 때문이다.

쉽게 설명하자면, 고객과의 거래가 단 한 번이라면 그건 일회적 게임이다. 포인트는 이것이다. 매출을 늘리려면 단골이 중요하다. 단골과의 거래는 반복된다. 그래서 단골이다. 그 고객과 단 한 번 만 거래를 할 것이라면 그 고객에게 호의를 베풀 필요가 없어진다. 최선 전략은 바가지를 씌워서라도 최대로 많은 이윤을 챙기는 것이다. 관광지에 가면 바가지 씌우기가 많은데 그 지역 상인들이 도덕심이 없어서가 아니다. 그 상인들은 당신과 계속 거래할 생각을 하지 않기 때문에 바가지를 씌우는 것이다. 해외 관광지에 가면 바가지 씌우기가 더 심하다. 자주 보는 고객이라면 바가지를 씌우는 것보다 호의를 베푸는 것이 더 유리하다. 당신이 그 고객에게 신뢰를 쌓는다면 그는 반복해서 당신을 찾을 수도 있다. 반복 게임이 된다. 그렇게 되면 당신의 미래이익이 커진다. 당신은 그 고객에게 친절할 유인이 있다. 일회적 게임이라면 '전략적 사고'를 통해 상인들 간에 '바가지 씌우기' 경쟁이 벌어지지만 그 게임이 반복될 때 현명한 상인이라면 '전략적 사고'를 통해 '신뢰'를 쌓을 유인이 발생한다고 설명할 수 있다.

한국에서 몰림과 쏠림은 미래가치에 대한 고려가 없는 상태이다. 현재이익 찾기에 급급한 결과 나타난 현상으로 평가할 수 있다. 과유불급이란 말이 있다. 과하면 부족한 것만 못하다. 꼭 이론을 동원하지 않더라도 무엇인가가 한쪽으로 몰리면 위험할 수 있다는 것을 사람들은 본능적으로 알아차릴 수 있다. 그 몰림과 쏠림으로 인해 공간 양극화가 나타나고 그 공간 양극화는 미래에 국내총생산을 줄어들게 한다. 미래가치가 줄어든다는 뜻이다. 그럼에도 불구하고 경제 주체들 입장에서는 나라 전체의 미래가치보다 지금 자신에게 당장 돌아갈 경제적 이득에 더 집착하게 된다. 그들이 볼 때 미래가치는 자신이 아니어도 걱정할 사람들이 많다고 생각하기 때문이다. 한국 내 경쟁들은 '일회적' 그리고 '제로섬' 형태를 띠게끔 설계되어 있기 때문에 한국인들은 미래가치에 대한 고려를 사치스럽게 여기는 경향이 있다. 몰림과 쏠림은 한국 사회의 한 코드다.

지리적으로도 모든 것들이 수도권으로 몰리고 쏠린다. 교통 인프라도 문어발식이다. 수도권을 머리로 하고 도로망이 지역으로 촉수처럼 뻗쳐져 있는 모습이다. 장거리 국제항공의 출입국 90% 이상이 수도권의 인천공항과 김포공항을 통해서 이뤄지고 있다. 수도권은 사람이 너무 많아 극도로 혼잡한 반면 지방은 사람이 너무 없어 소멸을 걱정할 정도이다. 그러다가 휴가철 또는 명절 때 지방으로 사람들이 몰려 내려가면서 혼잡으로 인해 사회적 비용이 커진다. 사람들이 선호하는 대학도 학과도 직업도 모두 한쪽으로 몰리고 쏠린다. 먹는 것도 '맛집'으로 몰리고 쏠린다. 한 번 매스컴에 '맛집'으로 소개되면 사람들이 너무 많이 몰려 업주들은 즐거운 비명을 지르게 된다. 반면 같은 동네이지만 어느 음식점은 파리만 날린다. 전형적인 몰아주기 방식이다.

지금까지 한국 경제성장 방식은 주로 몰아주기였다. 도시경제학에서 '몰림과 쏠림'은 집적이익 형성을 위한 동력이다. 집적이익이라고 하면 '몰림과 쏠림'의 이익이라고 보면 된다. 표준경제학에서는 몰림과 쏠림을 연구하지 않았다. 애덤 스미스와 데이비드 리카르도가 '보이지 않는 손'과 '비교우위'를 강조했지만 '공간' 또는 '입지'를 고려하지 않았다. 나라 안에서도 지역별로 '보이지 않는 손'과 '비교우위'가 다르게 작용할 수 있음을 간과한 것이다. 그때는 지금처럼 몰림과 쏠림 현상이 심하지 않아서 그랬을 것이다. 하지만 자원들은 한곳으로 몰리고 쏠리는 경향이 있다. 그 점을 감안해 폴 크루그먼은 새로운 무역이론을 제시했다. 그 결과 고전무역이론이 신무역이론으로 넘어가는 계기가 되었다. 그 공로로 폴 크루그먼은 노벨경제학상을 수상하게 된다. 도시경제학은 입지와 '공간균형'을 분석한다. 공간은 한정되어 있다. 그리고 누구나 좋은 환경에서 살고 싶어 한다. 날씨가 좋거나 경치가 아름다운 곳을 선호한다. 그런 곳으로 사람들은 몰린다. 미국에서는 캘리포니아에 사람들이 많이 몰려 있고 캐나다에서는 상대적으로 따뜻한 남쪽 국경에 인구 80% 가까이가 몰려 있다. 한반도에서도 과거에는 서부 평야 지대에 사람들이 많이 모여 살았다고 한다. 한민족은 주로 농업에 종사했기 때문에 평야 지대가 인기가 높았을 것이다.

몰림과 쏠림은 당연하고 자연스러울 수도 있다. 그리고 몰림과 쏠림을 통해 집적이익이 발생하고 비로소 '집적경제(agglomeration economy)'가 실현된다. 사람들이 많이 모일수록 새로운 생각이 많아지기 때문이다. 생산도 많아지고 소비도 많아진다. 이윤추구를 위해 더 많이 노력한 결과 혁신도 이루어진다. 그에 따라 생산성이 획기적으로 높아진다. 노동시장이 커지고 임금수준도 높아진다. 사람들이 더욱 몰린다. 글레이저 교수 표현대로 인류 최고의 발명품은 도시일 수도 있다. 인류가 도시를 만들어 내지 않았다면 지식생산과 전파가 훨씬 느렸을 것이다. 하지만 한국에서 그 몰림과 쏠림은 생산성 향상과 약간 거리가 있다. 분리하자. 몰림과 쏠림은 또 다르다. 몰림이 과도해지면 쏠림이 된다. 몰림은 자연스럽다. 하지만 쏠림은 위험하다. 한국은 모든 것들이 한쪽으로 쏠려서 문제라고 볼 수 있다.

호텔링 게임; 한곳으로 몰린다!

사람들은 게임이라고 하면 '죄수의 딜레마'를 떠올려 경기자가 두 명이고 선택안이 두 가지라고 생각하기 쉽다. 그 경우 일어날 수 있는 상황은 단 네 가지에 불과하다. 그런 경우는 매우 특별하다. 현실에서는 선택안이 두 가지 이상 되고 심지어는 셀 수 없이 많기까지 하다. 호텔링 게임이 있는데 다음 이야기를 생각해보자.

여름 휴가철에 많은 관광객이 어느 해변을 찾는다고 하자. 인근 마을에 사는 갑돌은 그 해변을 찾는 관광객들을 상대로 아이스크림을 팔기로 마음먹었다. 돈은 갑돌만 벌고 싶은 것이 아니다. 같은 마을에 살고 있는 을순도 같은 생각을 했다. 해변은 대개 일자 모양으로 길게 늘어져 있다. 분석을 쉽게 하기 위한 가정이 필요하다. 관광객들도 해변을 따라 일자 모양으로 분포해 있다고 생각하자. 갑돌과 을순 두 사람은 서로 싸우지 말고 이윤을 비슷하게 만들어 갖자고 의견을 모았다. 그래서 갑돌은 해변의 맨 왼편 끝에서 아이스크림을 판매하기로 하고, 을순은 정 반대쪽인 오른편 끝에서 아이스크림을 판매하기로 했다. 갑돌과 을순이 판매할 아이스크림의 맛과 품질 그리고 가격은 동일하다고 가정한다. 해변 가운데 지점을 기준으로 왼편에 자리한 피서객들은 자연스럽게 갑돌 상점에서 아이스크림을 사먹을 것이고, 오른편 피서객들은 을순 상점에서 아이스크림을 사먹을 것이다. 즉, 피서객들은 조금이라도 가까운 가게를 찾을 것이다. 그러던 중 해변 가운데에 자리를 잡은 고객 하나가 갑돌 상점에 가서 아이스크림 가게들이 해변 양 끝에만 있어 불편하다며 가게를 조금만 더 가운데 쪽으로 옮기면 어떻겠냐고 제안한다. 그럴듯한 소리다. 갑돌은 그 말을 듣고 다음날 가게 위치를 전보다 약간 가운데 쪽으로 옮겼다. 그랬더니 그날 갑돌의 매출이 전날보다 증가했다.

이유는 을순 상점을 이용했던 사람들이 훨씬 가까워진 갑돌 상점을 찾았기 때문이다. 매출이 늘어나자 갑돌은 더 욕심이 생겨났다. 이윽고 다음날엔 가게를 더 오른쪽으로 옮겼다. 그러자 그의 매출이 더 증가했다. 을순 상점을 이용하던 고객 중에 더 많은 이들이 갑돌 상점을 이용한 결과였다. 을순은 이 사실을 알아챘다. 갑돌이 가게를 해변 가운데 쪽으로 옮기면서 을순은 자신의 고객들을 빼앗긴 것이다. 을순은 약속을 어긴 갑돌에게 분개했다. 을순은 자신의 상점을 해변의 정중앙에 위치하도록 했다. 그러자 이번엔 갑돌 상점의 매출이 줄어들었다. 갑돌도 가만히 있을 수 없었다. 정중앙으로 옮겨 갔다. 결국 해변 정중앙에 두 경쟁자가 나란히 서서 아이스크림을 팔게 되었다. 그렇게 되자 흥미롭게도 갑돌 상점과 을순 상점의 매출이 원래 수준으로 돌아갔다. 다시 시장을 반반 나눠 갖게 된 결과였다. 이는 갑돌과 을순 모두 자신의 상점을 해변 한가운데에 내는 전략이 최선임을 말해준다. 해변 한가운데에서 내쉬균형이 실현된 것이다. 그 둘이 합리적이라면 그렇게 선택할 것을 예측해볼 수 있다.

내쉬균형의 가장 큰 특징은 그 균형에서 어느 누구도 단독으로 이탈할 유인이 없다. 다시 생각해보자. 갑돌과 을순 모두 해변 한가운데 나란히 서서 영업을 하고 있는 상황이다. 그 상황에서 누군가가 단독으로 자신의 상점 위치를 옮기면 그의 이윤만 감소한다. 따라서 상점을 옮길 유인이 존재하지 않는다. 직접 그림을 그려놓고 보면 해변 한가운데를 제외하고는 어느 입지에서나 갑돌 또는 을순이 이탈할 유인이 발생한다. 따라서 결국 상점들은 한가운데로 몰리게 된다.

이 설명 모형은 미국의 경제학자인 해럴드 호텔링이 만들었는데 그의 이름을 따서 호텔링 모형이라고 불린다. 그는 공급 경쟁이 치열한 산업에서 기업들의 입지 전략을 설명하기 위해 그와 같은 모형을 만들었다. 호텔링 모형은 예측력이 매우 강하다. 주유소 옆에 주유소가 있다. 빵집 옆에 빵집이 있다. 청바지 가게 옆에 청바지 가게가 있다. 공급 경쟁이 치열할 때 가장 덜 안전한 방법은 자신의 경쟁자 옆에 상점을 차리는 것이다. 이미 설명했듯이 그렇게 하면 시장을 정확히 나눌 수 있기 때문이다. 예를 들어, 갑돌이 왼쪽 맨 끝에 상점을 열었는데 을순이 가운데 상점을 열게 되면 을순의 시장점유율이 더 높아지게 된다. 갑돌과 을순 모두 이익 극대화를 위해 전략적 사고를 할 수 있다. 그 상황에서 가장 유리한 방법은 경쟁자 옆에 상점을 여는 것이다. 이는 매우 직관적이다. 시장을 조사하러 다닐 필요도 없다. 불편해 보일지 모르지만 역설적이게도 경쟁자 옆에서 같이 영업하는 것이 가장 편한 방법이다. 전략적 사고를 갖추었다면 상대방도 같은 생각을 할 것이다. 그렇다면 결론은 경쟁자들이 붙어 다닐 수밖에 없다는 것이다. 경쟁자가 둘 이상이 될 수도 있다. 그 경우에도 호텔링 모형은 성립한다. 모두 같은 자리에 모이는 것이다. 그리고 시장을 같은 크기로 나눠 갖는다. 그래서 몰리고 쏠리는 것이다.

한국에서도 호텔링 모형은 예측력이 강하다. 대학 근처에 가면 '먹자골목'이 있다. 호텔링 모형을 모르는 사람이라면 그렇게 한 곳에 경쟁자들이 모여 영업하면 불편하지 않을까 하는 생각을 할 수도 있다. 하지만 그처럼 한곳에 몰려 있는 것이 바로 내쉬균형이다. 식당들이 각자 고민해본 결과 모두 그 '먹자골목'에서 경쟁자들 옆에서 영업하는 것이 가장 안전하고, 불리하지 않겠다는 결론에 이르렀기에 그렇게 한 장소에 몰린 것으로 볼 수 있다. 지역마다 차이가 존재하지만 길을 가다 보면 특정 지역에 커피숍들이 몰려 있고, 어떤 지역에는 같은 술을 파는 술집들이 몰려 있는 것을 볼 수 있다. 지역 소비자들의 후생이나 효율성을 생각하면 상점들이 한 곳에 몰려 있는 것보다 적당한 간격을 두고 흩어져 있는 것이 더 좋을 것이다. 예를 들어 갑돌과 을순 그리고 경쟁자가 한 명 더 추가되어 아이스크림 판매 경쟁이 붙을 때 내쉬균형은 모두 가운데에 입점하는 것이다. 그렇게 하지 않고 해변을 삼등분하여 셋이서 일정 거리를 두고 영업하면 고객들로서는 많이 걷는 수고로움이 줄어든다. 사회적 후생이 증가한다고 해석할 수 있다. 하지만 판매자들은 사회적 후생을 고려하지 않고 자신들의 이윤을 고려할 뿐이다. 더 많이 팔기 위해 전략 선택을 모색하다 보니 역설적으로 한 곳에 몰린 것이다.

앤서니 다운스라는 경제학자는 호텔링 모형을 정치학에 접목시켰다. 그리고 선거에서 후보자들이 내세울 공약을 예측하는 데 이론적 틀을 제공했다. 미국은 양당제 국가다. 그렇기에 대선에서 당선이 가장 유력한 두 후보의 정치적 성향은 보수와 진보로 나눌 수 있다. 하지만 그들의 공약들에는 유사성도 발견된다. 그러한 현상은 한국에서 더 심하다. 한쪽 정당이 부패 척결을 내세우면 다른 정당도 부패 척결을 내세우고, 복지 강화를 내세우면 다른 정당도 복지 강화를 내세운다. 진보주의자들이 현금 지원을 약속하면 보수주의자들도 현금 지원을 약속한다. 서로 이념과 지향점이 상반된 양대 정당이 선거 때 내놓은 정책이 서로 유사하다는 것은 도무지 말이 안 된다. 각 정당에서 선거 전략을 기획하는 이들의 생각이 부족해서가 아닐 것이다. 발굴할 공약이 없어서도 아닐 것이다. 선거전에서 불리함을 피하려는 것이다. 다수결 원리 속에 각 정당은 과반 지지를 확보하면 무조건 이긴다. 호텔링 모형이 득표 전략에 적용된다면 좀 더 지지를 얻기 위해서 자신을 절대적으로 지지하는 극단적 성향의 유권자 입맛에 맞는 정책보다 중도에 가까운 정책을 공약으로 내놓는 것이 유리할 수밖에 없다. 그게 바로 '중위투표자' 정리이다. 중위투표자라고 하면 모든 유권자를 이념에 경도된 정도로 지수화하여 일렬로 세웠을 때 한가운데 위치한 유권자를 말한다. 진보를 표방하는 정당도 보수를 표방하는 정당도 그 중위투표자의 이념 성향에 맞추어 정책을 제시하면 승리할 수 있다는 결론이 된다. 진보주의 정당은 맨 왼쪽부터 그 중위투표자까지의 유권자들에게 지지를 구하면 50%를 넘기게 된다. 보수주의 정당은 맨 오른쪽부터 그 중위투표자까지의 유권자들에게 지지를 구하면 50%를 넘기게 된다. 그래서 두 정당이 동시에 그 중위투표자의 동의를 구하기 위해 정책을 만들어내기 때문에 이념 성향이 전혀 다른 두 정당의 정책들에서 유사성이 발견되는 것이다. 그 유사성은 '중도주의'란 말로 포장된다.

호텔링 모형을 이해하고 나면 평소에는 양극단에서 의견이 대치되던 두 정당이 선거 때만 되면 모두 중도주의로 수렴하는 것이 더 이상 놀라운 일이 아니다. 따라서 실망할 일도 아니다. 호텔링 모형은 시장 경쟁을 두고 많은 것을 시사한다. 경쟁이 첨예해질수록 경기자들은 전략적으로 중간 지점을 선택하는 것이 불리해지지 않는 방법일 수도 있다. 기업들이 수도권으로 몰려드는 것도 원리가 비슷하다. 경쟁 기업들에 비해 불리해지지 않으려는 시도이다. 수도권은 한국의 중심이다. 수도권의 중심은 서울이다. 그래서 여력만 되면 서울로 들어가려 하는 것이다. 사람도 마찬가지다. 기업과 사람은 공급자도 되고 수요자도 된다. 기업은 상품을 공급하면서 노동을 수요 한다. 반면 사람은 노동을 공급하고 상품을 수요한다. 경쟁은 주로 공급 쪽에서 발생한다. 기업들은 상품 시장에서 경쟁 기업에 비해 불리해지지 않기 위해 중심부를 찾아 들어가고 사람들 역시 노동시장에서 경쟁들에 비해 불리해지지 않기 위해 중심부를 찾아 들어간다. 그 결과 수도권에 그것도 서울에 모든 것이 몰리고 쏠리는 것이다. 한국에서는 '중간이나 따라가라'는 말을 자주 한다. 그 말은 중간에 있으면 최소한 불리하지 않다는 사실을 표현한다. 가장 안전한 방법이 되기도 한다. 하지만 호텔링 모형에는 가정이 있었다. 갑돌과 을순 상점 모두 같은 품질의 아이스크림을 같은 가격에 판매한다는 가정이었다. 그 의미는 두 상점 모두 동일한 힘을 보유하고 있다는 뜻이다. 하지만 현실적으로 그렇지 않은 경우도 많다. 을순이 갑돌보다 훨씬 더 큰 능력을 보유하고 있다고 해보자. 예를 들어 생산성이 더 높다면 같은 비용을 들여 더 많이 생산해낼 수 있다. 그렇게 되면 경쟁자보다 저렴한 가격에 판매할 수 있다. 그런데도 갑돌이 을순 옆에서 영업한다면 그는 시장을 모두 잃고 말 것이다. 그 경우에는 왼쪽 맨 끝이나 오른쪽 맨 끝이 더 유리할 것이다. 왜냐하면 그 끄트머리에 있는 고객들은 을순이 더 저렴하게 팔고 있다는 사실을 알아도 거리가 너무 멀기에 가까운 갑돌 상점을 이용할 유인이 존재하기 때문이다. 실제 생활 속에서 대형 상점에 가면 가격들이 더 저렴하다는 것을 안다. 하지만 소비자들은 높은 가격에도 불구하고 집 근처 편의점을 이용하기도 한다. 그런 경우에는 막연히 중간 따라가겠다는 전략을 세워서는 도리어 불리해지고 만다. 벤처 기업들과 구직자들도 마찬가지다. 막연히 중간 따라가겠다는 전략을 세우고 무조건 서울이나 수도권으로 몰려가선 오히려 더 불리해질 수 있다. 그들에게는 오히려 작더라도 틈새시장을 노려 일단 자기 영역을 분명히 확보하는 것이 보다 유리한 전략일 수 있다. 이처럼 호텔링 모델은 모든 자원이 수도권으로 그리고 수도권에서도 서울로 몰리고 쏠리는 이유를 설명해준다. 그러한 몰림과 쏠림은 때로 전략 부재 상황을 표현해주기도 한다. 오판과 전략 부재 상황이 겹치면서 한국이 더 몰림과 쏠림의 나라가 되어가고 있다.

지배전략의 폐해

게임이론에는 '바닥으로의 질주'라는 표현이 있다. 원래는 비상을 위한 질주가 맞을 것이다. 비행기는 날기 위해 활주로를 달린다. 근시안이 문제다. 경기자들이 눈앞의 작은 이득에 집착한 결과 미래에 있을 큰 가치를 포기하게 된다. 그렇게 근시안적 전략 선택이 반복되면 시간이 갈수록 미래가치가 줄어든다. 그 결과 말 그대로 비상을 위한 질주가 아니라 바닥을 향한 질주가 되고 만다. 원래 '바닥으로의 경쟁'이라는 말은 1933년 미국 연방 대법원의 판사에 의해 인용되었다고 한다. 당시는 세계대전으로 인해 불황이 심해지던 상황이었고 보호무역 시대였다. 자유무역을 한다면 모든 나라들은 무역 이득을 더 크게 낼 수 있는 상황이었다. 게다가 자본과 노동 같은 생산요소들이 국제적으로 자유롭게 이동할 수 있다면 기업들은 입지를 최적화할 수 있었다. 그렇게 되면 보다 낮은 비용으로 생산이 가능해지고 보다 저렴한 가격으로 공급을 할 수 있게 된다. 그 결과 가격수준이 낮아지면 세계 전체 후생이 증가하게 된다. 하지만 산업시설들이 해외로 이전해가며 산업의 사양화가 나타날 수 있다. 산업의 사양화는 실업률을 증가시킨다. 이러한 사태를 피하기 위해선 기업을 유치할 필요가 있는데 그 과정에서 규제 완화 유인이 발생한다. 어떤 나라는 법인세를 인하하거나 토지를 무상으로 대여해주기도 한다. 불필요한 규제를 완화하고 소모적인 행정비용을 줄여 효율적인 정부를 구축하는 것이 바람직하다. 즉, 규제 완화가 가장 유리한 전략이다. 지배전략이다.

지배전략을 이해하려면 '죄수의 딜레마' 상황을 떠올리면 된다. 각 죄수의 최선 전략은 '자백'이다. 그 이유는 쉽다. 두 죄수가 각 조사실 안에서 생각해 볼 때 상대 죄수가 '자백'할 것이라고 전제하면 자신은 '자백'을 해야 한다. 왜냐하면 상대 죄수가 '자백'을 한 상황에서 자신 홀로 '침묵'을 지키면 자신의 형량이 더 커질 수 있기 때문이다. 상대 죄수가 '자백'하지 않고 '침묵'을 지키고 있다면 어떨까? 이때 자백을 먼저 하게 되면 상대 죄수보다 형량이 가벼워지기 때문에 '자백'을 할 유인이 발생하게 된다. 즉, 상대 죄수가 '자백'을 하건 '침묵'을 하건 상관없이 자신은 무조건 '자백'을 하는 것이 유리하다. 상대 죄수도 같은 생각을 하고 있다. 그렇기에 각 죄수에게 '자백'이 지배전략이다. 결국 모두가 '자백'할 수밖에 없다.

결론을 내려 보면, 상대의 전략 선택과 무관하게 자신의 특정 전략이 최선으로 정해져 있으면 그 전략을 '지배전략'이라고 한다. 지배전략은 영어로 'dominant strategy'다. 학자에 따라 '우월전략' 또는 '우위전략'이라고 표현하기도 한다. 직역하면 '압도전략'이 맞을 것이다. 한국에서 자주 쓰는 단어들 가운데 하나가 '무조건'이란 말이 있다. '무조건'이란 노래도 있다. '무조건 지지' 또는 '무조건 선택' 등 다양한 표현들이 있는데 다른 선택 가능성은 고려하지 않음을 강조한다. 정확한 의미전달을 위해 단어를 생각해본다면 '지배전략'도 좋고 그게 아니라면 '무조건 전략'도 좋을 것이다. 하지만 공식적으로 자주 쓰이는 '지배전략'이란 말을 쓰기로 한다.

한국에서 지배전략의 진짜 폐해는 입지 선택과 선거전에서 많이 나타난다. 입지 선택에서 가장 유리한 전략은 '무조건' '인-서울' 전략이다. 선거전에도 지배전략이 나타난다. 어느 지역에서는 무조건 좌파 정당에 표를 몰아주고 또 다른 지역은 무조건 우파정당에 표를 몰아준다. 그러한 표 몰아주기는 지역 정치시장을 독점체제로 만들고 만다. 독점기업보다 더 위험한 것이 독점 정당이다. 좌파냐 우파냐가 중요한 것이 아니다. 지역에서 좌파 정당독점 또는 우파 정당 독점이 이뤄지면 그 지역은 완전히 망가질 수밖에 없다. 지방이 바닥을 향해 질주하게 된 배경에는 특정 정당 독점 지역정치 상황이 있다고 볼 수 있다. 자세한 내용은 뒤의 장에서 다시 논의하기로 한다.

입지 선택 문제를 다시 생각해보면 한국에서 '서울'을 선택하는 것이 지배전략이다. 서울 선호는 세대 차이도 없고 이념 차이도 없다. 좌파든 우파든 모두가 서울이다. 연예인도 대부분 서울에 산다. 스포츠 스타들도 대부분 서울에 산다. 심지어는 지역 정치인들도 주택과 가족들도 서울에 두고 있는 경우가 대부분이다. 지방의 직장인들도 마찬가지다. 한국은 나라 걱정 속에 대대적인 촛불시위를 많이 하는 것 같다. 그 촛불시위에 나가서 정부의 실정을 토로하는 사람들도, 그걸 반대하느라 또 다른 촛불시위를 하는 사람들도 실은 모두 지방보다 서울을 선호하는 것 같다.

		나 사람들	
		지역 투자	서울 투자
가 사람들	지역 투자	(8,8)	(2,12)
	서울 투자	(12,2)	(5,5)

사람들을 크게 두 그룹으로 나누어 보자. '가 사람들'과 '나 사람들'이 있다고 해보자. 실은 편의상 사람들을 나누어 설명하지만 큰 의미는 없다. 왜냐하면 어차피 모두 지배전략을 선택할 것이기 때문이다. 특히 현재 한국을 분석하면 '서울 투자'를 놓고 사람들 간에 호불호가 나뉘지 않는다. 지역 투자가 많아져야 지역이 개발되고 일자리가 만들어지고 청년들이 지역을 떠나지 않을 유인이 발생할 것이다. 하지만 위의 보수행렬을 분석면 모든 사람에게 '서울 투자'가 지배전략이다. 먼저 '가 사람들'이 전략을 선택할 때 '나 사람들'의 전략 선택을 생각해보자. '가 사람들'이 '서울 투자'를 택하면 '나 사람들'은 '서울 투자'를 택하는 것이 최선이다. 이때 '가 사람들'은 5를 얻고 '나 사람들'도 5를 얻는다. 만약 '가 사람들'이 '지역 투자'를 택하면 '나 사람들'은 그래도 '서울 투자'를 택하는 것이 최선이다. 오히려 더 유리해진다. 그때 '가 사람들'은 고작 2를 얻지만 '나 사

람들'은 12를 얻기 때문이다. 즉, '나 사람들'은 '가 사람들'이 '지역 투자'를 택하던 '서울 투자'를 택하던 무조건 '서울 투자'를 택하는 것이 유리하다. 상대의 선택을 고려하지 않고 어떤 전략을 무조건 선택할 수 있을 때 그 전략을 '지배전략'이라고 한다고 했다. 즉, 그 전략은 무조건적이다. '나 사람들'이 전략을 선택할 때 '가 사람들'의 전략 선택을 생각해봐도 결과는 비슷하다. 즉 '가 사람들'의 '지배전략' 또한 '서울 투자'이다. 그래서 모든 투자가 서울로 몰리는 것이다. 모두가 서울 투자에 열을 올리기 때문에 서울의 자산 가치들은 오를 수밖에 없다. 그 결과 지역의 자산 가치들은 하락할 수밖에 없다. 상대성이 적용되기 때문이다.

내년에 투자 결정을 다시 한다고 해보자. 그러면 이미 서울 지역에 투자가 몰려 있는 상황이고 자산 가치 상승 폭이 크기 때문에 서울에 투자할 유인이 더욱 커져 있는 상태다. 그럼 다시 서울 지역에 '묻지마 투자'가 이뤄지고 서울의 자산 가치는 더욱 상승하게 된다. 그 다음해에 투자 결정을 다시 한다고 해보자. 서울 지역에 더 많은 투자가 누적되었기 때문에 그때 가면 서울에 투자할 유인이 더더욱 상승한 상태다. 그 이듬해에는 말할 것도 없을 것이다. 그러한 방식으로 서울은 전국의 자원들을 더 빠른 속도로 빨아들이게 된다. 시간이 갈수록 비정상적 에너지가 만들어지며 그 빨아들이는 힘이 더 강해진다. 과장이 아니다. 비정상적 에너지는 사람들의 욕망이다. 권력욕과 물욕이다. 권력에 가까이 가기 위해 그리고 더 많은 돈을 벌고 싶은 욕망이 어우러지면서 서울 중심부로 향하는 경로는 더욱 소용돌이친다. 권력과 돈은 '전략적 보완관계'가 성립한다. 따라서 권력이 돈을 만들고 돈이 권력을 만든다. 권력과 돈 그리고 돈과 권력이 어우러지면 자산증식이 더 쉽고 빨라진다. 한국에서 자산 가치의 근간은 부동산이다. 거품일망정 상관없다. 어차피 사람들은 차익거래를 통해 돈만 벌면 되기 때문이다. 거품이 거품을 만들어낸다. 거품이 낄수록 역설적으로 판이 더 커진다. 도박판의 판돈과 비슷한 원리이기 때문이다. 판돈을 가져가기 위해 도박판에서는 '타짜'처럼 손이 빨라야 하지만 서울 자산 또는 부동산 시장에서는 '정보'가 빨라야 한다.

그래서 돈을 받고 '정보'를 거래하는 일들이 벌어진다. 분석한 대로 남들이 어디에 관심을 두고 어디에 투자하건 상관이 없다. 자신의 전략 선택은 무조건 서울에 투자하는 것이 된다. 다른 경쟁자들의 전략 선택도 마찬가지다. 그러한 메커니즘에 따라 모든 것들이 서울로 향해 가는 것이다. 그 과정에서 과열이 발생한다. 그렇게 생긴 과열은 서울 입성을 위한 기회비용이 된다. 따라서 그 비용을 상쇄할 만큼 더 큰 이윤을 만들어내야 하기 때문에 욕망이 더 커지게 되고 그 결과 더 큰 판이 만들어진다. 이미 지방의 어느 도시도 서울과 경쟁을 할 수 없다. 지방의 판은 계속 줄어든다. 규모가 작으면 무시된다. 그 무시는 차별로 이어진다. 그럴수록 서울은 욕망의 도가니 또는 용광로가 된다. 권력과 돈이 상호작용하고 욕망이 촉매제가 되면서 그 용광로는 더 큰 에너지를 발산한다. 새삼 '신호'라고 말할 것도 없다. '신호'가 필요 없다. 전국 어디에서나 그 용광로가 발산한 에너지를 느낄 수 있기 때문이다.

서울은 블랙홀이다. 그래서 한국의 모든 자원을 빨아들이고 있다. 그럴수록 비정상적 에너지와 거품이 만들어지고 그 블랙홀은 무한 팽창한다. 그 '몰아주기'에 국민은 열광한다. 그 열광은 다시 욕망이 된다. 지방의 청년들은 서울에 가서 무엇을 배우고 어떤 일을 해야겠다는 계획을 세우기 전에 일단 진로를 '서울'로 먼저 정한다. 자유다. 여력이 부족하면 차선으로 수도권을 택한다. 자유다. 지방 청년들이 빚을 내고 돈을 끌어 모아 수도권 부동산에 '영끌' 투자할 정도다. 자유다. 자유가 문제가 아니다. 지배전략이 문제일 뿐이다.

다음은 지배전략이 가져온 결과다. 한 통계에 따르면 1960년대에서 2000년대까지 한국에서 실질소득은 15배 상승했다. 반면 서울 지역 땅값은 1,176배가 상승했다고 한다. 블랙홀 서울이 모든 자산투자 유인을 빨아들인 결과라고 볼 수 있다. 한국인들에겐 서울이 아니면 투자할 곳이 없어 보인다. 서울이 투자가치가 있어서 투자하는 게 아니라 사람들의 투자가 한곳에 모일수록 거품이 만들어지기 때문이다. 그 거품 속에서 차익을 챙기기만 하면 되는 구조가 되기에 정보만 확실하면 큰돈을 벌 수 있게 된다. 권력과 유착할 유인이 발생하는 이유가 된다. 서울 부동산 시장은 거품이 거품을 만들어내는 곳이라고 볼 수 있다. 수급 원리와는 상관없다. 바로 그것이 지배전략의 폐해다. 정책 설계하는 이들이 알아야 할 것은 다음과 같은 단순한 사실이다. 사람들이 서울에서 부동산 거품을 만들고 싶어서 서울에 투자를 몰아주는 것이 아니다. 그 사람들의 이유는 투자해서 돈을 벌고 싶은 것이다. 사익 추구 유인이다. 단순하게 보수행렬표를 만들어 볼 때 사람들에게 서울 투자가 지배전략이 되기에 그토록 서울 부동산 시장이 과열되고 거품이 심각해질 뿐이다. 즉 사람들은 합리적으로 행동한다고 하지만 그 결과가 비합리적일 뿐이다. 사회적 딜레마에서 각 경기자의 전략조합은 균형이다. 즉, 바뀌지 않는다. 한국에서 서울 투자는 사회적 딜레마다. 아무리 정부가 개인 투자자들에게 서울 투자를 자제하라고 호소해봐야 소용없다. 무분별한 규제는 오히려 역효과를 낼 뿐이다. 정책이 바뀌면서 '신호'가 강해지기 때문이다. 그렇게 되면 지배전략의 폐해로 인해 블랙홀 서울의 흡인력이 오히려 더 강해질 수도 있고 그에 따라 한국 경제는 더 큰 위기를 맞을 수도 있다.

국회의원들, 경제부처 장차관들과 전문 관료들은 늘 정책 설계를 한다. 그리고 한국 경제를 위해 최선인 것처럼 말한다. 그런데 그들의 행동을 보노라면 그들이 말하는 한국경제에 대한 우려가 진심이 아니라는 것을 쉽게 눈치챌 수 있다. 게임이론은 '말'이 아니라 '행동'을 본다. 한국의 정책 설계들을 살펴보면 대부분 평면적 사고를 기반으로 한 것들이다. 즉, 동적게임이 아니라 정적게임을 상정하고 그 결과를 예상한다. 동적게임과 정적게임은 전혀 다르다. 정적게임과 다르게 동적게임에서는 시간이 갈수록 플레이를 위한 상황이 달라진다. 평면적 사고를 통해 대안을 내면 그 대안은 엉터리가 될 수밖에 없다. 일단 한국의 경제정책들은 모두 수급 원리에 초점이 맞추어져 있다. 그래서 값이 오르면 공급을 늘리고 값이 내리면 공급을 줄이고 이런 식이다. 물론 애덤 스미스가 밝힌 대로 시장에는 '보이지 않는 손'이 작용한다. 여기에서 '보이지 않는 손'이란 시장 시스템을 표현한 것이다. 시장에는 자동조정 메커니즘이 있다. 그래서 수급 상황에 따라 균형 가격이 결정된다. 그리고 시장 참가자들이 자신들의 이익 극대화를 위해 행동하면 역설적으로 시장이 효율화된다. 그 덕에 사회 전체 후생이 증가하는 결과가 나타난다.

하지만 애덤 스미스가 깜박한 것이 있다. 동물들과 다르게 호모 사피엔스들은 훨씬 더 교활하고 훨씬 더 이기적이다. 그렇기에 그들은 자기 행동이 시장에 해악을 가져올 수 있다는 것을 알면서도 우선 당장 조금이라도 이득을 더 챙기기 위해 전략적으로 행동할 유인이 있다. 그런 행태들이 극으로 치닫게 되면 아수라판이 된다. 그러한 행태들이 상대적으로 많은 곳을 후진국이라고 하고 그런 행태들이 좀 더 자제되는 곳을 선진국이라고 한다. 더 정확히 표현하면 '자제'되는 것이 아니라 '방지'되는 것이다. 후진국과 선진국의 차이는 도덕성이 아니다. 동적게임에 대한 이해 여부로 판가름 난다고 봐야 한다. 선진국 국민이 사익 추구 행태를 자제하는 것은 그들이 착해서가 아니라 그렇게 했을 때 그리고 그러한 행동들이 반복되었을 때 자신에게도 손해가 돌아간다는 것을 알고 있어서 그렇다. 후진국 국민은 전략적으로 부정한 짓을 해서라도 지금 더 가져가려고 기를 쓰는 것이고 선진국 국민은 미래가치를 위해 전략적으로 자제하는 것이다. 모두 전략적 사고를 바탕으로 하고 있지만 나라별로 지역별로 전혀 다른 결과가 나타나는 것이다. 애덤 스미스는 인간들의 그러한 전략적 행동들을 고려하지 못했다. 근시안을 바탕으로 전략적 사고를 한 결과 '사회적 딜레마'들이 나타나 인류를 위기로 몰아가고 있다. 모든 인간은 교활하다. 그런데 지혜란 것이 있다. 게임이론에서 볼 때 지혜란 다른 것이 아니고 넓은 시야와 긴 안목을 말한다. 그런 지혜가 발휘되어야 '사회적 딜레마' 문제가 해결될 수 있다. 시장에는 '보이지 않는 손'이 작용하는 동시에 '보이지 않는 행동'들이 있다. 게임이론에서 그러한 '보이지 않는 행동'들을 '도덕적 해이'라고 한다. 분별없는 교활함은 오히려 시장원리를 망가트리고 최악의 자원배분을 가져올 수 있다. 애덤 스미스는 '보이지 않는 손'을 강조했지만, 사람들의 전략적 행동들에 대해서는 생각해보지 않았다. 인간들의 교활함과 이기심은 끝이 없다. 그래서 탐욕도 끝이 없다. 보이지 않는 곳에서는 못 할 행동이 없을 정도다. 보는 이가 없으면 법은 커녕 규칙도 안 지킨다.

　좌파 정부는 대개 도덕심에 호소하는 경향이 있다. 지난 문재인 정부도 공직자들에게 도덕심을 호소했다. 수석들과 장차관들에게 주택을 한 채만 보유하라고 하고 주택 매도를 강요하는 것이 한 사례다. 코미디다. 자기 돈 주고 산 자산을 왜 팔아라 말아라 강요하는가? 도덕심을 강요할 양이면 그들에게만 강요해선 안 된다. 그리고 그런 정책은 결코 실효적이지 못하다. 특단의 조치가 필요하다. 게임에는 규칙이 필요하고 그 규칙은 지켜져야 의미가 있다. 먼저 올바른 규칙이 있어야 한다. 대한민국은 자본주의 국가이다. 하지만 아무리 자본주의라 하더라도 부동산 투기는 제한될 필요가 있을 것 같다. 부동산 투기도 엄연히 상거래 활동인데 왜 제한해야 하느냐고 물을 모양인데 그럼 강물도 사고팔 수 있도록 하자. 그래서 전국적으로 냇가 하천 강물 저수지 호수들도 모두 소유를 정하도록 하자. 농어촌공사도 수자원공사도 민영화해서 전국의 모든 댐과 그 물까지 소유권을 민간에 넘기도록 하자. 그래서 수자원을 소유한 이가 그 이점을 활용해 돈을 벌 수 있도록 하자. 사람은 물과 공기 없이는 살 수가 없다. 토지도 같은 시각에서 볼 필요가 있다. 강물과 공기를 사고팔지 않듯이 토지 소유도 사유제를 기본으로 하되 투기 목적의 거래는 제한될 필요가 있어 보인다. 영토가 협소한 나라에서 땅이 자산증식 수단으로 이용되는 것을 제한할 필요가 있다는 뜻이다.

집적경제

'몰아주기'란 말이 있다. 사람들도 자원도 넓게 퍼져 있는 것보다 한 곳에 몰려 있을 때 경제 효과가 발생할 수 있다. 그 경제 효과를 바탕으로 '집적경제(agglomeration economy)'가 실현된다. 말하자면 집적경제는 '몰림과 쏠림' 때문에 발생한다. 몰림과 쏠림이 혼잡함을 주기도 하지만 큰 이점을 주기도 한다. 하버드대 에드워드 글레이저 교수 말대로 도시가 '승리'하는 이유이기도 하다. 그의 주장대로라면 도시는 인류의 가장 위대한 발명품이다. 사람들이 모이면서 그 이점이 발휘되기 때문이다. 물론 이상한 사람들도 많다. 하지만 똑똑한 사람들도 섞여 있다. 그 이상한 사람들이 사회적 비용을 발생시키지만 똑똑한 사람들은 그 비용을 상쇄하고도 남을 만큼 가치를 만들어낸다. 생산성도 높아지게 한다. 실증 결과가 있다. 미국 내에서 인구가 100만 명 이상 되는 광역도시권역에서 일하고 있는 근로자들이 그렇지 않은 근로자들에 비해 평균 생산성이 약 50퍼센트 더 높다고 한다. 소득수준도 당연히 높다. 한국도 비슷할 것이다. 그래서 모든 것이 수도권으로 몰리고 쏠린다. 한국 경제의 비약적 성장은 집적경제가 바탕이 되었다. 쉬운 말로 집적경제는 '몰아주기'에서 나온다. 그 '몰아주기'는 규모를 더욱 키워 규모의 경제를 실현하게 한다. '몰아주기'의 앞면이 '한국경제 성장신화'이고 뒷면이 바로 '지방소멸'이다.

기업 규모가 크면 생산량이 늘어날수록 생산 단위당 평균비용이 감소한다. 즉 생산 규모가 커질수록 가격 경쟁력이 생기는 것이다. 따라서 기업은 생산을 더 많이 할 수록 유리해진다. 규모가 큰 대기업은 규모가 작은 중소기업들보다 가격 경쟁력이 있게 마련이다. 그와 같은 개념을 지리학에 대입하면 집적경제를 설명할 수 있다. 예를 들어, 사람들이 모두 전국에 흩어져 산다고 해보자. 실제 인류가 원시 시대에는 그렇게 살았을 것이다. 사람들이 한 지역에 몰리면 몰릴수록 그 지역의 생산성이 높아질 수 있다. 지식 때문이다. 사람들이 모이면 모일수록 생각들도 다양해지고 서로 생각들이 교환되면서 신지식과 신기술이 만들어진다. 그 결과 생산성이 더욱 높아지는 것이다. 그게 바로 에드워드 글레이저가 역설한 '도시의 승리' 공식이다.

도시의 발생과 성장은 그러한 집적경제를 바탕으로 한다고 말할 수 있다. 물론 인구가 밀집되면 좋기만 한 것은 아니다. 인구 밀집은 부정적인 효과도 발생시킨다. '외부불경제'라고 표현한다. 집적이익과 다르게 집적불이익이라고 표현한다. 가장 대표적인 것이 교통체증과 공해다. 도시 지역으로 갈수록 흔히 발생하는 문제가 바로 교통체증이다. 대기오염과 수질오염도 심각하다. 소음도 많다. 사회문제도 많이 발생한다. 빈곤이다. 도시에는 부자들만 사는 것이 아니라 빈민들도 많이 산다. 세계 최초의 도시는 기원전 3000년경에 형성되었다고 한다. 실제 도시의 성장사가 인류의 역사이기도 하다. 도시는 생산성이 높고 새로운 것들을 만들어내기에 유리하기 때문이다. 다양한 사람이 한곳에 모여 살면서 다양한 지식과 기술들이 개발되면서 문명도 만들어진다. 집적이익도 두 종류가 있다. 생산 측면에서 이익이 있고 소비 측면에서 이익이 있다. 생산 측면에서 그 이익은 다시 지역화 경제(Localization Economics)와 도시화 경제(Urbanization Economics)로 구분해서 설명 가능하다. 전자인 지역화 경제는 한 산업에 속하는 기업들의 수가 늘어날수록 각 기업의 생산성이 높아져 생산비용이 감소하는 현상을 말한다. 산업 내 외부효과라고 한다. 후자인 도시화 경제는 도시 전체의 총생산 규모가 커짐에 따라 비용이 감소하는 현상을 말한다. 한 산업의 규모가 아닌 도시 전체의 규모가 커질수록 그 이익이 도시 내 전체 기업들에 돌아간다. 이상 설명한 집적이익은 여러 측면에서 설명할 수 있다.

첫째, 중간투입요소를 구하기가 쉽다. 즉, 동종 산업이 밀집된 곳에서는 중간투입요소 조달이 쉬울 수밖에 없다. 예를 들면 미국 헐리우드는 영화 제작의 상징이다. 수준 높은 영화를 제작하기 위해서는 특수 분장과 특수 촬영 등이 필요한데 헐리우드는 그러한 특수 생산요소들을 구하기가 어느 지역보다 쉽다. 의류산업이 발전하는 곳은 좋은 원단을 구하기가 쉽다는 특징이 있다. 도시화 되어 있으면 행정 금융 서비스도 더 편할 수밖에 없다.

둘째, 노동수요 측면에서 유리하다. 동종 산업이 몰려 있으면 숙련근로자를 구하기가 쉽기 때문이다. 예를 들면, 미국의 실리콘 밸리는 첨단산업들이 몰려 있다. 따라서 기업이 필요한 전문 인력들을 쉽게 구할 수 있다. 전문 인력들도 그러한 곳에서 일자리를 찾기도 쉽고 이직 또는 전직도 쉽다. 그래서 그러한 지역들은 전문 인력들을 계속 흡인할 수 있다.

셋째, 기술 전파가 쉽다. 어느 한 기업의 기술혁신은 다른 기업들에도 전파되면서 그 산업 전반에 생산성 향상을 가져온다. 생산성 향상은 그 집적이익을 더 크게 한다. 기술혁신은 단순한 산업기술만을 가리키는 것이 아니다. 경영 노하우도 포함된다. 이러한 혁신들이 지식 습득의 네트워크를 통해 도시에서는 매우 빠르게 전파된다. 한 산업의 기술혁신이 다른 산업에 기술혁신을 일으키기도 한다. 그 경우 집적이익이 배가될 수 있다. 실리콘 밸리가 대표적이다. 실리콘 밸리는 IT 산업과 반도체 그리고 전자 산업이 발전하면서 지금은 방위산업과 항공산업에서도 외부효과를 발생시키고 있다. 이러한 세 가지 효과들은 생산 측면에서 발생한다.

소비 측면에서도 집적이익이 발생한다. 마케팅 차원에서 보면 소비자가 많이 모여 있을수록 매출을 올리기 위해 더 유리하다. 예를 들어 복합매장에 물건을 사기 위해 사람들이 많이 몰리면 물건만 사는 것이 아니고 식당과 커피숍도 매출이 늘어난다. 그뿐이 아니다. 문화생활을 즐기기 위해 일부러 시간을 내서 그 매장을 들르기도 한다. 그럼 고객들이 더 많아지고 그에 따라 규모가 더 커지고 집적이익이 더욱 커지게 된다. 복합쇼핑몰을 생각해보면 이해가 쉽다. 지금 복합쇼핑몰은 하루 종일토록 시간을 보낼 수 있도록 만들어져 있다. 그렇게 복합쇼핑몰이 갖춰져 있는 대도시로 사람들이 몰리는 이유가 되기도 한다. 과거에는 도시에서 시골로 시간을 보내러 갔다면 지금은 시골에서 도시로 시간을 보내러 가는 경우도 많아졌다. 소비 측면에서 집적이익 때문이다.

역선택; 망하는 공식

공간양극화가 진행되고 지방소멸 위기를 맞고 있는 지방 사람들이 꼭 알아야 할 것이 있다. 지금 지방에 가장 필요한 것은 중앙정부의 시혜가 아니다. 역선택을 먼저 줄이는 것이다. 역선택이 바로 지방소멸을 가속화시키는 가장 큰 요인이기 때문이다. 뭔가가 망한다면 부족함 때문에 망한다고 생각하기 쉽다. 꼭 그렇지 않다. 망할 때는 공식이 있다. 역선택이 나타난다. 꼭 있어야 할 것은 없고 없어야 할 것은 꼭 있다. 꼭 떠나야 할 사람은 남아 있고 남아 있어야 할 사람은 꼭 떠난다. 그게 바로 역선택이다. 언뜻 들으면 황당한 얘기로 들리겠지만 구구절절 사실이다. 망하는 기업들도 대부분 역선택이 나타난다. 모든 직원에게 같은 임금을 준다고 생각해보자. 이때 가장 큰 수혜자는 가장 무능한 직원이고 가장 큰 피해자는 가장 유능한 직원이다. 말이 안 된다. 그 결과 가장 유능한 직원의 근로의욕이 가장 많이 저하된다. 가장 무능한 직원의 근로의욕은 회사 성장과 별반 상관이 없다. 하지만 가장 유능한 직원의 근로의욕이 떨어져 일을 제대로 하지 않는다면 그 회사는 타격이 클 수밖에 없다. 가장 유능한 직원은 일을 많이 할수록 회사에 이롭고 가장 무능한 직원은 일을 적게 할수록 회사에 이롭다.

그런 상황에서 유능한 직원들이 택할 수 있는 가장 좋은 전략은 이직이다. 그들은 유능하기에 이직 또한 쉽다. 문제는 무능한 직원들이다. 그들은 무능하기에 이직이 어렵다. 그래서 절대 회사를 옮기지 않고 계속 붙어 있으려는 유인이 발생한다. 그뿐이 아니다. 무능한 사람들이 자신들보다 유능한 인재들을 선발하기 위해 노력할 이유가 전혀 없다. 그래서 자신들과 비슷한 사람들 내지는 자신들보다 무능한 사람들을 더 적극적으로 채용하기 위해 노력한다. 그들은 이직도 하지 않고 회사를 떠날 생각은 추호도 없다. 회사가 완전히 망하고 나서야 비로소 회사를 떠난다. 엄밀히 말하면 회사가 망한 것이 아니라 그들이 회사를 망하게 한 것이다. 역선택 효과 때문이다.

이러한 일은 실제 많이 일어난다. 특히 지방에서 역선택이 많이 일어나고 있다. 지방에 꼭 있어야 할 것은 없고 절대 있으면 안 될 것은 꼭 있다. 지방에 꼭 있어야 할 것은 뭘까? 기업과 투자라고 말하기 쉽다. 그보다 먼저 '신뢰'가 있어야 한다. 지방에 꼭 없어야 할 것은 뭘까? '신뢰'의 반대

즉 '부패'라고 말하기 쉽다. 게임이론 시각에서 볼 때 '부패'보다 더 심각한 것은 '역선택'이다. 역선택은 더 빨리 망하게 하기 때문이다. 망하는 데 가속도를 붙게 한다. 지방소멸 가능성이 제기되면 그나마 좀 더 나은 능력을 보유한 사람들이 더 빠르게 지방을 빠져나가게 된다. 그럼 지방의 평판은 더욱 나빠지게 된다. 즉 지방이 저평가된다. 그에 따라 지방소멸 추세가 더 빨라진다. 역선택이 심화된다. 그래서 더 빨리 망하게 된다.

역선택 문제가 발생할 때 가장 필요한 전략은 정보 공개다. 역선택은 매우 재미있는 현상인데 사람의 '속성(type)'에 대한 정보 비대칭성에서 비롯된 문제이다. 속성은 사람이 선택하는 것이 아니라 갖추는 것이다. 역선택이란 의사결정을 위해 정보가 상대적으로 부족한 탓에 불리한 선택에 이르게 되는 현상을 표현한다. 역선택 사례는 많다. 역선택 현상을 분석해 이론화한 사람은 조지 애컬로프다. 최근 미국의 재무장관 재닛 옐런이 한국을 방문해서 화제가 되었는데 그 재닛 옐런의 남편이 바로 조지 애컬로프이다. 그는 비대칭 정보와 시장 메커니즘에 대한 연구를 통해 2001년 노벨상을 수상했다. 그의 논문에서 핵심은 '레몬(lemon)'이다. 먹는 레몬이 아니다. 미국에서 '레몬'은 중고차를 말하는 속어다. 레몬은 껍질을 까보기 전에는 속살 상태를 알 수 없다. 중고차도 마찬가지다. 중고차 시장을 방문해 본 사람은 한 번쯤은 고민해봤을 것이다. 새 차를 살 때는 그 차 품질에 대해 크게 의심하지 않는다. 하지만 중고차의 경우는 다르다. 차의 이력을 알 수 없기 때문이다. 중고차를 살 때 값이 비싸면 비싸기 때문에 고민되고, 값이 저렴하면 저렴하기 때문에 의심이 간다. 그쯤 되면 구매자로서는 중고차 가격을 후하게 쳐주고 싶지 않을 것이다. 차 상태에 대한 확실한 증명이 없다면 최대한 낮은 가격에 구입하고 싶을 것이다.

판매자들 입장에서도 생각해보자. 그 차 상태에 대해 가장 잘 알고 있는 이는 그 판매자다. 차 상태가 좋다면 판매자는 그에 맞는 값을 원할 것이다. 그건 합리적이다. 문제는 상태가 좋지 않은 차를 팔려는 판매자들이다. 정직하게 차 상태가 좋지 않다고 말해 줄 판매자는 드물다. 최대한 높은 가격을 받아내기 위해 오히려 상태를 감추려 할 유인이 존재한다. 그 상황에서 발생하는 시장균형이 특성을 알아보자. 예를 들어 특정 차종 특정 연식의 중고차 시세가 1,000만 원이라고 해보자. 같은 차종 같은 연식이라도 차 상태가 다를 것이다. 이때 어떤 판매자의 차 상태가 1,000만 원 이상의 가치가 있다면 그 판매자는 그 중고차 시장에서 판매를 포기하고 말 것이다. 그 가격에 팔면 차가 아깝다고 생각하기 때문이다. 그 상황에서 역설적으로 가장 큰 수혜자는 가장 저질 상태의 차를 보유한 판매자이다. 왜냐하면 그렇게 낮은 품질의 중고차를 공급하고 같은 가격 1,000만 원을 받을 수 있기 때문이다. 그건 시장원리에 위배된다. 가격은 품질을 반영해야 맞다. 하지만 그렇지 않은 경우도 많다. 바로 시장실패 때문이다. 정보 비대칭은 시장실패를 가져올 수 있다. 그 결과 좋은 품질의 중고차를 보유한 이들은 제값을 받지 못할 걸 알기에 중고차 시장을 통한 거래를 피한다. 그에 따라 상대적으로 좋은 품질의 중고차들이 시장을 빠져나가게 된다. 그리고 그 중고차 시장에는 1,000만 원 가치에 미달된 중고차들만 남아 있고 1,000만 원에 거래될 것이다. 그렇게 되면 평균 품질이 낮아진다. 그 상태에서 고객들은 중고차 품질을 신뢰하지 못하기에 값을 더 깎으려 든다. 그에 따라 시세가 낮아질 수밖에 없다. 가령 시세가 800만 원으로 낮아진다고 해보자. 그렇게 되면 이젠 800만 원보다 높은 가치를 보유한 중고차들이 모두 시장을 빠져나간다. 그리고 시장에는 800만 원 가치에 미달된 차들만 남아 있다. 평균 품질이 더 낮아진다. 시세가 더 낮아진다. 그나마 나은 상태의 중고차들이 시장을 또 떠난다. 그 결과 그 시장에는 나쁜 품질의 상품들만 남아 있게 된다. 시장이 정상이라면 높은 품질의 상품이 높은 가격에 팔리고 낮은 품질의 상품이 낮은 가격에 팔리는 것이 맞다. 하지만 정보 비대칭이 발생하면 어떤 시장에는 낮은 품질의 상품들만 남아 있는 것이다. 그 시장에서 상품을 구매하는 고객은 나쁜 품질의 상품만 고를 수 있게 된다. 그래서 역선택이다.

지방소멸 위기를 맞고 있는 지방은 예산 부족 또는 재정난보다 더 심각한 것이 바로 역선택이다. 국회의원선거 또는 지방선거를 치를 때마다 특히 지방은 역선택의 장이다. 절대 의정활동을 해서는 안 될 사람이 의정활동을 하겠다고 나서서 국회의원에 당선되고 꼭 의정활동을 해야 할 사람은 오히려 나서지 않는다. 지자체장도 마찬가지다. 꼭 정치를 해야 할 사람은 유능하고 청렴하고 윤리의식이 높은 사람이어야 할 것 같다. 하지만 성실한 의정활동을 하려면 시간도 많이 소요되고 정상이라면 의정활동을 통해 돈벌이를 많이 할 수 있는 것도 아니다. 그리고 한국에서는 의정활동을 하다 보면 본의 아니게 욕을 많이 얻어먹을 수도 있다. 따라서 유능하고 훌륭한 사람이 굳이 의정활동을 할 유인이 없을 것이다. 반대로 무능하고 거짓말을 잘하며 윤리의식이 낮은 사람일수록 정치판에서 활약할 가능성이 커진다. 무능한 사람이 떳떳하게 노력해서 경쟁하라고 한다면 성공 가능성이 희박할 것이다. 게다가 거짓말에 소질이 있는 경우 의정활동을 통해 부패 고리를 만들어 사익 추구의 기회가 많아진다. 또한 윤리의식이 낮은 까닭에 그런 자기 행동에 별로 죄책감도 느끼지 않는다. 그렇기에 부패지수가 높은 나라에서는 절대 의정활동을 해서는 안 될 사람일수록 의정활동을 더욱 간절히 원할 수밖에 없다. 전형적인 역선택 현상이다. 지방으로 갈수록 그런 역선택 현상이 더 심할 수밖에 없다. 정치에 경쟁이 없고 견제와 감시가 실종되었기 때문이다. 그러한 역선택이 지방소멸을 가속화시키고 있다.

불균형보다 균형이 문제다

한국인들은 변화가 없을 때 곧잘 '누구 하나 나서지 않는다'라는 표현을 자주 한다. 이 말은 매우 직관적이다. 실제로 게임이론에서 가장 기본이 되는 개념이 내쉬균형이다. 그 균형상태의 가장 큰 특징은 어느 경기자도 그 균형에서 홀로 이탈할 유인이 없다는 것이다. 그래서 변화가 없다. 아무도 나서지 않는다. 홀로 이탈하면 자신에게 불이익이 돌아가기 때문이다. 즉 한국식으로 말하자면, 누군가가 홀로 나설 때 그에게 불이익이 돌아가기 때문에 나설 수 없고 그렇기 때문에 '누구 하나 나서지 않는다'라는 말이 맞는 것이다. 모두가 서울로 올라가는 추세인데 자신만 그 추세를 외면하면 자신의 이득만 배제되게 된다는 뜻이다. 기업 입장도 마찬가지다. 기업들 본사가 모두 서울에 있는데 특정 기업만 본사를 지방으로 이전하면 그 기업에만 불이익이 돌아갈 수 있다. 그래서 사람들도 기업들도 서울에 붙어 있는 것이다. 그것이 균형상태다. 균형은 안정성이 있다. 한국인들이 '누구 하나 나서지 않는다'고 말하는 것은 그 상태가 균형이라는 증거다. 말 그대로 나설 이유가 없어서다. 물론 이유는 다양하다. 누군가는 도덕적이어서 또는 정의감에 불타서 나설 수도 있다. 물론 그것도 이유가 된다. 하지만 게임이론에서는 반드시 누군가가 나서려 할 때는 그에게 얻어지는 것이 있어야 된다. 쉽게 그 '얻어지는 것'을 이득이라고 말할 수 있다. 사회적 딜레마는 내쉬균형 상태를 표현한다. 한국에서 대표적인 사회적 딜레마는 사교육이다. 서울이 바로 사교육의 '정중앙'이자 '왕중왕'이다. 그래서 서울로 더욱 몰려갈 수밖에 없다.

교육전문가부터 정책설계자까지 사교육의 해악을 말하지만 자기 자녀들을 위해선 더 사교육에 열을 올린다. 사교육을 먼저 포기하는 이는 드물다. 모두가 동시에 사교육을 포기한다는 전제가 있으면 자신도 포기할 수 있다. 그 중 포기하지 않는 사람이 단 한 사람이라도 존재한다면 누구도 포기하지 못한다. 그래서 한국에서 사교육은 없어질 수 없다는 결론이 된다. 없어질 수 없는 사교육을 없애자고 나서는 사람들이 도리어 비현실적이다. 아무리 평등주의자라도 자기 자식에게만큼은 사교육을 통해 '부모찬스'를 몰아주고 싶을 것이다. 그들이 외치는 '평등'이란 단어는 추상이다. 하지만 자기 자녀의 입시 결과는 현실이다. 왕년에 평등주의자를 자처했던 좌파들이 사교육 시장에 뛰어들면서 한국의 입시학원들은 그 자체로 자본권력이 되었다. 자본과 막강한 정보력을 바탕으로 입시학원들은 레비아탄이 되어가고 있다. 그게 서울 초집중화를 만든 한 동력이라고 볼 수도 있다. 한국의 대학입시는 사회학이다. 서열을 가르는 등수경쟁이기 때문이다. 본질적으로 제로섬게임이다. 등수가 높은 이들은 대부분 미래 전문직 또는 직업이 보장되는 쪽으로 진학할 수 있다. 따라서 '부모찬스'를 쓸 수 있으면 최대한 쓴다. 나머지는 대학을 졸업하고 와일드카드 경쟁에 돌입할 수밖에 없다. 그때 대학 평판이 중요하다.

게임이론에서는 평판이라고 하는데 한국 사회에서는 평판이란 대학 '간판'이라고 보면 된다. 졸업생들 가운데 출세를 얼마나 많이 했느냐가 가장 중요한 척도가 된다. 출세한 졸업생이 많으면 '연줄'을 이용할 수 있어 사회생활에 유리한 측면이 있다고 한다. 승진도 빨리 할 수 있다고 한다. 그래서 간판 큰 대학에 진학하기 위해 사교육이 필요한 것이다. 한국에서 사교육은 내쉬균형 상태를 반영하는 것이기에 없어질 수 없다. 온 국민이 좋은 의도를 갖고 사교육을 폐지하자는 운동을 전개한다고 가정해보자. 그럼 이 책을 읽는 당신부터 딜레마에 빠질 것이다. 사랑하는 자녀가 간판 작은 대학을 다니며 무시 받을까봐 불안해질 것이다. 그게 자식에 대한 부모 사랑일 것이다. 그럴 리 없지만 가정을 해보자. 즉, 이 책을 읽고 모든 사람들이 감화를 입어 동시에 사교육을 시키지 않기로 작정

했다고 치자. 당신은 어떻게 할 생각인가? 처음에는 당신도 사교육을 시키지 않겠다고 생각할지 모른다. 그런데 잘 생각해보면 그렇지 않다. 당신에게는 오히려 더 좋은 기회가 열리기 때문이다. 즉, 모두가 사교육을 포기한 가운데 당신 자식만 홀로 사교육을 받을 수 있다면 당신 자식에게 그보다 더 좋은 경우는 없다. 사교육을 통해 당신 자식이 수능 고득점을 받게 될 확률이 크게 높아진다. 그렇게 좋은 기회를 당신이 포기할 리 없다. 특히 자식 문제라고 생각한다면 한국인들은 더 본능적이다. 기회포착을 위해 더더욱 나설 것이다. 여기서 중요한 점이 있다. 남들도 다 그렇게 생각하고 그렇게 행동한다는 것이다. 그렇기에 한국에서 사교육은 절대 사라질 수 없다. 그들에게 사교육은 지배전략이기 때문이다. 그래서 거의 모든 한국인이 사교육에 참여하는 지배전략 균형이 실현되는 중이다.

실제 한국교육개발원 한 조사에 따르면 전 국민의 97.8%가 사교육을 시킨다고 답한 적이 있다. 그런데도 사교육을 없애자고 주장하는 사람들은 위선적이다. 왜냐하면 자기 자녀만큼은 예외가 되어야 한다고 생각하기 때문이다. 즉, 자기 자녀만 빼고 남들이 사교육을 그만두라는 것이다. 그런 정책은 의미가 없다. 앞서 말했지만 사회적 딜레마는 내쉬균형이기 때문에 해결 불가능하다고 밝혔다. 내쉬균형에서는 어느 경기자도 홀로 이탈할 유인이 없게 된다. 이탈하게 되면 자신의 이득만 줄어들기 때문이다. 사회적 딜레마 속에서 개선을 기대하려면 모든 경기자가 동시에 바뀌어야 한다. 단 한 사람이라도 바뀌기를 거부하면 바뀔 수 없다고 이미 강조했다. 그래서 사실상 불가능하다. 그 '단 한 사람'이 없을 수 없기 때문이다. 입시열은 서울이라는 블랙홀의 비정상적 에너지이다.

또 하나의 비정상적 에너지는 투기열이다. 인간에게 의식주는 기본이다. 옛날에는 먹을 것이 부족해서 힘들었지만 지금은 살 집이 없어 문제라고 한다. 한국인들은 부동산투자에 열광한다. 한국에서 부동산은 자산증식을 위한 마술이다. 땅이 좁아서 말 그대로 부동산 불패이다. 평균 지가는 계속 오른다. 재미있는 것은 소득이 증가하는 폭보다 지가상승률이 훨씬 높다. 한국에서 진짜 부자들은 땅 부자들이다. 그들은 일할 필요가 전혀 없다. 다만 자산증식을 위해 전략적으로 지가만 올리면 된다. 그들의 자산가치는 항상 물가수준보다 더 높게 뛰어오른다. 앞서 밝혔지만 1960년대에서 2000년대까지 한국에서 실질소득은 15배 상승했다. 반면 서울 지역 땅값은 1,176배가 상승했다고 한다. 블랙홀 서울이 모든 자산 투자들을 빨아들인 결과라고 해석할 수 있다. 한국에서 부자가 될 수 있는 방법은 공부를 열심히 해서 전문직 종사자가 되거나 부동산 거래를 잘하는 것이다. 그래서 온 국민이 부동산 투자에 열을 올린다. 땅에 관심이 쏠린다. 그러니 땅값이 올라가지 않을 수 없다. 시장에서 관심은 가격 상승으로 이어진다. 주가조작이 있는 이유다. 실험을 해보라. 모든 언론매체가 특정 중소기업을 대대적으로 보도한다고 해보자. 그 경우 그 기업의 주가는 삽시간에 뛰어오르게 된다.

지가 상승을 진정시킬 수 있는 방법은 하나다. 온 국민이 동시에 부동산 투기에서 손을 떼는 것이다. 사교육과 비슷하다. 부동산 투기 역시 사라질 수 없다. 온 국민이 부동산 투기를 자제하고 당신만 부동산 투기를 한다면 당신은 일확천금 가능성이 커진다. 한국인들에겐 부동산 투기 역시 지배전략이다. 그래서 결코 사라질 수 없다. 그런데도 부동산 투기를 없애겠다고 나선 사람들은 위선적이다. 부동산 투기의 '정중앙'이자 '왕중왕'이 바로 서울이다. 문재인 정부 시절 서울 땅값이 대폭 상승했다. 어떤 이들은 서울에 아파트 한 채를 보유해 지방에서 평생 벌어도 벌 수 없는 자산을 보유하게 되었다고 한다. 주택가격을 잡겠다고 전략 없이 나선 결과 오히려 전세대란이 일어나고 주택가격만 올려놓았을 뿐이다. 한국 사회학 코드는 입시와 부동산이다. 부유층은 자신들의 부를 지키기 위해서 빈곤층은 빈곤층에서 탈출하기 위해 모두가 입시와 부동산에 몰입한다. 그 입시와 부동산의 본산이 바로 서울이다. 그래서 모두가 서울로 가는 것이다. 기업들이 서울을 버릴 수 없는 이유가 서울 시내 부동산 자산 때문일 수도 있다. 한국 국내총생산의 상당 부분이 사교육과 부동산 투기에 할애된다. 사교육과 부동산 투기는 서울이라는 블랙홀의 양대 에너지다.

한국은 무역의존도가 높은 나라다. 한국이 부자나라가 된 이유는 간단하다. 좋은 상품을 많이 만들어 많이 수출했기 때문이다. 사교육과 부동산을 통해 무엇을 만들어 수출할 수 있을까? 사교육을 통해 인재 양성을 한다고 할지 모르겠다. 문제 풀이 주입식 교육은 대부분 객관식 또는 단답형이다. 창의성은 주관식이다. 주입식 교육과 창의성 사이에 인과관계를 찾기 어렵다. 대학 경쟁력의 원천은 청소년들의 암기력이 아니라 교수들과 대학원생들의 연구력이다. 연구력의 바탕은 창의성이다. 부동산 투기를 열심히 하면 부자나라가 될까? 부동산 가격은 분명히 오른다. 하지만 그건 거품이다. 가격이 실제 가치를 넘어서기 때문이다. 가장 쉽게 설명하자면, 한국에서 생산된 스마트폰은 외국에서도 비싼 가격에 팔리지만 한국에서 고가에 팔리는 아파트를 외국에서도 고가에 팔 수 없다. 그래서 스마트폰 가격은 거품이 아니지만 아파트 가격은 거품이다. 사교육과 부동산은 철저히 국내용이다. 경제에 큰 도움이 되지 못한다. 일자리 창출에도 기여할 수 없다. 반면 물가는 계속 오를 수밖에 없다. 일자리는 부족한 가운데 물가만 계속 오르니 삶의 질이 낮아질 수밖에 없다. 문제는 비정상적 에너지들로 인해 서울로 모든 것들이 몰리고 쏠리면서 서울에서 삶의 질도 추락할 수 있다는 것이다. 기존의 서울 시민들은 인구 과밀화가 반가울 리가 없다. 물론 서울 땅값이 오른다고 하면 좋겠지만 서울이 그만큼 혼잡해지게 되면 사회적 비용이 커지기 때문이다.

한국에 유행하는 말 중에 '헬조선'이란 말이 있다. 한국살이가 지옥 같아서 붙여진 말이라고 한다. 요즘은 헬조선을 탈출한다는 말도 많이 한다. 게임이론 시각에서 보면 '헬조선' 문제는 해결할 수 없다. 많은 정치인이 헬조선을 바꾸겠다고 선무당처럼 나서겠지만 절대 성공할 수 없음을 꼭 지적하고 싶다. 왜 그럴까? 헬조선이란 결과 그 자체가 게임이론에서 말하는 내쉬균형 상태이기 때문이다. 강조하지만 사람들은 사회적 문제가 발생하면 불균형과 연결시키는 경향이 있다. 하지만 한국의 문제들은 불균형 상태가 아니라 균형 상태에서 나타난 것이다. 그래서 해결이 되지 않는다. 지방소멸도 그런 경우다. 요즘 '균형발전'이 화두로 떠오르고 있다. '균형발전'이라고 하니 문제가 '불균형'에서 발생했다고 생각하기 쉬운데, 앞서 언급한 대로 '균형'에서 발생한 문제다. 서울로 집중되는 것이 '내쉬균형' 상태이기 때문이다. 기업들이고 사람들이고 모두 서울로 갈 '유인'이 크기 때문에 그렇게 몰리는 것이다. 그 결과 모든 것들이 서울로 몰리고 쏠린다.

모두 '제로섬'게임이다

한국인들은 '게임'에 열광한다. '인터넷' 게임부터 영화 '타짜'식 '돈 놓고 돈 먹기' 게임 그리고 국가 엘리트들이 벌이는 '권력 나눠먹기' 게임이 있다. 월드컵과 올림픽 같은 '스포츠' 게임들도 있다. 그 중에 가장 드라마틱한 것은 '승자독식 선거' 게임이다. 그 선거 게임들의 가장 큰 특징은 '제로섬(zero-sum)'이다. 그 제로섬게임들이 지방을 황폐화시키고 있다. 언제인가 강준만 교수는 한국인들에게 '쏠림 DNA'가 있다고 했는데 다른 주장도 가능하다. 한국인들에게는 '제로섬게임 DNA'가 있다. 한국인들에게 게임의 형태는 대부분 '제로섬'이다. 제로섬게임은 말 그대로

'zero sum'이다. 합이 '0'이라는 뜻이다. 그 게임을 통해 얻어지는 이득들을 모두 합치면 '0'이 된다. 그래서 누군가가 얻으면 다른 누군가는 반드시 잃는다. 그 역도 성립한다. 누군가가 잃으면 누군가는 반드시 얻는다. 누군가가 얻고자 한다면 다른 누군가로 하여금 잃게 해야 한다. 그 제로섬게임 사고방식이 한국을 매우 드라마틱하게 만들어왔다. 패권 다툼을 떠올려보면 쉽다. 그 결과 조선시대에 수많은 사화가 발생했고 지금도 정치보복들이 난무하고 있다.

게임의 종류는 다양하다. 사생결단식 제로섬게임만 있는 것이 아니다. '윈-윈' 게임도 있다. 다시 말하지만 한국은 게임이론을 익히는 데 매우 유리한 환경이다. 왜냐하면 치열한 경쟁 속에 한국인들의 하루가 게임으로 시작해서 게임으로 끝나기 때문이다. 모든 것들이 게임 상황이다. 여기서 한 가지 지적할 것이 있다. 승부를 벌일 때 한국인들의 투혼은 대단하지만, 게임이 무엇인지 그리고 왜 게임을 벌여야 하는지에 대해 원론적 이해가 결여되어 있다. 게임의 기본은 승부다. 승부에서 중간은 없다. 이기든지 지든지 둘 중 하나다. 그래서 게임은 사람을 열광시킨다. 정치도 권력을 얻기 위한 게임으로 파악할 수 있다. 사람들은 게임이론이라고 하면 얄팍한 수를 써서 상대를 제압하는 방법을 배울 거라고 쉽게 짐작하는 경향이 있다. 오해 중에 가장 큰 오해다. 손자병법 때문이다. 손자병법은 적과 싸워 이기는 법을 소개하고 있다. 때에 따라 적을 속이는 것도 허물하지 않는다고 한다. 계략을 써서 적을 이기기도 하고 권력을 차지하기도 한다. 오해를 차단하기 위해 미리 밝히면 게임이론은 과학이다. 손자병법이 아니다. 지금 처해 있는 한국의 지방소멸 문제도 과학으로 풀어야 한다. 반드시 답이 존재한다. 내쉬가 노벨경제학상을 받게 된 이유는 모든 게임에는 반드시 균형이 존재함을 수학적으로 증명해냈기 때문이다. 상호작용 구조를 잘 파악해보면 균형은 존재한다. 그 균형을 알아야 비로소 문제 해결 실마리를 얻을 수 있다. 균형을 알지 못하면 그 실마리를 얻을 수 없다는 결론이 되겠다. 지금까지 어떤 대통령도 지방 인구감소 문제를 해결할 수 없었다. 아니 오히려 혼란이 더 커졌거나 엉뚱한 결과가 빚어지기도 했다. 문제를 올바르게 접근하지 못한 탓이다.

지방과 서울 간에도 게임이 펼쳐지고 있다고 볼 수 있다. 지방의 이익과 서울의 이익과 상호작용하기 때문이다. 한쪽의 이익이 변하면 다른 한쪽의 이익도 변한다는 뜻이다. 제로섬 게임은 그 서로 다른 이익들이 정반대로 움직이는 경우다. 상호작용 각도에서 문제에 접근해야 한다. 먼저 지방과 서울 간의 게임 유형을 정확히 파악하는 것이 중요하다. 게임은 크게 동시적 게임과 순차적 게임으로 나뉜다. 전자에는 순서가 없고 후자에는 순서가 있다. 순서가 있는 경우 시간이 변수가 된다. 동시적 게임에는 일회적 게임이 있고 반복게임이 있다. 일회적 게임은 말 그대로 게임을 단 한 번으로 끝내는 것이다. 쉽게 원샷(one-shot) 게임이라고도 한다. 한국에 많은 게임 형태다. 한국인들이 자주 '원샷'을 외치는 것도 우연이 아니다. 반복게임은 유한반복게임이 있고 무한반복게임이 있다. 포인트는 게임의 종류에 따라 사람들의 전략적 사고도 달라질 수밖에 없다. 전략적 사고라고 하면 무조건 이기적으로 처신하는 것이 아니다. 아쉽게도 저신뢰 사회로 갈수록 일회적, 비협력적 그리고 제로섬 게임들이 많다. 그래서 한국인들도 게임이라고 하면 일회적 제로섬 게임을 떠올리는 것이다. 그 경우 다음이 없다. 그렇기에 총력을 기울여 그 단판 게임을 무조건 이기려 든다. 물론 수단과 방법을 가릴 상황이 아니다. 제로섬 게임은 극단적이고 '투혼'이 불필요하게 강조되는 경향이 있다. 표현 그대로 다음 게임이 없기 때문이다. 만약에 그 게임이 일회적이지 않고 반복적이라면 장기적 시각에서 전략을 다시 생각해보게 된다. 그 시각에서 볼 때 단판 승부에 집착하는 것은 맹목성이다. 어리석다. 반복게임의 경우 협력을 모색해보기도 한다. 경기자들이 모여 서로 머리를 맞대고 유리한 전략을 같이 찾는 것이다.

앞서 언급했지만, 지방도 발전을 위해 게임을 하고 있다고 말할 수 있다. 그 게임의 다른 경기자는 서울이다. 지방과 서울의 이익이 상호작용하기 때문이다. 실제 서울에 있는 기관을 지방으로 이전하는 중이다. 일회적 게임 시각으로 보면 제로섬게임에 가깝다. 지방이 얻고 서울이 잃기 때문이다. 하지만 실은 반복게임이라고 볼 수 있다. 장기적인 시각으로 본다면 지방이 얻어야 서울도 얻을 수 있다. 같은 나라 안에 존재하기 때문이다. 예를 들면 지방이 개발되면 서울도 좋다. 혼잡비용이 줄어들기 때문이다. 그리고 지방 사람들의 소득이 증가하면 그들은 서울에서 소비하게 된다. 그 시각에서 보면 지방과 서울은 전략적 보완관계라고 말할 수 있다. 하지만 일회적 제로섬게임 시각에서 보면 서로 뺏고 뺏긴다고 생각하기 쉽다. 그래서 지방과 서울은 뺏기 위해 또는 뺏기지 않기 위해 사생결단식으로 나간다. 한쪽이 사생결단식으로 나갈 것을 알면 다른 한쪽도 방법이 없다. 같이 사생결단식으로 나갈 수밖에 없다.

지방이건 서울이건 정책설계자들이 유념해야 할 점이 있다. 지방 대 서울의 게임은 반복적이고 협력적이며 '윈-윈' 게임이라는 점이다. 지방 사람들도 수도권 사람들도 그 점을 이해하고 있어야 한다. 게임이론은 느낌과 감정을 설명하지 않는다. 과학이어서 그렇다. 실제 노벨경제학상을 수상한 내쉬는 경제학자가 아니라 응용수학자였다. 효율과 효용을 위해 그리고 한국의 미래를 위해서도 지방소멸 문제에 올바른 접근이 필요하다. 전략적 사고가 꼭 필요한 이유다. 전략적 사고 없이 지방소멸 문제에 접근하면 서울 초집중화 문제가 더 심각해질 가능성도 있다. 그 경우 한국이 '민주공화국'이 아니라 '서울공화국'이 된다. 서울이 더 커진다고 서울 시민들이 마냥 좋아지는 것도 아니다. 멕시코시티를 생각해보면 알 수 있다. 도시 크기는 멕시코시티가 뉴욕보다 훨씬 크다. 그런데 멕시코 부자들은 멕시코 시티보다 뉴욕에 더 많이 산다. 빈민들은 지금도 멕시코시티에 돈을 벌기 위해 몰려들고 있다. 부자들은 뉴욕에 돈을 쓰기 위해 몰려들고 있다. 서울은 지금 뉴욕이 될 것인지 아니면 멕시코시티가 될 것인지 기로에 서 있다. 전략적 선택에 따라 뉴욕도 될 수 있고 멕시코시티도 될 수 있다는 뜻이다. 서울 초집중화가 더 심해지면 서울은 멕시코시티가 될 수밖에 없다. 서울 시민들은 멕시코시티보다 뉴욕에 살고 싶어 할 것 같다.

균형발전 주장에 반론도 많다. 요지는 시장원리에 맡기라는 것이다. 시장원리에 맡기라는 말 자체는 맞다. 하지만 시장 실패가 나타나고 있는 상황에서 시장원리에 맡기라는 말은 틀렸다. 나아가 어리석다. 표준경제학에서 경쟁은 모든 시장을 작동하게 하는 동력이라고 가르친다. 하지만 게임이론은 결과가 좋은 경쟁이 있고 결과가 나쁜 경쟁도 있다고 지적한다. 표준경제학에서는 전자만을 강조한다. 전략적 사고가 빠지면 후자의 경우도 많다. 게임이론에 따르면 경쟁이 무조건 좋을 수 없다. 엄밀히 표현하면 시장은 '경쟁'을 통해 돌아가는 것이 아니고 '경쟁 메커니즘'을 통해 돌아간다. 잘못된 경쟁은 오히려 모든 것을 망가뜨릴 수 있다. 게임이론은 올바른 경쟁을 강조한다. 앞서 지적했지만 한국인은 게임에 열광하지만 정작 게임이론에 대해서는 철저히 무지해 보인다. 정책을 설계하는 사람들도 그리고 옆에서 조언하는 사람들도 전략적 사고가 없어 보이긴 마찬가지다. 그렇기에 극단적 주장을 펴는 것이다.

수도권 아파트 가격이 오르니까 문제의 원인을 공급부족이라 여겨 수도권을 개발해 공급을 더 늘리자고 주장한다. 그것이 시장원리라고 생각하는 것 같다. 한쪽이 극단적 주장을 펴면 다른 한쪽의 최선 전략은 같이 극단적 주장을 펴는 것이다. 또 다른 극단적 주장은 아파트 거래를 금지하자는 쪽이다. 어이없기는 마찬가지다. 수요를 없애면 가격이 진정될 거라고 보는 단순한 발상이다. 극단적 주장과 극단적 주장이 대립하면서 정책은 실종되고 만다. 어쩌면 원래부터 극단적 주장을 펴는 사람들에겐 정책이 필요 없었을지도 모른다. 한국과 같은 나라에서 정책은 정치로부터 나올 수밖에 없다. 정파적 이득을 위한 산물이다. 수도권 아파트 가격 문제는 수급 상황과 무관하다. 거품이기 때문이다. 수도권 아파트 가격을 진정시키기 위해선 어떻게 해야 할까? 간단하다. 수도권 주택 수요가 줄어들게 하면 된다. 어떻게 하면 그 주택 수요가 줄어들까? 지방에서 주택 수요가 늘어나게 하면 된다. 방법은 국회가 세종시로 내려가는 것이다. 정치인들은 정답을 알면서도 일부러 모른 척하고 있다. 하긴 그것이 한국 정치의 본질일 수도 있다. 엉터리 명분을 통해 자신들의 정치 이윤을 극대화하는 것이다. '관습헌법'이라는 것이 있는데 한국인들이 서울을 관습상 수도로 여기기 때문에 국회가 서울을 떠나면 안 된다는 식이다.

게임이론에 대한 이해 부족은 소모적인 논쟁을 야기시킬 수밖에 없다. 모든 것을 수요와 공급 시각에서만 보려 하기 때문이다. 수요와 공급은 상호작용할 수도 있다. 수요가 공급을 만들고 공급이 수요를 만들 수도 있다. 강조하지만 외눈박이 엉터리 정책들을 서울 초집중화 문제를 더 심화시킬 뿐이다. 서울 초집중화가 헬조선으로 이어진다. 한국의 사교육과 부동산 투기는 사회적 딜레마이기에 절대 사라질 수 없다고 했다. 균형 경로가 잘못 택해진 결과이다. 그 균형 경로를 따라 한국이 달려가고 있다. 그 균형 경로는 언젠가 그레고리 핸더슨이 지적했던 대로 나선형이다. 한국 전체가 서울을 중심으로 나선형으로 돌면서 모든 것이 빨려 들어가는 것이다. 문제는 그 균형 경로를 달라지게 하는 것이다. 무조건 돈을 쏟아붓는다고 균형 경로가 달라지는 것이 아니다.

해법은 과학에 있다. 게임이론은 과학이다. 하지만 자연과학과는 다르다. 자연현상들은 그 움직임을 관찰한다고 해서 그 움직임이 달라지지 않는다. 게임이론에서는 경기자들의 행동을 관찰하면 경기자들의 행동이 달라진다. 심판이 보고 있을 때 경기자와 심판이 보고 있지 않을 때 경기자의 행동이 다를 수 있다. 유인체계가 달라지기 때문이다. 아무리 관찰한다고 해도 지구가 태양을 도는 균형 경로는 바뀌지 않는다. 하지만 관찰을 통해 사회과학적 균형 경로는 바뀔 수 있다. 예를 들면, 무법천지 나라에서는 법을 지킬 유인이 사라진다. 그 나라 국민이 도덕심이 없어서가 아니라 법을 지키면 불이익이 돌아가기 때문이다. 그런 나라에서는 모든 국민이 법을 지키지 않고 최대한 자신의 사익을 추구하는 것이 최선 전략이 된다. 그리고 시간이 가면서 그 최선 전략들이 균형 경로를 형성하게 된다. 그 균형 경로는 도덕심을 강조한다고 해서 절대 바뀌지 않는다.

아무리 정부가 기업들에 지방에 투자하라고 호소하고 지자체가 청년들에게 지방에 머물러 달라고 호소해도 균형 경로는 달라지지 않는다. 누구라도 그 균형 경로를 이탈하면 불이익이 돌아가기 때문이다. 그 경우 그 균형 경로를 남들보다 더 열심히 따라가기 위해 열정과 투혼이 발휘된다. 그 열정과 투혼은 나선형 한국 사회를 더욱 회오리치게 하는 동력으로 작용한다. 흔히 한국인들은 모두가 열심히 사는데 모두가 힘들게 산다는 말을 많이 한다. 게임이론에서 예측하는 바다. 모두가 그 균형 경로를 따라가며 각자 더 큰 이득을 챙기기 위해 열심히 노력하지만, 시간이 갈수록 전체 이득 규모가 줄어들 수밖에 없다. 사익 추구를 비합리적이라고 볼 수 없다. 비합리적이지 않으면 합리적이란 뜻이다. 정리하자면 서울 초집중화 문제는 모두가 합리성 동기로 행동하지만, 비합리적 결과가 나타나는 경우다. 그 균형 경로를 바꾸기 위해서는 예산을 펑펑 쓰는 것이 아니고 유인체계를 바꿔야 한다.

정보폭포와 군집행동

　몰림과 쏠림 현상을 설명하기 위해 행동경제학 접근도 필요하다. 그 중에서도 군집행동(herd behavior)이 중요하다. 행동경제학에서는 경제주체들이 반드시 합리적이지 않다고 본다. 실제 합리적이지 않은 사람들도 많다. 인간 모두가 논리적 사고를 할 것이라고 전제하면 큰 오해다. 대화를 나눠보면 논리를 싫어하는 사람들이 생각보다 많다. 심지어는 자신의 비논리성을 깨닫지 못한 사람들도 부지기수다. 그러한 사람들일수록 더 활동적인 경우도 많다. 이성보다는 본능에 따라 움직이기 때문이다. 그 뿐이 아니다. 무턱대고 비싼 것을 선호하기도 하고 비싼 장신구로 화려하게 치장하고 다니는 사람들도 많다. 물론 자본주의 사회에서는 자기가 벌어 자기가 쓴다. 자유다. 하지만 소득에 비해 지출이 너무 크다면 그건 합리적이라고 말하기 어렵다. 한국에서는 비싸게 부르면 더 잘 팔리기는 경향도 있다.

　한국인들에게 두드러진 특징 중에 하나가 남을 따라 하는 것이다. 바로 군집행동이다. 오죽하면 '친구 따라 강남 간다'는 말이 있을 정도다. 군집행동은 매우 흥미롭다. 누군가가 지시하지 않고 그렇게 할 이유가 없는데도 집단적으로 행동하기 때문이다. 군집행동은 동물들에게서 많이 나타난다. 예를 들어 새들이 무리지어 날아가거나 물고기들이 무리 헤엄쳐 다니는 것도 군집행동에 해당된다. 사람 사는 세상에도 유사한 모습들이 많이 발견된다. 유행하는 색깔이나 스타일을 따라하는 것도 군집행동에 가깝다. 그 외에도 투표, 시위, 폭동, 스포츠, 그리고 기타 의사 결정

과정에서 군집행동이 나타날 수 있다. 군집행동은 최근 행동경제학에서 큰 관심을 끌고 있다. 의사결정을 연구하는 인지신경과학에서도 관심을 보인다.

한국에서 발견되는 군집행동의 대표적인 경우는 월드컵에 진출한 한국 축구대표팀을 응원할 때다. 매우 열광적이다. 모두 같은 색상의 옷을 입고 연출한 것처럼 같이 소리 지르고 같이 응원한다. 또 하나는 '맛집' 열풍이다. 사람들은 낯선 곳을 방문해 저녁 식사를 해야 한다면 인터넷에서 '맛집'을 검색해서 가는 경향이 있다. 그 '맛집'이 진짜 맛이 있다는 보장도 없지만 일단 남들이 많이 방문했으니까 방문하는 격이다. 그 인터넷 검색 결과가 '정보'다. 하지만 그 정보의 가치는 평가되지 않았다. 심지어는 잘못된 정보일 수도 있다. 인터넷에는 조작된 정보도 넘쳐난다. 하지만 전혀 '정보'가 없는 것보다 일단 가치가 불확실하다 하더라도 그런 '정보'가 있는 식당을 선호한다. 요즘 식당을 보면 방송에 소개된 사실들을 간판 옆에 써놓아 알리기도 한다. 음식 맛은 주관적이다. 방송에 나왔다고 해서 무조건 맛이 있다고 단정 지을 수 없다. 길에 서서 가까운 두 식당을 놓고 결정할 때도 고객들은 가급적 사람들이 많이 있는 식당을 택하는 경향이 있다. 한쪽 식당에 사람이 많은 것은 우연의 결과일 수도 있다. 그럼 그 우연 때문에 그 식당에 고객이 더 많아졌다는 결론이 된다. 이번에는 다른 사람들이 비슷하게 그와 같은 방식으로 결정한다. 그 식당에 사람이 더 많아진다. 그렇게 사람이 많아진 것을 보고 또 다른 고객들도 그 식당을 선택한다. 그 식당에는 고객들이 계속 불어난다. 군집행동은 그렇게 우연성이 작용하기도 한다.

정보의 캐스케이드(cascade) 또는 정보폭포 현상 때문이다. 정보폭포 현상은 정보가 마구 쏟아져서 유용한 정보를 찾기 어려울 경우 사람들은 타인의 선택을 보고 의사결정을 한다는 것이다. 안정성이 결여되고 불확실성이 큰 나라에서 그러한 현상이 더 많을 수도 있다. 유언비어가 도는 것도 비슷한 원리다. 불확실성으로 인해 불안감이 증폭될 때 떠도는 말들에 현혹되기 쉽다. 전국의 맛집으로 소개된 식당들을 가보면 맛에 별로 큰 차이가 없는 경우도 많다. 하지만 사람들은 맛집으로 소개되어 유명세가 있다는 식당에서 식사했다는 사실에 더 큰 만족감을 느끼는 것일 수도 있다. 실제 외국에서는 그렇게 '맛집'을 찾아가 오랜 시간 기다려서 식사하는 경우가 많지 않다.

군집행동을 수학적으로 설명하는 경제이론이 있다. 배너지(Banerjee, 1992)의 연구가 대표적이다. 그는 정보 비대칭 상황에서 군집행동이 나타날 수 있음을 이론적으로 설명했다. 경제 주체들이 순차적으로 의사결정을 한다고 보자. 자신이 결정을 내릴 때 다른 이가 앞서서 내린 의사결정을 보고 결정을 내리면 유리해질 수 있다. 이는 전혀 정보가 없는 상황에서 앞서 내려진 의사결정 자체가 '정보'가 될 수 있기 때문이다. 그렇다고 보면 어떠한 의사결정 규칙을 찾을 수 있다. 즉 다른 사람들이 하는 것을 보고 따라 하는 것이다. 그게 바로 군집행동이다. 하지만 그와 같은 균형이 효율성을 보장할 수 없을 것이다. 군집행동 때문에 사회적으로 바람직하지 않은 균형이 실현될 수도 있다. 군집행동은 판촉 분야에서 큰 힘을 발휘할 수 있다. 적절하게 활용되면 매출 증가에 크게 기여할 수 있기 때문이다. 사람들은 타인들이 많이 선택하는 것을 선택하는 경향이 있다. 여기에 IT 기술이 더해지면서 군집행동은 더 큰 경제적 효과를 낼 수 있다. IT 기술이 소비자의 선택에 영향을 주고 그렇게 영향받은 소비자들이 군집행동을 더욱 공고히 할 수 있기 때문이다. 소비자들은 IT 기술이 발달함에 따라 인터넷 포털에서 정보를 더 빨리 검색할 수 있게 되었다. 그에 더해 다른 사람들의 리뷰를 더 쉽게 접할 수 있게 되었다. 온라인에서 인기가 많으면 소비자들에게는 그 인기 자체가 품질에 대한 '신호'로 받아

들여질 수 있다. 물론 그 '신호'는 확실한 것도 아니며 왜곡되었을 수도 있다. 연구에 따르면 쇼핑객들은 같이 쇼핑하는 동반자들과의 의사소통에서 영향을 받는 현상이 뚜렷하다고 한다. 주식이나 부동산에 투자할 때도 이러한 군집행동이 많이 나타나기도 한다. 하지만 그 군집행동은 비용을 발생시킬 수 있다. 혼잡과 무질서이다.

현재 한국은 전환기에 있다. 한국을 '헬조선'이라 칭하는 사람들이 많다. 해결할 수 없는 모순과 갈등 속에 '헬조선'이란 말이 나타났다고 한다. 서울 초집중화는 지방소멸 그리고 헬조선으로 이어진다. '몰아주기'가 필요할 때도 있다. 어딘가로 자원이 몰리면 '집적이익' 때문이다. 앞서 언급한 대로 에드워드 글레이저 교수가 제시한 '도시의 승리' 이유이기도 하다. 하지만 집적이익도 있지만 집적비용도 있다. 특히 초집중화는 큰 집적비용을 낳을 수밖에 없다. 1962년 동물심리학자인 존 B. 칼훈은 좁은 공간에 쥐들을 모여 살게 한 다음 관찰한 결과를 과학 잡지 《사이언티픽 아메리칸》에 발표했다. 극도로 혼잡한 곳에서 새끼들의 사망률이 상승했고, 동종 포식이 나타났으며 쥐들은 광적으로 예민해졌다고 한다. 과밀 공간에서 보인 쥐들의 그와 같은 행태는 초집중화된 거대도시에서 볼 수 있는 인간들의 모습일 수도 있다.

물론 쥐와 사람은 다르다. 쥐들과 달리 인간은 지혜가 있다. 그래서 그러한 문제들을 해결할 수 있다. 하지만 반론도 가능하다. 인간은 지혜도 있지만 이기심과 욕망이 있기 때문에 쥐들의 경우보다 더 심각한 결과를 초래할 수도 있다. 그리고 인간은 전략적 사고를 한다. 쥐들은 배가 부르면 더 먹으려 하지 않고 우선 당장 필요가 없으면 다른 쥐들의 것을 빼앗으려 들지 않는다. 하지만 인간들의 생각은 훨씬 더 복잡하고 교활하다. 이윤을 극대화한다. 즉 최대한 많이 가져가는 것이다. 설령 배가 불러도 나중에 먹을 것을 생각해서 무조건 더 많이 가져가려 하고, 충분히 많이 가져갔다 하더라도 경쟁자들이 가져가지 못하도록 남기지 않고 다 가져가는 전략을 취한다. 전쟁 중에 군수물자 부족에 시달리지만 후퇴할 때는 적의 손에 들어가는 것을 막기 위해 모두 불태워 버리는 것도 비슷한 이유이다. 비극이지만 전략적 사고의 결과다.

실러의 이론; 비이성적 과열

입시열과 투기열을 다시 생각해보자. 앞서 비정상적 에너지라고 표현한 바 있다. 그 경우에는 '지배전략'에서 나온다. 즉 전략적 사고가 투영된 결과였던 것이다. 비이성적 과열은 전략적 사고와 무관하다. 말 그대로 비이성에서 나오기 때문이다. 입시와 투기는 사익 추구를 위해 나타나기도 하지만 본능에 의거해 나타나기도 한다. 도박을 하는 이들 중에는 꼭 돈을 벌고 싶어 도박하는 것보다 도박 자체를 즐기는 경우도 많다. 도박을 안 하면 불안을 호소하는 이들도 있다. 한국은 입시와 투기가 없으면 불안한 사회다. 그래서 입시열과 투기열은 비이성적 과열의 대표적인 사례가 되는 것이다. 입시열과 투기열은 서울로 하여금 '블랙홀'로 작용하게 한다. 지방에 있는 인적 자원과 물적 자원 모두가 서울로 빨려 들어간다.

블랙홀은 물리학에서만 등장하는 개념이 아니다. 게임이론에도 '블랙홀'이 존재한다. 동적 게임이 전개되며 시간이 갈수록 한쪽으로 모든 것들이 몰리고 쏠리는 현상이 나타나기 때문이다. 한국의 수도권은 남한 전체 면적의 11.8%를 겨우 차지하지만, 인구 50% 이상이 몰려 있다. 그렇게 비정상적 거대도시를 만들어낸 배경에는 비정상적 에너지가 있을 수밖에 없다. 그건 물리학적 개념이다. 그와 대비되는 행동경제학적 개념을 찾으라면 바로 '비이성적 과열'이다. 노벨경제학상 수상자 로버트 실러가 쓴 책의 제목이 '비이성적 과열(Irrational Exuberance)'이다. '이상

과열'로 번역한 경우도 많다. 쉴러는 주식, 부동산 등의 자산시장의 비효율성에 관한 연구로 노벨경제학상을 수상했다. 그는 행동경제학의 대가다. 행동경제학에서는 시장이 돌아가는 데에는 정치, 사회 그리고 심리가 많은 영향을 미치고 있다고 본다. 경제학에서 가장 중요한 것은 합리성이란 전제이다. 하지만 이미 언급했듯이 인간은 비합리적인 경우도 많다. 쉴러 교수 이론에 비추어보면 한국에서도 그 비이성적 과열이 발견된다. 언급한 대로 입시열과 투기열이다. 게임이론 시각에서 볼 때 그 입시열과 투기열은 내쉬경쟁에 따른 결과라고 파악할 수 있다. 남들보다 더 많은 이득을 갖기 위해 투혼을 발휘한 결과 입시열과 투기열이란 현상이 나타났다고 설명할 수 있기 때문이다. 이득을 갖기 위한 노력은 '합리성 전제'와 부합한다.

하지만 친구 따라 강남 간 결과로 설명할 수도 있다. 남들처럼 하지 않으면 불안이 느껴지기에 남들 하는 대로 따라 한 결과 입시열과 투기열이 더 심각해질 수도 있다. 쉴러 교수는 최근 『내러티브(이야기) 경제학』이란 책을 냈다. 핵심적인 내용은 '이야기'에 전염력이 있을 수 있다는 것이다. 실제 입소문이란 것이 있다. 그 입소문은 경제에 어마어마한 영향을 미친다. 입소문과 이야기가 전파되면서 부동산 거품을 만들어내기도 한다. 최근 수도권 집값 상승도 그와 같은 맥락에서 설명할 수도 있다. 표준경제학은 이야기와 입소문의 역할에 주목하지 않는다. 하지만 이야기와 입소문은 실제 거시경제에도 영향을 미칠 수 있다. 군집행동을 끌어내기 때문이다. 이야기 자체가 시장을 움직이게 할 수도 있다. 쉴러 교수의 주장에 따르면 이야기는 단지 사실에 대한 설명이 아니라 사실 그 자체가 될 수 있다. 그리고 이야기가 퍼지는 양상은 전염병에 비유될 수 있다. 쉴러 교수에 따르면 이야기는 '바이러스'와 같다.

입시와 부동산은 한국의 코드다. 그리고 '비이성적 과열'을 발산한다.

이야기와 입소문이 '야수적 충동'을 이끌어낸다. 즉 전략적 사고와 '야수적 충동'이 합쳐져 서울의 초집중화가 실현되고 있다고 평가할 수 있다. 이상과열로 인해 사회 경제 심리 모든 요소와 변수들이 한데 엉기고, 외부 자원들까지 빨아들이면서 비정상 에너지들이 응축된 상태다. 서울은 대폭발을 앞둔 상태와 비슷하다. 외부 자원을 빨아들이는 그 에너지가 바로 그레고리 헨더슨이 언급한 한국 '소용돌이'의 동력이다. 한국은 그렇게 돌아간다. 물리학에서는 블랙홀과 화이트홀을 연결하는 '웜홀'이 있듯 한국에는 소용돌이의 중심부와 주변부를 연결하는 통로가 존재하는데 그게 바로 '연줄'이다. 나선형 사회 한국에서 중심부는 수도권이고 주변부는 지방이다. 그 중심부도 다시 중심부와 주변부로 나눌 수 있는데 그 중심부의 중심부가 서울이고 그 주변부는 서울을 둘러싸고 있는 인천과 경기도다. 그 중심부의 중심부도 다시 중심부와 주변부로 나눌 수 있는데 그 중심부가 서울 강남이고 주변부는 나머지 서울 지역으로 볼 수 있다. 한국에서 벌어지고 있는 모든 경쟁과 갈등들의 핵심은 입시와 부동산이다. 수도권 과밀화는 어제 오늘 일이 아니다. 박정희 대통령 시절에도 수도권 집중화를 막기 위해 수도 이전을 고민했었다고 한다. 세종 행정수도 계획은 우연히 나타났던 것이 아니고, 한국인들이 몇십 년간 해온 고민을 반영했던 것이다. 하지만 한국의 엘리트들은 세종시 이주를 달갑게 여기지 않았다. 전국적으로 혁신도시들도 다수 건설되었다. 하지만 실패로 끝나가고 있는 상황이다. 그 이유는 또 말하지만 입시와 부동산이다.

일자리들이 지방으로 옮겨가면 그 직원들이 이주할 것으로 내다보았지만 전혀 그렇지 않았다. 특히 자녀를 둔 직원들은 서울에서 지방으로 옮길 이유를 더더욱 찾지 못했다. 그렇게 하면 자녀가 입시경쟁에서 밀리게 되는 불이익을 감수해야 했기 때문이다. 대학들이 수도권으로 앞다투어 몰려가는 것도 입시와 부동산으로 설명할 수 있다. 인구가 많은 수도권에서 학생을 찾기 쉽기도 하지만 수도권에 위치한 것 자체가 브랜드가 되기 때문이다. 지방의 토호들이 돈은 지방에서 벌고 거주는 수도권에서 하는 것도 입시와 부동산으로 설명할 수 있다. 중남미 대부분의 나라들에서 벌어지는 일과 비슷하다. 그 나라들 부자들은 그곳에서 돈만 벌고 자신들의 부와 가족들은 모두 미국 주요 도시들에 살고 있다.

앞서 입시와 부동산을 사회적 딜레마로 정의했다. 한국인들 모두에게 입시와 부동산에 몰입하는 것이 지배전략이 되기에 그 문제들을 해결할 수 없다고 설명했다. 다른 시각도 가능하다. 입시와 부동산을 한국의 정신문화로 파악할 수 있다. 출세를 위해서는 입시가 중요하고 부를 거머쥐기 위해선 부동산이 중요하기 때문이다. 즉 입시와 부동산은 한국인들의 욕망과 야심을 표현한다. 입시와 부동산의 '정중앙' '왕중왕'이 바로 서울이다. 한국인들이 서울을 향해 '야수적 충동'이 실현된 결과 서울로 더 몰린다. '야수적 충동'의 도구가 바로 '줄'이다. 입시와 부동산 그리고 그것들을 하나로 연결하는 그 '줄'을 대기 위해 사람들은 더 야심적으로 서울로 몰리고 있다. 그 결과 서울 초집중화 그리고 지방소멸 문제가 나타났다고 볼 수 있다.

깨진 유리창 이론

깨진 유리창 이론이 있다. 깨진 유리창 하나가 방치되면 그 지점을 중심으로 범죄가 확산된다는 이론이다. 사소한 무질서를 방치해두면 지역 전체로 확산될 가능성이 높다는 점을 일깨운다. 미국의 범죄학자인 제임스 윌슨(James Q. Wilson)과 조지 켈링(George L. Kelling)이 1982년 3월에 월간지 《아틀란틱(Atlantic)》에 게재한 '깨진 유리창(Broken Windows)'이라는 제목의 글에서 그 이론이 유래했다. '깨진 유리창'에 대해 저자들은 이렇게 이야기한다.

만일 한 건물의 유리창이 깨어진 채로 방치되어있다면 다른 유리창들도 곧 깨어질 것이라는 데 대해 사회심리학자들과 경찰관들은 동의하곤 한다. 이런 경향은 잘사는 동네에서건 못사는 동네에서건 마찬가지이다. (중략) 한 장의 방치된 깨진 유리창은 아무도 신경 쓰지 않는다는 신호이며, 따라서 유리창을 더 깨는 것에 대해 아무런 부담이 없다.

윌슨과 켈링은 그 기고문에서 심리학자 필립 짐바르도 교수(스탠포드대학교)의 1969년의 실험을 소개했다. 필립 짐바르도는 두 대의 중고차를 구매하여 한 대는 뉴욕 브롱크스(Bronx) 지역에, 다른 한 대는 캘리포니아 스탠포드대 인근 팔로 알토(Palo Alto) 지역에 주차했다. 둘 다 보닛을 살짝 열어둔 채로 두었다. 브롱크스에 놓아둔 차는 10분 만에 배터리와 라디에이터가 털렸고 24시간 이내에 거의 모든 것이 사라졌다. 한편 팔로 알토에 둔 차는 일주일 이상의 시간이 지났음에도 아무 일도 일어나지 않았다. 아무 일도 일어나지 않자 짐바르도가 그 차의 유리창을 해머로 깨기 시작했는데 지나가던 사람들도 함께 차를 부수기 시작했다는 것이다. 1980년대, 뉴욕에서는 연간 60만 건 이상의 중범죄 사건이 일어났는데 특히 뉴욕 지하철은 범죄의 온상이었다. 당시 여행객들 사이에서 뉴욕 지하철은 절대 타지 말라는 말이 나돌았고 실제로 뉴욕 경찰은 매일 지하철 순찰을 돌 정도였다. 말 그대로 뉴욕의 치안은 매우 위태로웠다. 이때 뉴저지주의 럿거스 대학의 범죄심리학자 켈링 교수가 이 '깨진 유리창' 이론을 활용을 제안했다. 그리고 뉴욕 지하철 범죄를 줄이기 위해 당시 뉴욕 지하철에 도배되어 있던 그래피티(낙서)들을 깨끗하게 지우게끔 했다. 그래피티가 방치되어 있으며 창문이 깨져 있는 건물과 같다고 봤기 때문이다. 당시 뉴욕주 데이비드 건(David Gunn) 교통국장은 켈링 교수의 제안을 받아들여 치안 회복을 위해 지하철 그래피티 지우기에 나섰다. 그러한 제안을 놓고 교통국 내부의 직원들도 그 실효성을 의심했다. 그래도 건 교통국장은 그래피티 지우기를 단행했다. 1984년에 무려 6,000대에 달하는 지하철 차량들의 그래피티를 지우는 작업이 시작되었는데 그래피티가 얼마나 많았던지 '지하철 낙서 지우기' 프로젝트를 개시한 지 5년이나 지난 다음에야 그래피티 지우기가 완료되었다.

그러자 그때까지 계속 증가세에 있던 뉴욕 지하철 흉악 범죄 발생률이 완만해지기 시작했고 그래피티가 완전히 지워진 2년 후부터는 중범죄 건수가 감소하기 시작했다. 1994년에는 절반 가까이 감소했다. 결과적으로 뉴욕의 지하철 중범죄 사건은 75%나 줄어들었다. 1994년 뉴욕 시장에 취임한 루돌프 줄리아니 시장은 지하철에서 성과를 올린 범죄 억제 대책을 뉴욕 경찰에 도입했다. 경범죄 단속을 철저하게 했다. 낙서를 지우고, 보행자의 신호 무시 또는 빈 캔 투척 등과 같은 행위들을 철저하게 단속했다. 그 결과로 뉴욕 범죄 발생 건수가 급격히 감소했고, 마침내 범죄 도시의 오명을 불식시키는 데 성공했다. 물론 실제 '낙서 지우기'가 실제 범죄 발생률을 떨어뜨렸느냐를 놓고 인과성 논쟁이 있을 수 있다. 예를 들어 실업률과 범죄 발생률은 인과관계가 있다. 따라서 뉴욕주의 범죄 발생률 감소가 실제 '낙서 지우기'보다 다른 요인이 작용했을 것이라고 보는 시각도 있다.

하지만 사람은 반드시 이성에 따라 행동하지 않는다. 예를 들어, 길을 가다가 쓰레기를 버리는 상황을 생각해보면 쉽다. 사람들은 쓰레기를 버릴 때 아무 데나 버리는 것이 아니다. 둘러보다 '버릴 만한' 곳에다 버린다. 쓰레기통이 없더라도 골목 한쪽에 플라스틱 커피 컵들이 모아진 채로 버려져 있으면 대개 그곳에 버린다. 주변이 깨끗하게 정돈되어 있고, 버려진 쓰레기가 바로 치워진다면 사람들은 무심결에라도 쓰레기를 버릴 수 없다. 하지만 쓰레기를 치우지 않고 방치하면 사람들은 그 곳이 쓰레기를 버려도 되는 곳이라고 생각해 쓰레기를 계속 버리게 된다. 게임이론 시각에서 보면 '신호'가 작용한다고 볼 수 있다. 즉 유리창이 깨진 채로 남아 있거나 훼손된 부분이 방치되어 있으면 관리가 부실하다는 '신호'를 보내게 된다. 따라서 범죄의 표적이 될 수밖에 없다. 아파트 문 앞에 우편물들이 쌓여 있으면 그 우편물들은 주인이 장시간 집을 떠나 있다는 '신호'가 된다. 그래서 절도 범죄 대상이 될 가능성이 높아진다. '깨진 유리창' 이론의 시사점은 유리창이 깨진 차가 범죄를 유인하듯 쇠락한 지역도 나빠진 이미지 때문에 범죄를 유인할 수 있다. 따라서 쇠락한 지역일수록 이미지 개선을 위해 더 노력할 필요가 있다. 그래서 환경을 개선하자는 목소리가 나오는 것이다. 유리창이 깨졌으면 미관상 좋지도 않거니와 위험하다. 자동차의 깨진 유리창을 방치하면서 그 차량 부속품을 뜯어가는 사람들을 잡아 처벌해봐야 실효성이 떨어진다. '깨진 유리창' 이론은 한국의 지방소멸과 관련해서도 많은 의미를 던져 준다. 한국에서 지방소멸 가능성은 경제학이면서 심리학이다. 즉, 경제적 상황이 좋지 못해 유리창이 깨졌을 수도 있지만 더 우려해야 할 것은 그 '깨진 유리창' 때문에 지방소멸이 가속화될 수 있다는 점이다. 심리적 효과와 신호 효과 때문이다.

투표를 발로 한다; Foot Voting

미국에서는 '투표를 발로 한다'는 말이 있다. 사람들은 자신의 선호를 자유롭게 표현할 수 있다. 자유가 보장되는 나라에서는 싫으면 떠난다. 누구나 마찬가지다. 더 선호하는 곳을 택해 옮겨감으로써 자신의 의사를 표현하는 것이다. 자유다. 싫으면 떠나서 좋아하는 곳으로 옮겨간다. 도시들도 마찬가지다. 살기 좋은 도시는 사람들이 몰려들고 살기 안 좋은 도시는 사람들이 떠난다. 그래서 '투표를 발로 한다'고 표현하는 것이다. '발투표'이다. 법학자 일야 소민(Ilya Somin)은 '발 투표'를 놓고 "정치적 자유를 강화하기 위한 도구, 즉 그들이 살고 싶은 정치 체제를 선택할 수 있는 사람들의 능력"이라고 설명했다. 레닌은 차르의 군대를 탈영하는 러시아 군인들에 대해 "그들은 발로 투표했다"고 표현한 바 있다. 이 개념을 활용해 논문을 쓴 이는 1956년 찰스 티보(Charles Tiebout)였다. 그는 미국의 지역 문제를 해결하기 위해 주(state) 간에 이주를 옹호하기도 하였다. '발 투표'의 가장 분명한 예는 캘리포니아주에서 다른 주로 이주하는 사람들이다. 2020년에는 약 650,000명이 캘리포니아를 떠났다. 사람들이 캘리포니아를 떠나 다른 주로 이주해 가는 이유는 캘리포니아의 높은 세금과 높은 주거비용이었다. 기업들은 규제 완화를 원하기 때문에 다른 주 지역으로 이주해 가기도 한다. 사람들을 자유롭게 내버려두면 그들은 자신들이 살기 좋은 지역을 찾아 자유롭게 이주해 간다. 따라서 어느 지역에 사람이 많이 살고 적게 사는지를 분석해 보면 어디가 살기 좋은 곳인지 알 수 있다는 것이다. 한국의 지방소멸 문제는 '발 투표'와 연결 지어 설명할 수 있다. 지방에서 인구가 끊임없이 유출되고 있는 이유는 그만큼 살기 불편하다는 뜻으로 해석될 수도 있기 때문이다. 말 그대로 지방을 떠날 '유인'이 큰 것이다. 그렇기에 그 지역 사람들이 자신들의 선호관계를 '발 투표' 형태로 표현하고 있다고 볼 수 있다. 그렇다면 답은 의외로 간단하다. 지방소멸을 방지하려면 떠나는 사람들에게 야속하다고만할 것이 아니라 그들로 하여금 자발적으로 그 지역에 남을 수 있도록 환경을 조성해주면 된다. 예를 들어, 시골에 살면 여러 면에서 안 좋은 점이 있을 수 있다. 그럼 반대로 좋은 점도 있어야 시골을 떠나지 않을 것이다.

그런데 좋은 점은 하나도 없고 안 좋은 점만 있다고 해보자. 그 경우 떠나지 않는 것이 도리어 이상하다.

　예를 들어 서울이나 시골이나 세금을 똑같이 낸다고 해보자. 그럼 일단 말이 안 된다. 왜냐하면 서울에는 더 좋은 인프라가 갖추어져 있고 서울 사람들이 지방 사람들에 비해 더 많은 편의로움을 누리고 있다고 볼 수 있기 때문이다. 같은 세금을 내고 특정 지역 사람들이 더 많은 편의로움을 누리고 있다면 그건 불공정에 가깝다. 그런 상황을 만들어 놓고 지방 사람들 더러 지방을 지키길 권장하면 그건 설득력이 없다. 시장원리가 필요하다. 지방은 서울에 비해 정주 여건이 좋지 못하다. 그렇다면 하나라도 좋은 점이 있어야 사람들이 머물 유인이 발생할 것이다. 그 경우 물가수준이라도 낮을 필요가 있다. 그런데 다녀보라. 한국에서 지방 물가수준이 결코 낮지 않다. 서울이나 지방이나 물가수준이 비슷하다면 명목 임금수준 또한 비슷해야 정상일 것이다. 하지만 서울의 명목 임금수준이 지방보다 높은 것은 주지의 사실이다. 명목 임금수준은 낮고 물가수준은 높다. 그 결과 지방과 서울 간에 실질 임금수준은 더 크게 차이가 날 수밖에 없다. 그게 지방의 현실이다. 그뿐이 아니다. 실질 임금수준이 낮은 가운데 세금도 서울 사람들과 똑같이 내고 인프라는 훨씬 열악하다. 그럼 지방에 사는 것보다 서울에 사는 것이 훨씬 더 경제적이란 뜻이 된다. 그런 상황이라면 지방을 떠나지 않는 것이 더 이상하다. 지방에 사는 이들에게 세제 혜택을 줄 필요가 있다. 특히 인구 유출을 막기 위해 지방에 사는 전문직 종사자들과 월급 생활자들의 소득세를 대폭 감면해주는 정책도 고려해 볼 필요가 있다.

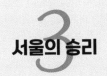

3 서울의 승리

3. 서울의 승리

　하버드대 에드워드 글레이져 교수의 책 제목이 '도시의 승리'다. 그는 도시경제학 분야에서 세계적으로 권위를 인정받고 있다. 연구력도 대단해서 많은 논문을 유명 학술지에 게재했다. 그리고 제자들도 많다. 그의 책을 읽고 도시경제학에 관심을 갖게 됐다고 말하는 사람도 많다.

　글레이져 교수 말대로 도시는 승리한다. 서울도 승리했다. 도시는 인류의 가장 위대한 발명품이라고 한다. 도시는 혼잡하다는 단점이 있을 수 있지만 인접성이 있어서 사람들로 하여금 함께 일할 수 있게 한다. 물론 함께 놀 수도 있다. 파티를 해도 많은 사람이 모여서 파티를 하게 되면 성공적이라고 표현한다. 그래서 도시의 성공 여부는 인접성에 달렸다고 볼 수 있는데 그 인접성의 핵심은 교통 인프라이다.

　미국 내에서 도시들이 연결되어 광역도시권역을 형성하고 있는 지역에서 일하는 근로자들은 광역도시권역에서 일하지 않는 근로자들에 비해서 소득이 약 30퍼센트 더 높다고 한다. 물론 이러한 고임금은 높은 생활비로 인해서 상쇄된다고 하지만 높은 임금은 높은 생산성을 반영한다. 쉽게 말해 도시는 인건비도 비싸고 지대도 비싸다. 그런데도 사람들은 도시에 살고 싶어 하고 기업들 또한 도시를 선호한다. 본사들이 대개 도시에 있는 이유다. 한국에서는 최근 본사뿐만 아니라 제조단지 그리고 연구원들도 수도권을 선택한다. 높은 지대 비용을 감당하면서까지 기업이 도시를 선택하는 가장 직접적인 이유는 높은 생산성 때문이라고 볼 수 있다. 물론 한국 기업들은 여기에 한 가지 이유가 더 있을 것이다. 부동산 자산 가치 때문이다. 한국 기업들은 부동산 자산을 통해서도 많은 부를 축적하고 있다.

어쨌든 도시는 생산성이 높다. 인구 100만 명 이상이 모여 사는 광역도시권역 거주하는 미국인은 소규모 도시 지역에 거주하는 미국인들에 비해 생산성이 평균 50퍼센트 이상 높다고 한다. 사람들이 모이기 때문이다. 그 중에 이상한 사람들도 있겠지만 똑똑한 사람들도 섞여 있게 마련이다. 그 똑똑한 사람들이 새로운 생각을 내고 그 생각들이 빠르게 전파될 수 있다. 인류는 오랫동안 시공간이 '동역학적 양'이라는 사실을 알지 못했다. 아인슈타인이 알아내고 그 지식이 전파된 결과 지금은 인류 대부분이 그 사실을 알고 있다. 원래 인류는 지구가 둥글고 태양 둘레를 돌고 있다는 사실조차 몰랐다. 한국은 근대화 이후 비로소 그와 같은 과학적 사실들을 알게 되었다. 도시가 있었기 때문에 지식이 만들어지고 빨리 전파됐다는 것이다. 도시는 똑똑한 거주민들을 서로 연결시켜 혁신 속도를 끌어올린다. 큰 시장은 주로 도시에서 형성된다. 지식도 시장이 필요하다. 수요와 공급은 시장에서 자동 조절된다. 수요가 있으면 누군가가 열심히 만들어 공급하고, 경쟁 속에 다른 누군가로 하여금 더 열심히 일하도록 동기를 부여하기도 한다.

물론 도시가 비대해지면서 폐해들도 나타난다. 교통체증과 환경오염이다. 그래서 누군가는 좋은 환경을 위해 시골로 내려가기도 한다. 하지만 이 시대에도 도시는 여전히 역동적이고 가난한 사람들을 불러들여 기회를 제공하기도 한다. 세계화는 개도국들에게 기회로 작용한다. 무역자유화를 통해 개도국들의 소득이 증가할 수 있기 때문이다. 세계화는 도시화를 이끌어내기도 한다. 물론 모든 도시들이 성공하는 것은 아니다. 쇠락하는 도시들도 있다. 미국의 디트로이트가 좋은 예이다. 디트로이트 이외에도 러스트 벨트(rust belt)로 불리는 미국 중서부 지역 여러 산업 도시들도 몰락했다. 산업이 사양화됐기 때문이다. 에드워드 글레이져는 도시가 번창하기 위해서는 주택사업 같은 대규모 건설 사업을 추진하기보다는 똑똑한 인재들을 끌어올 필요가 있다고 주장한다. 도시 성장을 위해 인적 자본이 더 중요하다는 것이다. 싱가포르가 성공한 이유는 고층 건물을 많이 지었기 때문이 아니라 교육에 투자하고, 외국 기업들을 유치해낼 수 있었기 때문이라고 한다. 그는 보스턴, 미니애폴리스, 밀라노 등의 도시들이 '똑똑한 도시'라고 부른다. 인적 자본이 도시 발전을 이뤘다고 본다.

특별한 도시, '서울특별시'

한국에서도 도시는 승리했다. 도시는 단순히 승리할 뿐만 아니라 패권적일 수도 있다. 도시 패권의 상징이 바로 한국의 수도 '서울특별시'다. 이름부터가 '특별시'다. 특별하다는 뜻이다. 전화를 걸 때 서울의 지역번호가 특별하다는 것을 알 수 있다. 단 두 자리 '02'다. 한국에서 두 자리 수 지역번호는 서울을 제외하면 없다. 서울만 예외다. 그래서 한때 서울과 근접한 경기 지역 신도시들이 지역번호 '02'를 요구했었다고 한다. 서울을 제외한 모든 지역은 지역번호가 세 자리다. 예전에는 광역시는 그나마 세 자리였고 나머지 지역들은 지역번호가 네 자리였다. 서울은 그 당시에도 두 자리였고 지금도 두 자리다. 새삼 지역번호를 문제 삼고 싶지 않지만 그렇게 '특별히' 서울만 두 자리여야 할 이유를 찾지 못한다. 한국보다 인구가 더 많고, 영토가 훨씬 더 크고, 도시들이 훨씬 더 많은 미국의 경우만 보더라도 모든 지역번호가 세 자리다. 가장 도시 규모가 큰 뉴욕도 그리고 수도이자 정치 중심지인 워싱턴 DC도 모두 세 자리다. 재밌는 것은 한국에서 서울만 그렇게 특별한 대접을 받고 있는데도 어느 지역이 나서서 문제를 제기하지 않는다는 사실이다. 특권을 배격하고 평등을 지향하는 좌파도 그 점을 문제 삼지 않는다. 오히려 그걸 당연하게 여기는 경향도 있다.

서울은 특별하다. 그래서 서울 '특별시'다. 그러고 보니 '특별시'란 표현도 부자연스럽다. 왜 서울만 명칭이 '특별시'인지 모르겠다. 서울 '광역시'라고 하면 왜 안 될까? 예를 들어 세계에서 가장 큰 도시 뉴욕도 '뉴욕 메트로폴리탄'이라고 부르지 '뉴욕 스페셜 메트로폴리탄'이라고 부르지 않는다. 워싱턴 DC도 마찬가지다. '서울 공화국'이란 말이 있다. 서울이 한국이고 한국이 곧 서울이란 뜻이다. 한국이 서울을 중심으로 돌아가기 때문에 나온 표현이라고 한다. 서울이 수도여서 이상할 것도 없다. 한국은 서울을 중심으로 한 나선형 사회이다. 그레고리 헨더슨이란 역사학자가 오랫동안 주한 미국 대사관에 근무하면서 관찰했는데 한국은 서울을 중심으로 돌면서 소용돌이치는 나라라고 한다. 나선형 사회는 관료주의를 표상한다.

한국은 나라 전체가 거대한 관료조직과 유사하다. 행정조직은 물론이고 심지어는 기업조직도 작동원리는 서열과 순서다. 여기서 순서는 의전이라고 보면 쉬울 것 같다. 의사결정 권한도 모두 한 곳에 쏠려 있다. 중앙이다. 그래서 중앙집권적이다. 요즘 균형발전이 화두여서 지방분권이란 말도 유행이다. 기업들도 분권이 필요하다. 외국 기업들은 지사장에게도 권한이 위임되어 있다. 그렇기에 그 지역 지사에서 또는 제조단지에서 빠른 의사결정이 가능한 것이다. 한국에서 권한 위임은 드물다. 도덕적 해이 때문이다. 그 지역에 있는 지사장에게 그 지역 업무를 알아서 하라고 하면 그 지사장은 자신의 임기 동안 회사를 위해서 일하는 것이 아니라 자신의 사적 이익을 위해 일할 유인이 발생한다. 사익 추구 문제가 발생하는 것이다. 그렇게 행동할 것을 예상한다면 본사는 결코 지사장에게 권한을 위임할 수 없을 것이다. 권한 위임과 도덕적 해이에 관한 논문은 차고 넘친다.

그렇기에 한국 중심부 서울에 소재한 관료조직과 거대기업들 본사가 주변부 지방을 직할 통치하는 방식이 될 수밖에 없다. '서울 공화국'이란 말이 나온 배경이다. 단순하게 자원이 많이 몰려 있어서가 아니다. 자원의 양도 중요하지만 질적 분포도 중요하다. 자원의 많은 양이 서울에 몰려 있지만 그 중에도 양질의 자원들이 '선택'을 통해 서울에 몰려 있는 상황이다. 그래서 서울 집중화가 심각한 것이다.

'서울'이라는 정신문화

한국에서 서울은 하나의 정신문화다. 모든 권력과 자본을 아우르는 그런 모습이다. 실러 교수 표현대로라면 자신감의 상징이기도 하다. 한국이 곧 서울이고 서울이 곧 한국이다. 구한말에 이사벨라 버드 비숍이라는 영국 여성이 한국을 방문했었다. 그녀는 영국왕립지리학회 최초 여성 회원이자 빅토리아 시대의 지리학자였다. '은둔의 나라' 조선이 서양인들에게 알려지고 나서 이사벨라 버드 비숍 여사가 1894년 조선에 직접 다녀갔다. 그리고 '한국과 그 이웃나라들'이라는 기행문을 냈는데 그 책에 다음과 같이 썼다고 한다.

모든 한국인의 마음은 서울에 있다. 어느 계급일지라도 서울에 사는 사람들은 단 몇 주라도 서울을 떠나 살기를 원치 않는다. 한국인들에게 서울은 오직 그 속에서만 살아갈 만한 삶의 가치가 있는 곳으로 여겨진다.

서울이라는 정신문화를 반영한다. 서울을 사랑하는 것이 아니라 서울에 집착한다. 비숍 여사가 다녀갔을 그 당시에도 한국인들은 서울에 집착했었다. 그뿐이 아니다. 주한미국 대사관에서 오랫동안 한국을 관찰했던 역사학자 그레고리 핸더슨 역시 "파리가 곧 프랑스이듯이, 서울이 단순히 대한민국의 최대 도시가 아니라 서울이 곧 한국이었다"고 말했다. 외국인뿐이 아니다. 실학자 다산 정약용도 유배 중에 아들에게 편지를 보내 "중국의 문명이나 풍속은 아무리 궁벽한 시골이나 변두리 마을에 살더라도 성인이나 현인이 되는 데 방해받을 일이 없으나 우리나라는 그렇지 않아서 한양 사대문 밖으로 몇십 리만 떨어져도 태고처럼 원시 사회가 되어 있다. 하물며 멀고 먼 외딴집에서야 말해 무엇하랴?"라고 했다고 한다. 그리고 "설령 벼슬에서 물러난다 하더라도 한양 근처에서 살며 안목을 떨어뜨리지 않아야 한다. 이것이 사대부 집안의 법도이다. (…) 내가 지금은 죄인이 되어 너희를 시골에 숨어 살게 했지만, 앞으로 반드시 한양의 십리 안에서 지내게 하겠다. (…) 분노와 고통을 참지 못하고 먼 시골로 가버린다면 어리석고 천한 백성으로 일생을 끝마칠 뿐이다"라고 썼다.

한국 속담들도 '서울 정신문화'를 반영한다. '모로 가도 서울만 가면 된다'도 있고, '말은 나면 제주도로 보내고 사람은 나면 서울로 보내라'라는 말도 있다.

서울은 조선시대부터 한국 역사의 중심이었다. 어쩌면 지금 자본주의의 나라 한국보다 과거 조선시대에 서울 사랑이 더 대단했을 수도 있다. 지금이야 모든 국민이 평등하다고 하는 헌법 조항이라도 있지만 조선시대에는 그나마 평등 개념도 없었기 때문이다. 공식적으로 신분사회였고 양반계급에 의한 수탈이 말도 못 하게 심했기 때문이다. 조선은 양반들의 나라였고 그 지배계급의 극점이 바로 임금이었다. 제도만을 놓고 보면 조선은 백성들의 나라가 아니라 임금과 그 신하들의 나라였다. 모든 것이 임금의 소유라고 주장해도 이의를 제기할 수 없었다. 그런 임금이 서울에 살면서 과거시험을 통해 전국의 인재들을 뽑아 올렸다. 그리고 그들을 옆에 두고 자신의 통치를 돕도록 했던 것이다. 그렇게 뽑혀 임금 옆에서 나랏일을 맡아볼 특권이 부여된 인재들은 그야말로 '가문의 영광'이었다. 어떤 후손들은 그렇게 영광스러운 조상들을 지금도 기리고 있다고 한다. 임금과 엘리트들이 모여 살던 곳이 서울이었고, 그 전통이 남아 한국인들에게 새로운 정신문화를 만들어냈다고 평가할 수 있다.

한국인들은 '조선 판타지'가 있어 보인다. 조선이라는 나라는 한국인들이 몽환적으로 그려내는 그런 나라가 아니었다. 그건 판타지다. 무엇보다 조선을 움직이게 한 기본 시스템은 차별이었다. 신분차별 적서차별 직업차별 등. 그리고 관존민비의 나라였다. 그러한 전근대적 양반 문화가 한국 사회에 아직 뿌리 깊게 남아 있기에 지금도 한국인들은 차별을 당연하게 여긴다. 인터넷 댓글 들을 보면 자신보다 조금 부족해 보이는 이들을 향해 비하, 멸시, 조롱의 표현들이 넘쳐난다.

그렇게 차별이라는 시스템을 통해 운영됐던 나라 조선이 무려 519년을 존속했다고 한다. 세계 최장수 왕조라고 하며 자랑스럽게 생각하는 사람들도 있다. 하지만 자랑이 아닌 것 같다. 조선 백성들이 수탈에 시달려 체제를 전복시킬 힘이 남아 있지 않았기 때문에 조선이 오랫동안 망하지 않았다는 주장도 있다. 공맹을 숭상한다던 양반들은 생각보다 염치가 없었다고 한다. 그들의 사고방식은 폐쇄적이었고 모든 것을 차별했다. 특히 노비는 사람이 아니라 그냥 사유재산이었다. 노비를 세는 단위가 '인(人)' 또는 '명(名)'이 아니라 '구(口)'였다. 세계사를 보면 대부분의 나라들은 다른 민족을 노예로 부렸다. 하지만 조선은 같은 나라 백성을 노예로 부렸다.

17세기 조선시대에는 노비 인구가 전체 인구 40% 가까이 됐다고 한다. 오죽하면 율곡 이이가 상소문에서도 동서고금에 동족을 노비로 부리고 사고파는 나라는 조선밖에 없다는 식으로 개탄했을까? 하지만 그의 어머니 신사임당 역시 친정어머니에게서 노비 30여 명을 물려받아 119명으로 불려 율곡을 비롯한 슬하 7남매에게 분배했다고 전한다. '일천즉천'이란 말이 있는데 부모 중 한쪽이 노비면 자식도 노비가 된다는 말이다. 퇴계 이황도 엄청난 자산가였는데 땅이 36만 평이었고 노비가 367명이었다고 한다.

조선의 양반들은 이사벨라 버드 비숍 표현대로 '허가받은 흡혈귀'였다. 조선왕조가 스스로 망하지 않고 오랫동안 유지되었다가 일본에 의해 그 엉터리 시스템이 해체되었기 때문에 한국인들에게 정체성 혼란이 나타난 것으로 파악할 수 있다. 그 엉터리 시스템의 잔재가 지금도 남아 있다. 위선과 형식주의 그리고 당파성이다. 서울 중심주의도 그 정신문화의 결과라고 말할 수 있다. 권문세족들은 모두 서울에 살았다. 음서제를 통해 특권을 대물림했다. 입으로는 '염치'를 외쳤지만 행동은 '파렴치'했다. 노비들이라는 노동력이 넘쳐났기에 기술개발도 필요 없었다. 심지어는 양반들을 가마에 태우고 다녔다. 비효율의 극치였다. 다른 나라들은 대부분 말이나 소로 하여금 사람 타는 수레를 끌게 했다. 하지만 조선은 마소가 할 일을 노비들이 대신했다. 최악의 노동착취를 보면서도 '공맹의 후예' 지식인들은 역학力學을 생각해내지 못했다. 노비들을 사람으로 생각하지 않았기 때문으로 보인다. 대신 공맹의 글들을 달달 외워 출세를 하려 했다.

사농공상 차별의식 때문에 과학기술이 발달할 수 없었다. 지역차별 때문에 지역의 정체성 형성도 어려웠다. 서울에서 멀리 떨어진 지역들은 유배지나 다름없었다. 일본이 독도를 제나라 영토라고 우기는 것도 이유가 있다. 조선의 지배계급 양반들이 섬에 사는 사람들을 무시하고 어업을 상업보다 더 차별했기 때문이다. 조선시대에 유인도도 무시를 받는데 무인도에 관심을 두었을 것 같지 않다. 무관심 속에 한국은 독도에 대한 영유권 주장을 소홀히 할 수밖에 없었을 것이다. 그 과정에서 일본은 독도를 자신들 영토로 편입시켰던 것으로 보인다. 사실 조선시대 한양의 모습은 글레이져 교수가 말한 도시라고 보기 어렵다. 그의 주장에 따르면 도시는 효율적이고 생산성이 높아야 한다. 조선시대 서울 도성 안에는 생산활동이 거의 없었다. 조선시대 생산이라고 하면 농업이 전부였는데 그나마 그 농업 종사자들은 평민과 노비들이었다. 조선시대에는 사실 효율성과 생산성이란 개념 자체가 존재하지 않았다고 보면 틀리지 않다. 그러한 표현조차 없었다. '효율성'과 '생산성'이란 단어들은 모두 일본인들이 한자어를 조합해 만들어 냈다.

　시장의 가장 큰 역할은 자원배분이다. 조선에서는 서울에 거주하는 임금과 양반 엘리트들이 '약탈적 시스템'을 통해 농업 생산물을 거두어 자신들 편의대로 나누었다. 최악의 자원배분이었다. '국가는 왜 실패하는가?'라는 책을 저술한 노벨경제학상 수상자 아세모글루 교수는 부자 나라와 가난한 나라를 나누게 된 것은 영토 또는 자원 부존량이 아니고 제도와 시스템이라고 했다. 그의 이론에 따르면 제도란 포괄적 제도(inclusive institution)와 약탈적 제도(extractive institution)가 있다. 포괄적 제도란 선진적인 자유민주주의 나라들에서 볼 수 있는 시장원리를 바탕으로 한 자원배분 시스템이라고 보면 된다. 반면 약탈적 제도란 계획과 통제에 따른 자원배분 시스템이라고 할 수 있다. 아세모글루 교수 시각으로 볼 때 조선왕조는 '약탈적' 자원배분 시스템으로 운영된 나라였다. 임금에게 권한을 위임받은 관리들이 농업 생산물을 거둬들여 양반들의 입맛에 맞게 배분한 것이 조선의 유일한 자원배분 방식이었다고 볼 수 있다. 시장기능이 필요 없었기에 상인의 역할도 천시됐다. 역설적이게도 지금 한국인들에게 가장 대접받는 것은 상업이다. 상업은 돈이기 때문이다.

서울 중심 역사관이 조선시대에만 있었던 것으로 생각하는 사람들이 많은데 실제로는 그 시작은 고려시대 때라고 한다. 고려왕조가 열리면서 개경을 수도로 삼게 되었고, 중부지방은 한반도의 정치와 경제 중심지로 부상하기 시작했다. 당시 한반도는 교통 인프라가 매우 열악했다. 일단 타고 다닐 말이 많지 않았다. 그러니 당연히 마차도 없었다. 대신 사람들이 고관대작을 위해 가마를 메고 다녀야 했다. 소나 말이 할 일을 사람이 했다는 것이다. 마차가 없으니 도로가 있을 턱이 없었다. 도로가 없으니 짐을 많이 실어 나르기가 어려웠을 것이다. 교통 인프라가 열악하던 당시 중부지방은 중심지가 되기에 유리했다. 수운에 유리했기 때문이다. 당연히 천도의 필요성이 없어졌고 이후 천 년이 넘는 시간 동안 중부지역은 한반도의 수도권 역할을 맡게 되었다. 그러던 중 이성계에 의해 조선왕조가 열리면서 한양(서울의 옛 이름)을 수도로 삼게 되었다.

조선시대는 중앙집권의 결정판이었다. 동서고금 유례가 없을 정도였다. 즉, 중앙정부가 지방을 직접 통제하는 방식이었다. 그렇게 하기 위해 한양에서 임금이 지방 수령들을 임명하고 지방을 다스리게 했다. 조선시대는 지방을 노골적으로 차별했다. 서울에서 먼 곳은 거의 대부분 유배지였다. 각종 사화 등으로 실각한 관리들이 유배를 떠났다. 긍정적인 면도 있었다. 그들이 지방에 정착하면서 유학을 보급한 결과 지방에서도 성리학 연구가 활발해졌다고 전한다. 하지만 그것이 교육의 혜택이라고 말하기 어렵다. 신분에 따라 배우는 사람들이 한정되었고 그 내용도 실용성과는 거리가 멀었기 때문이었다. 기본적으로 유교는 차별을 정당화한다. 그리고 불필요한 것을 너무 많이 가르친다. 학습 방법도 사고력을 배양한다기보다 주로 암기식이었다. 중국인 사상가 공자나 맹자가 쓴 글을 외우는 것이었다. 그 글을 많이 외울 수 있으면 출세 길이 쉽게 열렸다. 가르치는 쪽에서도 암기식 교육이 더 쉽다. 자기가 아는 구절을 알려주고 외워 보라고 하면 얼마나 잘 외우고 있는지 그렇지 못한지 쉽게 평가가 가능하기 때문이다.

지방에도 유학이 보급되었다고 하지만 출세하려면 서울로 가야 했다. 유배 중인 관리도 그 관리에게 글을 배운 소년도 배운 것을 풀어 먹기 위해서는 서울에 가서 과거시험을 치러야 했다. 그 당시 사람들에게 과거시험은 그 자체가 권위였다. 과거시험에 합격한 즉시 신분 상승과 출세가 대부분 보장되었기 때문이다. 그렇게 힘든 경쟁을 통해 과거시험에 합격했어도 더 큰 출세를 하기 위해선 줄을 잘 서야 했다고 전한다. 조선시대 중앙에서 인사를 장악한 사람들은 경기에서 넓게는 충청까지를 근거지로 삼은 기호 세력이었다고 한다. 수직 계열화된 여러 파벌들이 권력을 쥐기 위해 쟁탈전을 벌인 결과 서울에서는 사화가 끊이질 않았다. 권력을 위한 소용돌이였다. 서울 중심 세계관 배경은 자본과 시장이 아니라 권력이라는 원시적 욕망이었다. 자유 시장에는 승자독식이 없다. 선택이 연속적이어서 그렇다. 예를 들면 경우에 따라 가격을 약간 깎을 수도 있고 약간 올릴 수도 있다. 가격이 약간 올랐거나 약간 내렸다고 해서 어느 한 쪽이 모든 것을 잃게 되는 비극적 상황이 발생하지 않는다. 이득이 약간 줄어들 뿐이다. 하지만 예나 지금이나 정치판은 그렇지 않다. 1% 차이도 나지 않는 득표율로 선거 승패가 나뉜다. 승리와 패배에서 중간은 없다. 모든 것을 잃거나 모든 것을 얻게 된다. 지금 대한민국은 민주공화국으로서 헌법도 갖추고 있고 형식이나마 제도가 마련되어 있기 때문에 조선시대보다는 정적에 대해 관대할 수밖에 없다. 하지만 조선시대에 백성들은 권력에서 철저히 배제되었고 오로지 엘리트들끼리 권력을 나눠먹었다.

모든 것은 서울에서 결정되었고 지방은 서울에서 명령한 대로 따라가는 체제였다. 지방의 백성들이 농산물을 생산했지만, 곡식은 서울에서 엘리트 관료들에 의해 끼리끼리 배분이 되었다. 서울의 엘리트들이 쓰기에 물자가 부족함이 없었지만, 지방의 백성들은 늘 기근에 시달려야 했다. 지방의 백성들이 볼 때 서울이나 지방이나 관료계급은 로망 그 자체였다. 그들이 볼 때 관료계급은 고된 들일을 하지 않으면서 오히려 더 편하게 놀고먹는 것으로 보였기 때문이다. 운송 수단이 발달하지 못해 지방 백성들이 서울에 갈 일은 별로 없었을 것 같다. 다만 서울에는 지방 관료보다 더 높은 '원님'들이 살고 그 '원님'들보다 더 높은 '임금님'이 살고 있다고 막연하게 짐작만 할 뿐이었다. 그러니 서울 중심 세계관이 형성되지 않을 수가 없었다.

그나마 서울 중심 세계관에 변화가 있었던 것은 일제시대였다고 볼 수 있다. 처음에는 남도 지방에 미곡 교역을 위해 군산과 목포 등지에 항구가 구축되었다. 군산과 목포는 조선 어느 지역보다 근대화가 빨랐다. 전북 군산의 군산상고 야구부는 '역전의 명수'라는 별명이 붙었다. 그만큼 야구를 잘했다. 잘 모르는 이들은 지방의 고등학교이기에 '헝그리' 정신 때문에 야구를 잘했다고 생각하기 쉽다. 하지만 군산이란 도시는 일본인들이 많이 살았기에 야구를 매우 빨리 시작했다. 군산에서 야구를 먼저 시작한 학교는 군산상고가 아니라 군산고였다. 일제시대 일본인들이 일본인들 교육을 위해 군산고와 군산여고를 만들었다. 군산고에 야구부가 만들어지고 군산고가 야구로 명성을 날리기 시작한 이유다. 그 전통이 군산상고로 이어진 것이다.

일본이 중일전쟁을 일으키고 만주와 한반도 북부 지역에 대한 병참기지화 정책이 진행되면서 서울 중심 세계관에 비로소 변화가 생겼다고 볼 수 있다. 그 과정에서 한반도 북부 지방으로 인구 이동이 많아지기도 했다. 그러다 일본이 패망하고 한국은 해방을 맞았으며 6.25 전쟁이 벌어지고 말았다. 북한에서 내려온 실향민들이 폭증했고, 고향을 갑작스레 떠나야 했던 그들은 일거리가 있을 만한 도시 지역으로 몰릴 수밖에 없었다. 특히 당시 임시 수도로서 전쟁의 피해가 적었던 부산 인구가 크게 늘기 시작했다.

서울 일극체제

한국인들의 서울 중심 정신문화는 서울의 일극체제로 굳어진다. 한국에서 서울과 경쟁할 수 있는 도시는 없다. 글레이져 교수 말대로 도시는 인류 최고의 발명품일 수도 있다. 인구 밀도가 높은 도시가 있었기에 지식이 만들어지고 전파될 수 있었고 자본축적도 가능했다고 볼 수 있다. 도시화와 산업화는 동전의 양면 같다. 실제 산업화된 나라에서 도시들이 빨리 성장한다. 서울도 산업화 흐름을 타고 빠르게 성장했다. 도시는 거대 시장을 형성한다. 시장의 주요 이점은 판매자가 구매자를 찾아 나설 필요가 없다는 것이다. 하지만 도시 간에도 경쟁이 필요하다. 대부분의 나라들은 도시들이 동시에 성장하면서 경쟁이 이뤄진다. 선진국에서는 그런 경향이 훨씬 강하다. 하지만 한국은 도시 간에 경쟁이 없다. 예를 들면, 미국은 도시들이 서로 경쟁하고 있다. 도시별로 특징도 뚜렷하다. 뉴욕 도시권은 가장 많은 인구가 살고 있고, 워싱턴 DC는 백악관과 의회가 있어 정치의 중심지이자 수도이다. LA 도시권은 기후가 좋아 사람들이 많이 선호한다. 그렇기에 인구도 많고 가장 큰 경제권을 형성하고 있다. 당연히 부자들도 많이 산다. 반면 주 재정이 탄탄하고 일자리가 많은 지역은 텍사스 주이다. 삶의 질은 플로리다 주가 높다. 한국은 서울 한 도시에 모든 것이 몰려 있다. 집중도는 다른 나라들과 비교해 그 정도가 매우 심각하다.

　도시 규모 분포이론이 있다. 그 이론에 따르면 2위 도시의 인구는 1위 도시와 비교할 때 최소 50% 수준은 되어야 안정적인 도시 분포를 이룬다고 말할 수 있다. 한국에서 수도 서울과 제2의 도시 부산의 인구 비율이 2.8:1이고 인근 광역권을 포함하면 격차가 더 벌어져 2,600만대 800만으로 3:1이 넘는다. 중요한 것은 그 격차가 매년 더 커지고 있다는 사실이다. 서울과 나머지 지방 도시들과는 비교 자체가 불가능한 수준이다. 미국에서 가장 큰 도시 뉴욕과 두 번째 도시 LA가 4:3에 못 미친다. 일본의 경우를 보더라도 도쿄와 오사카가 약 2:1인 것을 보면 한국의 수도권 집중도가 두드러진다. 한반도 전체 인구를 약 8,000만 명으로 잡을 때 유럽으로 치면 그 규모가 독일과 비슷하다. 그런 독일과 비교해봐도 한국의 수도권 집중도는 더 명확하다. 인구가 8,200만 명인 독일에서 최대 도시이자 수도인 베를린의 인구가 370만이고 그 도시권은 454만이다. 반면 한국은 북한을 제외하고 남한만 고려했을 때 인구는 5,100만 명이 넘는다. 그 중에서도 서울 인구가 1,000만 명, 수도권 전체로는 2,600만 명에 달한다. 그나마 이는 유동 인구를 포함하지 않은 숫자다. 주민등록은 지방에 되어 있으면서 실제 서울에 거주하고 있는 인구들을 모두 포함하면 서울 거주인구는 등록된 인구의 약 1.5배가 될 것으로 예측된다. 그리고 서울 인구도 중요하지만 서울을 둘러싸고 있는 수도권 지역, 즉 '서울 광역권'이라 할 수 있는 인천과 경기 인구를 포함하면 2,600만 명에 달해 대한민국 전 인구의 절반이 넘는다. 대한민국이 세계 인구밀도 3위인데 수도권의 인구밀도로만 따지면 ㎢당 2,194.79명으로 인구밀도 세계 1위인 방글라데시보다도 높아진다고 한다.

　이러한 인구밀도 격차 때문에 선거구를 재조정하는 경우가 많다. 그 과정에서 인구밀도가 낮은 지역은 정치소외로 이어진다. 수도권은 한 지역구가 계속 쪼개져 한 지역에서 더 많은 국회의원을 뽑게 된다. 반면 지방은 여러 개 지역구를 하나로 묶어서 국회의원을 고작 1명 선출하는 경우가 많아지고 있다. 지방은 국회의원 입후보자들이 선거운동을 하는 데도 어려움이 많이 따를 수밖에 없다. 수도권에 국회의원 수가 늘어나면서 정책 결정을 하는 과정에서 수도권은 더욱 유리해질 수밖에 없다.

예를 들어 득표 경쟁이 이뤄지기 때문에 수도권은 공공 인프라를 계속 구축할 수밖에 없다. 그 결과 수도권은 개발이 멈춰지지 않는다. 개발 열기가 식을 줄 모른다. 반면 지방에서는 국회의원 수가 줄어들수록 정치 소외가 나타나고 지방 소외로 이어진다. 그래서 문제가 더 심각해지는 것이다. 지방 사람들 이익을 위해 목소리를 내줄 사람들이 줄어들기 때문이다. 그럴수록 서울 일극체제는 더욱 굳건해진다. 서울 일극체제에 문제 제기해야 할 사람들이 서울 일극체제를 더욱 공고하게 하기도 한다. 바로 지방의 국회의원 단체장 그리고 지방의원들이다. 그들은 대개 유년 시절을 그 지역에서 보낸 인연으로 선거에 당선된 사람들이다. 선거 출마를 위해 주소지를 그 지역으로 옮겼을 뿐이지 그들은 사실 그 지역 사람들이라고 말하기 어렵다.

형식은 지방 사람들이지만 내용을 놓고 보면 서울 사람들이다. 유년 시절만 그 지역에서 보냈고 청소년 시절 또는 청년 시절부터는 서울에서 학교를 다녔거나 서울에서 직장생활을 했었고 지금도 자신의 자산도 가족도 모두 서울에 살고 있기 때문이다. 그들은 서울의 자산가치가 상승하길 바라지 그 지역의 자산가치가 상승하길 바라지 않을 것이다. 따라서 지역이 발전하도록 열심히 노력할 유인이 별로 없다. 그런 이들이 지역에서 의사결정을 많이 할수록 지역의 상황은 더 어려워질 수밖에 없다. 그럴수록 서울의 일극체제는 더욱 굳건해진다.

서울 부동산 불패

굳건한 서울 일극체제는 '서울 부동산 불패' 현상으로 이어진다. 역설적이게도 평등을 지향한 문재인 정부 시절 서울 부동산 불패 현상은 더심해졌다. 서울 부동산은 '불패 현상'이 아니라 자산증식을 위한 '필승 공식'이 되었다. 거품은 거품을 만들어낸다. 서울 중심 정신문화가 서울 일극체제를 굳건히 하고 이상 열기와 규제까지 더해지면서 서울 땅값은 더욱 부풀러 올랐다. 주로 서민들이 많이 살고 있다고 알려진 서울 노원구 상계동의 아파트 평당 가격이 부산 부자 동네 평당 가격을 추월했다고한다. 서울 부동산 가격은 거품이다. 거품은 가격을 실제 가치보다 더 크게 한다. 정보 비대칭과 이상 열기 때문에 거품이 발생하는 것이다.

서울 초집중화는 사람들로 하여금 서울 부동산에 대한 기대심리를 만들어낸다. 그 기대심리가 거품을 만들어내고, 그 거품에 가려져 정보 비대칭이 심화되면서 거품은 다시 거품을 만들어낸다. '인서울' 아파트는바퀴벌레가 나오는 아파트라 하더라도 그 가격이 앞으로 더 오를 것이라는 기대를 당연시한다. 한국 부동산 시장에서 '서울' 딱지는 그 자체로 브랜드 효과를 낸다. 내용이 중요한 것이 아니다. 상계동뿐이 아니라고 한다. 실제 '인서울' 아파트들이 타 지역의 웬만한 부촌 아파트들보다 더 비싸지고 있다. 사실 이런 현상은 정책 실패의 결과로 볼 수 있다.

서울과 반대로 지방은 주택 공급이 수요를 넘어서고 있다. 여기에서 역설이 또 시작된다. 지방에서 돈이 있다는 사람들은 지방의 아파트를 사봐야 자산증식에 도움이 안 된다는 생각이 들기 때문에 가능하면 서울또는 수도권 아파트를 사기 위해 노력한다. 서울 중심 정신문화와 서울 일극체제가 사라지지 않는 한 '인서울' 아파트들 가격은 계속 상승할 것으로 예상되기 때문이다. 그렇게 정신문화와 이상 열기가 더해지면서 서울 아파트 가격들은 더욱 오를 수밖에 없다. '서울 부동산 불패' 신화가 계속될 수밖에 없는 구조다. 서울 부동산 거품 논란은 어제 오늘 일이 아니다. 가격이 실제 가치보다 높을 때 거품이라고 표현한다. 예를 들어보자. '인서울' 아파트 한 채를 팔면 미국에서 좋은 단독주택 한 채를 살 수 있다. 가격이 가치를 정확히 반영하고 있다면 '인서울' 아파트와 미국의 단독주택이 같은 행복감을 줘야 맞을 것이다. 하지만 현실은 그렇지 않다. 미국의 단독주택이 '인서울' 아파트보다 훨씬 더 큰 행복감을 준다. '인서울' 아파트는 단지 한국에서 비싸게 거래되고 있을 뿐이다. 다시 말해 그 가격은 실제 가치를 반영하고 있지 못하다. 서울의 아파트 가격이 거품이라고 말하는 이유다. 더 쉽게 표현하면 느끼는 행복감에 비해 그 가격이 너무 높다고 해석할 수도 있다.

 그 거품은 비좁은 영토와 세계 최고 수준의 인구밀도 그리고 자산증식을 위한 욕망들이 뒤엉켜 만들어낸 것이라고 볼 수 있다. 때로는 정부가 나서서 수도권 부동산 가격 상승을 억제하겠다고 정책들을 발표하지만, 오히려 그게 엉뚱한 '신호'로 작용해 수도권 부동산 가격이 더 상승하는 일도 벌어진다. 그 결과 부동산 가격에 거품이 더 끼게 된다. 이미 언급했지만 문재인 정부 시절 수도권 부동산 가격 대폭등이 있었다. 인근 수도권 지역 부동산 가격도 덩달아 폭등했다. 그렇지 않아도 심각한 수도권과 지방 간에 자산가치 격차가 더 커졌다. 이젠 서울에 주택을 보유하고 있는 것 자체가 부의 기준이 되고 말았다. 과거에는 강남에 주택을 보유하고 있느냐 여부가 부의 기준이 되었지만, 지금은 '인서울' 주택 보유 여부가 부의 기준이 된 것이다. 이는 서울 쏠림 현상이 더 심해진다는 신호로 해석될 수 있다.

 다른 시각도 있다. 서울 집값이 너무 올라 이젠 그 집값 때문에라도 지방 사람들이 서울로 올라가려 해도 올라갈 수 없게 되었다는 것이다. 일종의 '사다리 걷어차기'인 것이다. 상경이 꼭 필요한 사람들도 엄청난 집값을 감당할 수 없어 상경을 포기해야 하는 경우도 많다고 한다. 상경을 계획했다가 집값이나 그에 따른 삶의 질 문제 때문에 상경을 망설이는 사람들도 많다. 하지만 일자리는 대개 수도권에 몰려 있는 상황에서는 지방 사람 중에 주거난을 각오하고서라도 상경을 해야만 하는 경우들도 많을 것이다. 인구 과밀로 인한 주거난 발생을 우려한 것은 옛날부터였다. 1970년대부터 정부는 서울 인구 분산 정책을 마련했었고 서울 인근 신도시들을 개발했다. 하지만 그러한 신도시 개발들이 오히려 수도권 인구 집중을 초래했다. 그 신도시들을 중심으로 투기도 성행하게 됐다. 투기는 다시 수도권 집값 상승으로 이어졌다. 수도권 집값 상승은 부의 양극화를 더욱 심화시킨다. 근로의욕마저 떨어트릴 수도 있다. 근로를 통해 얻은 임금에 비해 집값 상승폭이 너무 커지면 주택 수요자들은 허탈할 수밖에 없다.

시장의 자동조정 메커니즘에 따르면 가격이 오를 때 수요가 줄어들게 된다. 하지만 부동산 시장은 반드시 그렇지 않다. 수도권 집값이 상승하면 수도권 부동산 수요가 감소하는 것이 아니라 오히려 증가할 수도 있다. 미시경제학에서 부동산 수요는 실거주 목적이다. 거시경제학에서 부동산 수요는 자산증식을 위한 투자목적이다. 특정 회사 주가가 오를 때 그 주식에 대한 매입이 반드시 줄어들지 않는다. 자산증식을 위한 전략적 사고 때문이다. 비슷한 원리다. 수도권 집값이 상승하면 수도권 부동산에 대한 투자가 늘어나 오히려 부동산 수요가 늘어날 수도 있다. 결과 수도권 집값은 더욱 증가하게 된다. 이젠 청년들이 자산증식을 위해 빚을 얻어 수도권에 투자하는 현상까지 나타났다. 소위 '영끌' 투자다. 역설적이다. 서울 쏠림이 가장 지양되어야 할 때 사익 추구 욕망으로 서울 쏠림 현상이 더욱 가속되는 것이다. 그에 따라 지방 소멸 역시 더 가속화되고 있다.

서울 스펙과 서울 이건희 미술관

　서울에 살면 스펙이 쌓인다고 한다. '서울살이가 스펙'이라는 말은 과장이 아니다. 일자리와 대학들 그리고 모든 문화시설과 편의시설들이 서울에 집중되어 있기 때문이다. 요즘 청년들은 여가생활을 중시한다. 청년들이 일자리를 찾아 지방을 떠난다고 생각하면 착각이다. 일자리들뿐 아니라 문화시설과 편의시설들 모두 서울에 몰려 있기에 청년들이 지방을 떠나 서울로 향하는 것이다. 그들이 지방을 떠나는 것은 선택이 아닌 필수가 되어가고 있다. 그들은 서울에서 버티거나 서울을 중심으로 위성처럼 떠돌고 있다. 그런 청년들에게 '서울살이'는 고되긴 하지만 자신의 정체성이라고 한다. 즉, 그들은 '탈서울'을 꿈꾸지만, 막상 서울 떠나려고 한다면 불안을 느낀다는 것이다. 그들에게 서울은 주거난과 고생으로 점철되어 있지만 '서울살이' 자체가 스펙으로 여겨진다는 것이다. 지방에서 청소년기를 보내고 '인서울' 대학 진학을 위해 상경한 청년들 가운데 서울에서 직장생활을 하는 것이 '실질임금' 면에서 불리하다는 말도 한다. 서울의 물가와 임대료가 너무 비싸기 때문이다. 그들은 비싼 수업료를 들여 '인서울' 대학을 졸업하고 스펙을 쌓아 대기업에 입사했지만, 보증금을 내고 매달 월세를 지불하고 나면 실질임금이 더욱 낮게 느껴질 수밖에 없다고 한다. 실제로 매달 월급을 모아 목돈을 만드는 것도 불리하다고 푸념한다. 하지만 청년들은 '서울 중심의 정신문화' 때문에 지방으로 이직은 거의 생각하지 않는다. 그들이 볼 때 서울과 지방의 차이도 크게 느껴질 수 있다. 서울은 빠르게 변하고 다양성이 있으며 고향보다는 합리적으로 여겨질 것이다. 지방은 정이 남아 있다고 하지만 여전히 관습적인 곳으로 규정지어진다. 각박한 서울에 실망해 고향인 지방에 내려가면 관습에 얽매어진 모습들에 더 실망한다고 한다. 그럴 때 청년들은 스스로 '서울 사람'의 정체성을 느끼게 된다. 그들이 볼 때 서울과 지방은 항상 대조적일 수밖에 없다. 그들에게 서울은 훌륭한 인프라를 갖추고 있고 문화시설이 많은 반면, 정서적 안식을 주지 못하는 곳으로 여겨질 수 있다. 하지만 고향인 지방은 부모와 일가친척들이 있어 정서적으로 편할지 모르지만 돌아가고 싶지 않은 곳이라고 한다. 지방에서 상경한 청년들은 한국에서 이민자들로 파악할 수 있다.

도시경제학에서 도시로 사람이 몰리는 이유에 대한 다양한 설명이 있는데 그 중에는 '어메니티(amenity)'라는 개념이 있다. 굳이 해석하자면 '편의로움'이라고 할 수 있다. 도시에 살면 편의로움이 있다는 것이다. 그 '편의로움' 중에 중요한 결정인자가 문화시설이다. 모든 면에서 수도권과 비수도권의 격차가 매우 크다. 격차가 가장 큰 분야는 공연과 예술을 위한 문화시설이라고 볼 수 있다. 인기 연예인들 99% 이상이 수도권에 거주하고 있다. 대한민국의 연예기획사는 100% 서울에 있다. 대형 콘서트도 대부분 서울에서 이뤄지고 있다. 따라서 비수도권 사람들은 문화 수요를 위해 비용이 이중으로 들어갈 수밖에 없다. 지역에 소규모로 흩어져 있는 국립 박물관들을 제외하면 대형 국립 문화시설, 즉 국립도서관, 국립미술관, 국립극장 등 대부분이 서울에 집중되어 있다. 따라서 유명한 전시와 공연도 모두 서울에서 할 수밖에 없다.

이 와중에 '이건희 미술관' 위치를 놓고 논란이 벌어졌다. 2021년 7월 문화체육부가 '가칭 국가 기증 이건희 소장품관(이건희 기증관)' 건립 후보지를 물색했다. 여러 지역이 유치전에 뛰어들었다. 부지는 서울 용산 또는 송현동으로 결정 났다. 용산에는 국립중앙박물관이 있고 송현동에는 국립현대미술관이 있는 만큼 문화체육부가 시너지 효과를 고려해 그렇게 결정했을 것으로 보인다. 미술관은 2027년과 2028년 사이에 완공계획이라고 한다. 부지가 서울로 결정되자 유치전에 뛰어들었던 전국 각 지역에서는 반발했다. 국토 균형 발전 기조에 역행한다는 주장들도 많았다.

　고 이건희 회장 유족의 기증품은 2만 3,000여 점이다. 대부분은 국립중앙박물관과 국립현대미술관 2곳에 나눠서 기증했다. 그 외에도 광주시립미술관에 30점을 비롯해, 전남도에 21점, 대구에 21점, 양구 박수근미술관에 18점, 제주 이중섭미술관에 12점을 전달했다. 중요한 것은 이건희 미술관이 꼭 서울에 지어져야 할 이유이다. 고 이건희 회장의 고향은 대구다. 그래서 대구에서도 이건희 미술관 건립을 희망했다고 한다. 국토 균형 발전 논리를 넘어서 고 이건희 회장과 삼성의 역사 등을 생각해 대구 건립을 기대했던 것으로 보인다. 그리고 삼성이란 기업과 직접적인 인연이 있는 도시들은 수원과 용인이다. 하지만 위치는 서울로 결정되었다. 유명 미술관을 지방에 건립하면 수도권 집중화를 막는 방법이 될 수 있다. 문화 수요 때문이다. 지방은 일자리가 없는 것도 문제이지만 문화적 혜택도 거의 누리지 못한다. 국립 문화시설의 48%가 수도권에 자리하고 있기 때문이다. 국립중앙박물관도 심지어는 민속박물관도 서울에 있고 국립현대미술관들 중에 청주관을 제외한 나머지 3개 관이 모두 서울에 있다. 올해 완공될 국립 세계문자박물관은 인천 송도에 곧 개관될 예정이고 2024년에 지어질 국립 한국문화관도 서울에 건립된다. 경제 수준이 높아질수록 문화적 욕구도 높아진다. 지방에도 문화적 혜택도 필요하다. 인터넷에서는 지방 도시들을 향해 '노잼 도시'라는 표현까지 등장했다. 즉, 재미가 없는 도시들이란 뜻이다. 옛날에는 서울에서 지방으로 놀러 다녔는데 지금은 지방에서 서울로 놀러 다니는 추세다. 서울이 지방보다 더 재밌기 때문이다. 지방에는 '취미 인프라'도 없다. 동호인들이 모두 수도권에 살고 있기 때문에 취미 인프라를 좇아 지방에서 서울로 원정 가는 경우가 대부분이라고 한다. 특히 사교모임이나 동호회 등은 지방에서는 거의 찾아볼 수 없다. 따라서 말 그대로 친구 따라 강남 가는 것이 현실화되고 있다.

서울 '네트워크'의 마력

예부터 말은 나면 제주도로 보내고 사람은 서울로 보내라는 속담이 있다. 도시에 거주하면 많은 이점이 있다. 서울은 그 이점에 하나를 더 추가한다. 바로 권력이다. 강조하지만 한국에서 모든 권력은 서울을 기반으로 한다. 한국에서는 '줄' 댄다는 말도 자주 한다. 누군가가 권력의 축으로 부상할 것 같으면 부나방처럼 그쪽으로 달라붙는다. 누군가가 군사정변을 일으켰을 때도 서울만 누르면 나머지 지역들은 알아서 따라온다는 식으로 말했다고 한다. 실제로 군사정변을 일으킨 세력은 서울을 장악하고 모든 권력을 틀어쥘 수 있었다. 정치권력과 자본권력 모두가 서울에 있다. 이는 서울이 한국의 모든 것을 장악하고 있다고 말할 수 있다. 지난 수 세기 동안 수도권의 집적요인은 인구만이 아니었다. 권력도 매우 중요한 요인이었던 것이다. 실제 한 연구 논문에 따르면 어떤 한 나라의 도시별 또는 지역별 인구분포가 그 나라 권력 형태에 의해 영향을 받는다고 한다. 그 논문은 어떤 국가가 독재 체제하에 있을수록 인구가 한 도시에 쏠리는 경향이 있음을 지적하고 있다. 그 이유는 독재체제일수록 권력과 '네트워크' 형성을 통해 시장경쟁 우위를 확보할 수 있기 때문이다. 더 쉽게 말하면 '줄'을 잡기 위해서다. 시장경쟁을 위해서 권력자와 그 주변 인물들이 거주하고 있는 지역으로 이주해 갈 유인이 발생한다. 독재체제인 나라일수록 권력자는 대개 그 나라에서 가장 큰 도시에 사는 경우가 많다.

제도와 시스템에 따라 국정이 운영되기보다 한 권력자의 통치술에 따라 나라가 돌아간다. 권력자가 통치술을 발휘하기 위해선 가장 큰 도시를 장악하고 있어야 할 것이다. 머릿수가 많기 때문이다. 제도와 시스템이 열악한 나라일수록 실력보다 네트워크가 더 중요해진다. 따라서 사람들은 권력자 주변으로 몰리게 되고 사람들은 다시 그 주변의 주변으로 몰리면서 피라미드식 부패카르텔을 형성하게 될 것이다. 부패를 한번 저지르면 그 부패에서 빠져나갈 수 없다. 부패 시스템이 되기 때문이다. 그렇게 되면 권력자는 부패 카르텔을 통해 그 나라를 영구 통치할 수 있게 된다. 그 과정에서 한 도시의 일극 체제가 수립될 수 있다. 아르헨티나의 부에노스아이레스와 멕시코의 멕시코시티가 대표적인 예라고 볼 수 있다.

　서울의 초집중화도 비슷한 시각에서 설명이 가능하다. 서울은 예부터 출세의 상징이었다. 시골에서 난 이가 출세했다고 하면 대개 서울에 직장이 있고 서울에 살고 있는 경우라고 보면 된다. 그래서 사람들 머릿속에는 '서울=출세'라는 등식이 존재한다. 권력은 네트워크를 바탕으로 한다. 그 네트워크에 들어가려면 서울이 지방보다 훨씬 더 유리하다. 만약 한명회가 지방에 살았다면 권력을 잡지 못했을 것이다. 거대한 서울은 사실 지방 사람들이 만들었다고 해도 과언이 아니다. 실제 서울 토박이보다 외지인의 비율이 훨씬 높기 때문이다. 수도권 사람들은 지방으로 내려가는 것을 매우 싫어한다. 반면 지방 사람들은 오직 수도권에 살고 싶다는 이유만으로 무작정 삶의 터전을 떠나기도 한다. 수도권 내 접근성이 향상된 것도 서울 이주를 부추기는 요인이 되고 있다. 경기도 끝자락에 살아도 서울로 접근이 쉽다. 따라서 수도권 집중도는 나날이 심해질 수밖에 없다.

서울 블랙홀

　서울은 '블랙홀'이다. 한국 사회를 돌리는 큰 '동력' 가운데 하나가 네트워크라고 했다. 네트워크도 '동력'이기에 에너지라고 파악할 수 있다.

전술했지만 한국의 모든 자원은 나선형으로 회전하면서 모두 서울로 빨려 들어가는 형국이다. 인재가 시골에서 나서 성장 과정에서 인근 도시 지역으로 갔다가 종국에는 서울로 입성하게 되기 때문이다. 그래서 나선형이다. 지방에서 지방으로 가기도 하지만 출세의 완결판은 서울이다. 뒤집어서 예기하면 서울에 있으면 출세가 된 것이고 서울에 없으면 출세가 아직 덜된 것이다. 서울은 모든 걸 끌어당기는 블랙홀이다. 블랙홀은 특정 우주 공간을 말하는데, 중력 너무 강해서 빛뿐만 아니라 모든 전자기파가 빠져나가지 못한다. 뉴턴이 설명한 대로 물질은 만유인력 법칙에 따라 다른 물질을 잡아당긴다. 그 힘이 중력이다. 모든 물질은 중력을 갖고 있다. 우주 공간에서 물질이 작은 공간에 압축되면 강한 중력이 발생하고 주변의 물질을 당기게 되면서 점점 더 커진다. 그렇게 물질이 더 많이 압축되면서 그 중력이 빛까지 빨아들일 정도가 되면 블랙홀이 된다.

물리학에도 블랙홀이 있지만 게임이론에도 '블랙홀'이 있을 수 있다. 시공간에서 모든 물질은 중력을 갖고 있다고 했는데 게임이론 공간에서 중력 역할을 하는 것은 욕망이다. 그 욕망 때문에 모든 경기자들은 이기심을 내고 사익을 추구한다. 더 많은 사익을 위해 전략이 필요하다. 경기자의 체급과 규모가 커질수록 전략 선택이 쉽고 유리해진다. 규모가 큰 경기자가 작은 규모의 경기자를 빨아들이고 그 큰 경기자의 규모는 더욱 커진다. 그렇게 되면 전략 선택이 더 쉽고 더 유리해지는 까닭에 더 작은 규모의 경기자들을 더욱 많이 빨아들이게 된다. 그 결과 그 큰 경기자는 더더욱 커지게 된다.

예를 들면 이렇다. 큰 기업과 작은 기업이 매출 경쟁을 벌이면 큰 기업이 작은 기업보다 전략 선택이 훨씬 더 쉽다. 따라서 더 유리하다. 큰 기업은 작은 기업을 빨아 들여 더 큰 기업이 된다. 그 기업은 규모가 커졌기에 더 작은 기업들을 빨아들이면서 더 규모를 키울 수 있다. 게임이론에서 예측하는 바이다. 시장 안에서 경기자들의 힘이 동일하다면 경기자들이 시장을 나눠서 균형이 유지되겠지만, 그들의 힘이 동일하지 못하다면 동적게임이 전개되면서 시간이 갈수록 큰 규모가 작은 규모들을 모두 흡수해 결국 그 시장은 독점 체제가 되고 만다. 사람이든 기업이든 욕망에 한계가 없기 때문이다. 독점 체제란 다름이 아니고 한 공급자 또는 경기자의 영향력이 시장 내 모든 것들에 닿는 현상이다.

서울은 게임이론 공간에서의 블랙홀이라고 볼 수 있다. 모든 자원들을 끌어당긴 결과 수도권은 한국 전체 면적에서 고작 11.8%를 차지하지만, 전체 인구 50% 이상이 몰려 있다. 유동 인구를 포함하면 실제 인구가 훨씬 더 많을 것으로 보인다. 물리학의 블랙홀과 게임이론의 블랙홀은 약간 다르다. 시공간과 달리 게임이론 공간에서는 블랙홀을 중심으로 주변부가 형성되고 그 주변부가 나선형으로 회전하면서 중심부인 블랙홀로 빨려 들어간다. 보이진 않지만 그 블랙홀에 자본과 권력 모든 것이 있다. 주변부와 중심부를 연결하는 통로가 있다. 네트워크다. 쉬운 말로 '줄'이다. 돈과 권력으로 뭉쳐진 중심부에 빨리 도달하기 위해 '줄 대기' 경쟁이 가열된다. 그 '줄 대기' 경쟁으로 인해 나선형 사회의 소용돌이는 더욱 거칠어진다. 소용돌이 속에 '줄 대기' 패턴이 일정 주기를 두고 바뀐다. 그 주기는 5년이다. 대선이 벌어질 때마다 한국 사회가 소용돌이치는데, 그 소용돌이의 중심은 늘 서울일 수밖에 없다. 자본과 권력을 위한 모든 '줄'들이 서울을 중심으로 수직계열화되어 있기 때문이다.

한국에서는 '줄' 또는 네트워크도 에너지가 될 수 있다. 그 '줄'을 형성하는 과정에서 가장 중요한 역할을 하는 것이 학연·지연·혈연 등 여러 인연이다. 지연과 혈연은 선택 가능한 것이 아니다. 반면 학연은 선택할 수 있다. 그래서 좋은 '줄'을 잡으려면 출세한 동문을 많이 배출한 학교에 들어갈 필요가 있다. 즉 학연을 매개로 여러 '줄'들이 다차원으로 연결되고 결합되면서 수많은 '줄'들이 파생되지만 소용돌이를 거치면서 그 중에 몇 개의 '줄'들이 핵심 동력으로 작용하게 된다. 동적게임이 전개되면서 그 '줄'들이 다시 분화하고 다른 '줄'들과 결합하면서 소용돌이를 일으킨다. 한국에서 명문대학은 '줄'을 많이 만들어 낼 수 있는 대학이다. 그렇게 '줄 대기'에 강점이 있는 대학의 '끗발'이 세진다. '줄'을 위한 모든 소용돌이가 서울에서 벌어지기 때문에 서울 소재 대학들의 '끗발'이 강해지는 것이다. 권력을 잡기 위한 경쟁으로 5년마다 한국이 소용돌이치면서 그 '끗발' 양상도 바뀐다. 한국의 근대화·산업화 시절에는 육사가 가장 '끗발'이 좋았다고 한다. 그래서 시골에서 아들 낳아 육사 보내는 것이 소원이라고 말하는 사람들도 많았다고 한다. 실제로 군 출신 인사들이 대거 등용되어 국정을 장악하기도 했다. '줄'을 통해 '출세'한 졸업생이 많아지면 그 대학의 '끗발'이 회자되고 많은 이들의 '로망'이 된다.

서울의 딜레마

게임이론에는 '사회적 딜레마'라는 것이 있다. 결론부터 말하자면 경기자들이 스스로 해결할 수 없다는 것이 특징이다. 한국에서는 '입시와 부동산'이 바로 사회적 딜레마에 해당한다. 역설이다. 해결 불가능하기에 해결하겠다고 나서는 정치인들이 많았다. 하지만 한 번도 성공한 적이 없다. 표몰이 수단이 될 뿐이었다. 서울 초집중화 문제와 지방의 인구소멸 위기 근원에는 입시와 부동산 문제가 있다. 과거 대통령들도 지방의 인구감소 문제를 해결하지 못했던 이유는 입시와 부동산이라는 사회적 딜레마 때문이었다. 많은 공약이 쏟아져 나오지만 제대로 실천된 것도 없고 효과를 낸 경우도 많지 않았다. 입시와 부동산 관련해서 변화가 전혀 없었거나 변화가 있었다면 갈등의 형태만 조금 달라졌을 뿐이다. 입시와 부동산은 한국인들의 정신문화를 지배한다. 출세를 위해선 입시가 중요하고 부를 거머쥐기 위해선 부동산이 중요하기 때문이다. 따라서 입시와 부동산은 한국인들의 야망과 욕망을 표현한다. 그 야망과 욕망을 실현하기 위한 집념과 집착이 바로 '나선형' 한국 사회를 돌리는 동력으로 작용한다. 양심도 없고 윤리도 없다. 내일도 없고 미래도 없다. 오로지 '승자독식' 게임판에 승자가 되기 위해 오늘도 한국인들은 불철주야 24시간 365일 물불안 가리고 앞을 향해 뛰고 있다. 그 승자독식 게임판에 조커가 바로 '줄'인 것이다. 입시와 부동산 그리고 그것들을 하나로 연결하는 그 '줄'을 대기 위해 서울로 몰려간 결과 서울 초집중화 그리고 지방 소멸 문제가 나타났다고 볼 수 있다.

잘라 말한다. 입시와 부동산 문제는 해결 불가능하다. 어설프게 해결하려다 나섰다가 잘못된 '신호'를 날리면 더 심각한 결과가 초래될 수도 있다. 문재인 정부 시절 서울 부동산 가격 폭등 사태가 바로 그 경우다. 차라리 포기하는 것이 빠르다. 왜 해결을 못 할까? 다시 강조하지만 사회적 딜레마이기 때문이다.

나선형 사회 한국의 중심부는 수도권이고 주변부는 지방이다. 그 중심부도 다시 중심부와 주변부로 나눌 수 있는데 그 중심부의 중심부가 서울이고 그 주변부는 서울을 둘러싸고 있는 인천광역시와 경기도. 그 중심부의 중심부도 다시 중심부와 주변부로 나눌 수 있는데 그 중심부가 서울 강남이고 주변부나 서울의 나머지 지역이다. 강남에 명문 입시학원들이 몰려 있고 부동산 부자들이 모여 있는 것이 우연이 아니다. 예를 들어보자. 수도권 과밀화는 어제오늘 일이 아니다. 박정희 시절에도 수도권 집중화를 막기 위해 수도 이전을 고민했었다. 행정수도 계획은 우연히 등장한 게 아니라 몇십 년 동안의 고민을 통해 등장했다. 하지만 세종시 이주를 달갑게 여기지 않았던 관료들도 많았다. 전국적으로 혁신도시들을 건설하고 있다. 하지만 실패로 끝나가고 있는 이 상황이다. 그 이유는 입시와 부동산 때문이다.

혁신도시 설계가 엉터리였다. 일자리들을 강제로 지방으로 옮기면 직원들이 이주할 것으로 내다보았지만 전혀 그렇지 않았다. 특히 자녀들을 둔 직원들은 서울에서 지방으로 옮길 이유를 찾지 못했다. 대학들이 수도권으로 앞다투어 몰려가는 것도 입시와 부동산에서 이유를 찾을 수 있다. 인구가 많은 수도권에서 학생을 찾기 쉽기도 하지만 수도권에 위치한 것 자체가 브랜드가 되기 때문이다. 지방의 토호들이 수도권으로 몰려가는 행태도 입시와 부동산으로 설명할 수 있다.

경제정책을 설계하는 이들은 한국 엘리트들이다. 그 엘리트들은 가족과 함께 대부분 서울 또는 서울 인근에서 살고 있다. 그들의 자산투자는 주로 서울에 몰려 있다. 그렇기에 그들의 정책 설계는 주로 서울을 중심으로 놓을 수밖에 없다. 그들의 세계관이 정책이 반영된 결과 국토개발 내지는 청사진이 서울 중심으로 수렴한다. 특히 한국은 민간 주도 개발보다 정부 주도 개발에 더 무게가 실려 왔다. 엘리트들의 세계관을 반영하여 기획되고 정부 주도로 정책적으로 서울에 '몰아주기'를 해온 결과 서울은 블랙홀이 된 것이다. 물론 그 결과 집적경제도 나타났다. 한국경제의 급격한 성장률이 가능했던 것은 집적경제에서 이유를 찾을 수 있다. 역대 정부 대부분 서울 집중 정책 기조를 펼쳤다.

그 과정에서 서울의 발전 속도를 따라잡지 못하는 지방은 방치됐다. 서울의 발전 속도를 더 두드러지게 한 것은 부동산 거품이었다. 서울은 정치와 경제의 중심이기도 하지만 투기의 중심도 됐기 때문이다. 지금은 정부가 정책을 통해 어떻게 할 수가 없는 지경이 되고 말았다. 잘 알려지지 않은 사실이지만 박정희 정부 때부터 서울의 인구 유입이 많아지며 과밀화를 걱정했다고 한다. 그래서 현재 세종시 일대에 천도를 계획했지만 유야무야됐고, 이후 노무현 정부가 세종시를 행정수도로 삼으려 했다. 하지만 서울시민과 경기도민의 반대 속에 헌법재판소의 위헌 판단에 따라 행정수도 대신 행정복합도시로 결론지어졌다.

한국에서 균형 발전을 역설한 식자들은 많았지만, 정치권에서 큰 관심을 얻지는 못했다. 이유는 간단하다. 유권자들의 반 이상이 수도권에 몰려 살고 있기 때문이다. 그렇기에 정부와 정당은 수도권 주민들이 원하는 방향으로 정책을 설계할 수밖에 없다. 대통령 후보들도 선거 과정에서는 지방에 관심이 대단한 것처럼 말하지만, 당선되면 그 누구도 서울 중심 경제정책을 벗어날 수 없다. 한 곳에 모든 자원이 몰리면 그 곳의 땅값이 오르게 된다. 땅값이 오르면 생산비가 증가하게 된다. 기업 입장에서 볼 때 생산비 증가는 경쟁력 약화를 의미한다. 땅값이 오르면 임금도 인상될 수밖에 없다. 따라서 정상이라면 수도권 땅값이 오르면 기업들은 지방 이전을 모색할 유인이 발생한다. 그리고 기업들이 낮은 땅값을 찾아 한 지역으로 이전해가면 그 지역 내 총생산이 증가하고 지역 소득도 증가하게 된다. 그래서 결국은 기업들이 다른 지역으로 이전해도 종국적으로는 창출된 이윤이 같아져 이론적으로는 다른 곳으로 옮겨 다닐 유인이 존재하지 않게 된다. 그렇게 공간 균형(spatial equilibrium)이 형성된다. 하지만 한국에서는 서울 중심 경제정책이 거듭되면서 기업들과 투자자들에게 서울에 머물렀을 때 이윤 창출을 위해 무조건적으로 유리할 것이라는 기대를 갖게 한다. 그 기대는 자기 실현성이 있다. 즉, 모두가 같은 기대를 하면 그 기대는 실현된다. 기대의 자기 실현성 때문에라도 서울과 수도권은 계속 팽창할 수밖에 없다.

세종시에 행정수도를 건설하겠다던 한 대통령의 공약을 두고 대법원에서 위헌판결 내린 것은 하나의 사건이었다. 그렇게 판결 내린 사람들도 서울 중심 경제정책이 계속되도록 영향력을 미친 한국 엘리트들이라고 볼 수 있다. 서울 중심 사고방식을 하고 사는 사람들이기도 하다. 그 대통령이 후보 시절 그 공약을 내세웠고 그가 대통령에 당선되었다는 것은 이미 그 공약과 정책이 국민적 동의를 얻은 것으로 볼 수도 있다. 그런데도 엘리트들로 구성된 대법원이 나서서 그 행정수도 프로젝트를 좌초시킨 것은 기업들과 투자자들에게 서울을 떠나지 않도록 강력한 신호를 날린 것으로 평가할 수 있다. 이로써 지방에 투자 유인들이 소멸한다. 투자 유인의 소멸 결과로써 지방 소멸도 가속화하고 있는 것이다.

서울의 문어발

교통 인프라는 한 국가 경제의 동맥과 같다. 그래서 매우 중요하다. 한국의 교통 인프라는 특징이 있다. 서울의 문어발이다. 서울을 위한 것이다. 서울 시각에서 보면 지방의 자원들을 빨아들이기 좋고 전국 방방곡곡 구석구석에서 서울 가기 편하도록 '특별히' 설계되어 있다. 문어발이다. 지도를 놓고 보면 서울이라는 문어 머리 중심으로 고속도로망과 철도망이 뻗어나가고 있음을 알 수 있다. 북쪽은 휴전선 때문에 더 이상 뻗어나갈 수 없고 그 대신 남쪽을 향해 문어발처럼 뻗어져 있다. 누군가는 문어발보다 '빨대'라고 표현하기도 한다. 그래서 '빨대효과'라고 한다. 문어발에도 '빨판'이 달려 있다. 빨대건 빨판이건 중요한 점은 빨아들인다는 뜻이다. 그렇게 잘 깔린 고속도로망과 철도망을 이용해 한반도 남쪽 끝에서부터 저인망식으로 자원과 사람들을 모두 빨아들이고 있다. 문제는 그 문어발식 교통 인프라가 효율적이지 못할 때도 많다. 한 지방 도시에서 다른 지방 도시를 가려 할 때 비효율이 발생한다.

서울이 수도이기에 교통 인프라가 그렇게 문어발처럼 구축된 것을 자연스럽게 생각하는 사람들도 많다. 교통 인프라는 편리함을 주고 효율적

이어야 한다. 그런데 그 교통 인프라는 편향적이다. 서울이 블랙홀이 되어 모든 자원을 빨아들이고 있는 배경에는 그 문어발식 교통 인프라도 한몫했다. 도로와 철도가 망라된 한국의 지도를 보자. 모든 고속도로와 철도가 서울을 향해 올라가고 있다. 그렇기에 가로축보다 세로축이 훨씬 많다. 가로축은 가끔 서로 다른 세로축 고속도로를 잇는 정도에 그치고 있다. 그것도 서울행을 보다 쉽게 하기 위해 만들어진 것이다. 그래서 재밌는 일도 벌어진다. 예를 들어 전라도와 경상도는 지역감정 때문에 멀게 느껴질 수 있지만 실제로는 매우 가깝다. 전북의 중심도시는 전주다. 특히 전주와 대구는 직선으로 연결하면 훨씬 더 가깝다. 미국으로 치면 한 시간 거리이고 출퇴근 거리가 될 수도 있다. 많은 민원에도 불구하고 현재까지 전주에서 대구를 직접 연결하는 고속도로가 없다. 굳이 가려고 한다면 'V'자 형태로 돌아가야 한다. 전주에서 서로 다른 세 개의 고속도로들을 타고 가야 비로소 대구에 도달할 수 있다. 전주에서 전북 장수까지 '익산-장수' 고속도로를 타고 가서 그곳에서 다시 '대전-통영' 고속도로를 타고 경남 함양까지 동남 방향으로 내려간 다음 그곳에서 다시 '광주-대구' 고속도로를 타고 동북 방향으로 다시 올라가야 한다. 매우 비효율적이다. 전주에서 대구 가는 것보다 서울 가는 것이 훨씬 편하다.

대구 또는 부산에서 회의가 있을 때 전주에서 익산으로 나가 고속철 타고 서울 방향으로 올라가 오송역에서 내린 다음 다시 대구 또는 부산 가는 고속철로 갈아타기도 한다. 전북 전주는 전북도청 소재지이고 지역 거점 도시 역할을 하고 있다. 대구는 TK 지역의 거점 도시다. 그런데 두 거점 도시들을 직접 연결하는 고속도로가 없다는 것이 이상하다.

철도도 당연히 없다. 특히 지역감정 해소와 동서화합을 위한다는 거창한 말들이 많은 가운데 정작 동서를 직접 연결하는 고속도로가 없는 것이다. 그뿐이 아니다. 전라도에서 강원도를 방문할 때도 직접 가는 고속도로가 없다. 서울을 거쳐서 가거나 아니면 수도권으로 올라가서 영동고속도로를 타고 가는 방법밖에 없다. 강원도에서 전라도를 가려고 해도 마찬가지이다. 철도망은 말할 필요조차 없이 더 열악하다. 대부분 서울을 중심으로 세로 형태다. 가로로 가는 철도는 부산과 전남 순천을 연결하는 경전선이 유일하다.

서울은 인프라 공화국이다. 그리고 지하철 천국이다. 서울 지하철의 편의는 전 세계에 알려져 있다. 한국을 방문한 외국인들은 서울의 지하철과 그 편리함을 칭송한다. 하지만 제2의 도시 부산만 가도 지하철이 그렇게 편리하지 못하다고 한다. 수도권 지하철은 노선이 무려 23개나 되고 수도권 대부분 지역을 연결한다. 반면 수도권을 제외하면 도시철도 또는 광역철도가 갖추어진 도시는 드물다. 부산도 많은 인구가 살고 있지만 기껏해야 바로 옆 김해시와 양산시까지만 연결할 수 있을 뿐이다. 그나마 부산은 도시철도 노선 확충을 계속하고 있으며 수도권처럼 부울경 지역을 도시철도로 묶는 것을 목표로 삼고 있다. 나머지 도시들은 아직도 대중교통의 대부분을 시내버스에 더 크게 의존하고 있다. 그나마 시내버스 서비스도 수도권이 훨씬 편리하다. 배차 간격과 막차 시간을 보면 안다. 수도권에는 24시간 돌아다니는 버스도 있고 '올빼미' 버스도 있다. 하지만 비수도권 광역도시들은 버스 서비스가 23시 이전에 대부분 멈춘다. 배차시간도 수도권과 비교조차 할 수 없다.

항공노선의 경우는 그 상황이 더욱 심각하다. 국제공항은 여러 개가 존재한다. 하지만 장거리 국제 여객 및 화물 노선의 경우 사실상 인천국제공항의 독점이라고 볼 수 있다. 제주공항과 김해공항이 있다고 하지만 약 95% 가까이가 인천공항을 통해 출입국이 이뤄지고 있다. 대구-경북권과 부산-울산-경남 지역을 합치면 인구가 대략 1,300만 명으로 큰 시장이라고 볼 수 있다. 하지만 명실상부한 국제공항이 존재하지 않는 형편이다. 김해공항이 있다고 하지만 국제공항 역할을 맡기에 그 규모가 너무 작다. 국토교통부는 장거리 국제여객 노선이 인천공항에 집중되고 있는 현 상황을 개선할 의지가 없어 보인다.

호남권에도 국제공항이 있긴 있다. 무안공항이다. 하지만 무안공항을 이용해서 갈 수 있는 곳은 중국과 일본 몇 개 도시에 불과하다. 그래서 영남권과 호남권 등 남부지방 사람들이 미국이나 유럽에 가려면 불필요하게 중국이나 일본 등을 경유하든지 아니면 인천공항을 이용해야 한다. 그나마 2022년 핀에어가 헬싱키(핀란드)-부산 항로를 취항하는 것이 확정되었다고 한다. 그것도 우여곡절을 겪어야 했다. 현재 부산 가덕도에 신공항 논란이 일고 있다. 인천공항도 처음에 영종도에 건설된다고 했을 때 큰 논란이 일었다. 섬을 메워 그렇게 큰 규모의 공항을 짓는 것을 두고 억측이 나돌기도 했다. 하지만 지금은 인천공항에 대해 칭찬 일색이다. 인천공항이 비좁아 공항을 보다 넓히는 중이다. 부산은 한국 제2의 도시다. 서울의 초집중화를 막기 위해 가장 좋은 방법은 서울과 경쟁할 수 있는 도시가 부상하는 것이다. 미국에는 동쪽에 뉴욕이 있다면 서쪽에는 LA가 있다. 일본에는 한쪽에 도쿄가 있다면 다른 한쪽에는 오사카가 있다. 중국도 북경에 상해가 맞서고 있다.

균형발전을 위해서라도 전략적으로 제2의 도시를 키울 필요가 있다. 그렇기에 가덕도 신공항은 꼭 필요하다고 볼 수 있다. 규모를 키우고 가급적 건축미를 살려 예쁘게 지어 외국인들이 부산을 통해 입국할 때 볼거리를 제공할 필요가 있다. 그렇게 되면 인천공항의 혼잡을 줄일 수도 있고, 한국 남부권이 외국인 관광객을 유치하기도 이롭다. 핀에어가 시도하는 '부산행' 직항이 성공하면 다른 외국 항공사들도 수익을 창출하기 위해 부산 진출을 모색할 가능성이 높아질 것이다. 가덕도 신공항이 기존의 김해 국제공항을 대체하는 차원을 넘어 인천국제공항처럼 관문 공항이 될 필요가 있다.

매해 특정 시즌만 되면 인천국제공항이 북새통을 이룬다는 뉴스가 등장한다. 그런데도 관문 공항을 추가 확보하기 위해 국토교통부는 아무런 노력도 기울이지 않아 보인다. 민생에 관심이 없는 것인지, 전략이 없는 것인지 묻고 싶을 정도다. 가덕도 신공항은 수요도 충분할 것이다. 그리고 수요는 창출된다. 수요와 공급은 상호작용하기 때문이다. 즉, 공급이 수요를 끌어내는 경우도 많다. 한국에서는 대부분 공급이 먼저였다. 철도 수요가 많아서 철도를 깐 것이 아니고 철도를 깔았기에 철도 수요가 많아진 것이다. 항공 수요도 마찬가지일 것이다. 그리고 영남과 호남의 남부권 주민들이 장거리 국제항공을 이용하기 위해 인천공항까지 가는 수고로움을 덜 수 있다. 남부권 주민들만 이용한다고 가정해도 수요는 충분하다고 볼 수 있다.

서울의 '지방대 죽이기'

지방 소멸은 지방 대학 소멸이기도 하다. 지방의 대학들이 '벚꽃 피는' 순으로 망한다는 말이 우스개처럼 돌고 있다. 서울에서 멀리 떨어진 순으로 망한다는 뜻이다. 일본은 지방 국립대들 수준이 높다. 평판도 매우 좋다. 하지만 한국의 지방 국립대는 일본에 비해 턱없이 부족하다. 대학 책임도 크다. 마냥 자원 부족만 탓할 때가 아니다. 스스로 경쟁력을 갖추어야 할 판에 무작정 정부에게 지원을 요구해서도 안 될 것이다. 정부에 시혜까지는 바라지 않는다더라도 지방에 불리한 정책을 모르는 척할 수는 없을 것 같다.

이 와중에 등장한 수도권 대학 반도체 관련학과 증설 논란은 터무니없다. 이유는 반도체산업에 필요한 인재들을 공급하기 위한 조치라고 하는

데 엉뚱하다. 이는 현재 지역 불균형을 더욱 심화시킬 우려가 있을 뿐 아니라 게임이론 시각에서 보더라도 의미가 없기 때문이다. 수도권 대학 '반도체학과' 증설 계획을 듣고 지방 대학들은 펄쩍 뛴다. 지방 대학들을 더욱 고사시킬 수 있기 때문이다. '산업입국'을 위한 의지는 좋다. 현재 반도체 관련 전공자들이 부족한 것은 사실이라고 한다. 하지만 산업 인재를 공급한다는 명분으로 수도권 대학들의 반도체 관련 학과 정원을 확대한다는 것은 하지하책이다. 그렇게만 하면 '산업입국'이 될까? 착각이다. 굳이 반도체 관련 학과 정원을 확대하는 것보다 유사 학과 재학생들에게 반도체 관련 수업을 듣게 하고 복수전공 선택을 장려하는 것이 유리하다. 복수전공이란 학생들더러 그렇게 수요에 따라 유연하게 전공을 선택할 수 있도록 장려하는 제도일 것이다. 그런 대안을 두고 굳이 특정지역 대학들의 학과 정원부터 늘리겠다는 생각을 이해할 수 없다. 교육은 백년지대계라고 했다. 말 그대로 전략적 사고가 필요하다.

대학은 맞춤형 '산업 인재'를 공급하는 곳이 아니다. 그럼 대학은 뭐 하는 곳일까? 그 질문을 두고 고민했던 게임이론가가 있다. 마이클 스펜스(Michael Spence)다. 생각해 보라. 전공과 무관하게 성공한 사람들이 많다. 손흥민은 체육학과를 나와서 득점왕이 된 것이 아니다. 정주영은 경영학과를 나와서 돈을 많이 번 것이 아니다. 정치인이 정치학과를 나와서 정치를 잘하는 것이 아니다. 비슷한 논리로 '반도체학과'를 더 만들고 정원을 더 늘린다고 해서 한국의 반도체산업이 더 발전한다는 보장이 없다. 그렇게만 된다면 선진국과 후진국 차이가 있을 턱이 없다. 그럼 후진국들이 필요할 때마다 '전공학과'를 만들면 될 테니까. 기술력은 양에서 나오는 것이 아니라 혁신에서 나온다. 한국에서는 예나 지금이나 항상 하는 소리가 있다. 학교가 실무지식을 가르치지 않는다는 것이다. 그런데 스펜스의 통찰에 따르면 원래 학교는 실무지식만을 가르치는 곳이 아니다.

손흥민의 득점력은 체육학과에서 '득점력'이란 대학 교재를 만들고 강의 개설을 통해 가르칠 수 있는 것이 아니다. 정치인들의 윤리의식도 마찬가지다. 정치학과에서 '윤리학'이란 대학 교재를 통해 배워질 수 있겠지만 실천되는 것이 아니다. 그럼 학교는 왜 있을까? 학교가 하는 역할은 뭘까? 스펜스는 대학에서 실무지식을 가르치는 것보다 정보 비대칭 문제를 해소하는 역할을 한다고 봤다. 무슨 말일까? 사람은 다양하다. 학생들의 재능과 적성도 다양하다. 대학은 교육을 통해 학생들의 재능과 적성을 파악해낼 수 있다. 그리고 구직 시장에 '신호(signal)'를 보내줌으로써 잠재적 구직자들의 '사적 정보' 문제를 해소해준다. 그로 인해 구직 시장 내 정보 비대칭 문제가 완화되고 그 결과 구직 시장이 효율화된다는 것이다. 여기에서 말하는 효율화는 구직자들이 재능과 적성에 맞게 적재적소에 배치되는 것을 말한다. 마이클 스펜스는 그와 같은 메커니즘을 이론적으로 설명하고 2001년 노벨경제학상을 수상했다.

반도체 관련 전공자가 부족하니까 대학이 반도체를 학생들에게 열심히 가르쳐서 산업현장에 보내면 된다고 생각하기 쉽다. 이렇게 생각해 보자. 대학에서 열심히 반도체를 가르쳐 주는데, 학생들이 겉으로는 공부를 열심히 하는 것 같은데, 실제로는 하는 척만 하고 제대로 공부하지 않으면 어떻게 될까? 이런 일이 없을까? 많다. 특히 한국 같은 나라에서는 이런 일이 대학에 부지기수로 많다. 스펜스의 이론에 따르면 대학이 해야 할 역할은 누가 과연 반도체 산업현장에 적성이 맞고 재능이 있는지를 선별해서 인재들을 찾아 보내주는 것이다. 학교 지식과 업무 능력은 다르다. 업무를 위해선 어차피 산업현장에서 다시 배워야 할 것이다. 꼭 반도체학과를 만들지 않아도 그리고 반도체학과 정원을 넓히지 않아도 대학에서 그와 같은 선별을 얼마든지 할 수 있다. 그리고 왜 수도권 대학의 반도체 관련 학과 정원을 넓혀 인재를 공급하겠다는 생각만 할까? 지방 대학의 반도체 관련 학과 정원을 넓혀서 인재를 공급하면 왜 안 된다고 생각할까? 중요한 것은 적성과 재능을 선별하는 작업이다. 무턱대고 학과를 만들고 정원을 늘리는 것보다 대학의 신뢰 구축이 먼저다. 그렇게 하기 위해선 정보 공개가 최선이다. 인위적으로 인재 공급을 늘리겠다는 발상보다는 우수한 인재를 선별해내기 위해 메커니즘을 설계할 필요가 있다. 어떤 메커니즘이 필요할까? 기업으로 하여금 한국의 대학과 교수들을 선택해서 외국 연구팀들과 제휴를 맺게 하라. 무조건 외국을 선호하는 것이 아니다. 시스템 구축을 위해서다. 한국의 건설기업들은 해외에 나가면 '능률왕'이다. 하지만 국내에만 들어오면 부실 공사가 잦아진다. 외국에서는 도덕심이 높아서 그리고 국내에서는 도덕심이 없어져서 그럴까? 그게 아니라 해외에서는 글로벌 스탠다드에 맞추어 경쟁해야 하기 때문에 그렇다. 그렇기에 외국의 대학과 국내의 대학이 제휴를 맺고 교수들 간에 연구 결과를 내서 소통을 장려할 필요가 있다. 엉터리 결과를 내면 선별(screening)이 된다. 그런 상황에서는 정말 연구를 열심히 하는게 최선이 된다. 어차피 진짜 혁신적인 아이디어는 소수의 머리에서 나온다. 사람이 많다고 훌륭한 지식과 기술이 나오는 것이 아니다. 시스템에서 나오게 되어 있다. 양에 집착하지 말고 좋은 아이디어와 혁신이 나오도록 유인을 제공할 필요가 있겠다. 수도권 대학의 정원을 늘려서 산업수요에 맞추겠다는 생각은 너무나 일차원적이다. 그건 형식에 초점을 맞춘 정책으로 전략적 사고가 결여되어 있기 때문이다. 전략적 사고는 다차원적이고 중층적이다.

대학과 산업이 연계되는 과정에서 정보 비대칭을 해소하기 위해 시스템을 구축할 방안을 마련하는 것이 맞다. 정보 비대칭 문제가 해소되지 않으면 아무리 대학이 덩치를 키우고 정원을 늘려봐야 말짱 헛수고에 불과할 것이기 때문이다. 파멸적 집적을 막기 위해선 지역의 대학들도 보다 투명해지고 도덕적 해이에서 자유로워져야 한다. 그리고 스스로 발전 전략을 갖추어야 한다.

서울 전염병

한국인은 '뭉치면 산다'라는 표현에 익숙하다. 그 말은 이승만 대통령이 했다. '뭉치면 살고 흩어지면 죽는다'고. 하지만 지금은 아닐 수도 있다. 특히 2020년부터 전 세계적으로 코로나가 대유행하면서 한국인은 이제 뭉쳐 있으면 오히려 불리할 수 있다는 것을 깨달을 필요가 있다. 뭉치면 산다는 말은 옛날 전투방식에서 기인했다고 볼 수 있다. 과거 전투방식은 주로 양에 의존했다. 즉, 무조건 양이 많으면 유리했다. 물론 투지와 정신력도 변수가 됐을 것이다. '뭉치기'는 한국인들의 정신문화를 상징하기도 한다. 어쨌든 코로나 유행 초반 한국의 방역은 성공적이었고 스스로 'K-방역'이라고 치켜세웠다. 여러 실책들이 있었지만 그래도 유행 초반에 방역 체계가 정비됐고, 국민들도 방역 관리에 협조했다. 하지만 한계가 있었다. 나 홀로 '편함'을 누리려는 사람들 때문이었다. 이기심이 방역 체계에 구멍을 뚫었다. 결국 너도나도 서로 '편함'을 누리겠다고 '내쉬 경쟁'을 시도한 결과 한국이 자랑하던 'K' 방역 체계는 무너지고 말았다. 대유행은 수도권에서부터 시작되어 전국으로 퍼져나가는 양상이었다. 서울 집중화가 초래한 필연적 사태라고 볼 수 있다. 서울은 인구밀도가 매우 높기 때문에 전염성 질환이 나타나면 한국 전체가 위태로워진다. 서울 집중화가 덜했다면 코로나 감염 증폭 현상도 그렇게까지 심하지 않았을 것이라는 분석도 있다.

서울은 다른 지역들보다 의료 인프라가 월등하고 방역 자원이 집중적으로 투입됐다. 보건소 수나 보건 인력들을 따져 볼 때 공공의료 시스템도 가장 높은 수준이라고 말할 수 있다. 그런데도 서울의 감염 위험도는 부산에 비해 3배 수준이었다고 한다. 이는 거리두기 등 방역 규제를 적용한다고 해도 서울과 같은 인구 밀집 도시들은 감염병 확산을 막는 데 기본적으로 한계가 있음을 보여준다.

전문가들 주장에 따르면 밀접 접촉 빈도는 유동인구 수의 제곱에 비례한다고 한다. 따라서 인구 밀도가 높아질수록 그만큼 집단 감염 가능성역시 높아질 수밖에 없다. 인구밀도가 낮다고 지방에 문제가 없는 것이 아니다. 비록 인구밀도가 낮다 하더라도 의료 인프라가 잘 구축되어 있지 않아 감염병이 번지는 경우 큰 어려움을 겪을 수 있기 때문이다. 지금처럼 서울은 초집중화가 이뤄져 있는 반면 지방은 인구밀도가 너무 낮다면 감염병 확산 국면에서 더 큰 위기를 초래할 수도 있다. 수도권은 인구밀도가 너무 높아 수도권대로 문제가 발생하고 지방은 의료 인프라가 열악해 지방대로 문제가 발생할 수 있기 때문이다. 말 그대로 수도권과 지방이 동시에 의료 붕괴 상황을 맞을 수도 있다. 이는 결코 허무맹랑한 주장이 아니다. 2020년 코로나가 대구에서 유행했을 때 상황을 떠올려보자. 2020년 3월 당시에 대구 전역에 사회적 거리두기 3단계가 발령됐는데도 심지어는 '대구봉쇄론'까지 등장했었다. 그런데 전국적으로 코로나가 대유행하게 된 직접적인 계기는 바로 서울이었다. 거리두기를 계속 유지했지만 수도권 내에서 그리고 지방에서 서울로 오고 가는 교통량을 쉽게 통제할 수는 없었다. 그 교통수요는 경제 활동에서 나온다. 모든 것이 서울에 몰려 있는 현 상황에서 지방 사람들은 여러 가지 이유로 서울을 꾸준히 드나들어야 한다. 그 과정에서 코로나 같은 감염병 차단이 더 어려워지는 것이다. 빌 게이츠 주장에 따르면 코로나19 이후에도 비슷한 감염병들이 주기적으로 유행할 수 있다고 한다. 이런 시각에서 보더라도 서울 초집중화는 쉽게 볼 문제가 아니다. 수도권 인구밀도가 낮아진다면 감염병 대응 측면에서도 유리할 수 있다. 서울에서 감염자 수가 폭증하면 그 영향은 수도권에서 끝나지 않는다. 현 상황에서는 지방이 서울에 종속되어 있기 때문에 서울의 감염병이 순식간에 지방으로 확산될 수밖에 없다. 그 결과 전국적으로 대유행을 몰고 오게 된다.

2021년 여름 서울에서 부산으로 간 원정 유흥객을 통해 부산에서 대유행이 시작된 것도 우연이 아니다. 서울의 초집중화가 조금 완화되어 유럽의 대도시들 정도의 인구밀도를 유지했더라면 서울의 누적 확진자 수는 물론이고 전국적인 확진수도 30% 가까이 줄어들었을 것이라고 한다. 쉽게 말하면 지난 코로나 유행 2년간 서울 초집중화로 인해 국내 감염자 수가 더욱 늘어나게 되었고 이에 대응하기 위해 사회적 거리두기가 더욱 강화될 수밖에 없었다는 것이다. 즉, 서울 초집중화가 사회적 비용을 크게 증가시킨 셈이다. 방역에 투입된 국가 자원과 방역 규제 때문에 내수경제가 위축된 것 등을 감안하면 서울 초집중화가 초래한 사회적 비용은 매우 크다.

서울 DMZ

한국에서 가장 유명한 관광지가 어딜까? DMZ이다. 서울 초집중화로 인해 군사 안보적으로도 큰 위험이 초래될 수 있다. 웨스트 버지니아 주립대학교 경영대학 브래드 험프리(Brad Humphrey) 석좌교수의 지적이다. 그가 한국을 방문한 적이 있다. 한국을 방문한 미국인들이 가장 많이 추천하는 곳이 DMZ라고 한다. DMZ를 방문하고 나서 외국인들은 두 번 놀란다고 한다. 하나는 중무장하고 있는 북한군과 대치하고 있는 군사분계 지역이 서울과 너무나 가까워서 놀란다고 한다. 또 하나는 그렇게 가까운 곳에 한국군과 미군이 동맹을 맺고 북한군과 대치하고 있는데 불과 20여 마일 떨어져 있는 곳에 사는 서울 사람들의 태연함에 놀란다고 한다. 반미주의자들은 서울에서 수시로 불법 폭력시위를 벌이면서 '미군 철수'를 주장한다. 미국인들이 볼 때 한국인들은 국가안보를 그렇게 크게 걱정하지 않아 보인다고 한다. 강조하지만 한국 인구의 절반 이상이 그리고 경제력의 대부분이 서울 또는 서울 인근에 몰려 있다. 만약 북한군이 기습남침을 하고 교전 상황이 벌어지면 서울은 순식간에 아비규환이 될 것이다.

　남한을 향한 북한의 위협과 대남도발은 계속되어 왔다. 그런데도 그와 같은 북한의 도발에 대해 한국이 적극적으로 보복하지 못하고 수동적으로 대처해온 것도 수도권 초집중화와 무관치 않다는 주장도 있다. 만약 교전 상황이 벌어지면 한국군은 전략적으로 매우 불리하기 때문이다. 순식간에 한국 인구의 절반 이상이 북한군의 사정권에 들어가기 때문이다. 현대전에서는 인구가 몰려 있으면 유리할 것이 없다. 오히려 더 큰 위험에 노출될 수 있다. 그런 상황을 한국과 북한이 서로 알고 있다면 한국의 교섭력은 상대적으로 약해질 수밖에 없는 것이다. 실제 한국군이 서울 이북의 최전방 지역에 지나치게 많이 배치된 것도 이유가 있다. 수도권 초집중화 때문에 서울을 반드시 사수해야 하는 절박함 때문이다. 군사 전문가들 지적에 따르면 한 나라의 수도가 전선에 가까이 위치해 있고 한국처럼 수도권에 너무 많은 인구가 몰려 있는 경우 군사 전략적으로 매우 불리할 수밖에 없다고 한다. 꼭 군사전략까지 들먹일 필요도 없다. 상식적으로 생각해 보더라도 작전 수행이 어려울 수밖에 없다. 효율적인 기동 방어를 시도하기 어렵다는 지적도 많다. 왜냐하면 서울이 일시적으로라도 북한군에 의해 점령되면 재앙이 초래되기 때문에 한국군은 어떠한 비용을 치르더라도 반드시 서울을 방어해야만 한다는 결론에 도달하게 된다. 이는 전략 부재 상황에 놓인 것과 비슷한 경우다. 그래서 수십만 병력을 휴전선에 항상 배치해 놓을 수밖에 없다. 한국에서 모병제가 채택될 수 없는 이유일 수도 있다. 지금처럼 서울에 모든 것이 몰려 있을 때 가장 좋은 전략은 전쟁을 미연에 방지하는 것밖에 없다. 하지만 전쟁이란 어느 한 당사자가 거부한다고 해서 방지되는 것이 아니다. 평화를 외치고 적국에게 도덕심을 호소한다고 해서 전쟁을 막을 수 있는 것도 아니다. 힘이 있어야 막을 수 있는 것이다. 따라서 적으로 하여금 남침을 감행하지 않도록 하려면 미리 많은 군사비를 지출해놓을 수밖에 없다. 수도권 초집중화로 인해 군사작전이 효율적이지 못하다면 군사비 지출이 더 많아질 수밖에 없을 것이다. 한국인들의 '안보 불감증'은 세계적으로 유명하다. '안전 불감증'도 있다. 수도권에 모든 것들이 쏠려 있어 예기치 않게 위태로운 상황이 초래될 수 있다. 서울에 천재지변이 닥치면 한국 행정이 순식간에 마비될 수도 있다. 실제 2022년 여름 서울 지역에 강우가 집중되자 서울 교통은 거의 마비되었다. 앞으로도 집중 강우 현상은 그 빈도수가 높아질 것이라고 예측되고 있다.

금융기관도 모두 서울에 몰려 있어서 행정과 금융 기능이 마비되면 한국경제에 치명타가 될 수도 있다. 한국경제를 떠받치는 핵심 기간산업들의 본사들뿐만 아니라 심지어는 금융 관련 기관들이 대부분 서울 한 곳에 몰려 있다. 해마다 여름철 태풍이 올 때마다 비행기가 뜰 수 없으면 인천공항은 소동이 벌어진다. 이미 언급한 대로 한국에서 중장거리 국제항공 수요는 거의 대부분 인천공항을 통해 이뤄지고 있기 때문이다. 그렇게 한바탕 소동이 벌어질 때마다 언론은 보도만 할 뿐이지 문제의 본질을 파악해 제대로 된 대안을 제시하지 못하는 것 같다. 그렇기에 태풍이 지나가고 비행기 이착륙이 정상화되면 이듬해 태풍이 다시 올 때까지 모든 것이 덮어지고 마냥 잊혀지고 만다. 그리고 차후에 같은 문제가 또 발생한다. 그뿐이 아니다. 휴가철에는 너무 많은 인파가 인천공항에 몰려 북새통을 이룬다. 사람이 많이 몰리는 것 자체가 위험이다. 그런데도 한국에서 진정한 의미의 관문 공항은 인천공항 단 한 개다. 여타 국제공항들이 있다고는 하지만 명실상부하게 인천공항과 경쟁할 수 있는 공항은 단 하나도 존재하지 않는 실정이다. 한국인들은 정말 그 사실을 모르는 걸까? 모르는 척하는 걸까? 인천공항말고도 지방에 관문 공항 한두 개를 더 만들 필요가 있다. 만약 인천공항이 갑작스레 폐쇄되면 한국의 출입국이 어떻게 될까? 안전을 위해서라도 관문 공항이 더 있어야 한다.

서울 탈출기

세계적인 여행 안내서 '론리 플래닛'이 있다. 여행을 계획하는 이들에게 영향력이 강하다. 그 안내서가 2010년도에 서울을 세계 최악의 도시 3위로 선정해 소동이 벌어진 적이 있다. 즉, 론리 플래닛이 네티즌과 여행가들의 의견을 바탕으로 세계 최악의 도시 9곳을 선정해 홈페이지를 통해 발표했는데 미국의 디트로이트가 최악의 도시 1위에 뽑혔고, 가나 아크라가 2위에 뽑혔으며, 한국의 서울이 3위로 뽑혔었다. 그 이유는 "여기저기 무질서하게 뻗은 도로, 옛 소련 스타일의 콘크리트 아파트 건물, 심각한 오염, 그리고 영혼도 마음도 없다. 숨 막히는 단조로움이 사람들을 알코올 의존증으로 몰고 있다"는 것이다. 수백억 원을 써가면서 해외홍보를 하고 도시 브랜드 가치를 높이려고 노력해온 서울시는 평가가 잘못됐다며 항의했다.[1] 서울시 측은 다른 도시 브랜드 조사기관인 안홀트-GMI의 조사 결과를 근거로 서울의 브랜드 순위가 2006년 44위에서 2008년 33위로 상승했다며 론리 플래닛 발표를 인정하지 않았다.

---

1) 2010년 1월 6일에 보도된 경향신문의 '서울, 세계 최악의 도시 3위?'라는 기사를 참고했음.

네티즌들의 주장은 여러 갈래였다. 론리 플래닛 평가에 동의하는 사람들은 대부분 서울의 콘크리트 아파트 건물들을 이유로 댔다. 사실 세계 어디를 가도 서울만큼 고층아파트가 많은 곳은 없다. 아파트 단지 안에 들어가면 시야가 가려지게 되고 도시 미관에도 좋지 않다. 반면에 서울을 너무 폄하했다는 목소리도 많았다. 론리 플래닛의 평가 방식이 편향적이었다는 주장도 있지만 그 평가에 귀 기울일 필요도 있겠다. 특히 영혼도 마음도 없다는 지적은 한국인들이 꼭 되새겨봐야 할 부분이다. 론리플래닛은 서울을 '24시간 멈추지 않는 도시'라고 표현했다. 표현이 틀린 것 같다. 서울은 '24시간 주야대기' 도시이다. 쉬지 않는다. 돈만 된다면 서울은 낮에도 밤에도 모든 걸 제공하기 위해 주문을 기다리고 있다. 모든 것이 몰려 있는 서울은 다른 도시들과 비교해 볼 때 더 바쁠 수밖에 없을 것이다. 한국은 '과로 사회'이다. 2017년 기준으로 볼 때 실제 한국인의 평균 근로 시간은 2,024시간으로 경제협력개발기구(OECD) 국가들의 연평균 근로 시간 1,746시간보다 훨씬 긴 것으로 나타났다.

서울은 한국의 중심부이다. 경쟁도 더욱 치열할 수밖에 없을 것이다. 실제 입시 경쟁부터 취업 경쟁까지 모든 경쟁의 축소판이자 결정판이다. 제로섬 게임에 가깝다. 다른 누군가를 딛고 올라서야 하는 그런 게임일 수밖에 없다. '렛 레이스(rat race)'에 가깝다. 소모전이다. 소모전은 결국 사회 후생을 감소시킨다. 서울 탈출을 꿈꾸는 청년들이 나타나고 있다. 그런 소모전에 지쳤기 때문이라고 호소한다.

한국의 청년들은 우울하다고 한다. 서울대 아시아연구소 구혜란 박사 논문이 있다. 2019년 「한국사회학」에 실렸는데 제목이 '우울한 청년, 불안한 장년의 나라'이다. 그 논문 내용에 따르면 한국의 청년세대(19~36세)가 '물질적 풍요와 교육적 혜택을 받았지만, 역량에 비해 취업문이 좁고 성취를 누리기 어려운 세대'라고 한다. 그래서 한국 청년들 마음의 바탕을 이루는 정서는 우울감이라고 한다. 구 교수는 한국 청년들의 그러한 우울감은 불안과 함께 찾아온 것이라고 지적한다. 내적 만족을 지향하지 않고 외적 성공을 좇을수록 청년들의 삶이 힘들어지고 우울감이 높아진다는 것이다. 한국 청년들의 정서 상태도 서울 초집중화와 무관치 않아 보인다.

인구밀도가 너무 높으면 삶의 질이 낮아지고 스트레스 지수가 높아지기 때문이다. 실제 서울을 탈출한 청년들도 많아지고 있다. 그 중에는 지방에서 꿈을 안고 상경한 청년들이 많다고 한다. 이민업계에 따르면 최근 청년들 사이에서 보이는 '탈 한국' 움직임이 심상치 않다고 한다. 물론 한국의 이민 역사는 오래됐다. 전 세계 어디를 가도 한국인 커뮤니티가 있을 정도다. 하지만 과거와 비교할 때 현재의 '탈 한국' 또는 이민 사유가 많이 달라졌다고 한다. 과거에는 생계나 자녀들 교육 문제 때문에 이민을 선택하는 경우가 많았는데 현재는 자아실현이 가장 큰 이유라고 한다. 중장년층은 주로 자녀 교육을 위해 이민을 생각하는 경향이 있지만 청년들은 그렇지 않다는 것이다. 한국에서 점차로 평생직장의 개념이 사라지고 있고, 과도한 경쟁들에 대해 회의감을 갖는 청년들이 많아지고 있다는 뜻이다. 그들은 다른 나라에 가서 어떤 직업을 갖더라도 심적 여유를 갖고 살고 싶어 한다.

실제 온라인 커뮤니티에 청년들은 해외취업 카페 들을 만들어 놓고 '탈조선 후기' 또는 '미국 영주권 따는 법' 등 제목들을 통해 정보를 공유하고 있다. 그러한 커뮤니티의 글을 읽어 보면 한국 청년들의 직장생활이 어떤 모습인지가 드러난다. 야근하면서도 실제 초과근무수당을 받은 적이 없다고 주장하는 청년들도 있다. 몇 년 전에 한국을 떠나 캐나다에 정착한 사람으로 보이는 이는 자신의 이민 결정에 매우 만족스럽다고 썼다. 댓글들을 찾아보면 한국에 대해 '노답(답이 없다)' 또는 '헬조선' 이란 표현들이 많았다. 한국을 '탈출'한 사람들에 대해 부러움을 표시하는 청년들도 많다. 해외 취업에 성공한 사례들도 매년 늘고 있다. 청년들이 해외 취업을 원하는 것은 자아실현에서 이유를 찾을 수 있을 것 같다. 글들을 읽어 보면 자아실현 기회가 많은 외국 기업 문화에 대해 선호도가 분명해 보인다. 어떤 청년의 글을 간략히 소개하자면 그는 원래 지방에서 살았는데 '인서울'이 꿈이었다고 한다. 그는 고향의 삶이 지루하고 답답하게 느껴졌다고 한다. 또래들끼리 고향이 '비전' 없다고 말을 자주 했다고 한다. 그렇기에 한국의 중심부인 서울로 대학 진학을 하고 그곳에서 취업하는 것이 '로망'이었다고 고백한다. 열심히 노력했고 그 결과 취업에 성공했다고 밝힌다. 하지만 직장인이 되고 나서 서울살이에 대한 회의감이 밀려들었다고 소회를 드러냈다. 처음에는 회사에서 인정받기 위해 열심히 일했는데 어느 순간 한계가 느껴졌다고 한다. 심신이 지치고 처우에 대해서도 섭섭함이 일었지만 고향에는 내려갈 수 없었다고 한다. 고향으로 돌아가면 마치 자신이 패배자가 된 듯한 자괴감이 생길 것 같고 주위의 시선이 신경 쓰이기 때문이라고 속내를 털어놓았다. 그는 한국에서는 서울도 고향도 마음 편한 곳이 없다는 것을 깨달았다고 한다. 그래서 그는 고향을 떠나 서울로 갔고 이젠 서울을 떠나고 한국을 떠나기로 결정했다고 말한다. 이제 그는 외국으로 가서 사람답게 살고 싶다는 포부를 드러냈다. 유사한 내용의 글들이 많다.

이처럼 청년들이 해외로 눈을 돌리는 현상이 서울 초집중화에서 비롯됐다고 보는 시각도 있다. 나선형 사회 한국에서 그 중심부 서울은 젊은 이들에겐 '기회의 땅'이자 '블루 오션'이었다. 그 역사는 매우 오래되었다. 하지만 청년들의 서울 탈출이 많아지고 있다. 과거 서울에서 발견됐던 매력이 점차 사라지고 있기 때문인 것으로 보인다. 고생을 덜 하면서 자기 발전을 이룰 수 있다면 굳이 서울을 고집할 필요가 없다고 인식이 전환된 것으로 볼 수도 있다.

해외 취업 준비를 하는 이들 중에는 지방의 청년들도 매우 많다. 지방의 한 청년은 취업을 위해 서울 고시원에 살았다고 한다. 그가 굳이 서울에서 고시원을 택한 것은 취업 준비를 위해서였다고 한다. 명문학원들도 서울에 몰려 있고 스터디 모임들도 대부분 서울에 몰려 있기 때문이다. 취업 준비 초반에는 기차나 버스를 이용해 고향과 서울을 오가기도 해보 았지만 비용이나 시간 등을 감안하면 서울에 머무는 게 더 유리하다고 생각했다. 하지만 그는 취업이 생각보다 어려웠다고 고백한다. 취업 문턱을 넘지 못하면서 그는 이제 아예 서울과 한국을 '포기'하고 해외 이민을 고민하고 있다고 한다. 고향으로 돌아가는 것은 생각하지 않는다고 한다. 지방 청년들은 자신들의 고향이 왠지 '비전' 없게 느껴진다고 털어놓는다. 일자리를 찾겠다고 고향을 떠났는데 다시 고향으로 돌아가면 패배감이 느껴진다는 말도 한다. 그래서 해외 이민을 생각한다는 것이다.

청년들이 서울을 떠난다는 것은 '탈 한국'을 의미한다. 그러한 청년들에게 다른 대안은 없을까? 특히 지방 청년들에겐 '탈 지방' 현상과 지방 회귀 욕구 간에 모순이 존재한다. 그들은 대학 진학이나 일자리 마련을 위해 20대 초반에 지방을 떠나 서울로 향한다. 성인기에 접어들면서 서울 생활을 시작하는 경우가 흔하다. 그러는 사이에 자신들도 모르게 '서울 사람'으로서 정체성이 만들어진다. 그들은 안온한 시절을 보냈을 고향에 대해 그리움이 없을 수 없다. 서울의 주거난과 과도한 경쟁 분위기도 그 그리움을 더 자극할 것이다. 그런데도 막상 고향을 찾아 내려가면 자신의 정체성이 사라지게 된다. 그 청년은 이미 '서울 사람'이 되었기 때문이다. '서울 사람' 정체성이 자리 잡은 청년들은 스스로 '도시인'이다. 그들에게 서울을 빼고 살만한 도시를 고르라고 하면 부산이나 대전 정도를 빼면 없다고 한다.

상경한 청년들에겐 서울과 지방 간에 많은 것이 달라 보이겠지만 그중에서도 지방의 관습을 가장 부담스럽게 생각하는 경향이 있다. 실제 지방에는 지금도 관습이 많다. 따라서 상경한 청년들은 고향이 자연스레 관습을 연상케 한다고 한다. 변화 없이 모든 것이 지체되어 자아실현이 어렵다는 생각에 이르게 된다. 그래서 그들은 서울을 떠나 고향으로 가지 않고 외국으로 가는 것이다.

서울 '포퓰리즘'

최근 한국은 포퓰리즘이 활개치는 경향이 있다. 수도권과 지방이 양극화되어 가는 데 포퓰리즘도 한몫하고 있다. 수도권 포퓰리즘이다. 누구 표현대로 수도권은 '수당정치'다. 고 박원순 전 서울시장은 청년수당 10만 명 확대를 공약했었다. 청년수당은 중위소득 150% 이하 미취업 청년에게 월 50만 원씩 최대 6개월 지원하는 제도다. 2016~2019년 수급자는 2만 2,000명이다. 서울시는 월세를 내는 청년들도 돕고 있다. 2022년 한 해 청년 2만 명에게 10개월간 20만 원씩 보조하겠다고 하고 실행에 들어갔다. 서울시는 2016년 전국 최초로 청년수당을 도입했다. 박근혜 정부에서 직권취소를 하는 등의 위기도 있었다. 하지만 도입을 막을 순 없었다. 그 이유는 청년들의 삶이 너무 절박하다는 것이었다. 하지만 그 '청년'은 '서울 청년'이다. 절박하긴 '지방 청년'이 더 절박하다. 그뿐이 아니다. 서울시는 신혼부부 집 걱정도 덜어주기로 했다. 수도권 가계지출의 4분의 1이 주택과 관련한 지출이라고 한다. 하지만 그것은 서울 시민들이 알아서 할 문제. 서울시는 그렇게 신혼부부에 대해 파격적인 복지 정책을 소비수준을 늘리고 출산율을 높이기 위해서라고 얘기한다. 내수가 위축되는 것이 주택비용이고 사람들이 결혼을 포기함에 따라 출산율이 낮아지는 것도 주택비용 때문이라는 식이다. 그래서 서울시는 청년들이 결혼을 포기하지 않도록 신혼부부 주거 지원에 몇조 원을 투자할 계획이다. 서울에서 1년에 결혼하는 부부가 약 5만 쌍인데 이들 중 2만 5,000여 쌍에게 집을 제공하기로 계획도 세웠다. 부부 합산 소득이 1억 원 미만이면 모두 해당된다. 서울 신혼부부들이 집 걱정을 하지 않도록 배려하기 위해서라고 한다. 언제부터 지자체가 신혼부부 집 걱정을 대신했는지 몰라도 지나친 오지랖이다. 그리고 포퓰리즘이다.

서울 집값이 비싼 이유가 있다. 그 비싼 집값 속에는 인프라와 여러 편의시설을 위한 접근성이 포함되어 있다. 그리고 주택비용 때문에 내수가 위축된다는 주장도 어불성설에 가깝다. 가처분소득만 따지면 그와 같은 주장이 그럴듯하게 들릴 수 있다. 하지만 최근 연구에 따르면 가처분소득보다 항상소득이 더 중요하게 여겨진다. 쉽게 설명해보자. 가처분소득은 소득에서 세금을 뺀 것이다. 미래소득을 고려하지 않는다. 반면 항상소득은 미래소득을 포함한다. 청년들이 정년이 보장되는 공공기관 일자리를 선호하는 이유는 항상소득이 크기 때문이라고 해석할 수 있다. 소비자들은 돈이 많을 때 소비를 더 하고 돈이 없을 때 소비를 덜 하기도 하지만 큰 지출을 하기 위해선 소비계획을 세운다. 소비계획을 세우려면 가처분소득보다 항상소득이 더 중요할 수밖에 없다. 그리고 집이 없어서 결혼하지 않는다는 것도 억지 주장에 가깝다. 결혼을 하고 말고는 개인의 자유 의지다. 부유한 청년에게 결혼하지 말라고 강요하는 것도 이상하지만, 가난한 청년에게 결혼을 강요하는 것도 이상하기는 마찬가지다. 지자체가 나서서 개인의 자유를 제한하려는 격이다.

포퓰리즘이 서울에만 있는 것이 아니다. 경기도도 포퓰리즘 정책이 많다. 이재명 전 경기지사는 보편 복지를 실행했다. 미취업 청년들에겐 면접수당을 만들어 1회 3만 5,000원씩 최대 6회 지원했다. 경기도는 이미 청년 기본소득제를 시행하고 있다. 3년 이상 계속 거주 또는 10년 이상 주민등록을 둔 만 24세 청년들에게 연간 최대 100만 원을 지역 화폐로 제공한다. '청년노동자통장'은 대상을 2,000명에서 9,000명으로 늘린다. 저소득 청년 취업자가 매달 10만 원을 저축하면 3년 후 약 1,000만 원을 적립해주는 제도라고 한다. 두 단체장의 명분은 공정사회였다. 하지만 그건 공정이 아니고 불공정이다. 공정을 위해 현금을 나누어준다는 주장은 말이 안 된다. 청년을 돕는다는 명분이지만 실은 정치적 이득을 내기 위한 술수로 보일 뿐이다. 그런 것이 바로 포퓰리즘이다. 좌파가 수도권 정치를 움켜쥔 이후 포퓰리즘은 더욱 심해지고 있다. 지방에 있는 청년들이 볼 때 수도권은 신세계다. 수도권에서는 청년이란 이유로 '수당'을 준다고 하니 그런 생각이 들지 않을 수 없다. '현금 살포' 정책은 재정을 망가뜨린다.

하지만 지방 지자체들도 '울며 겨자 먹기'식으로 청년수당 도입을 검토할 수밖에 없다. 현재 지방은 재정난이 너무 심각하다. 그래서 청년수당을 주면 지방 재정난은 더 힘들어질 것이 뻔하다. 하지만 청년수당을 주지 않으면 더 많은 청년이 수도권으로 이탈하고 말 것이다. 청년수당 딜레마다. 그와 같은 수도권 복지 정책들이 북유럽형 모델이라고 치켜세우고 있는데 지방에서 그런 복지 정책은 사치다. 지방자치단체들의 재정자립도가 형편없기 때문이다. 심지어 전북에서는 10개 가까운 지자체들의 재정자립도가 한 자릿수를 기록하고 있다. 형편이 낫다는 지자체들도 있기는 하지만 수도권 재정자립도와 비교하면 어림도 없다. 지역 간 복지 격차는 한국이란 나라를 더욱 '몰림과 쏠림' 판으로 만들 수밖에 없다. 그런 상황에서 '균형발전'이란 말은 완전 허구다.

일본은 한국과 달랐다. 아베 신조 내각은 지방 상생과 지방 인구 감소 대책의 첫 번째 과제로 도쿄권 일극 체제 해소를 내걸었다. 일본의 지역 청년들이 도쿄권 전입을 막으려는 의도다. 지역 거점 개발이 이루어져야 출산율도 높아질 수 있다고 본 것이다. 하지만 한국은 거꾸로 가고 있다. 오히려 수도권 정치인들이 지방의 청년들을 수도권으로 끌어올리기 위해 정책 구상 중이다. 한국은 지금 지방 소멸에 대안이 없다. 수도권 포퓰리즘 때문이다.

수도권 '수당' 정치는 기세를 더할 것이다. 포퓰리즘의 특성이다. 어떤 단체장이 표를 끌기 위해 현금성 복지를 시행했다면 그 경쟁자들도 같은 정책을 선택할 수밖에 없다. 그렇게 하지 않으면 자신에게 정치적 '불이익'이 돌아가기 때문이다. 지금 한국은 다른 것이 정의가 아니라 바로 포퓰리즘을 말리는 것이 정의다. 하지만 한 지자체장이 포퓰리즘으로 정치적 이득을 얻고 있을 때 다른 지자체장이 나서서 포퓰리즘 타파를 외치면 그는 정치적 불이익을 감수해야 한다. 그들은 불의는 참을지언정 불이익은 결코 참지 못한다. 그렇기에 단체장이 바뀌어도 현금성 복지는 계속될 수밖에 없다. 전문가들의 양심 바른 조언도 기대하기 어렵다. 그들 역시 정치인들의 이해관계와 무관치 않기 때문이다. 지방의 인구 감소 문제는 지방 스스로 해결할 수밖에 없다. 지방의 사고 전환이 필요한 이유다. 한국의 지방 발전이 더딘 이유는 다른 곳에 있다. 지방의 낙후된 시스템과 내부자들 때문이다. 그리고 한국에서 지방은 교섭력이 전혀 없다. 광역단체 간의 교류도 너무 적다. 지방의 광역단체들이 서로 협력해서 중앙정부에 대해 한목소리를 낼 때 중앙정부도 진정으로 지방의 목소리를 경청할 수 있고 지방을 존중할 수 있을 것이다.

4

지방은 스스로 망한다

4. 지방은 스스로 망한다

지방은 스스로 망한다. 지방을 관찰해보면 알 수 있다. 지방은 시스템으로 돌아가지 않는다. 지자체장의 '개인기'로 돌아간다고 볼 수 있다. 그 개인기란 다른 것이 아니고 예산을 끌어오는 것이다. 그래서 지방은 그토록 '큰 인물'에 목말라 있는 것이다. '중앙 인맥'을 활용해 '보이지 않는 손'으로 작용하게 하여 자기 지역에만 특히 많은 예산을 받아내기를 바라고 염원한다. 그게 지역발전이라고 생각하는 사람들이 많다. 진정한 발전은 선진적인 시스템이 깔리는 것이다. 지금 지방은 소멸 위기를 맞고 있다. 위축이 아니라 소멸이다. 사라진다는 뜻이다. 저출산과 고령화는 세계적인 추세이다. 그 추세와 맞물려 경쟁력이 취약한 지방은 더 큰 문제를 드러내고 있고 그 결과 모든 자원들이 빠져나가고 있는 상태다. 이젠 소멸만을 기다리고 있다. 문제는 그 추세다. 소멸 속도가 더 빨라지고 있다. 현재 65세 이상 고령자 비율이 35%를 넘어선 곳이 많아지고 있고 이 추세가 계속되면 2100년이 되면 수도권과 충청권을 제외한 나머지 모든 광역단체가 소멸될 것이라는 예측도 있다. 지방 소멸 문제를 해결하기 위해 대책 마련이 시급한 이유다.

이 와중에 주로 제시되는 방안은 정부로 하여금 지방에 인프라 투자를 강요하는 것이다. 글레이져 교수는 지역발전을 위해 인프라 중심의 사고방식을 거부한다. 대신 인적 자본을 강조한다. 그는 거대한 건물을 짓는 것보다 똑똑한 사람들이 모여야 발전할 수 있다고 역설한다. 지방에는 사람이 없는 것도 문제지만 가장 큰 문제는 인적 자본이 없다는 것이다. 도시에 사람들이 모임으로써 변화와 혁신이 나타난다고 했다. 도시가 빠르게 변화할 수 있는 비결이기도 하다. 사람들이 몰리는 것은 단순한 물적 조건에만 있지 않다. 사람들을 끌어들이는 힘이 필요하다. 흡인력이다. 특히 인적 자본을 끌어들이기 위해선 흡인력이 필요하다. 그 흡인력은 단순한 일자리가 아니라 사람들이 맺고 있는 '네트워크'와 '편의로움'이라고 볼 수 있다. 정부는 잘못 파악하고 있다. 사람들이 서울과 수도권으로 몰리는 이유는 단순히 좋은 일자리 때문만이 아니다. 그렇다면 오히려 정책 설계가 쉬울 수도 있다. 일자리들을 지방으로 이전하면 된다. 그게 혁신도시 건설 이유였다. 하지만 혁신도시는 실패했다. 아무리 공공기관들을 지방의 혁신도시로 이전한다고 해서 인적 자본이 그 혁신도시에 유입되지 않기 때문이다. 억지춘향격으로 지방 혁신도시로 내려간 인적 자본들은 주중에 공공기관 내에만 머물다가 주말이 되면 대부분 수도권으로 빠져나간다. 가족들도 대부분 수도권에 살고 있다. 혁신도시가 주말에는 '유령도시'로 변하는 이유다. 혁신도시의 실패는 흡인력 부족 때문이다.

중세에도 '도시의 공기는 사람을 자유롭게 한다'는 표현이 있었다. 지방의 흡인력 부족에는 관습도 한 이유가 될 것이다. 세계 어느 나라를 가도 도시가 더 여성 친화적인 경향이 있다. 이젠 한국도 양성평등 국가이다. 하지만 지금도 지방에는 관습이 더 많이 남아 있다. 그런 관습은 여성들을 더 불편하게 할 수밖에 없다. 여성들이 볼 때 수도권이 지방보다 더 여성 친화적일 수밖에 없는 이유이기도 하다. 따라서 여성들은 시골보다 도시를 그리고 지방보다 수도권을 선호한다. 그들 시각에서 보면 서울이 지방보다 오히려 더 공정할 것이라는 기대감도 있다. 그렇기에 지방은 '남초 도시'가 되고 있고 남성들이 결혼 상대자를 찾기 위해선 수도권으로 가야 하는 상황이 되고 있다. 지방은 쓸데없는 오지랖도 문제다. 서울에 사는 사람들이 편리함을 얘기할 때 익명성을 강조하는 것도 이유가 있다.

지방 소멸 추세를 되돌리기 위해 흡인력을 갖추려면 무작정 산을 깎고 땅을 민다고 되는 것이 아니다. 물론 인프라를 구축하는 것도 좋지만 보다 중요한 것은 합리성을 갖추는 것일 수도 있다. 서울보다 더 공정하고 보다 합리적인 환경이 제공될 필요가 있다. 수도권을 규제한다고 지방이 발전하는 것이 아니다. 지방의 관습부터 사라지고 시스템이 제대로 갖춰져야 한다. 서울이 지방을 망하게 한 것이 아니다. 지방은 스스로 망한다.

지방 연고주의와 정실주의

한국 어딜 가도 그렇지만 지방은 인맥과 연고가 더더욱 중요하다. 강준만 교수가 '자기파괴적 연고주의'를 괜히 지적한 것이 아니다. 지방에서는 말 그대로 '빽줄'이 더 통용된다. 그러한 연줄을 기대할 수 없는 청년이라면 차라리 수도권이 더 편하게 여겨질 수도 있다. 지방은 '전략부재' 상황이다. 발전을 위해선 전략부터 갖출 필요가 있다. 한국 지방 발전을 가로막는 원인 중에 정치와 행정의 사유화가 있다. 강준만 교수가 지적하고 있는 '사유화'의 대표적인 경우는 선거 공신들에 대한 보상이다. '낙하산' 인사가 발생할 수밖에 없는 이유다. '낙하산' 인사는 '공직 특별전형'이라고 보면 된다. 또 다른 사유화는 지방 권력자의 연고주의와 정실주의라고 말할 수 있다. 자신의 동문과 측근 인사들에게 특혜를 베푸는 것이다. 실은 그러한 '공직 특별전형'과 특혜를 바라고 주변 사람들은 선거를 열심히 돕는다. 어찌 보면 정무직 공무원을 선발할 때 지자체장이 자신과 가까운 인사를 임명하는 것은 자연스러울 수도 있다.

하지만 모든 산하기관과 임명직 공무원 자리들을 정실인사를 통해 채운다면 그것은 지자체가 빨리 망하는 지름길이다. 전문성이 부족하기 때문이다. 그렇게 전문성이 부족한 인사들은 일보다 '지대추구'에 더 열정적일 수밖에 없다. 그들이 '지대추구'에 더 열정적이라고 어떻게 단정할 수 있냐고 반문할 수도 있겠다. 물론 사람에 따라 조금씩 편차가 존재할 것이다.

하지만 게임이론 시각에서 보면 그들이 지대추구에 더 열정적일 수밖에 없다는 결론 도출이 가능하다. 전문성이 있는 사람들은 말 그대로 그 업무 분야를 잘 파악하고 있는 사람들이라고 볼 수 있다. 따라서 그 분야 업무가 재밌고 적성이 맞는 사람들이다. 게임이론에서 분석할 때 그 경우 일을 하는 데 비용이 덜 소요된다고 본다.

반면 전문성이 없는 사람들은 '공직특별전형'으로 입직했기 때문에 그 업무를 맡고는 있지만 그 업무를 잘한다고 볼 수 없다. 그 경우, 일하는 데 비용이 더 소요된다고 파악할 수 있다. 이 와중에 지대추구 여지가 있다고 가정해보자. 그럼 전문성이 부족한 사람은 전문성이 있는 사람보다 지대추구 유인이 더 클 수밖에 없다. 전문성이 없어 그 일을 잘하지도 못하거니와 일에 재미를 느끼지 못하기 때문이다. 그래서 지대추구에 열을 올리게 되는 것이다. '낙하산' 인사가 비난받는 이유다.

미국에서는 연구 업적이 많은 교수에게 종신 교수직을 부여한다. 종신 교수직을 부여하면 그가 많은 연구업적을 쌓았기에 그에 대한 보상이라고 이해하기 쉽다. 게임이론 시각에서는 다른 뜻도 있다. 바로 선별(screening)이다. 즉, 보상도 중요하지만 누가 진정 교수직에 적성이 맞는지를 골라내는 것이다. 연구업적을 많이 쌓았다는 것은 그가 연구 수행을 위해 비용이 덜 소요됐기 때문으로 해석할 수 있다. 즉, 타고난 연구 역량이 있다는 뜻이다. 그리고 그는 연구 업적을 많이 쌓아놓았기 때문에 추가적인 연구가 더 쉬워진다. 즉, 추가적인 연구를 할 때 비용이 더욱 적게 소요된다. 그렇다면 그는 다른 이들보다 연구를 등한시할 유인이 적어진다는 뜻이 된다. 쉽게 말해 그가 종신 교수직을 부여받고 연구를 등한시한다면 그는 자신의 재능을 낭비하는 것이다. 사람마다 타고난 재능이 다를 텐데 그 사람 재능에 대해선 그 사람 본인이 가장 잘 알고 있다. 그래서 기한을 주고 논문을 써보라고 한 다음 재능 정도를 판별해내는 것이다. 남들보다 재능도 더 있고 연구 수행을 위해 더 유리한 환경을 갖추어 놓고서도 연구를 등한시한다면 그는 자신의 재능을 낭비한 결과가 되어 결국 자신이 손해다. 그 사실을 그 자신이 가장 잘 알고 있다. 그래서 그는 어느 누가 감시하지 않더라도 스스로 연구를 해나가는 것이다. 그렇기에 그에게 종신 교수직을 부여하는 것이다. 종신 교수직도 공직이다. 결론은 제대로 된 연구자들은 공직을 이용해 사적 이익을 챙기려는 유인이 적다.

하지만 법과 제도만으로는 이 공직 사유화를 원천적으로 차단하기 어려울 것이다. 사유화를 근절할 순 없겠지만 최소화하도록 지혜를 발휘할 필요가 있다. 무엇보다 제도적 장치를 설치하는 것이 중요하다. 정보공개다. 하지만 '낙하산' 인사들과 그 임명권자는 정보를 감출 유인이 존재한다. 따라서 지역 의회나 지역 언론이 나서서 전문성 검증을 위해 정보공개를 요구해야 한다.

지금 지방이 당면한 소멸 위기는 지방 스스로 책임이 있다. 가장 심각한 것은 패배주의와 정체감 부족이다. 그럴수록 '백줄'에 대한 집착이 시작되고 '줄 대기' 경쟁이 일어난다. 백줄을 찾기 위해 모든 것을 동원한다. 백줄을 애타게 찾았던 사람들 중에 누군가는 그 백줄을 이용해 성공한다. 정치 상황에 따라 성공과 실패는 교차한다. 백줄 찾기에 실패한 이들은 정치 상황이 변할 때까지 정치권 언저리에 머물면서 때를 기다린다. 그들은 결코 백줄 찾기를 포기하지 않는다. 그 기다림이 결실을 거두기도 한다. 빽줄은 중앙집권의 유산이다. 그렇게 애타게 빽줄을 갈구하고 있는 이들에게 애향심과 지역의 정체감 형성을 기대하는 것은 사치다. 그들이 원하는 것은 지역 발전이 아니다. 빽줄을 통해 그들 손아귀에 들어가는 실익과 보상이다.

그러한 빽줄은 대물림되기도 한다. 그 빽줄을 이용해 자기가 출세하기도 하고 훗날 자기 자식에까지 '음서'라는 혜택을 누리게 할 수 있다. 그들은 자신이 사는 지역의 발전을 결코 원하지 않는다. 한국인들에게 출세는 판타지다. 오죽하면 '출세를 하라'는 노래까지 있을 정도. 지방 사람들의 출세 판타지는 더 강하다. 그 지역에서 출세한 사람이 나오면 '줄 대기' 경쟁이 쉬워진다는 것을 알기 때문이다. 강조하지만 지방은 스스로 망한다.

지방의 선거 전쟁과 취업 '특별전형'

대한민국 어디를 가나 선거를 한다. 선거전은 치열하다. 지방에서는 선거전이 더 치열하다. 한국에서 진정한 출세는 선거를 통해 이뤄진다. 그러고 보니 한국에는 민주주의란 이름 아래 선거들도 참 많다. 대통령, 국회의원, 광역의원, 기초의원, 도지사, 시장, 교육감, 총장, 학장, 구청장, 군수, 당대표, 지역위원장, 심지어는 아파트 동대표, 각종 학교 총동문회장도 선거로 뽑는다. 그들은 대개 봉사하기 위해 선거전에 나섰다고 한다. 그런데 선거전이 그렇게 치열한 것을 보면 그들이 정말 봉사하기 위해 출마했을까 싶다. 한국에서 선거는 벼락출세로 이어진다. 당선자뿐이 아니라 당선자를 도운 사람도 벼락출세 혜택을 누린다. 지방에서는 그런 일이 더 자주 일어난다. 강조하지만 벼락출세 '특별전형'이다. 그래서 그들은 이기기 위해 모든 것을 건다. 이용할 수 있는 것은 다 이용하고, 동원할 수 있는 것은 다 동원한다. 편 가르기 역시 빠질 수 없다. 내 편과 네 편을 분명히 갈라 어차피 자기편이 아니면 빨리 쳐버리는 전략을 취한다. 그렇게 해야 자신의 지지 세력을 더 쉽게 더 빨리 더 공고하게 만들 수 있기 때문이다. 정쟁의 후유증은 서울보다 지방이 더 클 수밖에 없다. 좁기 때문이다. 심지언 상아탑이라는 대학에서조차 그런 일이 벌어진다. 비극이자 희극이다. 선거가 끝나고 나면 편이 갈려 뒤끝이 남는다. 줄을 잘못 서면 보복도 따른다.

조선시대에는 권력을 두고 사화가 발생하면 그 끝은 대대적인 살육극이었다고 전한다. 그런 DNA가 남아서인지 한국인들은 편을 나눠 싸우기 시작하면 그야말로 사생결단이다. 제로섬 게임이기 때문이다. 승과 패 그 중간은 없다. 이긴 편에 서면 남는 것이 꽤 있다고 한다. 벼락출세 길이 열리기 때문이다. 임명직에 오를 수도 있고 권력을 이용해 자녀를 취업시킬 수도 있다. 고등고시에 합격해서 한평생을 일해도 못 올라갈 만큼 높은 자리를 누군가는 선거를 도와 '특별전형'을 통해 단숨에 올라가기도 한다. 앞서 설명한 대로 그런 사람들일수록 지대추구 유인이 더 강하다. 그렇기에 그들은 있는 권력을 더 많이 누리려 하고 그 권력에 집착한다. 권력의 끝판은 특정 지역의 지방권력이다. 그 지방권력은 지방자치체 시행 이래 단 한 번도 교체된 적이 없기 때문이다. 연고주의로 묶인 사람들이 지방권력을 독식해왔기 때문에 권력 지형에 변화가 있을 수 없다. 그런 지역에서 가장 큰 수혜자들은 지방권력에 줄이 닿는 사람들이고 가장 큰 피해자들은 줄이 닿지 않는 사람들이다. 그 줄을 붙잡고 있기 위해 그 권력 주변인들이 그 권력에 더욱 집착한다.

그 권력이 바뀌지 않을 것이라고 예측과 기대가 더해진다. 기대하는 '자기 실현성'이 있다. 좁은 지역 사회에서 모두가 같은 기대를 하면 그 기대는 실현된다. 그렇게 예측과 기대를 통해 그 권력 기반은 더욱 공고해진다. 그렇게 지방권력은 계속 대물림되고 줄을 댄 사람들도 대물림해가며 권력을 계속 누린다. 새로운 생각과 혁신이 나올 수 없는 최악의 구조이다. 실로 한국에서 모든 선거는 제로섬 게임의 가장 극단적 형태라고 볼 수 있다. 누군가는 승자독식이라고 표현했는데 실제로는 승자독식보다 더하다. 모든 책임을 패자가 짊어지기 때문이다. 헬조선의 근본적 배경에는 제로섬 게임이 있다고 언급했다. 그 제로섬 게임의 끝판이 선거라고 보면 틀림없다. 사실 승자독식은 승자가 모든 걸 다가져간다. 도박이 그렇다. 그래서 한국에서 선거는 도박과 다를 것이 별로 없다. 선거는 권력을 걸고, 도박은 돈을 걸고 게임을 벌인다는 차이가 있을 뿐이다. 한국에서 권력은 돈이다. 그렇기에 한국 선거는 도박과 동음이의어이다. 도박에서 패자는 아무것도 남지 않는다. 하지만 도박에서는 승자가 패자를 괴롭히진 않는다. 경우에 따라 '개평'이란 것도 있다고 한다. 하지만 선거에서는 승자가 권력을 이용해 패자를 죽이기도 한다. 엄밀히 말하면 선거는 승자독식 게임이 아니라 승자독식 약탈 게임이다.

지방의 청년들은 패닉 상태다. 일자리 부족도 이유지만 '비전(vision)'이 없다는 하소연을 입에 달고 다닌다. 청년들 시각으로 볼 때 '비전'이 없다고 느껴질 법도 하다. 지역 정치인들은 그런 상황을 두고 대안을 제시하지 않는다. 자신들의 자녀들은 대부분 서울에 살고 있어 '지방 청년'이 아니기 때문이다. 지방 청년 문제가 남일로 여겨질 뿐이다. 그래서 늘 막연하고 추상적인 말만 한다. 가장 자주하는 말은 '기업을 유치해 일자리를 만들겠다'이다. 특정 지자체가 그런 발전 전략을 갖고 있다면 다른 지자체들도 유사한 전략을 수립할 것이다. 그리고 모두 기업 유치 경쟁에 뛰어들 것이다. 상호작용이 발생한다. 상호작용이 발생 가능한 상황을 분석해 전략을 내놓을 때 비로소 전략이 된다. 정말 다른 지자체들과 기업 유치 경쟁을 할 것이라면 스스로 차별화되어야 한다. 그렇지 않고서는 다른 지자체들과 경쟁할 수 없다는 결론이 된다.

그들은 차별화에 대해선 구체적으로 생각이 닿지 않아 보인다. 그렇기에 주장이 즉흥적일 수밖에 없다. 하는 말도 늘 비슷하다. '중앙 인맥'을 최대한 활용하겠다는 주장도 한다. 그것은 전략이 아니라 코미디다. 그럼 그 '중앙 인맥'이 안 된다고 거절하면 계획이 전면 취소되는 것인지 묻고 싶다. 그리고 그런 생각은 다른 지자체들도 할 수 있을 것이다. 그들 말을 종합해보면 결국 지자체들이 할 수 있는 일은 중앙의 인맥 찾기, 다시 말해서 '줄 대기' 경쟁이라고밖에 볼 수 없다.

지역 정치인들이 알아야 할 것이 있다. 지방의 청년들이 서울로 가는 이유는 일자리를 찾아서 가는 것도 있지만 서울이 지방보다 상대적으로 공정할 것이라는 생각을 하기 때문이기도 하다. 그리고 그들이 느낄 때 차라리 서울이 지방보다 상대적으로 편하게 느껴질 수도 있다. 왜일까? 여기서 '공정'이라는 이슈가 등장한다. 한국이 공정할까? 솔직히 아니다. 한국은 공정한 나라가 결코 아니다. 그런 와중에 지방 청년들은 자신들이 나고 자란 고향이 서울보다 오히려 더 불공정하다고 여기고 있다. 바로 '줄빽'을 통한 '끼리끼리' 시스템 때문이다. 한국은 어디를 가도 '끼리끼리' 시스템이 만연해 있다. 그 '끼리끼리' 시스템이 창궐해 있는 곳은 서울보다 지방이다. 그 '끼리끼리' 시스템은 매우 질기고 더 차별적이다. 지방은 서울에 비해 인구밀도 낮기에 익명성이 약할 수밖에 없다. 몇 다리 건너면 서로서로 모두 알게 된다는 뜻이다. 지역 정치권도 마찬가지다. 그러니 빽줄이 없는 청년들은 지방에서 더 큰 소외감을 느낄 수밖에 없다. 아무리 노력해도 자신은 답보 상태지만 '부모 찬스'를 쓸 수 있는 아이들은 이런저런 연줄을 이용해 취업이 쉽기 때문이다. 청년들 대부분은 지금 지자체 산하기관이나 공공기관 등을 취업하려 할 때 연줄이 있으면 더 유리하다고 생각하고 있다. 그런 사례를 보았기 때문일 것이다.

선거 때를 빼면 지방 청년들에 대해 관심도 거의 없다. 지방에서는 수도권과 달리 청년들 표심을 자극할 목적으로 만들어진 선거전략도 없는 실정이다. 지방에 고령층이 많고 갈수록 고령화가 더 심해지고 있기 때문이다. 고령화가 심해질수록 노인층을 겨냥한 선거공약들이 발굴되고 그럴수록 청년들은 관심에서 더욱 소외된다. 강조하지만 정치인들은 무엇보다 자신들의 정치적 이득이 먼저다. 지역 정치권이라고 다를 리가 없다. 지방 청년들을 더욱 힘들게 하는 것은 '줄빽'에 의한 취업 '특별전형'이다.

지방정치 지방정책 지방정략

한국에서는 큰 선거가 끝나고 나면 노동시장이 요동칠 때가 있다. 그 결과 누군가는 노력 없이 비정규직에서 정규직으로 신분이 바뀌기도 한다. 정규직 '특별전형'이라고 불릴 정도다. 누군가는 공부를 안 했는데 공무원이 되는 행운을 누리기도 한다. 공무원 되겠다고 열심히 공부해온 청년들은 황당할 것이다. 지방 청년들은 더 황당할 수밖에 없다. 공무원과 공공기관 입사를 위해 노력을 더 많이 하는 쪽은 서울 청년들보다 지방 청년들이기 때문이다. 지방 청년들은 '스펙'을 쌓기 위해 서울 청년들보다 불리할 수밖에 없다. 공무원과 공공기관 입사를 위해선 스펙이 상대적으로 덜 중요하다. 전형이 필기시험 위주이기 때문이다. 문재인 정부의 일자리 정책은 황당함 그 자체였다. 정부가 직접 나서 '일자리'를 만들어내라고 공공기관들을 압박했고 정규직 일자리들을 '선택적으로' 몰아준 결과를 초래했기 때문이다. 세계사적으로 유례없는 일이다. 그 결과 지방 청년들은 상실감을 맛볼 수밖에 없었다.

한국은 이상한 나라다. 정권만 바뀌면 행운아들이 나온다. 일자리가 부족하면 기업활동을 장려해야 맞다. 좋은 일자리는 기업들이 만드는 것이 정상이다. 정규직 '특별전형'을 위한 공공기관 중심의 인위적 일자리 창출은 국가 경제에 기여하지 못할 뿐 아니라 그 자체가 불공정이다. 그 혜택이 소수에게 돌아가기 때문이다. 지방 청년들은 공공기관 비정규직 일자리도 얻기 힘든 상황이다. 그들이 얻기 위해 노력하는 것은 얼마 남지 않은 와일드카드다. 와일드카드 경쟁에서 가장 중요한 것은 규칙과 일관성이다. 문재인 정부 때 규칙 적용을 두고 일관성이 결여된 탓에 지방 청년들의 삶이 더욱 궁핍해지고 말았다. 문재인 정부는 수도권 편향적 정책들을 남발했다. '강남좌파' 정치인들을 중용한 것도 그 이유다. 그들은 스스로를 좌파라고 규정하고 있지만 실제 하는 행동과 내용을 보면 좌파라고 보기 어렵다. 그렇게 좌파를 자처하는 이들이 공간 양극화 문제를 모르는 척하는 것은 위선이다. 냉철하게 분석해 서울 정치인들이 지방 청년들에게 무관심한 것은 꼭 이상하다고 말하기 어렵다. 왜냐하면 지방 청년들을 위해 지방 정치인들이 있기 때문이다. 그 시각에서 본다면 지방 정치인들이 지방 청년들에게 무관심한 것은 분명히 이상하다고 지적할 수 있다. 여기에 포인트가 있다. 지방 정치인들을 통제하는 이들은 바로 서울 정치인들이다. 지방 정치인들은 지방 청년들의 삶보다 서울 정치인들의 '눈도장'이 더 절실하다. 공식이다. 한국에서 서울이고 지방이고 지방 청년에게 관심을 주는 정치인들은 많이 존재하지 않는다.

　문재인 정부의 '일자리 창출' 정책은 전략이 아니라 정략이었다고 평가할 수 있다. 공정함이 전혀 없었고 그로 인해 공공기관 효율성과 생산성이 낮아질 수 있기 때문이다. 문재인 정부의 정규직 '특별전형'을 통해 '정규직'을 얻은 이들은 앞으로도 문재인 출신 정당을 '묻지 마 지지'할 것이다. 그로 인해 청년들이 느끼는 상대적 박탈감은 더 클 수밖에 없다. 문재인 정부 종사자들은 바로 그들이 지방 청년들에게 큰 상처를 남겼다는 사실을 알아야 한다.

그들은 인기에 영합하기 위해 그리고 득표전략의 하나로 게임의 규칙까지 바꾸어 버렸기 때문이다. 지방 청년들이 바라는 것은 혜택이 아니라 공정함이다. 그들은 지방 청년으로 차별받고 싶지 않은 것이다. 열심히 노력하고 있는 그들에게 공정하게 경쟁할 기회라도 주어지길 바라고 있을 뿐이다. 하지만 이 나라는 갈수록 공정하게 경쟁할 기회마저 주고 있지 않은 상황이다.

한국은 선거에 나서는 후보들이 표를 얻기 위해 특정 이익단체에게 맞춤형 정규직 '특별전형'을 약속해주는 경우도 많다. 그러다 보니 모든 이익단체가 정치단체로 변질되었다. 그들이 대통령에 거는 기대는 매우 구체적이다. 그럴수록 청년들은 설 자리를 잃어가고 있다. 자본주의 나라에서는 정규직은 대통령이 만드는 것이 아니라 노동시장에서 필요에 따라 저절로 만들어지는 것이다. 하지만 한국에서는 노동시장을 거치지 않고 정부가 정치적 목적에 따라 정규직 '특별전형'을 실시하는 중이다. 자질구레하게 보도되지 않아서 그렇지 '특별전형'과 '특채'는 지방으로 갈수록 더 많을 수도 있다. 한국은 와일드카드 게임의 끝판이다. 한국에서는 모든 이해관계와 이익집단들이 주기적으로 충돌한다. 그 주기는 선거 주기와 일치한다. 민주주의란 형식을 갖추었지만, 선거는 당선자와 그 지지자들이 승자독식으로 전체 보수를 나눠 먹는 게임이다. 선거 이후에는 당선자가 와일드카드 특별전형을 실시한다. 그래서 선거는 권력투쟁 그 이상도 그 이하도 아니다. 와일드카드 쟁탈전이다. 5년마다 벌어지는 대통령 선거는 실은 왕을 뽑는 것과 유사하다. 지방은 더 심각하다. 중앙권력은 여야로 갈라져 있고 당파 싸움 같은 기조 속에 청탁이나 부정 채용 같은 사례들이 밝혀질 가능성도 있다. 그리고 언론들 취재 경쟁도 만만치 않다. 하지만 지방은 상황이 전혀 다르다. 지역에 따라 여야가 따로 없는 경우도 있다. 단체장과 지방의회가 거의 모두 같은 당 소속일 때도 있고 그 지역 언론들도 모두 '알고 지내는' 사람들일 수 있기 때문이다. 그런 상황에서는 단체장이 제왕적 권력을 휘두를 수밖에 없다. 물론 그 단체장과 줄이 닿는 청년들은 특혜를 누릴 것이다. 반면 줄이 닿지 않는 청년들은 더욱 소외될 수밖에 없다. 그러한 청년들이 미련 없이 지방을 떠나는 것이다. 물론 줄을 통해 특혜를 누린 청년들이 서울에서도 줄이 닿을 가능성이 크다. 따라서 그들 역시 더 큰 기회를 찾기 위해 지방을 떠난다. 그래서 많은 청년들이 지방을 떠나는 결과로 이어지는 것이다.

문제는 지방의 정치다. 조선시대에는 성군이 들어서면 백성들이 굶주림에서 벗어날 수 있었다고 한다. 그래서 지금도 나라님이 모든 모순과 갈등을 해결해주고 배고픈 국민에게 시혜를 베풀 수 있다고 믿는 모양이다. 안타까운 일이다. 자본주의 국가는 시장을 통해 자원이 배분된다. 아무리 왕조라고 해도 자본주의를 택하고 있다면 시장을 통한 자원배분이 정상이다. 자본주의 국가에서는 국가 지도자가 정책을 바꿀 수는 있지만 계획해서 자원을 배분할 순 없다. 하지만 한국은 대통령에게 너무 많은 것을 기대하는 것 같다. 그래서 정치과잉 현상이 벌어진다. 정치적인 결정보다 시장원리가 훨씬 더 효율적이다. 정치와는 다르게 시장에는 자동조정 기능이 있기 때문이다. 따라서 일자리는 정치인들이 협의해서 만들어내는 것이 아니라 노동시장에서 만들어지는 것이 맞다. 다만 대통령과 정부는 기업 활동을 장려하고 기업이 일자리를 많이 만들어낼수록 유인을 제공할 수 있을 뿐이다. 만약 대통령이 일자리를 직접 만들어 내기 시작하면 그 나라는 멀지 않아 망한다. 과장이 아니다. 한국은 지금 지방부터 망해가고 있는 중이다. '강 건너 불구경'식이겠지만 지방이 망하면 서울도 망한다.

무늬만 '지방자치'다

한국의 지방자치제 역사는 30년이 훌쩍 넘었지만 형식과 허울만 남아 있다. 한국의 지방자치는 태생적으로 한계가 있다. 역사적으로 한국은 단 한 번도 지방자치를 해본 적이 없기 때문이다. 지방 사람들 스스로 어딘가에 속한다는 생각은 자연스럽지만 스스로 어떤 의사결정 주체가 된다는 생각을 잘하지 못하는 것 같다. 그런 상황에서는 지방자치 개념 자체가 희박할 수밖에 없다. 그러다 보니 중앙정부와 지방정부의 상호보완성이 이해될 리 없다. 지방이 중앙에 속한다고 생각하거나 이해관계가 달라지면 서로를 극복해야 할 대상으로 오해하기도 한다. 일본은 지방자치체를 하기가 수월하다. 전통적으로 일본은 지역별로 나뉘어 쇼군이 그 지역을 다스렸기 때문이다. 한국에서 지방자치를 하기에 어려운 이유 하나는 지도자 추종주의 때문이다. 과거 식민지배와 권위주의적 군사 정부들을 거치면서 국민은 자신들도 모르게 지도자 추종주의의 피해자가 됨과 동시에 수혜자가 되었기 때문이다. 추종주의 문화는 정치권뿐만 아니라 한국 사회 구석구석에 뿌리 깊게 남아 있다. 그 문화는 관존민비 풍토를 더욱 고착시킨다. 추종주의는 사라지지 않는다. 지방에서는 형태를 바꾸어 선출직 공무원들을 추종하게 한다. 선출직 공무원과 가까워지면 '줄빽'이 만들어진다고 생각하기 때문이다.

한국의 지방자치는 지방 사람들의 권익과 정체성을 위한 것이 아니다. 엄밀히 말하면 한국의 지방자치는 '삼김' 과두정이 낳은 체제라고 볼 수 있다. 과거 한국에는 소위 말하는 '삼김시대'가 있었다. '삼김시대'라는 말은 일본 언론이 만들어냈다고 한다. 세 명의 김씨 정치인들이 한국 지방을 나눠 다스린다고 해서 붙여졌다. 특정 정치인이 특정 지역을 대표하는 식이었다. 그 과정에서 각 정치인이 그 지방권력을 독점하기 위해 만들어진 것이 바로 한국의 지방자치제라고 볼 수 있다. 당시 '삼김' 정치인들이 지역을 쪼개 나눠 먹을 수 있었기 때문에 전략적으로 지방자치제 도입에 합의한 것으로 보면 큰 무리가 없다.

한국 지방자치제는 위선적이다. 중앙당에서 하향식 정당 공천제를 통하여 기초자치단체까지 장악할 수 있고 지금은 교육감선거를 통해 지방의 학교들까지 통제할 수 있다. 어쩌면 한국인들에겐 지방자치를 전면적으로 실시한 것 자체가 하나의 실험이었다. 이 과정에서 지역민들은 더욱 정치에 몰입하게 되었다. 선거 이벤트도 두 배가 늘었기 때문이다. 선거 결과는 모조리 지역감정에 따라갔다. 연고주의를 바탕으로 지역 일꾼을 뽑는 전근대적인 정치문화를 지방자치라고 오해하는 격이다.

무늬는 지방자치지만 내용을 놓고 보면 지방자치 본래 의도와 정반대다. '자치' 의식이 가장 강해야 할 지방 정치인들에게서 '자치' 의식을 더 찾아보기 어렵다. 정치와 자치를 권력 노름으로 오해하는 일이 비일비재하다. 지금도 중앙에 '줄빽'을 대서 자신이 중앙의 통제를 받게 되는 현상을 자치라고 여기는 사람들도 있다. 그러한 사실을 과시하고 다니는 사람들도 많다. '줄빽'을 '중앙 인맥'이라고 자랑하고, 많은 '줄'과 '빽'이 능력이라고 착각한다. 수직 서열화 속에 예속된 것을 능력이라고 말하긴 어려울 것 같다. 지역민들 생각도 대개 비슷하다. 그렇게 '중앙 인맥' 즉, 중앙에 튼튼한 '줄'이 있는 사람들을 유능하다고 착각해 표를 열심히 찍어준다. 하지만 수직 서열화에 예속되어 있으면 창의적인 생각을 하고 다양성을 존중하기 어려울 것이다. 더 심각한 것은 그렇게 '줄빽'에 의존한 정치인들은 낡은 관행으로부터 자유로울 수 없다. 오히려 그 관행을 추종하고 굳건히 하는 것이 정치적 이득을 챙기기에 더 유리하기 때문이다.

그들에게 책임감이 있을 리도 없다. 자신은 중앙에 있는 누군가에 의해 지방 통치 권한을 위임받았다고 생각하는 경향이 있기 때문이다. 자신에게 그 통치 권한을 위임해 준 그 누군가에게 항상 부채 의식을 갖는 것도 문제다. 그런 사고방식에 젖어 있다면 지역 주민들과의 진정한 파트너쉽은 생각조차 하지 못할 것이다. 그런 분위기라면 지방단체장이 과거 '임명'에서 정치적 거래인 '선출'로 형식이 바뀐 것 빼고는 실제 달라진 것이 없다. 여전히 중앙에 의한 수직적 통치방식을 따르고 있다고 봐도 틀리지 않기 때문이다. 한국의 지방자치 중심에는 정당이 있다. 바로 정당 공천제 때문이다. 과거 관선 시절에는 중앙정부의 눈치를 보던 것에서 지금은 '정당지배 지방자치'로 변질되어 정당 실력자의 눈치를 살피는 것으로 바뀌었을 뿐이다. 단체장과 지역 의원들이 주민자치를 외면하고 도리어 권위적인 태도로 주민들 위에 군림하려 드는 것은 바로 '정당지배 지방자치'에서 비롯된 폐단이라고 볼 수 있다.

한국의 지방자치는 역사가 30년이 넘었다. 게임이론 시각에서 볼 때 지방자치제의 의미는 이렇다. 그 지역이 필요로 하는 것은 그 지역민들이 가장 잘 알고 있다. 그렇기에 그 지역 사람들로 하여금 필요한 것을 스스로 구하도록 제도를 만들어낸 것이 지방자치제라고 볼 수 있다. 그렇게 제도를 통해 지역을 배려했다면 지방자치제가 시행된 지 30년이 넘은 이 마당에 뭔가 얻어진 것이 있어야 할 것이다. 하지만 얻어진 것은 고사하고 지방은 지금 소멸을 걱정하고 있다. 지방 문제는 지방 사람들이 가장 잘 안다. 따라서 지방문제를 해결할 수 있는 열쇠는 지방에 있다고 볼 수 있다. 지방문제의 원인이 오로지 중앙에만 있다고 생각하는 사고방식도 지역발전에 도움이 되지 않는다.

지방은 스스로 망한다. 지금의 지방 소멸 위기는 지방에서 자초한 것이다. 지방 스스로 달라지기 위해 노력하지 않으면 발전은 요원하다. 이젠 어느 지역을 막론하고 소멸을 막기 위해선 '지방주의'를 실현할 준비가 되어 있어야 한다. 임기응변식으로 그리고 즉흥적으로 사안에 따라 서울로 올라가 시위하면서 펼치는 퍼포먼스는 보여주기밖에 되지 않는다. 아예 선거 단계에서부터 '지방 살리기' 프로그램을 강하게 내세우지 않는 후보에겐 표를 주지 않는 방식으로 가야 한다는 것이다. 지방은 이제 '남 탓'은 그만해야 한다. 그런 차원에서 지방의 문제를 지방이 먼저 파악하고 개선해나가야 한다. 중앙집권체제가 한국의 모든 자원을 한 곳으로 몰리고 쏠리게 함으로써 자원배분을 비효율화시키고 있음을 알게 해야 한다는 것이다. 문제는 지방의 무능과 부패다. 지방분권도 좋지만 지방이 스스로 변할 필요가 있다. 지방의 엘리트들이 지방을 바꿀 것이라고 기대해서도 안 된다. 대개 그들이 지방권력과 밀접하게 연결되어 있는데 그들은 '서울 애호가'들이다. 그들은 자산투자를 서울에 하고 있기 때문에 지방 발전에 관심이 덜할 수밖에 없다. 그들 대부분은 서울에 집을 보유하고 있다. 그리고 자기 자녀들을 서울로 유학 보내 서울 엘리트 그룹에 편입시키려는 욕망이 강해 지방에 애착을 느낄 이유가 없다. 강조하지만 지방의 몫은 지방이 챙겨야 하고 지방의 전략은 지방 스스로 마련해야 한다. 지방에서 출생하고 서울 엘리트로 변신한 사람들에게 지방의 발전 전략을 물어봐야 소용이 없다. 수도권도 알아야 할 것이 있다. 지금처럼 모든 것이 수도권에 몰리는 것은 비정상적이다. 그것은 파멸적 집적에 가깝다. 수도권 경제도 실은 지방이 버팀목이다. 지방이 소멸해 버리면 언젠가는 수도권도 소멸할 수밖에 없다는 사실을 알아야 한다.

지방 독재, '짜고 치기'와 '밑장 빼기'

　지방은 독재 중이다. 지방의 투표 행태를 보면 안다. 한국은 '독재'라는 말에 매우 민감하다. 근대화 이후 그리고 산업화 과정에서 독재 정치가 있었기 때문이다. 이제 한국 중앙 무대에서 독재 정치는 있을 수 없다.

하지만 지방에는 여전히 독재가 있다. 반론이 있을 수 있다. 누군가는 지금 지방자치제 상황인데 지방에 무슨 독재가 있느냐며 펄쩍 뛸 수 있겠다. 모든 것을 선거로 선출하기 때문에 독재가 있을 수 없다는 주장일 것이다. 선거라는 형식을 갖추었다고 해서 독재 정치가 없다고 장담하지 못한다. 그렇다고 한다면 과거 독재자라고 욕을 먹는 대통령들의 통치 시대에도 선거는 있었다. 물론 형식이었다. '체육관 선거'라는 말은 그 형식적인 선출 절차를 비꼬는 표현이다. 선출 형식을 보고 따질 것이 아니라 내용을 보고 따져 봐야 한다.

2022년 7월 민선 8기가 출범했다. 한국은 민주화됐다. 하지만 지방은 아니다. 특히 호남지역 의회는 민주화와 거리가 멀다. 1995년 지방자치체가 실시된 이후 단 한 번도 지방권력이 교체된 적이 없기 때문이다. 일부 영남지역도 마찬가지라고 한다. 민선 8기가 출범했음에도 지방은 지금도 여전히 독재 중이다. 전북은 지방의회가 더불어민주당 독주 체재로 구성되었다. 그 경우 과연 집행부에 대한 견제와 감시가 제대로 이루어질지 의문이 들 수밖에 없다. 호남에서 지방의회 민주당의 의석 독점은 해가 갈수록 심해지는 것 같다. 전북 도의회의 경우 36곳의 지역구 가운데 진보당이 당선된 순창군을 한 곳을 제외하고 나머지 35곳을 민주당이 차지했다. 비례대표 2석을 더해 전체 의석 40석 중 무려 37석을 싹쓸이했다. 엉뚱하게 전북에서 제1야당은 국민의힘이 아니었다. 정의당이었다. 그런데 이번에 제1야당 정의당이 단 한 석도 차지하지 못했다. 김관영 도지사를 비롯해 도내 14개 기초단체장 중 11곳, 기초의원 비례 포함 197명 중 168명이 더불어민주당 소속이다. 말 그대로 일당 체제다. 우리가 흔히 전체주의를 비난하는 주된 근거는 일당 체제기 때문이다. 이처럼 일당 체제가 공고화되고 있는데 우려가 안 나올 수 없다. 전남 도의회도 마찬가지다. 더불어민주당이 싹쓸이했다. 12대 전남도의회는 전체 의석 61석 중

56석(비례 4석)이 민주당 소속이다. '일당 독재' 체제가 견고해진 상황에서 지방의회 본연의 기능이 제대로 작동될 것인가 회의감이 일 수밖에 없다. 문제는 수적 열세에 있는 것이 아니다. 지역에 견제 세력이 없다는 것이다. '민주'당 독점 구조는 이름만 '민주'이지 역설적으로 민주주의가 아니다. 그런 형태로 민주주의를 추구한다면 그것은 허구다. 물론 그 민주당 소속 의원들은 다짐할 것이다. 그 의원들이 다짐한 대로 양심에 따라 그리고 도덕심을 발휘해서 의정활동을 한다면 집행부 견제와 감시가 제대로 이뤄질 수도 있다. 하지만 개인의 양심과 도덕성에 의존하는 것은 시스템이 아니다. 양심과 도덕성은 사익 추구 욕망에 따라 언제든지 바뀔 수 있기 때문이다. 그래서 시스템이 필요하다. 일당 체제하에서는 그런 시스템이 깔릴 수가 없다. 호남지역 민주당 일당 체제에 우려가 나올 수밖에 없는 이유다.

일당 체제 지방의회 문제는 매우 심각하다. 지역 현안을 두고 협력이 잘 이뤄질 수 있다는 주장도 펴지만 허구다. 한국처럼 부패지수가 높은 나라에서 참으로 큰일 날 소리다. 견제와 감시기능이 약해지고 의회 내에서 힘의 균형이 무너지면 그 폐해는 상상 이상이다. 지방의회 본연의 역할은 지방정부에 대한 견제와 감시다. 견제와 감시가 제대로 기능하려면 시스템이 만들어질 필요가 있다. 특히 지방의회를 한 정당이 독식하고 있는 상황에서 견제와 감시를 기대한다면 시스템이 더더욱 필요하다. 이 상태에서 지방의회는 허수아비다. 아니 허수아비보다 못하다. 단체장의 잘못된 정책을 쌍수 들고 환영하는 거수기 노릇밖에 못 하기 때문이다. 허수아비도 아니고 거수기 노릇을 할 것이라면 지방의원을 뽑을 필요도 없다. 해법은 정당 공천제부터 폐지해야 한다. 국회의원들은 진정한 풀뿌리 민주주의 실현을 위해 기득권을 내려놓고 기초의원 공천제 폐지에 나서야 한다.

지방이 독재로 인해 스스로 망해 가는데 지방정부와 지방의회에 일차적 책임이 있지만, 그들 행태를 감시해야 하는 지역 언론도 큰 책임이 있다. 견제받지 않는 권력은 반드시 부패한다. 더욱이 호남과 영남 일부 지역은 지난 30년 동안 사실상 일당 독재였다. 중앙권력은 권력 교체가 있다고 치지만 특정 지역에서 지방권력은 한 번도 교체된 적이 없다. 망국적 지역감정 때문이다. 그런 상황일수록 지역 언론 역할이 더 중요하다. 하지만 현실은 어떠한가? 지자체를 감시해야 할 지역 언론이 감시견 역할을 포기하고, 지자체장 홍보에 열을 올리는 애완견으로 전락한 경우도 있다. 그건 '짜고 치기' 결과를 낳는다. 지방자치의 무능, 비효율, 부패는 개선되지 않고 있고 지역 언론도 지역민들에게 인정받지 못한다. 지방자치와 지방언론이 더불어 망하고 그렇게 지방 전체가 망한다. 문제는 열악한 지역 언론들의 재정 상태다. 지자체가 내주는 홍보성 광고와 행사 협찬 등에 의존할 수밖에 없는 구조다. 그러한 재정문제 해결을 위해 제도적 노력이 없었던 것도 아니다. 바로 '지역신문 발전지원특별법'과 '지역방송 발전지원특별법'이다. 하지만 그 지원책들은 대부분 허울에 불과하다. 턱없이 부족한 예산도 문제이지만 1/n 형태로 나누어 먹기이기 때문이다. 그러한 나누어 먹기 방식으로는 건실한 지역 언론을 키워낼 수 없다.

중앙주도적인 방식이 아니라 지역 스스로 언론진흥기금을 만들어 활용할 수 있어야 한다. 위원회도 스스로 만들어야 한다. 지역언론, 시민단체, 지역을 연구해온 학자, 그리고 지자체 공직자 등으로 구성하면 된다. 그렇게 해야 지역에 맞는 현실적인 해법들이 나올 수 있다. 지방에서는 늘 돈이 없다는 말을 입에 달고 다니는 경향이 있다. 하지만 지자체가 물 쓰듯 써대는 예산을 보면 '돈 잔치'에 가깝다. 재원이 없어 그런 기금을 못 만든다고 하면 핑계로 들린다. 각 지자체마다 지자체장 치적 홍보비가 있다고 한다. 그러한 예산을 광고 홍보비로 전환하면 방법이 될 수 있다.

대기업 계열의 방송사들이 지역에 진출할 수 있도록 하는 것도 방법이 된다. 그리고 지역에서 발생하는 수익 중 일부를 언론진흥기금으로 내놓도록 유도하는 것도 좋은 방법이다. 지방자치가 제대로 실현되려면 제대로 된 지역 언론이 있어야 한다.

지역 언론 행태도 문제다. 주로 서울 언론 '따라하기'다. 방송을 보면 서울 뉴스가 끝나갈 무렵이면 그 지역 뉴스를 전한다. 뉴스를 진행하는 방식도 다를 것이 전혀 없다. 내용을 보면 이슈 제기가 없다. 지역에 이슈가 없는 것이 아니다. 찾아보면 오히려 더 많다. 지역 뉴스들은 대부분 이슈 제기보다는 올망졸망 사연들을 나열하는 식이다. 독자들 관심이 갈 수가 없다. 강준만 교수는 지역 언론이 '민원 해결 저널리즘'을 추구해야 한다고 주장했다. 충분히 공감한다. 서울 언론과 비슷해지려고 노력할 것이 아니라 그 지역 이슈를 발굴할 필요가 있다. 먹거리나 볼거리 위주가 아니라 민생을 다루라는 것이다.

지금 이 상황에서 특정 지역은 그 지방권력이 바뀔 것이라고 기대하지 못한다. 물론 그들은 선거를 통해 선출된 이상 '독재'란 표현을 인정하지 못할 것이다. 절차상 정당성도 부여할 수 있겠다. 그 정당성이 더 큰 문제다. 물론 지역민들이 직접 투표를 하고 지지를 몰아주어 그 지역에서 권력을 장악한 것은 맞다. 하지만 문제는 또 말하지만 시스템이다. 그 지방권력은 '썩은 물'처럼 계속 고여 있다. 고인 물은 반드시 썩는다. 변화가 없는데 지역발전을 기대하기도 어려울 것이다. 지역발전을 위해서는 지역민들이 지혜를 발휘할 필요가 있다. 한 정당에 '묻지 마'식으로 표를 몰아줘서는 결코 지역발전이 이루어질 수 없다. 지역민들이 진정 지역발전을 원한다면 정치도 시장경쟁이 필요하다는 사실을 먼저 알아야 한다. 지방권력이 교체되거나 견제될 수 있도록 시스템을 갖추었어야 한다.

지금처럼 특정 지역에서 특정 정당이 일당 독재에 가까울 만큼 모든 것을 장악해서는 안 된다. 그런 현상이 벌어지고 있다면 중앙정부와 협의를 하던지 지역의회에서 규칙을 정하든지 해서 견제와 균형을 위해 시스템을 마련해야 비로소 민주주의라고 말할 수 있다. 다시 강조하지만 지방독재의 근원은 정당 공천제이다. 그 폐해로 인해 지방자치가 정당의 지배적 자치로 변질되는 것이다. 앞서 언급한 대로 특정 지역에서 특정 정당이 단체장은 물론 지방의회까지 모두 독식하고 있다. 그 경우 지방정부를 견제해야 할 지방의회가 본연의 역할을 제대로 수행하지 못할 뿐만 아니라 오히려 정당-단체장-지방의원 간에 연대가 형성된다. 풀뿌리 지방자치를 정착시키기 위해서는 정당의 지배체제를 타파해야 하고 지방선거가 정당 공천에서 자유로워져야 한다. 중앙당에서 지방선거 입후보자를 결정할 필요가 없다. 지방선거가 정파성을 버려야만 비로소 지방자치가 이루어질 수 있기 때문이다. 정당 공천제하에서는 지방정치권에 유능하고 새로운 인물들이 유입되기 너무 어렵다. 결국은 중앙당에 '줄'이 있는 사람만 지방정치권에 참여할 수 있게 된다.

지방자치의 주체는 그 지역 주민들이다. 풀뿌리 민주주의를 이루려면 지역 주민들도 자신들이 지방자치의 주체라는 사실을 먼저 알 필요가 있다. 그렇게 하기 위해선 주민들의 의식개혁도 필요하고 그러한 의식을 강화할 수 있도록 교육 프로그램도 있어야 한다. 그렇게 해야만 지자체장과 지방의원들 행태에 대해서도 비판적 시각을 갖출 수 있다. 지금 한국은 서울이건 지방이건 포퓰리즘이 큰 문제다. 포퓰리즘은 재정상태가 열악한 지자체를 망하게 할 수 있다. 그런데도 선거 때만 되면 포퓰리즘이 기승을 부리고 있다. 지자체장은 표를 더 얻기 위해 포퓰리즘을 선호할 수밖에 없다. 자신이 집행하는 그 예산이 자신의 사적 재산이 아니기 때문이다. 가난한 지역일수록 사익을 자제하고 공익을 추구할 수 있는 지자체장이 더욱 필요하다. 다른 지역 지자체장이 포퓰리즘을 이용하면 인근 지자체장들도 포퓰리즘을 이용할 수밖에 없다. 그뿐이 아니다. 지자체장 선거에 나서는 입지자들도 표를 얻기 위해 모두 포퓰리즘을 이용할 수밖에 없다. 그 결과 포퓰리즘이 더 활개치게 된다.

포퓰리즘을 방지하기 위해선 지자체장의 도덕심에 호소해선 안 된다. 포퓰리즘을 이용하는 지자체장이 좋은 평판을 얻지 못하도록 해야 한다. 그렇게 해야만 지역에서 입지자들 간에 선의의 경쟁이 일어나고 예산의 비효율적 집행을 막을 수 있다. 지방이 발전하려면 무엇보다도 지방 사람들의 의식 전환이 필수적이다. 중앙정부에 의존적인 자세에서 벗어나 능동적인 권리주체로서 지방 행정체제를 감시하고 비판할 수 있어야 한다. 지방자치의 본질은 그 지역에서 필요로 하는 것을 스스로 구하는 것이다. 현재 한국 지방자치제는 지방권력을 겨냥하고 있다. 지방에서 세력을 형성하고 그 방향이 민주주의와 정반대로 나가고 있다. 오히려 더 패권적이다.

지방권력 '일진과 인질'

한국은 서울이고 지방이고 가릴 것 없이 지배전략에 중독되었다. 지배전략은 선택을 두고 고민할 필요가 없어 매우 편하다는 장점이 있다. 상대방 선택과 상관없이 '무조건' 선택하는 전략이기 때문이다. 선거전을 보면 한국의 지방은 대개 특정 정당을 '묻지마 지지'하는 것이 지배전략임을 알 수 있다. 그래서 그 정당에 '무조건' 몰아준다. 분명한 것은 '몰아주기'는 전략이 될 수 없다. 지방 소멸 가능성까지 제기되고 있는 배경에는 바로 이러한 표 '몰아주기'가 있다고 말할 수 있다. 예를 들어 2023년 현재 호남은 무조건 민주당을 찍는 것이 지배전략이다. 반면 대구·경북은 무조건 국민의힘을 찍는 것이 지배전략이다. 그렇게 '무조건' 찍는 지배전략은 선거 때마다 힘을 발휘한다. 한국은 선거도 많다. 지역마다 차이가 있겠지만 특정 지역에서 특정 정당 공천만 받으면 대개 당선으로 이어진다. 후보자의 능력과 자질은 상관없다. 심지어는 전과자도 파렴치한 짓을 저질렀던 사람일지라도 공천만 잘 받으면 당선된다. 놀라운 일이다.

한국인들의 편견 중에 이런 것이 있다. 어느 나라가 땅이 넓고 자원이 많고 인구가 많으면 부국이 된다고 생각하는 것이다. 천만의 말씀이다. 그 나라가 부국이 되고 안 되고는 그 나라 시스템에 달려 있는 것이지 영토의 크기, 자원의 양, 또는 인구에 달려 있지 않다. 노벨 경제학상 수상자 아세모글루 교수의 통찰이다. 따라서 지방도 발전하려면 합리적인 시스템을 갖추어야 한다. 그 시스템을 갖추려면 전략이 있어야 한다.

지방에 투자를 '유치'하기 위해 중앙 인맥을 찾아다닐 것이 아니고 투자를 '유인'해야 한다. 기업으로 하여금 지방에 투자하게 하고 뭔가를 얻어갈 수 있도록 해야 한다. 삼성이 미국 텍사스 주에 대규모 투자를 하는 것은 텍사스 주 주민들을 위해 일자리를 만들어주기 위해서가 아니라 이윤 창출을 위해서다. 삼성의 투자를 유인하기 위해 텍사스 주는 엄청난 인센티브를 제공했다. 부지를 거의 무상으로 제공하다시피 하고 각종 세금들도 대부분 면제해줬다. 말 그대로 삼성이 텍사스 주에 투자하고 기업을 운영하면서 돈을 벌어가게끔 배려한 것이다. 기업이 잘 돌아가려면 인재 채용이 필수적이다. 텍사스 주 지역에는 고용이 창출되고, 그 결과 젊은 인재들이 더 많이 유입될 것이다. 텍사스 주는 그 점을 생각해 본 것이다. 전략이 있어야 투자가 유치되고 그렇게 지역이 개발되면 일자리가 만들어지고 그에 따라 인구가 유입되고 그럼 더 큰 시장이 형성되고 그 시장이 돌아가면서 자원배분이 더욱 효율화되고 비로소 그 지역 소득이 증가하는 것이다.

그런 시스템 구축에서 가장 방해가 되는 것이 바로 지방 정치의 폐쇄성이다. 정치의 폐쇄성이란 다름이 아니고 지방 정치시장에 경쟁 원리가 없다는 뜻이다. 경쟁 원리를 가장 싫어하는 사람들이 영호남의 정치인들이라고 볼 수 있다. 왜 그럴까? 그들은 그 지역에서 특정 정당의 공천만 받으면 대부분 당선으로 이어지기 때문이다. 호남에서 그 경향이 좀 더 뚜렷하다. 경쟁이 없으면 그들은 그 지역에서 권력을 평생토록 무한정 즐길 수 있다. 영호남에 사는 지방 사람들은 한 정당에 표를 몰아주면서 오히려 그 정당에 인질로 잡혀있는 중이다. 표를 나눠줄 필요가 있다. 그래야만 유권자가 정치시장에서 '고객'으로 대우받을 수 있다. '민주주의'와 '선거'라는 형식을 갖추고 있지만 특정 정당이 특정 지역에서 주민들 지지를 독차지하는 것은 진정한 민주주의라고 말하기 어렵다. 특히 호남에서는 지방자치제 시행 이래 지방권력이 한 번도 교체된 적이 없다. 누차 강조하지만 그건 사실상 독재에 가깝다. 절차적 정당성을 묻는 것이 아니다. 이렇게 생각해보자. 그 지역 주민들이 전략을 선택할 때 권력 교체 가능성이 있는 경우와 권력 교체 가능성이 없는 경우는 전혀 다르다. 예를 들어, 지방권력이 부패해 많은 문제점을 안고 있다 하더라도 권력 교체 가능성이 없는 상태라면 어느 주민도 문제를 제기할 수 없다.

게임이론 시각에서는 다른 것이 독재가 아니고 바로 그런 것이 독재다. 독재는 폐쇄성의 산물이다. 따라서 민주당은 호남에서 독재하는 것과 다름없다. 자신들은 주민들 지지를 얻어 권력을 장악하고 있으므로 문제 될 것이 없다고 생각할 것이다. 그렇지 않다. 다수당의 횡포를 방지할 아무런 시스템을 갖추지 못하고 있으므로 정당하지 못하다고 볼 수 있다. 호남에는 현재 그런 시스템이 없다. 호남에서는 민주당이 공천하면 무조건 국회의원에 당선되었고, 지방자치체가 도입되면서부터는 시장, 도지사, 군수, 구청장, 군의원, 시의원, 도의원까지도 대부분 민주당이 맡기 시작했다.

형식 면에서 볼 때 민주주의이지만 내용 면에서 볼 때 그건 민주주의가 아니다. 물론 드물게는 무소속 당선자들도 있기는 했다. 하지만 대부분 공천 과정에서 민주당 내에서 내부적 갈등이 일어난 경우였고, 당선되면 대부분 민주당으로 복귀했다. 그 지역 사람들에겐 경찰과 검찰 같은 공권력보다 민주당이 진정한 권력으로 보일 수밖에 없다. 그 지역의 경찰과 검찰 수장은 몇 년 주기로 교체되지만, 민주당 권력은 교체되지 않기 때문이다.

민주주의를 지향한다는 사람들이 어떻게 자신들의 지역 의회는 일당제일 수 있는지 생각해 볼 일이다. 그 과정에서 지역의 정치시장은 경쟁이 사라지고 말았다. 그 결과 무능한 정치꾼들이 출세하기 시작했다. 정치인으로 성공하기 위해서는 올바른 가치관과 실력이 필요할 것이다. 정치시장에서 경쟁이 사라지면 올바른 가치관과 실력보다 '줄빽'이 더 중요해진다. 권력을 유지하기 위해서는 공식이 있다. 유능한 경쟁자들을 따돌리는 것이다. 따라서 한 번 권력을 장악하면 그 권력을 이용해 유능한 인재들을 당 근처에 접근하지 못하도록 만든다. 그렇게 되면 지역발전을 위해 실력과 전략을 겸비한 이들은 모두 지역을 떠날 수밖에 없다. 그리고 그들은 고향을 잊고 산다. 그렇게 '역선택'이 심화된다. 똑똑하고 유능한 사람들이 그 지역을 빠져나갈수록 그 지역 권력자들은 지역민들을 상대로 선동이 더 쉬워진다. 반론을 제기할 만한 사람조차 없기 때문이다. 그리고 그 권력자들은 자기 관할 지역에 있는 이익단체들과 공생을 모색한다. 그리고 '끼리끼리' 나눠 먹는다.

호남 내 관공서 대학 등 모든 공공기관은 중립적일 수 없다. 대부분 민주당과 코드가 비슷하다. 그래서 부패의 온상이 되기 쉬운데 내부 고발은 나올 수 없다. 서울과 경기도는 내부 고발이 나오고, 지방에서 내부 고발이 나오지 않는 걸 두고 '윤리성'을 판단하려 하면 어리석다. 내부 고발이 나오지 않는 이유는 단 하나다. 그 지역에서 권력 교체가 없기 때문이다. 호남에서는 민주당 권력이 진짜 '끝판' 권력이다. 그렇기에 의사결정도 더 비민주적이고 더 폐쇄적일 수밖에 없다. 그 권력자들은 본능적으로 자신들의 생태계가 흔들리는 것을 '극혐'한다.

역설이다. '진보'를 자칭하는 사람들이 변화를 도리어 싫어하는 것이다. 게임이론 시각에서 보면 진보주의자건 보수주의자건 모두 사익추구자들일 뿐이다. 정치인들에게 가장 중요한 것은 바로 정치적 이득이다. 즉 권력이다. 지금 체제라면 그 권력자들은 노력 없이 권력을 영원히 누릴 수 있다. 그렇기에 변화를 싫어하는 것이다. 2022년 대선 과정에서 호남에 '복합쇼핑몰' 논란이 일어났다. 호남에는 복합쇼핑몰이 단 한 개도 없다. 전통시장 상인들을 보호한다는 명분이라고 한다. 그 상인들도 실은 사익추구자들이 아닐 수 없다. 그리고 그 상인들은 그 전통시장에 공급을 맡고 있지만 다른 시장에 가면 수요자 입장이 된다. 소비자도 권리가 있다. 양질의 제품을 저렴한 가격에 구매하고 싶은 것이다. 전통시장 상인들을 보호한다는 명분으로 복합쇼핑몰 입점을 가로막아도 된다고 생각한다면 그것은 매우 위험한 발상이다. 시장논리가 아니라 정치논리이기 때문이다. 물론 정치논리도 중요하다. 하지만 정치시장에 경쟁이 없는 상황에서 정치논리는 위험할 수밖에 없다. 말 그대로 폐쇄적인 상황에서는 독점 권력의 주장이 그대로 받아들여질 수밖에 없기 때문이다.

강조하지만 호남 발전이 더디고 소득수준이 낮은 것은 '차별' 때문만은 아니다. 하지만 가장 큰 이유는 호남이라는 정치시장에 '경쟁'이 없어서다. 즉, 지방 정치가 민주화되지 않았기 때문이다. 호남인들은 지역주의의 가장 큰 피해자이다. 반면 민주당은 지역주의의 가장 큰 수혜자이다. 호남은 지역주의의 가장 큰 수혜자와 가장 큰 피해자들로 구성되어 있다. 그래서 지배층과 피지배층의 격차가 더 클 수밖에 없다. 호남 지방이 먼저 민주화돼야 한다.

지방 내부자들, 금의환향과 '금에환장'

한때 영화 '내부자들'이 흥행했다. 지방에도 '내부자들'이 있다. 그들은 서울에 가 출세해 금의환향한 사람들이다. 여담이지만 금의환향이란 말은 중국에서 건너왔다. 유래는 항우라고 한다. 그는 초한대전 당시 초패왕으로서 이름을 천하에 떨치게 된다. 항우가 거록대전에서 진군을 대파하고 장한의 항복을 받아 함양에 입성해 진을 멸망시켰다. 그러자 주위에서 항우가 천하를 다스리려면 관중 땅을 기틀로 삼아야 한다고 조언했다. 하지만 항우는 '내가 공을 세웠는데 고향에 돌아가 자랑하지 않으면 비단옷을 입고 밤에 돌아다니는 꼴이 아니고 무엇인가? 비단옷을 입었으면 고향으로 돌아가는 것이 마땅하다'고 하며 관중에서 한참 떨어진 팽성으로 돌아가 그곳을 수도로 삼았다. 귀향한 것이다. '금의환향'이란 말이 생긴 배경이다. 관중은 지리적 이점도 있고 자원도 풍부했다. 항우가 팽성으로 돌아갈 이유가 없었다. 그런데도 그는 고향에 돌아가 고향 사람들에게 자신을 알릴 생각으로 실리 없는 선택을 했던 것이다. 본래 이 사자성어는 항우의 실책을 지탄하는 뜻을 담고 있어 그렇게 긍정적이지 못했다고 한다. 하지만 한국에서는 매우 긍정적인 의미로 쓰이고 있다. 서울에서 출세했거나 돈을 많이 벌어 고향에 내려가면 금의환향했다는 표현을 자주 쓴다.

한국에는 전통이 있다. 누군가가 출세하면 고향을 방문해 옛적 고향 사람들을 만나 자신이 출세한 것을 알린다. 그리고 그렇게 출세한 것을 알아주고 같이 감격한다. 한국이나 중국이나 동양 사회에서는 그런 것이 인지상정이었나 보다. 특히 한국에는 그런 정서가 매우 강하다. 그 지역 출신 누군가가 서울에 올라가 높은 지위에 오르면 가장 먼저 그 동네에 현수막을 건다. 동네의 자랑이라고 생각해서 그렇게 하는 듯하다. 하지만 정작 그 출세한 이는 고향에 대해 별로 관심을 두지 않는다. 다만 그 친지들이 고향 사람들에게 출세한 이의 소식을 전하고 밥도 사주고 술도 사주면서 인심을 얻으려 노력한다. 그리고 그 출세한 이는 그 지역 사람들에게 '연줄'로 작용한다. 어떻게든 그 '연줄'을 이용해 민원을 해결하기도 하고 취업을 청탁하기도 하고 뭔가를 얻으려 노력한다. 그런 식으로 인적 네트워크가 형성된다. 그 지역 사람들이 그 출세한 이에게 기대하는 것은 '연줄'을 이용한 민원 해결이다.

그러나 지적하고자 한다. 출세한 사람들은 대개 고향에 관심이 없다. 출세 자체가 서울을 공간적 배경으로 하기 때문이다. 그들의 삶의 터전은 고향이 아니라 서울이다. 가족들이 어디에 살고 있는지를 보면 안다. 고향을 사랑한다고 말은 하지만 고향을 사랑하지는 않는다. 다만 공직을 은퇴하고 고향에서 선출을 통해 더 큰 지위에 오르고 싶은 야망만 있을 뿐이다. 고향 사람들도 그 점을 모르는 것이 아니다. 하지만 그 고향 사람들이 원하는 것도 솔직히 자신들의 민원 해결이지 애향심이 아니다. 그래서 지역 정가에서 애향심이 있고 없고는 별로 문제 되지 않는다. 오히려 그렇게 중앙에 '연줄'이 많은 이가 지역을 대표해서 일하면 지역발전에 더 큰 도움을 줄 거라고 기대한다. 한국 사회에서는 틀린 말도 아닐 것이다. 출세한 이들은 말로는 지역을 위해 봉사한다고 하지만 실제로는 지역에 군림하고 싶어 한다.

지역 정가에서는 누군가가 '중앙 인맥'이 많이 있다고 하면 큰 자랑이다. 그 연줄을 이용해 지역을 발전시킨다는 전략이 지역 유권자들 표심을 자극할 수 있다. 한국은 줄빽 시스템으로 움직이기 때문이다. 특히 지방은 더욱 그렇다. 모든 것이 줄로 연결되고 모든 것이 빽으로 결정된다. 그런 세계관이 지방에 이입되면 '중앙의 인맥'은 모든 문제를 일시에 해결하는 '마스터키'가 된다. 그래서 '큰 인물'을 키우는 것이 지방을 먹여 살리는 유일한 전략이 되고 만다. '억지춘향' 격이지만 그런 전략도 말이 된다고 해보자. 그렇다면 그리고 그렇게 할 것이라면 지방자치를 포기하는 것이 맞다. 지방자치는 스스로 구하자는 것이지 상경해 출세한 사람들에게 도움을 구해 지역민들이 나누어 갖는 것을 의미하지 않기 때문이다.

지방정치는 '중앙 인맥'과 지방의 '내부자들'에 의해 돌아간다. 그들은 출세욕과 권력욕으로 똘똘 뭉쳐 있다. 내부자들은 자신이 사는 지역을 팔아서라도 자기 뜻을 이루고 싶은 사람들이다. 배웠다는 사람들도 지혜와 교양을 갖추기보다는 '줄 대기' 요령과 술수로 무장해 있다. 그래서 선거철만 되면 지방에서 열기가 더 달아오르는 것이다. 지방 내부자들이 지닌 것은 오로지 욕망과 야망이다. 결여된 것은 전략적 사고다. 전략적 사고마저 없는 마당에 지혜는 기대조차 할 수 없다. 게임이론 시각에서 보면 지방의 내부자들은 내쉬 경쟁(Nash Competition)을 통해 근시안적 이득을 챙기기 위해 물불 가리지 않는 경기자들이다. 그렇게 되면 그들의 경쟁자들 역시 똑같은 방식으로 행동할 수밖에 없다. 물불 안 가리고 백줄을 이용해 조금이라도 더 가져가기 위해 사생결단식으로 나갈 것이다.

그렇게 경쟁이 첨예해진다. '비굴해지기' 경쟁이다. 그런 식으로 '비굴해지기' 경쟁이 계속되면 지방에 인간 혐오자들이 더 많아질 수밖에 없다. 인간 혐오가 또 다른 인간 혐오를 낳는다. 그러한 인간 혐오는 지방 탈출을 획책한다. 각종 선거에 나섰다가 낙선하는 사람들 가운데 상당수는 혐오감을 갖고 그 지방을 떠난다. 다시 도전해서 성공 가능성이 있다면 몸은 서울에 살더라도 고향에 내려가 사람들을 만나며 재기를 노릴 수 있지만, 성공 가능성이 희박하다고 여겨지면 고향에 대한 미련을 완전히 접는다. 그때부터 고향이 '마음 푸근하고 정이 넘치는 곳'에서 혐오의 고장으로 바뀐다. 그 혐오감이 그를 따르던 지지자들에게 전염되기도 한다. 그렇게 고향은 증오심과 혐오감으로 범벅된 곳으로 돌변하고 고향을 등진 사람들은 지방을 더 싸늘하게 경멸하게 된다.

　강조하지만 발전을 위해선 지방 사람들 스스로 의식이 바뀌어야 한다. 진정한 지역주의를 실현하려면 무엇보다 전략적 사고가 필요하다. 다른 지역 사람들에 대해 적대적 감정을 품는다거나 서울에 올라가 시위를 하는 것은 근본적인 방법이 될 수 없을 뿐더러 지역의 이미지 제고 면에서도 결코 유리하지 못하다. 가장 좋은 방법은 지방이 전략적 사고를 통해 '교섭력'을 확보하고 서울 중심 정책들에 클레임을 제기할 수 있어야 한다. 지방 사람들이 오해하는 것이 있다. '중앙 인맥'을 통하면 교섭력 밑천이 되지 않겠냐는 생각이다. 대의민주주의에서 교섭력은 '중앙 인맥'이 만들어주는 것이 아니고, 지방 사람들 스스로 확보해 가는 것이다. 예를 들면 투표 행태다. 민주주의 국가에서 권력의 원천은 국민이다. 지방권력도 마찬가지다. 지역 주민이 지방 권력의 원천이다. 따라서 투표할 때 감정보다는 이성에 따라 누가 그 지역발전에 기여할 수 있는지를 따져 볼 필요가 있다. 애향심이 없어 보이는 사람들에 대해선 냉정해질 필요가 있다는 뜻이다. 최대한 감정을 배제하고 각종 선거에서 자신들의 지방과 정체성이 맞지 않거나 스스로 그 지방을 배려하지 않았던 사람들에게 표를 주지 말아야 한다. 그런 의식과 사고방식이 보편화되었을 때 비로소 지방도 발전할 수 있다.

　출향 인사들이 서울에 가서 출세할 때마다 고향에서는 현수막이 올려진다. 그리고 출향해 출세한 인사들은 퇴임을 할 즈음이 되면 고향을 자주 방문한다. 그때가 되면 고향 사랑이 더욱 각별해진다. 퇴임 후 고향을 위해 일을 하고 싶다는 포부를 밝힌다. 그러한 인사들을 그 지역 사람들이 환영할 일이 아니다. 지역에서 출향 인사들이 출세하고 유명인사가 된 것을 자랑스러워할 필요가 없다는 뜻이다. 오히려 그들에게 냉정해져야 한다. 그들은 지방 사람들이 아니고 서울 사람들이기 때문이다. 그들이 도리어 고향이 발전하지 못하도록 발목을 잡을 수도 있다. 생각해 보라. 그들이 그렇게 고향을 사랑한다면 왜 가족은 서울에 살게 하는지 생각해 볼 필요가 있다. 자신은 관사에 살면서 가족은 서울에 거주하게 하는 지자체장들도 많다. 그건 고향 사랑이 아니다.

지방도 이제 지방 소멸 위기를 중앙정부 탓으로만 돌리지 말고 스스로를 돌아볼 필요가 있다. 지방의 엘리트들에게 기대해선 안 된다. 그들은 대개 청년 시절 고향을 떠나 고향에 애착도 없을 뿐더러 오히려 지방 차별에 앞장섰을 수도 있다. 그들은 서울에 주택을 보유하고 있거나 자녀들을 주로 서울로 유학 보내고 싶은 마음에 들떠 있다. 그리고 서울 중심의 경제정책을 선호할 수밖에 없다. 따라서 지금의 '서울 공화국' 체제에 도전해야 할 필요성을 전혀 느끼지도 못하거니와 오히려 그 분위기에 편승하려 한다. 그들은 오히려 지금의 '서울 공화국' 체제를 선호한다고도 볼 수 있다. 다시 강조하지만 그들은 지방 사람들이 아니고 서울 사람들이다. 그들이 퇴임 후에 고향에 내려왔다면 그들은 '경계인'이다. 경계인은 자신이 하는 행동에 따라 그 지역민 집합에 속할 수도 있고 속하지 않을 수도 있다. 형식을 갖췄다고 해서 그 지역 사람이 되는 것이 아니다. 국회의원과 지자체장은 애향심이 있는 이가 맡아야 한다. 출향 인사들을 무조건 배척할 필요도 없지만, 지방 사람들의 범주에 넣어 그들에게 애향심을 기대한다는 것은 어리석다. 애향심이 없는 마당에 그들이 중앙 인맥으로 활용해줄 것이라고 기대하는 것도 어리석긴 마찬가지다. 물론 그들 중에는 애향심이 있는 경우들도 있을 것이다. 강조하지만 그 지역을 대표해 누군가에게 중요한 일을 맡겨야 한다면 그 필요조건은 애향심과 정체성이다.

지방의 정책 사기극들[2]

게임이론에 '동태적 비일관성'이란 것이 있다. 정부가 어떤 정책을 입안하게 된다. 이론적으로 그것이 최적 정책이다. 최적 정책이 아니라면 모순이다. 말 그대로 최적이 아니라면 더 유리한 정책이 선택 가능했다는 뜻이 되기 때문이다. 이런 경우가 있다. 시간이 지남에 따라 그 정책이 더이상 최적 정책이 아니게 되어 그 정책을 바꾸려는 유인이 존재하는 경우다. 그런 경우 '정책 뒤집기'가 시도될 수 있다. 그렇게 정책을 뒤집을 때바로 '동태적 비일관성'이 나타난다고 한다. 이는 2004년 노벨경제학상을 수상한 프레스콧(E. Prescott)과 키들랜드(F. Kydland)가 이론화했다. 동태적 비일관성은 민간이 중앙은행을 신뢰하지 못하는 주된 이유로 작용한다.

예를 들면 이렇다. 중앙은행이 인플레이션을 억제하겠다고 공약한다. 인플레이션과 실업률은 상관관계가 있다고 한다. 인플레이션과 실업률이 반대 방향으로 움직인다. 인플레이션을 억제하려는 중앙은행의 의지에 맞춰 사람들도 씀씀이를 줄이겠다고 행동계획을 세운다. 이때 중앙은행이 통화량을 갑작스레 늘리면 사람들은 경기가 좋아졌다고 착각하게 된다. 그 결과 생산이 많아지고 고용이 늘어난다. 물론 인플레이션은 발생한다. 중앙은행은 국민들과 약속을 지키지 않은 것이 된다. 하지만 실업률이 줄어들었다. 이렇게 민간에서 중앙은행 공약을 신뢰하고 행동계획을 정하면 중앙은행은 실업률을 낮추기 위해 애초에 공약을 저버릴 유인을 갖게 된다. 공약 뒤집기다. 그렇게 공약 뒤집기가 계속되면 민간은 더이상 중앙은행을 신뢰하지 않게 된다. 나중에는 중앙은행이 '콩으로 메주를 쏜다'고 해도 믿지 않게 된다. 그렇게 되면 중앙은행의 임의적 정책이

---

2) 이 부분은 필자의 저서 '와일드 게임이론 (박영사)'에서 가져온 것임.

일관된 정책보다 좋지 않은 결과를 가져오게 된다. 즉, 정부는 필요에 따라 정책을 자주 수정하는 것보다 일관된 정책 기조를 유지하는 것이 국가 경제를 위해 더 유리하다는 교훈을 얻는 것이다. 국민을 속이면 안 된다는 뜻이기도 하다. 가장 좋은 정책은 정직한 정책이다.

한국에서 동태적 비일관성으로 인한 폐해는 모두 열거할 수 없을 정도로 많다. 공약 뒤집기가 보편적이기 때문이다. 가장 심각한 두 가지 경우들을 꼽으라면 세종 신도시와 새만금 사업을 들 수 있을 것이다. 세종시는 수도권 과밀현상을 해결하고 국토균형발전이란 전략적 목표가 있었다. 그리고 현재 서울과 과천에 있던 대부분의 정부 부처들이 세종시로 옮겨진 상태다. 당시 가장 중요한 청와대와 국회는 옮겨가지 않았다. 그래서 어떤 장관들은 세종시에서 일하고 국회의원들은 전원 서울에서 일하고 있다. 관료들이 보고를 위해 국회에 가려면 도로 위에서만 몇 시간씩을 허비한다고 한다. KTX는 일부러 만들지 않았다. KTX를 만들면 관료들이 세종시로 이사하지 않고 서울에서 출퇴근할 것으로 우려해서였다. 코미디가 아닐 수 없다. 행정수도를 목표로 만들어진 세종시에 정작 KTX가 지나가지 않는 것은 역설 중에 역설이다.

그러더니 세종시가 생각보다 빨리 성장하지 않는다고 여겨졌는지 몰라도 그 지역 정치인들 중심으로 이제라도 KTX역을 만들어야 한다고 열을 올리는 중이다. MB는 차라리 솔직했다. 어차피 수도 전체를 옮기지 않는 한 세종시는 효율성이 떨어진다고 생각했을 것이다. 그래서 차라리 세종시 계획을 전면 백지화하는 것이 더 효율적이라고 본 것이다. 수도 이전 이슈는 박정희 시대로 거슬러 올라간다. 지금과는 인구밀도가 현격히 차이가 났지만 1977년에도 대통령비서실 산하 중화학공업추진위원회 실무기획단이 2년 동안 150여 명의 국내외 전문 인력을 투입해서 만든 이른바 '백지계획'의 보고서에도 수도 이전 계획이 담겨 있다. 수도 이전 대상지로 대전 인근의 지역들로 후보지를 압축한 후 최종적으로 공주를 선정하였다. 그렇게 묻혀 있던 생각이 2002년 대선을 앞두고 재탄생했다. 당시 노무현 후보는 선거 전략으로 충청권 행정수도 건설을 공약했다. 수도권 집중 억제와 지역균형발전을 위해 청와대와 정부 부처들부터 이전하겠다고 약속했다. 그리고 2003년 12월 신행정수도특별조치법(안)이 국회 본회의에서 여야 합의로 가결되었다. 그러나 헌법재판소는 2004년 10월 서울이 수도라는 관습헌법이 존재한다는 판단을 내리며, 수도 이전은 법률 제정이 아닌 헌법 개정을 통해 이루어져야 한다며 '신행정수도건설특별법'이 위헌이라고 판결했다.

이 판결로 일부 행정부처만 이전하는 것으로 가닥 잡혔다. 청와대와 국회는 서울에 있고 행정부처들은 세종시에 있다 보니 문제가 없을 리 없다. 세종시는 태생부터가 정치적이었다는 지적도 있다. 하지만 공약은 공약이다. 공약 뒤집기는 '동태적 비일관성' 문제를 야기한다. 세종시는 효율적이다. 청와대와 국회가 세종시로 이전해가지 않으면서 비효율이 발생한 것으로 봐야 한다. 선진국에서는 혼잡한 대도시를 벗어나 따로 행정도시를 만들어 수도 기능을 맡게 하는 것을 당연시한다. 미국의 수도는 워싱턴 DC이고 캐나다의 수도는 토론토로 착각하지만 실은 오타와라는 도시다. 미국에서는 주들도 대부분 주도가 작은 도시에 위치한다. 그 주를 대표하는 대학들도 대부분 작은 도시에 있다. 그래서 비즈니스를 위한 도시, 행정 중심적인 도시, 그리고 대학도시들이 따로 형성되어 있다. 그렇게 해서 그 세 개의 도시들이 서로 경쟁하면서 같이 성장해간다. 반면 한국은 서울에 모든 것이 몰려 있다. 모든 역할과 기능을 도맡고 있다. 돈도 권력도 모두 서울에 있다. 무분별한 집중화가 비효율을 초래한 것으로 봐야지 세종시가 등장해서 비효율을 초래한 것이 아니다. 즉, 그러한 비효율을 해소하기 위해 계획한 행정수도를 정면으로 뒤집은 판결이 비효율을 일으킨 것으로 평가할 수 있다.

문제 해결을 못 하고 비효율이 지속되기만 하면 그나마 사태가 덜 심각할 것이다. 더 심각한 것은 그와 같은 판결이 미래에 동태적 비일관성 문제를 계속해서 일으킬 수 있다는 사실이다. 세종시는 국가균형발전과 수도권 과밀화를 해소하여 국가경쟁력을 강화하는 데 그 목적이 있다. 균형발전은 지방을 배려하기 위한 목적이 아니다. 한국의 국가경쟁력 제고를 위한 것이다. 수도권은 포화상태다. 더 이상 개발할 수 있는 물리적 공간이 없다. 이 시점에서 가장 중요한 것은 국회이다. 최근 국회 세종의사당 설치 주장이 나오는 것 같은데 그것도 인기몰이를 위한 정책으로 보인다. 진정성이 있다면 여의도 국회가 세종시로 이전해야 한다. 그렇게 하지 않는 이상 비효율성의 근본적인 문제는 해결되지 않는다. 국회가 왜 서울에 있어야 하는지에 대해 관습헌법말고도 과학적인 설명이 필요하다.

세종시보다 더 오래된 역사를 자랑하는 것은 새만금 사업이다. 새만금 역시 정부가 국민을 상대로 벌인 국민 사기극에 가깝다. 새만금 사업은 시작한 지 30년이 넘었다. 30년이 넘는 동안 정부는 일관성 없이 계속해서 계획을 수정 내지는 변경시켜온 결과 전북도민들마저 새만금 사업 목적에 대해 잘 알지 못한다. 관심도 줄어들 수밖에 없다. 새만금 개발은 '양치기 소년'이다. 앞서 언급했던 동태적 비일관성이 낳은 비극이다. 세종시는 다행인지 불행인지 몰라도 부동산 개발과 투기가 어울려 땅값이 상승한 효과라도 가져왔다. 하지만 새만금은 그야말로 그 목적과 가치를 잃어가고 있다. 오로지 선거용이다.

선거 때만 되면 모든 정치 세력들이 몰려와서 사진 찍고 요란을 떤다. 그리고 선거가 끝나면 깡그리 잊혀 있다가 다음 선거 국면에서 화려한 조명을 받는다. 그렇게 30년이 지난 지금 제대로 이뤄진 건 방조제가 완공되어 선유도까지 차로 갈 수 있다는 것뿐이다. 환경단체들은 새만금 사업을 철회하라고 지금도 목소리를 내고 있다. 정치인들은 자신들의 정치적 이득을 위해 새만금을 정치의 장으로 끌고 들어갔다. 몇 년을 주기로 새만금은 그 목표와 용도가 재조정되고 있다. 민간투자를 유치하기에 최악의 조건인 셈이다. 민간은 불확실성을 회피하려 하기 때문이다. 정부 주도로 추진되는 사업이 새로운 정부가 들어설 때마다 계획이 변경되면 누가 투자하려 하겠는가? 원래 새만금은 천혜의 갯벌이었다. 호남평야를 일군 만경강과 동진강이 서해로 흘러들어 장구한 세월에 걸쳐 갯벌을 빚어놓았다. 원래 여기에는 백합과 농게 등 수많은 어패류의 서식지였다. 당연히 전라북도 어민들의 삶의 터전이었다. 그 광활한 갯벌이 막장 정치 불쏘시개가 된 것은 1987년 대통령선거 때다. 당시 득표력이 취약했던 여당 노태우 후보가 전주 유세에서 만경강 하구 갯벌을 메워 지역경제를 살리겠다는 공약을 발표했다. 물론 전북도민들 표를 위해서였다. 새만금 간척사업의 시작이다. 그 뒤 선거가 끝나고 새만금 간척사업은 예산배정조차 받지 못했고 그냥 묻히는 듯했다. 여당도 표를 얻기 위해 공약은 했지만, 천연 갯벌을 메워 농토로 활용하는 것보다 갯벌 그 상태가 더 큰 가치가 있다는 것 정도는 알고 있었다. 차라리 그때 백지화되었다면 희대의 국민 사기극은 막을 수도 있었다.

새만금을 본격적으로 정치판에 끌고 들어간 사람은 당시 야당 총재 DJ였다. 당시 노태우 대통령은 중간평가를 공약으로 내세웠지만 내심 중간평가 유보를 원하고 있었고, DJ는 지방자치제를 원하고 있었다고 한다. 둘은 중간평가를 유보하고 지방자치제에 합의했다. 그리고 노태우 대통령은 DJ에게 새만금 사업 추진을 약속했다고 한다. 그리고 곧장 새만금 사업비 200억 원이 추경 예산에 편성됐고 그 해 새만금 방조제 축조가 시작되었다. 이후 새만금은 전북도민들도 모르는 사이에 전북의 숙원 사업이 되었다. 이 사업은 군산과 부안을 연결하는 방조제를 축조해 간척지를 만들자는 취지에서 1991년 11월에 첫 삽을 떴다.

1992년 대선 때 여당 대선 후보로 나선 YS도 새만금 사업의 적극적인 추진을 공약으로 내밀었다. 그러나 1996년 시화호 오염 문제가 불거지면서 새만금에 대한 우려의 목소리가 커졌다. 역설적이게도 새만금 사업이 처음 중단된 것은 DJ가 집권한 다음이다. 1998년 감사원 특별감사가 시작됐고 1999년 4월 공사는 중단됐다. 정부는 민관공동조사단을 만들어 사업 타당성 재검토에 들어갔고 우여곡절 끝에 2001년 5월 새만금 사업은 재개됐다. 당시 노무현 해양수산부 장관은 김대중 대통령에게 농지보다 갯벌이 더 가치가 있다며 매립공사 중단을 조언했다고 한다. 하지만 그는 대선 후보 경선에 나서면서 변했다. 그리고 새만금 사업에 찬성의 뜻을 나타내기 시작했다. 그가 대통령이 되자 이젠 새만금 사업을 재검토해야 한다고 하며 새만금 사업은 표류하기 시작했다. 그나마 착실하게 진행되던 방조제 축조사업도 시민단체들의 소송에 밀려 여러 차례 중단과 재개를 반복하며 방향을 잃었다.

그 과정에서 참으로 황당한 것은 환경단체였다. 그들은 최종 물막이 공사를 남겨놓고 '새만금살리기국민운동'을 시작했다. 그리고 국론분열이 일어났다. 환경단체도 이유가 있었다. 새만금 갯벌은 하구 갯벌이다. 세계적으로 하구 갯벌은 전체 갯벌의 2%밖에 되지 않는다고 한다. 그래서 새만금 갯벌의 생태적 가치는 말 그대로 세계적이라고 한다. 세계적으로 생태관광의 가치가 갈수록 커지고 있는 시대의 추세를 보자면, 새만금 갯벌의 가능성은 그야말로 무궁무진한 셈이다. 환경단체는 새만금 갯벌의 생태경제적 가능성을 제고하고 그 세계적 자연 자원을 지키는 것이 전북에도 유리하다는 주장을 폈는데 의문이 있다. 정말 새만금 갯벌이 그토록 소중했다면 왜 그 이전에 국민적 관심을 촉구하지 않았느냐는 것이다. 그들은 새만금 갯벌에 사실상 무관심했다. 그러다 최종 물막이 공사를 앞두고 대대적인 '국민운동'을 전개했다. 그 국민운동에 동참했던 사람들이 정말 새만금 갯벌에 관심이 있었는지 묻고 싶다. 최종 물막이 공사를 앞두고 사업 자체를 취소하라는 주장은 터무니없었다. 그렇게 하기에는 매몰 비용이 너무 크기 때문이다. 다 만든 세계 최장 방조제를 다시 없애자는 주장은 말도 안 된다. 그렇기에 대법원은 새만금 사업을 계속해야 한다고 판결을 내렸던 것이다.

우여곡절 끝에 방조제가 준공된 이듬해 비로소 정부는 '새만금종합개발계획'을 마련했고 이제 논란은 다른 곳으로 확산됐다. 내부를 어떻게 채우느냐가 논쟁의 화두가 된 것이다. 새만금 내부 매립 토지를 활용하는 방안을 놓고도 정권이 바뀔 때마다 오락가락했다. 노무현 정부 시절에는 '7대 3'이었다. 즉, 여의도 140배에 달하는 내부 토지의 72%를 농지로 활용하고, 나머지 28%는 다른 용도로 활용한다는 구상이었다. 이명박 정부는 실용성을 강조했다. '7대 3'을 '3대 7'로 바꿨다. 농지를 대폭 줄이고 산업 용도의 비율을 높인 것이다. 박근혜 정부는 중국과의 교역에서 새만금의 역할을 강조했다. 중국과 함께 '한중경협단지'를 조성하자는 것이었다. 내부 토지를 산업과 관광 레저, 배후도시, 생태환경 등 6개 지구로 나누어 국제도시로 개발하자는 다른 안도 제시됐다. 방향을 잃고 갈팡질팡하는 사이 문재인 정부가 들어서고 새만금은 그 목적이 재생에너지 중심지로 또 바뀌었다. 새만금 사업의 역사는 30년, 한 세대가 흘렀다. 구호는 거창했지만 내용은 없었다. 30년을 이어온 새만금의 역사는 한마디로 '양치기 소년'이었다. 노태우 정권에서 시작된 새만금사업은 이후 방조제 하나 쌓는 데 20년을 허비했다. 당초 계획상으로는 2004년이면 완공되었어야 할 새만금 사업은 아직도 진행형이다.

황당한 것은 한민족 유사 이래 가장 큰 정부 주도 사업이고 외국인 투자유치가 필요하다고 하면서 정작 국제공항은 없다. 새만금은 인천공항을 통해 들어오면 차로 4시간이 걸린다. 외국에서 들어오면 인천까지 비행기로 오는 것보다 인천에서 내려서 새만금까지 오는 과정이 훨씬 힘들다고 한다. 지역에서 외국 전문가를 초빙하려 해도 항공편을 알아보다 취소되기도 한다. 인천에 도착해 차로 4시간을 더 가야 한다고 하면 대개는 난색을 표한다. 돈을 주고 오라고 해도 안 오는 판에 돈을 쓰러 오라면 누가 올까? 그들이 볼 때는 의아할 것이다. 그렇게 거창한 구호를 달고 있는데 공항이 없다고 하면 어떻게 생각할까? 정부가 새만금 개발에 진정성이 없다고 볼 것이다. 신중한 투자가들을 불러 과감한 투자를 설득할 수 있을까? 그런 우려에서 누군가는 공항부터 지어야 한다고 건의를 했을 것이다. 몇 년 전, 새만금 공항을 짓기로 결정했다. 하지만 아직 착공도 하지 못하고 있다. 그러다 다시 무산될 가능성도 있다. 벌써 환경단체는 새만금 공항 취소를 외치기 시작했다. 새만금 사업과 공항은 선거를 위한 이벤트이다. 선거 때가 되면 논의가 시작되고 선거가 끝나면 잠잠해지고 일정한 주기가 있다. 국제공항 없는 새만금 사업은 허구일 뿐이다.

지방의 딜레마

요즘 중앙정부 권한 지방 이양이 화두가 되고 있다. 권한을 지방으로 대폭 이양하면 지방이 무조건 발전할 것으로 생각하는 그 단순한 사고방식이 더 큰 문제다. 지방은 스스로 망한다고 지적했다. 이런 상황에서 중앙정부 권한을 지방정부로 대폭 이양하게 되면 더 심각한 부작용이 발생할 수 있다. 그 결과 역선택이 심화되어 더 빨리 망할 수도 있다. 지방자치제가 끼리끼리 흥청망청 재정을 탕진하는 '돈 잔치' 판으로 변질될 가능성도 있다. 지금처럼 지역별로 특정 정당 지배체제가 공고한 가운데 권한을 무조건 이용하면 더 큰 독재 권력이 등장할 수 있기 때문이다. 무엇보다 그 권력은 견제도 받지 않는다.

근본적인 대안은 지방에서 벌어지는 '권력게임'의 형태를 바꿀 필요가 있다. 세상 어디를 가나 권력게임은 존재한다. 하지만 지방에서 벌어지는 권력게임을 보면 치졸하기 이를 데 없다. 극단적인 '제로섬' 게임이기 때문이다. 지방자치제의 목적은 주민들 위에 군림할 사람을 뽑자는 것이 아니다. 사실 권력게임의 중심은 서울이다. 지방 사람들은 중앙에서 벌어지는 엄청난 권력게임에 경기자가 될 수도 없거니와 그럴 필요도 없다. 지방자치제의 의미는 대단한 것이 아니다. 지방자치제를 통해 지역 주민들로 하여금 자신들의 한 표가 얼만큼 소중한지를 깨닫게 하는 것이다. 지역에서는 한 표가 당락을 가를 수도 있다. 실제 지방의회 선거에서 단 '한 표' 차이로 당락이 갈린 적이 있었다. 그런 걸 보면서 지역 주민들은 자신들이 민주주의 구성 입자라는 것과 정치 참여의 소중함을 깨닫게 된다.

유권자의 한 표는 가치관과 세계관을 반영한다. 그 한 표들이 모여 지방의 정치를 이끌어가고 나아가 국가를 이끌어 간다고 볼 수 있다. 그래서 풀뿌리 민주주의라고 한다. 민주주의는 형식이 아니고 실천이다. 말이 아니고 행동이다. 그렇게 지역 주민들이 자기 손으로 자기 동네를 대표하는 지방의원을 뽑고 군수를 뽑으면서 참된 정치를 알아가는 것이다. 참된 정치가 실현되면 '제로섬' 권력게임의 형태도 달라질 수 있을 것이다. 강조하지만 현재 지방은 권력게임의 장이다. 중앙에서 벌어지는 큰 권력게임의 일부인 작은 부분 게임이라고 정의할 수 있다. 그나마 중앙에서는 극한의 권력게임 과정에서 폭로들이 나타나고 그에 따라 자정작용도 있을 수 있다. 하지만 지방 정치시장에서는 경쟁이 없기 때문에 부정비리 부패 등이 묻히는 경우도 다반사다. 오로지 '줄 대기' 경쟁밖에 없다고 해도 과언이 아니다. 중앙에서는 생각과 사상이 다른 사람들이 권력투쟁을 벌이지만 지방에서는 생각과 사상이 비슷한 사람들끼리 줄을 대기 위해 경쟁을 벌이는 경우도 많다. 공천 경쟁이 바로 그것이다. 그 과정에서 중앙과 지방은 동시적으로 각각 대결 국면으로 치닫게 되는데 그 폐해는 지방이 더 심각할 수밖에 없다. 생각과 사상이 비슷한 사람들끼리 경쟁을 벌인 결과 누군가는 한평생 가꿔온 소신을 바꾸기도 한다.

이런 가운데 지자체장들과 일부 학자들이 지방분권이 근본 해법인 것처럼 주장하는 경향이 있는데 주의가 필요하다. 지방분권은 좋은 말이다. 하지만 지금 한국에서 벌어지고 있는 엉터리 지방자치는 지방의 권한이 부족해서 발생한 것이 아니다. 다시 강조하지만 지방이 스스로 망한 것이지 지방분권이 안된 탓에 망한 것이 아니다. 지방분권 논쟁 자체가 지방자치 본질을 호도할 수 있고 풀뿌리 민주주의 착근을 더 방해할 수도 있다. '선 자치 후 분권'이 순리이다. 답답한 마음에 '선 분권 후 자치'를 주장할 수도 있겠지만 지방분권이 된다고 해서 지방자치제가 정상화되리란 보장도 없거니와 오히려 권력 교체가 없는 특정 지역에서는 '분권' 자체가 더 독성을 발휘할 수도 있다. 그 지역들은 지금도 독재 중이기 때문이다. 지방분권화는 그 독재 권력에 권한을 더 강화해주는 격이다.

지방자치의 반대는 중앙집권일 것이다. 많은 이들이 중앙집권적 행정에 대해 반대하는 이유는 수직 서열화 때문일 것이다. 즉, 중앙정부가 지자체장에게 지시하고 지자체장은 시키는 대로 따라 한다. 그런 상황에서는 정책 추진이 수동적일 수밖에 없다. 한국은 지방자치제가 시행되고 있지만 지자체장과 공무원들이 수직 서열화 관습에서 완전히 벗어났다고 말하기 어렵다. 투명성 없이 그 지역 이해관계자들 몇몇이 밀실에서 정책을 결정하고 추진하는 경우도 많다. 말 그대로 '밀실행정' 구태들이다. 지방정부에서 운영하는 위원회도 형식적인 경우도 많다. 실제 전문가가 아니고 전문가처럼 행세하는 '짝퉁' 전문가들을 지자체장 입맛에 맞게 위원회에 참여시키고 지자체 결정을 정당화하게 하는 경우도 다반사다.

한국은 폐쇄적이다. 지방은 더 폐쇄적이다. 수직 서열화된 구조는 지방 정치를 더 폐쇄적이게 한다. 스스로 변할 수 없기 때문이다. 관습을 바꾸고 새로운 시도를 하려면 중앙에 물어 '허락'을 구해야 하기 때문이다. 지방이 더 폐쇄적일 수밖에 없는 이유다. 폐쇄적인 환경에서는 연고주의가 더 강화될 수밖에 없고 부정부패가 더 많아질 수밖에 없다. 연고주의는 '줄빽' 시스템을 구성하기 때문에 개방적인 지방정치를 결코 이끌어낼 수 없다. 도덕심 때문이 아니다. 유인체계 때문이다. 피라미드 같은 조직을 만들어 놓고 구성원들에게 서열을 부여한다면 그 구성원들은 그 수직적인 조직을 공고하게 유지하는 것이 최선 전략이 된다.

따라서 지방 정치인들의 성찰이 필요하다. 줄을 대기 위해 서울을 드나들며 중앙 정치인들에게 서열을 부여받고 서열 피라미드로 들어가려고만 할 때가 아니다. 먼저 자신의 지역에 뭐가 필요한지를 알아보러 다녀야 한다. 그렇게 지역민들과 호흡을 같이 하고 수평적인 관계에서 자신에게 권한을 위임해 달라고 호소할 필요가 있겠다. 지역사회가 달라지기 위해서는 지방 정치인들이 '중앙 인맥'을 통해 '예산 폭탄'을 가져오겠다는 허풍을 떨 것이 아니라 지역민들과 소통부터 제대로 할 필요가 있다. 그리고 자신을 지지해준 사람들만 만나러 다닐 것이 아니라 자신을 반대했던 사람들도 만나고 듣기 싫은 말도 들을 수 있어야 한다.

개방성을 통해 비판을 수용하고 실패 요인들을 찾고 수정해 나갈 때 비로소 지자체 현실이 조금씩 나아질 수 있다. 그리고 지자체장 본인도 훌륭한 정치인으로 성장할 수 있을 것이다. 그렇게 지자체장이 지역에서 인정받고 업적을 남겼을 때 자연스럽게 중앙에 진출할 기회가 열려야 된다. 미국에서는 주지사가 대통령을 맡는 것이 자연스럽다. 훌륭한 지방 정치인이 되기 위해선 지자체장이 벼슬이라는 생각부터 버려야 한다. 지방자치의 핵심은 지역 주민들이다. 지금 한국의 지방자치는 또 다른 서열사회로 변질되고 있다. 지자체장들이 지역 주민들을 수평적 관계로 보지 않고 군림 대상으로 보는 경향 때문이다. 지자체장과 이해관계가 맞는 주민들은 지방자치의 근본 취지에는 무관심한 채 지방선거를 '승자독식 제로섬' 게임으로 인식하는 경향도 있다. 지방정치가 패권 경쟁으로 전락하는 순간 한국의 지방자치가 실패함은 물론이고 한국 정치는 당쟁과 사화의 시대 조선으로 회귀하고 말 것이다. 조선이 국제정세 변화에 대응하지 못했던 것은 중앙집권적 통치 행태 때문이다. 그러한 체제 속에는 모든 것이 서열화된다. 서열은 차별을 낳는다. 차별은 폐쇄성으로 이어진다. 자신이 차별받으면 자신도 차별할 대상을 찾는다. 그렇기에 사회 전체가 폐쇄적일 수밖에 없다. 폐쇄적인 나라는 외부적 변화에 대응할 수 없다. 내부 시스템 자체가 변하지 않는 상황에서 누군가가 외부적 변화를 얘기하면 그에게 불이익이 돌아갈 수밖에 없기 때문이다. 변화에 제대로 대응하지 못하면 그 나라는 망한다. 조선시대는 폐쇄적인 시스템 때문에 망했다고 보는 것이 더 정확하다. 그 폐쇄적인 시스템의 시작은 중앙집권화와 서열이다. 한국이 달라지기 위해선 풀뿌리 지방자치 시행이 필수적인 이유다.

지방분권 음모론

중앙대 마강래 교수는 『지방도시 살생부』란 책의 저자다. 저자는 책에서 지방도시 정책의 근본 패러다임을 바꿔야 한다고 주장하고 압축도시 전략을 제시하고 있다. '성장'이 아니라 '압축'이다. 지방 도시들의 쇠퇴 추세를 현실로 인정하고 그 쇠퇴 충격을 최소화하는 데 초점을 맞출 필요가 있다는 것이다. 저자는 중앙정부의 지원 없이 독자적으로 생존 불가능한 지방 중소도시들이 장차 국가 예산을 빨아들이는 '블랙홀'이 될 수 있다고 지적한다. 마 교수는 지역발전을 위해 실용적 해법을 제시하고 있다고 평가할 수 있다.

하지만 더 현실적이라면 게임이론 시각에서 분석이 필요할 것 같다. 현재 한국의 불균형발전 상황에서 가장 큰 문제는 바로 서울과 경쟁할 수 있는 도시가 존재하지 않는다는 것이다. 특히 동적게임 시각이 필요하다. 현재도 서울이 다른 지방 도시들을 압도하고 있다. 더 큰 문제는 그 격차가 점점 더 커지고 있다는 것이다. 왜 그와 같은 상황이 벌어지고 있는지 원인 분석이 중요하다. 한국 사람들은 지방 도시들 가운데 서울에 맞설 만한 도시가 있을 것이라고 '감히' 상상조차 하지 못한다. 그게 가장 큰 원인이다. 자본주의 국가에서는 모든 것이 경쟁 원리를 바탕으로 한다. 도시 간에도 경쟁이 필요하다. 한국은 경쟁 원리를 바탕으로 하는 자본주의 국가지만 정작 도시 간에는 경쟁 원리가 적용되지 않는다. 경쟁 없이 서울이 무조건 일등이라고 인정하는 것이다. 이름부터가 다르다. '서울특별시'다. 그나마 지방에서 규모가 있다는 도시들은 '광역시'라고 불린다. 왜 서울만은 특별히 '특별시'라고 불러야 할까? 그냥 서울 '광역시'는 왜 안 되는지 이유가 명확하지 않다. 지금 상황은 도시 간에 경쟁 체제가 아니고 서울 중심 일극 체제다. 일극체제는 독점시장을 의미한다. 독점시장에서는 효율성을 기대할 수 없다. 독점이 무서운 것은 시장 독점자가 돈을 모두 벌어가서가 아니라 자원배분이 효율적이지 못해서다. 세종시의 지향점은 그 일극체제를 다극체제로 바꾸는 데 맞춰져야 한다. 그게 국토 균형발전의 시작이다. 흔히 균형발전이라고 하면 모든 지역이 균등하게 발전해야 한다고 오해하는 사람들이 있다. 그건 불가능하다. 가능한 것은 전략적으로 서울만큼 경쟁력 있는 도시를 '최소한' 하나 더 키우는 것이다. 그렇게 되면 모든 것들이 자동 조정되고 소란거리도 사라지게 된다. 이름하여 자동조정 메커니즘이다. 그 결과 서울도 지역도 모두 이롭다. 그게 바로 진정한 국토 균형발전 전략인 것이다. '지방 전문가' 강준만 교수의 주장은 약간 다르다. 현재 한국의 '서울 공화국' 체제는 빠른 경제 성장을 위해 자원들을 서울에 몰아준 결과라고 본다. 그로 인해 한국이 발전한 것도 사실이다. 하지만 그 몰아주기의 앞면이 '한국경제 성장신화'라면 뒷면이 바로 '지방 소멸'이다. 강준만 교수의 지적은 마강래 교수 주장대로 '압축도시' 전략을 시행한다면 지방 내에서도 같은 문제가 또 발생하지 않겠느냐는 것이다. 마강래 교수는 경우에 따라 행정구역 개편도 필요하다는 입장이다. 실용성을 위해서일 것이다. 반면 강준만 교수 주장의 핵심은 소외다. 모두 옳다. 실용성도 중요하고 소외 문제 해결도 중요하기 때문이다. 하지만 동시에 모두 틀렸을 수도 있다. 그들의 주장은 기본적으로 중앙정부에게서 뭔가를 바라고 있기 때문이다. 지방정부에 대한 배려와 양보일 것이다.

꼭 지적하고 싶은 것은 지방은 스스로 망한다는 것이다. 지방 소외문제를 해결하기 위해 중앙정부에 양보를 요구할 것이 아니라 지방이 스스로 구해야 한다는 것이다. 스스로 구하기 위해선 전략이 필요하다. 지방에 경쟁력이 없는 것이 아니다. 다만 전략부재 상황이 계속되면서 경쟁력 약화라는 결과가 나타난 것으로 볼 수 있다. 지방자치제는 말 그대로 지방 스스로 다스리는 것이다. 그런데 지금 지방 정부들이 하는 것을 보면 실소밖에 나오지 않는다. 완전 전략부재 상태다. 거대 도시 서울에 맞서겠다는 지방 도시들의 행태들을 보면 굳은 의지가 느껴지는 것이 아니라 서울에 굴종해 뭔가를 얻겠다는 비굴함밖에 보이지 않는다. 지방의 정체감도 없다. 그렇기에 지방이 스스로 망하는 것이다. 굴종은 충성경쟁을 낳는다. 도식적으로 보면 모든 지방이 중앙 권력을 향해 충성경쟁을 벌이고 그 충성경쟁 속에 지방이 사분오열되는 것이다. 그러한 분열이 지방을 소멸시키고 있는 것으로 볼 수 있다.

다시 강조하지만, 지방에 경쟁력이 없는 것이 아니다. 일차적으로 생각해 보더라도 지방에 경쟁력이 없다고 말하면 그건 스스로 모순된다. 수도권과 비교해 점유하고 있는 땅도 넓고 현재로서는 인구도 그렇게 적지 않다. 설령 인구가 적더라도 전략적 가치는 영토에서 나온다고 볼 수 있다. 누가 보더라도 지방이 전략만 잘 갖추면 서울을 제압하고도 남는다. 하지만 중요한 것은 지방의 분열이다. 분열하여 각 지방이 동시다발적으로 서로 서울에 충성을 하겠다고 연맹을 제안하고 있는 격이다. 그러니 어찌 서울의 헤게모니가 약해질 수 있을까 싶다. 이제 방법은 없다. 지방이 실제로 발전할 수 있도록 전략을 갖추어야 한다. 구체적인 방법은 뒷장에서 다시 설명하겠지만 지역 간에 분열이 통합으로 전환되어야 할 것이다. 지역들은 서로 이해관계가 비슷하기 때문이다. 지역에서 권력을 쥐고 있는 이들에겐 섭섭하게 들리겠지만 현실적으로 그 방법밖에 대안이 없다. 수도권을 제외한 나머지 지역들이 수도권에 맞서기 위해 전략적 선택을 같이하는 것만이 유일한 대안이다.

마강래 교수는 후속작 『지방분권이 지방을 망친다』에서도 지방에 대한 애정을 보여줬다. 주요 내용은 지방분권 강화가 오히려 지방에 더 불리하다는 것이다. 정확한 지적이다. 저자는 지방분권을 하기 전에 지방의 공간 단위를 조정해야 하고 지자체 간 격차를 줄여야 한다고 말한다. 그 과정 없이 지방분권을 시행하면 작은 자치단체들이 증발할 가능성이 있다고 주장한다. '나눠 먹기'식 지방분권은 대안이 아니라는 것이다. 동의한다. 문재인 정부는 '연방제에 버금가는 강력한 지방분권'을 내걸었다. 완전 엉터리다. 그렇게 하면 한국이란 나라는 망한다. 게임이론 시각에서 볼 때 그런 제안은 허구다. 전략적 사고가 전혀 없기 때문이다. 그런데도 지방정부들은 그 제안에 들뜬 분위기를 연출했고 균형발전 가능성에 기대감을 드러냈다. 그런 식의 지방분권은 지방을 완전히 무너지게 할 수도 있다. 수도권과 비수도권의 불균형이 심화하고 있는 현 상황에서 지방분권을 추진하면 지방은 더욱 가난해질 수밖에 없다. 그 과정에서 역설적이게도 특정 지역들의 지방 권력은 더욱 독재체제를 갖추게 될 것이다. 그렇게 지방이 붕괴된 다음 수도권이 붕괴된다. 그리고 한국이란 나라가 통째로 망한다. 문재인 정부는 '선 지방분권, 후 균형발전'이라는 방향으로 정책을 추진했다. 다음은 2018년 1월에 문재인 대통령이 신년 기자회견에서 밝힌 지방분권에 대한 소회다.

우선 지방분권과 자치를 강화하겠다는 우리 정부의 정책 기조에 대해 과연 지방이 그런 역량을 갖추고 있느냐는 의구심을 가지고 있는 분들이 있다. 저는 그렇지 않다고 생각한다. 지금 지방정부들은 충분히 역량을 갖추고 있고, 오히려 중앙정치에서 부족한 부분들을 지방정부가 메워주고 있다고 생각한다.

듣기 좋은 소리다. 문재인 정부의 지방분권 이론은 너무 간단하다. 일차원적이면서 평면적 사고를 기반으로 한다. 중앙에서 지방으로 권한을 이양하면 자원도 수도권에서 지방으로 나눠질 것이라는 기대에서 출발한다. 평등주의적 세계관이다. 아쉽게도 그런 세계관은 실현된 적이 없다. 정책이 비현실적인 것도 문제지만 '상호작용'에 대한 헤아림이 없기 때문이다. 기업과 사람들이 수도권으로 몰리는 것은 이익 추구 유인 때문이다. 모든 경제 주체에게는 이익 추구 유인이 존재한다. 이익 추구는 나쁜 것이 아니다. 애덤 스미스의 통찰은 한 나라의 경제가 이익 추구 유인을 바탕으로 돌아간다는 것이다. 이익 추구라고 하면 이기심이라고 말할 수도 있다. 하지만 냉정하게 평가하면 인간은 본래 이기적이다. 그래서 너도나도 모두 자신의 이익을 추구하고자 한다. 지금 한국에서 모든 자원이 서울로 몰리고 쏠리는 것은 이익을 추구하고자 하는 욕망 때문이다. 이익 추구는 자연스럽다. '연방제에 버금가는 강력한 지방분권'이 이뤄진다고 해서 서울에 몰린 자원이 지방으로 흩어지는 것이 결코 아니다. 그렇게 시장에 개입하듯 특정 지역을 지정하고 내려가라고 강요하는 것이 아니라 스스로 찾아서 내려가도록 유인을 제공해야 한다. 그렇게 해서 '자동조정'되도록 해야 한다. 그것이 정책이다.

지금처럼 '수도권 대 지방' 대결 프레임은 균형발전을 위해 도움이 되지 않을 수도 있다. 게임이론 시각에서 지방과 수도권은 '전략적 대체 관계'라기보다는 '전략적 보완관계'라고 볼 수 있기 때문이다. 그리고 양적으로 보나, 질적으로 보나 서울과 지방은 다를 수밖에 없다. 수도권을 구성하는 서울·경기·인천은 유기적 결합 관계 속에 있다. 하지만 다른 지역들은 연계성이 떨어진다. 같은 생활권도 아니고 그렇다고 같은 경제권도 아니다. 균형발전을 바란다면 목표가 분명해야 한다. 글레이져 교수 분석을 따른다면 문제의 초점은 청년일 수밖에 없다. 청년들이 지역에 있어야 균형발전의 초석이 마련되기 때문이다.

그리고 다시 강조하지만, 균형발전을 바란다면 수도권과 상대할 수 있는 지방의 '대도시권'을 키워야 한다. 즉, 수도권말고도 '똘똘한' 대도시권을 더 만들어낼 필요가 있다. 청년들을 지방으로 분산시키는 것이 아니라 청년들이 수도권으로만 몰리지 않도록 하는 것이 중요하다. 마강래 교수는 충청권은 '대전 대도시권', 영남권은 '부산-울산 대도시권'과 '대구 대도시권', 그리고 호남권에서는 '광주 대도시권'을 키워야 한다고 주장한다. 게임이론 시각에서는 그 제안 역시 조정될 필요가 있다. 현실적이지 못하기 때문이다.

가장 현실적인 방법은 일단 수도권을 제외한 나머지 권역들 가운데 하나를 선택해 전략적으로 몰아줄 필요가 있다. 경쟁 구도를 보면 확연하다. 지금 수도권 인구가 전체 인구의 50%를 넘어선 마당에 각 지역이 각

개전투를 벌여 수도권을 상대로 경쟁우위를 확보할 방법은 없다. 전략적 몰아주기가 필요한 이유다. 지방에 필요한 전략은 서울이 아닌 지역 도시 하나가 서울에 맞설 역량을 보여주고, 서울 일극 체제 독점에 금이 가게 하는 것이다. 그렇게 했을 때 청년들에게 새로운 '신호'를 보낼 수 있고 청년들의 인식도 비로소 바뀔 수 있다. 신호도 없이 청년들에게 무작정 인식 변화를 요구할 수 없을 것이다. 서울의 일극 체제 독점력이 약해지면 그때 가서 다른 지역들도 특화와 차별화를 통해 방법을 모색할 길이 열리게 된다. 정부가 할 일은 경쟁을 위해 판을 깔아주는 것이다.

지방은 '예산복탄'을 기다린다

'예산폭탄'이 아니라 '예산福탄'이다. 지방 사람들은 중앙정부로부터 예산을 애타게 기다리고 있다. 강조했지만 지방 사람들이 출세한 사람의 금의환향을 바라는 것도 '줄'을 대기 위해서다. 그 '줄'을 통해 그 지역에 예산이 펑펑 내려지는 것을 축복이라고 여긴다. 그 지역 사람들이 볼 때 그것이 지역 발전이다. 서울을 비롯한 수도권의 인구 과밀은 어제오늘의 일이 아니다. '사람은 나면 서울로 보내고 말은 제주도로 보내라'고 했다. 지방은 소멸 위기를 맞고 있고 재정난은 더욱 심각해지고 있다. 지방자치제 30년을 맞았지만, 수도권을 제외한 모든 자치단체들은 '시골'로 불리고 있다. 한국 지방자치 역사는 생각보다 오래되었다. 정부 수립 직후인 1949년 7월 4일 지방자치법이 제정되었다. 하지만 바로 6.25전쟁이 터져 그 시행이 늦추어졌고 정전협정 체결 1년여 전인 1952년 4월 전국 광역 시도와 시·읍·면에 지방의회가 처음으로 구성됐다. 시·읍·면장도 주민 직선으로 뽑았지만 시·도지사는 대통령이 임명했었기에 완전한 지방자치라고 보기 어렵다는 지적도 있다. 1960년 4.19 혁명으로 출범한 제2공화국이 들어서고 나서 비로소 시·도지사까지 주민이 직접 뽑는 전면적 지방자치제도가 도입됐다. 하지만 1년 후인 1961년 5.16 군사 정변으로 지방의회가 강제 해산되고 말았다. 1980년대 민주화 운동의 성과로 지방자치 실시 일정 등이 담긴 개정 지방자치법이 1990년 1월 1일에 발효되면서 지방자치제가 다시 시작됐다. 이후 30년이 넘게 흘렀지만 지방자치제는 아직도 내용이 부족하다.

지방세로 자기 기초단체 공무원 인건비도 해결하지 못하는 곳들도 부지기수다. 그러다 보니 중앙정부에 손을 벌릴 수밖에 없다. 한국에는 광역단체와 기초단체 등을 포함해 200개가 넘는 지자체들이 존재한다. 명실상부한 지방자치제도를 하려면 지자체의 재정자립도가 높아져야 한다. 하지만 중앙정부의 재정지원 없이 재정적으로 자립할 수 있는 지자체는 지방에 존재하지 않는다. 그나마 사정이 낫다는 서울조차도 100%에는 못 미치는 상황이기 때문이다. 따라서 행정안전부에서 내려보내는 지방교부세와 보조금이 지자체의 주요 재원이 된다. 2022년 기준 전국 평균 재정자립도인 49.9%를 넘는 광역단체는 서울(78.14%), 세종(55.04%), 경기도(55.73%), 인천(51.08%)뿐이다. 그나마 상황이 좀 나은 광역단체들은 울산(43.67%), 대구(43.59%) 그리고 부산(43.03%)인데 이 도시들은 평균에 근접해 있다. 대전이 38.72%이고 광주37.64%다. 경남과 제주는 각각 32.95%, 32.71% 수준의 재정자립도를 보여 30%를 넘었다. 재정자립도 하위 단체들은 충북(29.8%), 강원(26.77%), 경북(26.5%), 전남(26.23%), 전북(24%) 순으로, 전북이 가장 낮았다.

전북은 14개 기초단체들로 구성되어 있는데, 이 중 9개 기초단체들은 재정자립도가 10% 미만이었다. 그 가운데 전북 진안이 6.42%로 전북에서도 최하위를 기록했다. 재정자립도가 그렇게 취약한데 지방자치를 하고 있다고 하면 말이 안 된다. 무늬만 지방자치인 것이다. 지자체들은 재정자립도를 올리려고 세수 확보에 안간힘을 쓴다고 하는데 쉽지 않다. 거의 불가능하다. 재원 확보를 위해 지자체가 할 수 있는 일은 사실상 없다고 봐도 된다. 방법은 딱 하나다. 중앙에서 '예산 폭탄'을 기대하는 것이다. 그래서 그렇게 '중앙 인맥' 연줄을 애타게 찾는 것이고 지역 발전을 위해 '큰 인물론'이 필요하다는 논리가 등장하는 것이다.

지자체는 선거가 끝날 때마다 그리고 새로운 정권이 들어설 때마다 '예산폭탄'을 기대한다. 지역민들에게 '예산폭등'은 하나의 로망이다. 호남에서 각종 선거를 위해 입후보할 때 빼놓지 않고 항상 '중앙에서 예산을 많이 끌어 오겠다'는 공약을 내거는 이유다. 그뿐이 아니다. 어떤 후보는 한평생을 지역에서 표밭을 다져왔는데 중앙당은 '끼리끼리' 네트워크를 통해 알게 된 이를 공천해 입후보하게 한다. 그 경우 또 하는 말이 있다. 자신이 뽑히면 중앙의 인맥을 이용해 많은 예산을 끌어와 지역을 발전시키겠다는 것이다. 지방자치제 본래 목적은 지역민들이 지역 살림도 알아서 하는 것이다. 지역의 특수성 때문에 예산이 부족한 경우도 있을 것이다. 그런데 스스로 예산확보를 위해 전략을 수립하지 않고 무조건 중앙에서 예산이 내려오길 기다린다는 것은 썰렁한 코미디다. 민망하지만 그것이 유일한 전략이라고 여기기 때문일 것이다.

실은 지자체들 대부분이 유사한 방식으로 예산을 따내려 경쟁한다. 중앙에서도 입장이 난감할 수밖에 없다. 모든 지역에서 손을 벌리는데 재원은 한정되어 있고 결정이 어려울 수도 있다. 그렇기에 그 결정에 '입김'이 작용한다는 논리다. 따라서 힘이 세고 중앙에 '빽줄'을 댈 수 있는 그런 사람이 지역 대표가 되어야 한다는 논리가 퍼지는 것이다. 한국인들이 강조하는 말이 있다. 자주성이다. 군대에서는 자주국방이란 말도 많이 한다. 그렇게 지역에서 드러내놓고 중앙에 예산책정을 기대하고 '예산폭탄'을 노골적으로 기대하고 있는 것이 자주성인지 묻고 싶다.

5

지방의 역선택과 전원일기 판타지아

5. 지방의 역선택과 전원일기 판타지아

지방이 망하는 공식

망할 때는 공식이 있다. 역선택이 발생한다. 그래서 더 빨리 망한다. 즉 망하는 데 가속도가 붙게 된다. 지방이 망하는 것이 문제가 아니라 망하는 속도가 빨라서 문제다. 그렇게 지방이 망해가는 이유를 정확히 알아야 대책을 세울 수 있을 것이다. 지방이 망하는 이유가 인적 자본과 물적 자본의 '양'이 부족해서라고 생각하기 쉬운데 그 말도 맞긴 맞다. 하지만 그게 지방 소멸의 직접적인 이유라고 생각한다면 큰 오해다. 모든 것이 그러하듯 '양'보다 '질'이 더 중요할 수도 있다. 그럼 '질'이 부족해서 망한다고 생각하기 쉽다. 그 말도 틀리지 않다. 하지만 현재 한국의 지방이 당면해 있는 소멸 위기의 본질은 '역선택' 때문이다. 역선택이란 전술하였지만 지방에 꼭 있어야 할 것은 꼭 없고 꼭 없어야 할 것은 꼭 있기 때문이다. 지방에 꼭 있어야 할 것은 성실한 근무태도와 공정함이다. 지방에 꼭 없어야 할 것은 도덕적 해이와 '줄빽'에 의존한 '끼리끼리' 시스템이다. 하지만 지방에는 반대다. 즉, 도덕적 해이와 '끼리끼리' 시스템이 만연해 있고 성실한 근무태도와 공정함은 없다. 그렇기에 망하는 것이다.

엎친 데 덮친다고 한다. 인적 자본과 물적 자본이 부족할 때 그 지방은 불리한 입장에 서게 된다. 그럼에도 공정함 속에 모두가 성실하게 각자할 일을 잘 맡아 한다면 위기 극복이 가능하다. 쉽게 설명하자면 각자가 일을 조금 더 많이 하면 그 부족량을 만회할 수 있을 것이다. 하지만 역선택은 그 가능성 자체를 가로막는다고 보면 이해가 쉽다. 그렇게 되면 그나마 있어 왔던 인적 자본 물적 자본들도 빠르게 빠져나가기 시작하고 사람들은 회의주의와 함께 도덕적 해이에 동참하게 된다. 어느새 불성실과 부패가 시스템이 된다.

그렇게 되면 성실한 사람들은 자신들을 지키기 위해 지방을 더 빠르게 빠져나간다. 성실한 사람들이 빠져나간 자리를 다시 불성실한 사람들이 채운다. 불성실한 사람들이 많아지면 가장 피해자들은 성실한 사람들이다. 남이야 어떻게 하든 묵묵히 남아 성실하게 근무해오던 사람들도 더 이상 견디지 못하고 그곳을 빠져나가기로 마음을 바꾼다. 빠져나가지 않을 것이라면 자신들을 지키기 위해 자신들의 근무태도를 바꾼다. 그렇게 해서 성실했던 사람들도 불성실해질 수밖에 없다. 결국은 근무자들의 주류가 불성실한 사람들이 되고 그럴수록 능률이 떨어지고 생산성도 낮아진다. 지방을 진짜 망가뜨리고 있는 것은 바로 그와 같은 역선택이다. 역선택은 양을 확보하는 것처럼 단순하지 않다. 제도의 문제이기 때문이다. 제도는 사회규범에 속하고 쉽게 바꾸거나 개선시킬 수 없다. 그래서 지방은 더더욱 어려움에 직면하는 것이다.

지방정부의 부패와 비효율 그리고 도덕적 해이는 폐쇄성 때문이다. 투명성이 필요하다. 투명성을 위해선 제도적 장치가 필요하다. 가장 중요한 전제는 정보공개다. 정보공개 요구는 당연하다. 주민들은 알 권리가 있기 때문이다. 모든 정책은 형성단계에서부터 결정, 집행, 사후관리에 이르는 전 과정이 공개되어야 하고 주민들은 그 공공정보에 자유롭게 접근할 수 있어야 한다. 기존 정보공개제도는 그 범위가 제한되어 있고 예외 규정이 많아 실효성이 떨어진다. 기존 정보공개의 범위를 대폭 확대해 더 많은 정보가 공개되도록 제도를 고안할 필요가 있다. 아울러 잘못된 행정을 고발하고 지역의 각종 비리를 척결할 수 있도록 주민 옴브즈맨 제도의 도입도 필요하다. 지방자치는 중앙정부의 통제에서 벗어나 자율성을 확보하는 데 의미가 있다고 하지만 단체장이 감시와 견제에서조차 자유로워야 한다는 뜻은 아니다. 현재 정당 공천제하에서는 지방으로 이양된 지자체장 권한이 견제 감시되기 어렵다. 따라서 지자체장을 감시할 수 있는 견제 세력이 꼭 필요하다. 과거에는 그러한 감시기능을 중앙정부가 수행했지만, 지방자치 시대에는 지역사회의 주체로서 주민들이 그러한 기능을 직접 수행해야 한다.

지난 30년간 한국의 자치는 무늬와 형식만 존재했다고 평가할 수 있다. 지역 정치인들의 선거전을 지방자치로 오해하는 이들도 많다. 자치의 핵심은 주민들의 자발적 참여이다. 진정한 의미의 '지역 민주화'는 폐쇄적이고 수직적인 권력 구조를 개방적이고 수평적인 구조로 전환하는 데 있다. 하지만 인구 이동성이 낮고 지역 연고가 강한 상당수 지자체들의 경우 그 지역 토호들 중심으로 네트워크가 형성되기도 한다. 최근에는 지방자치제가 오히려 지역사회 폐쇄성과 각종 부조리 발생에 일조하고 있다는 지적도 제기된다. 한국의 지방자치는 부패, 주민의 무관심, 지방 정치인 및 지역 토호 세력들의 결탁 등으로 인해 지방자치 본질에서 멀어지고 있다. 지금의 지방자치는 중앙으로부터 이양된 권한이 다시 지역별로 특정 정당과 그 정당 소속 지방 정치인들에게 다시 집중되는 역설이 실현되고 있다. 권력집중은 반드시 폐단을 낳는다. 이러한 권력집중은 시민들의 정치 참여 공간을 제한하는 것뿐만 아니라 지자체마저 관료화 시킬 수 있다. 공무원의 정책독점 관행을 타파하고 지역 주민들에게 정책 결정권이 이양될 필요도 있다. 정책 입안단계부터 주민참여제를 도입해 대안이 마련되도록 하자는 것이다. 이른바 열린 정책 네트워크다. 그러한 정책 네트워크에 주민들이 참여함으로써 행정이 투명해지고 신뢰가 쌓일 수 있다.

지방 재정개혁도 필요하다. 재정개혁을 위해서 가장 필요한 것은 예산 낭비를 막는 것이다. 예산은 쉽게 말하면 공돈이다. 그 공돈은 지자체장이 직접 벌지 않았다. 따라서 지자체장은 그 공돈을 마구 쓸 유인이 발생한다. 예산 낭비를 막기 위해선 재정 정보공개가 시급하다. 그리고 모든 내역은 투명하게 공개해야 하고 평가받아야 한다. 예산이 효율적으로 사용되고 있는지에 대해 주민들 눈으로 확인할 수 있어야 한다. 주민들의 관심이 꼭 필요하다. 예산관리 담당 공무원에 대한 정보도 공개될 필요가 있다. 지자체장이 공무원들의 인사권을 장악하고 있어 공무원들 간에 '줄서기' 또는 충성경쟁이 벌어지고 있는 상황도 개탄스럽다. 예산집행의 투명성과 인사의 중립성을 확보하기 위해 인사 담당 공무원에 대한 정보도 공개될 필요가 있다.

지방자치제 도입 이후 계속 거론되는 문제 중의 하나가 바로 지역 정치인들의 무능과 부패이다. 무능한 정치인일수록 금권선거 유혹에 더 쉽게 빠져들게 된다. 과거 한국인들은 선거 때에 모든 것이 대목이었다고 한다. 표를 얻기 위해 향응을 제공하고 서로 인심 쓰듯 나눠주는 과정에서 정을 느끼기도 했다. 그래서 한국인들은 '고무신 선거'를 당연하게 생각하는 경향이 있다. 즉, 선거에 출마하는 사람이라면 돈을 많이 쓰면서 향응을 제공해야 지역민에 대한 성의로 인정되는 것이다. 아직도 시골에는 그러한 향응을 정치라고 오해하는 유권자들이 많다. 그렇게 금권선거를 도모하는 사람들은 그게 나쁘다는 것을 알면서도 선거 승리를 위해 어쩔 수 없다는 식이다. 따라서 정말 풀뿌리 민주주의에 뜻을 품고 정계에 입문하려는 이들은 회의감이 들 수밖에 없다. 그리고 뜻을 접을 수밖에 없다. 바로 역선택이다. 꼭 정치를 해야 할 사람들이 정치시장에서 꼭 빠져나가고 절대 정치를 해서는 안 되는 사람들이 꼭 정치를 하러 들어간다.

그 과정에서 정치시장에는 정치 불량품들이 넘쳐난다. 그래서 지방자치체가 오래될수록 훌륭한 인물이 등장하는 것이 아니라 오히려 수준 미달의 사람들만 나서게 된다. 전형적인 역선택 현상이라고 볼 수 있다. 다시 강조하지만 지방은 역선택으로 인해 스스로 망한다.

'향토학사'는 코미디다

역선택의 가장 코믹한 사례가 바로 '향토학사'다. '서울장학숙'이라고 불리기도 한다. 강조하지만 망하는 공식이다. 코미디이긴 하지만 지방은 '큰 인물'에 목말라 있다고 앞서 지적했다. 지방은 스스로 구하기 위해 노력하지 않고 항상 '타는 목마름'으로 출세한 이들을 찾아 나선다. 한국인들은 자부심이 강하다. 한국의 고등교육 현장에만 있는 것이 있는데 바로 '향토학사'이다. 향토학사란 고향을 떠나 서울 소재 대학을 다니는 학생들의 학업을 도울 수 있도록 지자체가 서울 시내에 지어 놓은 기숙사라고 보면 된다. 그래서 '서울장학숙'이라고 불리는 것이다. 미국으로 치면 남부의 주들이 예산을 들여 뉴욕 맨하탄 지역에 기숙사를 지어 놓고 자신의 주 지역 청년들의 학비를 보조해주는 격이다. 더 쉽게 말하면 뉴욕에 가서 공부하고 출세하도록 도와주는 것이라고 볼 수 있다. 미국인들에게 그와 같은 이야기를 들려주면 듣는 이들은 대개 그 주 지역에 대학이 없기 때문이라고 짐작할 것이다.

한국의 향토학사는 약간 황당한 느낌을 준다. 지방에 대학이 넘쳐나는 가운데 청년들이 사라진다며 호들갑을 떨어대며 대책 마련에 분주하면서도 청년들로 하여금 서울로 떠나도록 보조금을 주는 격이다. 이렇게 지적하면 해당 지자체는 학생들에게 보조금을 준 적 없다고 펄쩍 뛸지 모르겠다. 하지만 향토학사를 지어 상경 학생들을 돕는다는 것은 학비 보조를 위해 그들에게 돈을 지불하는 것과 같은 효과를 낸다. 따라서 보조금을 주고 있다고 봐도 논리적으로 크게 문제될 것이 없다. 다만 지자체가 그 향토학사를 직접 운영하는 것은 아니라고 한다. 지자체가 별도의 장학회나 인재육성재단 같은 것을 설립하고 예산을 지원하는 식이다. 향토학사마다 규정이 조금씩 다르겠지만 대개 그 지역에서 거주한 학생 또는 그 지역 고등학교 졸업생들이 향토학사에 입사할 수 있도록 자격요건을 제한해 놓은 경우가 많다고 한다. 그 기준과 규정도 실은 자의적이다. '향토'란 말에 부합하려면 그 지역에서 태어나서 그 지역에서 초중고를 모두 거친 학생들에게 우선 입사 혜택을 주어야 옳을 듯하다.

서울은 집값과 물가가 비싸다. 따라서 상경 학생들이 학비와 생활비를 감당하려면 쉽지 않을 것이다. 그 상황에서 향토학사가 월 15만 원 안팎의 저렴한 비용으로 학생들에게 숙식을 제공한다고 하면 이는 어마어마한 혜택이다. 그렇기에 지방 출신 학생들은 서울 소재 향토학사를 많이 선호하고 그 결과 입사入舍를 위해 경쟁률도 매우 높다. 문제는 운영비다. 학생들이 내는 돈만 가지고는 운영될 리 만무하다. 사실상 그 운영비 전부를 지자체에서 부담하고 있다고 해도 과언이 아니다. 대부분 지자체는 재정자립도가 턱없이 낮다. 10%도 안 되는 곳이 부지기수다. 그런데도 서울에 장학숙을 지어 놓고 매년 엄청난 비용을 지출하는 모습을 보면 코미디 그 자체다. 물론 어려운 학생들을 돕자는 취지일 것이다. 하지만 향토학사는 특혜에 가깝다. 없는 지자체 살림에도 자기 지역 청년들을 꼭 도와야 한다면 그 대상은 서울에서 공부하는 학생들보다 대학을 가지 못했거나 아니면 그 지역 소재 대학을 다니는 학생들일 수도 있다. 그들은 편견 때문에 장차 구직 시장에서 어려움을 겪을 가능성도 크고 그들이 그 지역에서 돈을 쓰면 그 지역 경제에 기여하기 때문이다.

지금 지방에서는 청년들이 사라지고 있다고 난리법석을 떨고 있다. 게임이론 시각이다. 입으로는 지자체가 청년 유출을 걱정하는 듯하지만 실제 하는 행동을 보면 지자체가 청년 유출을 전혀 걱정하고 있지 않다고 결론 내릴 수 있다. 향토학사 운영이 바로 그 증거다. 청년 유출을 막기 위해 대책을 수립하는 와중에 향토학사 운영은 스스로 모순되기 때문이다. 재정문제도 마찬가지다. 인재육성을 위한다는 명목으로 숙식 제공뿐만 아니라 독서실과 체력단련실까지 운영하고 있다고 한다. 제공되는 식사 수준도 높다고 한다. 심지어 장학 프로그램 등을 운영하며 우수 학생에게 장학금을 주거나 해외연수를 보내주기도 한다.

　지방에서 선거만 하면 서울에 장학숙을 짓겠다는 공약과 정책이 난무한다. 웃기는 것은 그런 공약을 내세우면서 지역에 청년들이 많이 찾아오도록 하겠다는 공약도 같이 내세운다. 모순이다. 없는 살림에 지자체가 서울에 장학숙을 지어 그 지역 학생들 학비 부담을 덜어준다고 하면 그 의도와는 상관없이 그 지역은 더욱 공동화된다. 모든 지역이 그렇게 서울 장학숙을 지어 운영하면 서울 초집중화 현상은 더욱 심각해지게 된다. 명분도 없다. 그렇게 세금으로 서울장학숙을 지어 운영할 것이라면 지역 대학에 진학하는 학생들에게도 뭔가 혜택을 주어야 맞을 것이다. 수업료라도 감면해주어야 맞다. 그렇지 않으면 그건 지역 대학에 진학한 학생들에 대한 차별이 될 수도 있다. 왜 지자체가 비용을 떠안아 서울로 진학하는 학생들의 학비를 덜어줘야 하는지 그 이유가 분명치 않기 때문이다. 그 지역 출신이 서울로 진학해 출세하면 훗날 그 지역에 좀 더 많은 예산을 챙겨줄 수 있도록 '줄' 역할을 해줄 것이라는 기대가 향토학사 운영 이유라고 한다. 선거만 하면 '중앙 인맥'을 활용해 예산을 끌어오겠다는 전략이 가장 인정받는 마당에 그와 같은 기대감이 이상하다고 하면 새삼스러울 것이다. 하지만 그런 막연한 기대감 때문에 서울 장학숙을 지어 막대한 비용을 지출한다는 것은 도무지 말이 되지 않는다. 코미디다. 지금 당장 지역이 고사하는 와중에 젊은 청년 누군가가 상경해 출세한들 무슨 도움을 얻을 수 있냐는 것이다. 큰 착각이다. 실제 지방에서 서울로 올라가 출세한 이들은 대부분 자기 고향을 잊고 산다. 물론 잊지 않는 경우도 있는데 그 지역에 돌아가 출마를 노리고 있는 사람들이다. 그런 사람들을 위해 지자체가 심각한 재정난에 시달려 가면서까지 서울 장학숙을 운영한다는 것은 또 말하지만 코미디에 불과하다. 청년 유출이 심각한 마당에 지역 청년들을 대상으로 하는 서울 이주 장려책이기 때문이다.

현재 서울에는 8개 광역자치단체 기숙사가 있다. 학사들 간에 교류도 있고 매년 체육대회도 열고 있다고 한다. 전체 광역자치단체 중 서울에 향토학사가 없는 곳은 대구광역시와 경상북도뿐이다. 이 두 광역단체들 역시 2022년 서울 역세권 지역에 400명 규모로 건립 구상을 발표했었는데 지역 청년 유출과 지역 소재 대학 재학생 역차별 논란이 일면서 건립 계획을 무산시켰다. 강준만 교수는 지방이 발전하려면 내부 식민지 근성을 청산해야 한다고 주장한다. 그의 주장을 빗대면 지역 청년들을 서울 소재 대학으로 진학시키고 그들을 도와주기 위해 서울에 장학숙을 짓는 것 자체가 내부 식민지 근성이라고 볼 수 있다. 그것도 망하는 공식에 해당한다. 꼭 필요한 것은 없고 절대 있어선 안 될 것은 꼭 남아 있다. 지금 지방에 꼭 필요한 것은 지방의 정체성이다. 청년들이 그 지역에 남아 그 지역 사람이 될 이유다. 청년 유출 문제가 심각한 와중에 한편으로는 지자체가 나서서 청년들로 하여금 서울로 빨리 떠나도록 장려하면서 다른 한편으로는 지역의 청년들이 사라지고 있다고 울부짖는 격이니 참으로 어이없다. 어리석기도 하다.

강준만 교수는 자신의 저서 『개천에서 용 나면 안 된다』에서 지역마다 서울에 향토학사를 만드는 것은 '지역발전전략'이 아니라 '지역황폐화정책'이라고 규정했다. 지방 출신이 상경해서 출세하면 서울 사람이 되는 것이고 그들 대부분 명절 때를 제외하고는 고향을 잊고 살기 때문이다. 그렇게 출세한 이가 귀향을 생각하는 경우는 더 큰 출세 욕망으로 들떠 있을 때다. 바로 국회의원이나 지자체장을 맡고 싶어 하는 경우다. 그 경우가 아니라면 그들은 거의 고향을 생각하지 않는다고 해도 과언이 아니다. 지방대가 신입생 충원에 어려움을 겪고 있는 상황에서 지자체가 나서서 지역 인재를 '서울'로 유출시키기 위해 많은 예산을 쓰는 것은 매우 시대착오적이다. 지역 인재가 자신의 지역 대학을 외면하고 다른 지역으로 공부하러 가는데 지자체가 오히려 학비를 보조해주는 경우는 한국에만 있을 것이다.

대한민국은 자유의 나라다. 따라서 대학 선택도 학생의 자유다. 하지만 선택이 자유라면 그 비용도 학생 스스로 부담하는 것이 맞다. 그 비용을 지자체가 덜어준다는 것은 도무지 말이 안 된다. 학생은 학교 선택의 자유만 있다. 비용을 부담하고 말고도 학생이 선택해야 한다. 물론 지자체장이 사비를 털어 지원하겠다고 한다면 그건 말이 된다. 지자체장의 자유이기 때문이다. 하지만 사비를 털어 지원하는 지자체장은 없을 것 같다. 그렇게 사비를 털어 지원하지 않을 것이라면 그런 서울 장학숙을 지어 특정 학생들 중심으로 혜택을 제공하는 정책과 제도는 사라져야 맞다. 형평성에 크게 어긋나기 때문이다. 그 장학숙에 입사한 학생들은 세금을 통해 큰 혜택을 누리게 되는 데 반해 지역 소재 대학을 다니는 학생들은 그 혜택에서 소외된다. 서울로 진학한 학생들을 위해 세금을 써서 장학숙을 짓고 그 혜택이 소수에게 돌아가게 하는 정책은 차별적이다. 그 세금에는 아예 대학에 진학하지 않았거나 또는 지역 대학에 다니는 학생들 그리고 그 부모들이 낸 세금도 포함되어 있기 때문이다.

대학저널 보도에 따르면 각 광역단체가 서울 소재 대학에 진학한 학생들을 지원하기 위해 장학숙과 장학금 제도들을 운영하면서 평균 30여억 원 가까운 예산을 쓰고 있는 것으로 나타났다. 8개 광역자치단체의 2021년도 예산안에 따르면 경기도 26억 800만 원, 강원도 24억 7,940만 원, 충청북도 25억 1,750만 원, 충청남도 43억 6,308만 원, 전라북도 30억 1,300만 원, 전라남도 29억 8,200만 원, 경상남도 26억 1,430만 원, 그리고 제주도 3억 670만 원이다.

광역단체들뿐이 아니다. 이젠 전국의 기초단체들까지도 건립에 나서고 있다. 대개 4년제 대학생만 입사하도록 규정하고 있어 전문대생 차별 논란도 불거지고 있다. 지방이 발전하려면 이제라도 향토학사를 폐지하고 그 건물들을 '향토 호텔'로 개조해 활용할 것을 권한다. 모든 것이 서울에 몰리고 쏠려 있는 지금 지방 사람들도 서울을 자주 방문할 수밖에 없다. 특히 노인들 중에 서울 의료시설을 방문해야 하는 이들도 많다. 그뿐이 아니다. 서울로 관광도 많아지고 있다. 문화시설도 대부분 서울에 있어 공연 관람하려면 서울에서 숙박해야 하는 상황이다. 그러한 이들을 위해 '향토 호텔'을 운영해보라는 것이다. 세금을 쓰려면 그렇게 써야 맞다.

'서울바라기' 지자체장들

지방에 역선택은 또 있다. 절대 뽑혀서는 안 될 사람들이 지자체장으로 뽑힌다는 것이다. 꽃 중에 해바라기꽃이 있다. 그 꽃은 특성이 있다. 말 그대로 해만 바라본다. 지방 정치인들 중에도 유사한 특성을 보이는 이들이 많다. 그들은 서울만 바라본다. 그래서 '서울바라기' 지자체장이라고 부를 수 있다. 이유야 간단하다. 그들은 출향 인사들이다. 그 지역에서 태어났지만 젊은 시절 고향을 떠나 줄곧 서울에서 생활해 왔기 때문에 그들은 서울 사람들이다. 한국에서는 출세한 사람들이 대부분 서울에 모여 산다. 앞서 언급했지만 서울은 모든 자원을 빨아들이는 블랙홀이다. 유능한 사람이 출세하려면 서울로 가는 것이 유리하고 실제로 출세하면 서울에서 생활하는 경우가 대부분이다. 따라서 그들은 본질적으로 지방 사람보다는 서울 사람이라고 봐야 한다.

그렇게 무늬만 지방 사람들이고 실제로는 서울 사람들인데 그런 '서울바라기'들에게 지방 행정을 맡기면 어떻게 될까? 일단 지방의 정체성이 사라지고 말 것이다. 그런 서울바라기들은 지역 발전과 지방 사람들에게 관심이 없다. 그들은 자신들이 추종해 마지않는 중앙권력으로부터 지방 통치를 위임받아 더 오랫동안 그 지역 '나와바리' 관리를 맡고 싶을 뿐이다. 그들은 관리자들이다. 지역 사람들에게서 그 관리를 위임받은 것이 아니고 중앙권력으로부터 그 관리를 위임받았다고 착각하고 있다. 권력은 국민으로부터 나온다. 그 논리라면 지방권력은 지방 사람들로부터 나와야 맞다. 지금 한국 상황에서 지방권력은 중앙권력으로부터 나온다고 볼 수 있다. 그래서 문제인 것이다.

지방에서 그 '서울바라기' 지자체장들은 제왕적이다. 지방선거에서 당선되면 지자체장들은 먼저 인사권을 장악하게 된다. 제왕적 지자체장 배경에는 바로 그 인사권한이 있다. 지방 공무원들은 자기가 속한 지자체장의 말을 듣지 않을 수 없다. 지자체장들은 스스로 갑의 지위에 서기 때문에 을의 입장인 공무원들을 마음대로 조종할 수 있는 것이다. 그 과정에서 부조리와 부패가 나올 수밖에 없다. 한마디로 지자체장은 그 지역 내 연고 집단들과 결탁하여 상부상조하면서 협력관계를 형성해 나간다. 특히 해당 지역 내에 지자체장을 통제할 감시기구가 없을 경우에는 그 지자체장은 말 그대로 무소불위 '제왕'이 될 수밖에 없는 구조이다. 권한이 집중된 채 견제가 안 되기 때문이다. 이 경우에 공무원들은 인사상 불이익을 받지 않기 위해 그 지자체장에게 충성할 수밖에 없다.

그렇기에 기초단체일수록 지자체장의 권한들이 잘 통제되지 않는 경우도 많기 때문에 감시기구 내지는 시민단체가 필요할 것이다. 하지만 한국은 역설적이다. 그렇게 견제와 감시가 더욱 필요한 기초단체일수록 견제와 감시기능이 더욱 없는 상황이다. 실제로 권력을 견제할 수 있는 시민단체들도 대부분 대도시에 집중되어 있다. 그리고 시민단체 회원들의 생각과 역량의 차이도 크다. 중요한 것은 시민단체 회원들도 사람인지라 서울을 선호하는 경향이 있다. 시골 기초자치단체에 살고 싶어 하는 시민단체 회원들이 많지 않기 때문에 시골 기초자치단체는 더욱더 부조리와 부패의 사각지대에 놓일 수밖에 없다.

지방에서 활동하고 있는 시민단체 회원 중에 서울 사람들도 많다. 특히 환경 관련 단체는 그런 경우가 많다고 한다. 그들은 지역에 내려와 활동하면서 지역 환경 보호를 외치고 있다. 그 선의는 충분히 이해되지만 지역 개발 자체를 가로막아서는 안 된다. 따라서 지방에서도 광역시급 도시들과 중소도시 그리고 농촌지역들은 또 다르다. 그나마 광역시급 도시들은 단체장 권한이 감시와 함께 견제되는 상황이지만 중소도시로 갈수록 견제와 감시기능이 미약해지면서 단체장 중심의 행정이 이뤄질 수밖에 없다. 농촌지역은 견제와 감시기능이 거의 없기에 말 그대로 단체장이 제왕적 권력을 누리게 된다. 그래서 그건 자치가 아니라 또 다른 권력이 되고 만다.

수도권 사람들 중에서도 지방자치라는 말 자체를 놓고 반대하는 이들은 없을 것 같다. 지방자치는 민주주의 근간이며 대부분의 선진국에서 시행되고 있기 때문이다. 민주주의 자체가 지방자치를 전제로 한다고 볼 수 있다. 하지만 수도권 사람들은 지방자치에 대해 냉소적일 수도 있다. 그들이 볼 때는 지방 소멸도 선택의 문제라고 생각할 수 있다. 그래서 지방 소멸을 우려해 중앙정부가 대응 정책을 내놓는 것 자체를 회의적인 시각으로 바라볼 수도 있고 그 정책이 비효율적이라고 생각할 수도 있다. 자유

민주주의 국가에서 사람들은 누구나 자유롭게 선택할 수 있다. 자기가 살고 싶은 곳 또한 자기가 선택한다는 데 국가가 나서서 간섭할 이유도 없다. 그럼에도 풀뿌리 민주주의가 중요한 이유는 민주주의 기본 원칙인 주민참여와 존엄을 위해서다. 하지만 한국의 지방자치는 재정 때문에 많은 문제가 야기된다. 돈이 없어서도 문제이지만 더 큰 문제는 부조리와 부패이다. 부조리와 부패는 자원배분을 왜곡시킨다. 그 왜곡은 다시 비효율성을 야기하고 그 비효율성은 다시 비용을 발생시킨다.

지금도 지방에는 새로 군수가 선출되고 임기 중에 구속되는 경우가 비일비재하다. 지자체 예산집행이 투명하지 않을 때도 있다. 사실을 말하면 지자체 재정자립도는 엉망이다. 기초단체들은 대부분의 경우 공무원들 임금 주기도 벅찬 상황이다. 그럼에도 기초단체들이 돈을 아껴 쓰는 것도 아니다. 선심성 정책들을 남발하는 것을 보면 알 수 있다. 선심성 정책이 지방재정에 미치는 부정적 효과는 이중적이다. 말 그대로 선심성이기에 그 예산집행 자체가 낭비다. 예산이 낭비되었다는 것은 꼭 필요한 것에 썼어야 할 자원이 필요치 않은 곳에 사용됐다는 뜻이다. 일차적으로 돈을 낭비했고 이차적으로 불필요한 곳에 쓰느라 필요한 곳을 살피지 못했으니 매우 비효율적이다. 그렇기에 부정적 효과가 이중적인 것이다. 그럴수록 지방자치는 더욱 비효율화되고 그 결과 지역경제는 더욱 망가진다.

앞서 강조했지만 견제와 감시도 없다. 지역감정과 몰아주기의 여파로 특정 지역들은 단체장과 지방의원들이 거의 모두 같은 당이기 때문이다. 지방 재정 및 회계에 대한 정보공개도 제약받고 있으며 회계자료를 보고 분석할 전문가도 많지 않다. 그리고 무엇보다 주민들은 무관심하다. 그렇게 무관심 속에 자원배분은 왜곡되고 비효율성은 더 심각해지면서 지역경제는 바닥을 향해 달린다.

지방의 내부자들

지역에 꼭 있어야 할 유형의 사람들은 없고 절대 있어서는 안 될 유형의 사람들이 많다. 바로 '내부 식민지' 조력자들이다. 지방 '내부자'들이라고 말할 수 있다. 한국은 땅이 좁고 인구 이동이 유독 많은 나라다. 따라서 서울 사람들과 지역 사람들을 정확히 나누기 어려울 때가 있다. 지금 서울 사람들 중에 상당히 많은 경우 지방에서 상경한 경우이기 때문이다. 누군가가 서울에서 태어났다고 하더라도 그 부모들은 지방 출신인 경우도 많다. 그래서 그 지방 사투리를 곧잘 하는 경우들도 있고 그 지방 문화에 익숙한 이들도 많다. 따라서 거주지가 수도권에 등록되어 있다고 해서 무조건 '내부 식민지'의 수혜자라고 말하기도 어렵고, 거주지가 지방에 등록되어 있다고 해서 무조건 '내부 식민지'의 피해자라고 말하기 어렵다. 즉, '내부 식민지' 수혜자와 피해자들을 정확히 가를 수 없다는 것이다. 예를 들어 수도권의 빈민층과 지방 토호들을 생각해 보자. 강조하지만 이들은 '수도권-지방'이라는 이분법으로 구분하기 어렵다. 수도권 빈민층은 상당수가 지방에서 상경한 사람들이다. 옛날 지방에서 무산계급에 해당한 사람들은 지방보다 서울이 더 살기 편할 수도 있었을 것이다. 그래서 상경을 했던 것이다. 지방에서 일용노동직에 종사할 것이라면 같은 임금을 받더라도 차라리 서울에서 일용노동직에 종사하는 것이 더 유리할 수 있기 때문이다. 서울에는 일자리가 많아 지방에 비해 구직이 상대적으로 쉽고 여러 혜택을 누릴 수 있기 때문이다. 자녀들 교육을 위해서도 훨씬 유리하다. 그렇게 파악하면 실질임금 수준이 지방보다 서울이 더 높다고 말할 수 있다. 지방에서는 먹고 살 길이 막막해 강제 이주를 당했다는 뜻도 될 것이다.

반대의 경우도 있다. 서울에서 나고 자라고 서울 소재 대학을 나왔지만, 서울 일자리 경쟁에서 밀려 지방으로 내려간 경우이다. 그들은 몸은 지방에 있지만 마음은 늘 서울을 향해 있기 때문에 '서울 사람'이라고 말할 수 있다. 지방 토호들은 지방에서 돈을 벌고 있지만 주로 서울에서 돈을 쓰기 때문에 실질적으로 지역 경제에 큰 도움이 되지 않는다. 그리고 무엇보다 그들은 지방에 대해 애착이 없다. 그 시각에서 보면 그들은 '지역 사람'이라고 말하기 어렵다. 즉, 지방 토호들은 수도권과 지방에 양다리를 걸친 중간자들이고 하는 행태는 내부자들에 가깝다. 강준만 교수 주장대로 라면 그들은 일종의 '이중국적자'들이다. 이중국적자라고 하면 한국인들은 흔히 미국을 떠올린다. 미국은 속지주의를 채택하고 있다. 따라서 어떤 아이가 미국에서 태어나면 그 아이 부모 국적과 상관없이 그 아이는 미국 시민으로 간주되고 자동적으로 미국 국적이 부여된다. 한국은 속인주의를 채택하고 있다. 그래서 부모가 한국인이면 어디에서 태어났건 그 아이에게 자동적으로 한국 국적이 부여된다. 한국인 중에 미국 국적이 있음에도 한국 국적을 따기 위해 노력하는 사람은 별로 없다. 반면 미국 국적을 따기 위해 노력하는 사람들은 무척 많다. 미국 국적 보유 아이들이 자기 부모를 따라 한국에 들어와서 학교를 다니고 한국인으로 행세하다가 군에 입대할 즈음에 미국인 정체성을 드러내는 경우가 많다. 즉, 자신은 미국 국적이기 때문에 한국인이 아니라 미국인이고 그렇기에 자신의 고국인 미국으로 간다며 태연하게 미국으로 건너간다. 그래서 그들은 미국인도 되고 한국인도 된다.

엄밀히 말하면 한국 국적이 유리하면 한국인이 되었다가 그 유리함이 사라지면 미국인이 되는 것이다. 말 그대로 미국인과 한국인의 '교집합'이다. 그런 현상은 중남미에 팽배해 있다. 중남미에는 많은 나라들이 존재한다. 그 나라들은 특징이 있다. 권력투쟁에 골몰해 있는 정치인들로 인해 정치가 불안하고 포퓰리즘이 판친다. 그래서 경제보다 정치가 우선이다. 그리고 부패가 보편화되어 있다. 중남미 각 나라의 부자들은 돈은 그 나라에서 벌어들이고 그 가족들은 대부분 미국에 살고 있다. 예금도 미국 은행에 달러로 예치해놓고 자녀들은 미국의 유명 사립학교에 다니는 경우가 많다. 그들은 중남미 사람으로서 정체성도 없고 자기 나라에 대해 애착도 별로 없어 보인다.

한국 지방의 문제도 비슷한 시각으로 파악해볼 수 있다. '서울민'과 '지역민'의 교집합이 바로 지역 토호들이라고 볼 수 있다. 지방 내부자들은 그들 중에서도 중앙권력에 열심히 조력하는 사람들이라고 말할 수 있다. 그래서 지역발전을 위해 누가 진정 지역 사람이고 아닌지를 분명히 정의 내릴 필요가 있는 것이다. 지방 토호들은 수도권에 '똘똘한' 집 한두 채 정도는 보유하고 있으며 자녀들과 일가친척들이 모두 서울에서 학교 다니고 서울에 거주한다는 특징이 있다. 그렇기 때문에 그들은 언제라도 서울로 이사 갈 준비가 되어 있는 사람들이다. 이들은 입으로는 '지방 살리기'를 외치지만 정치적 수사일 뿐이다. 그 수사를 통해 국회의원선거 또는 지방선거에서 당선되기를 바라거나 또는 특정 후보를 유리하게 하려는 경우가 많다. 그리고 이미 강조했지만 그들은 고향 발전에 관심이 별로 없다. 그래서 '수도권-지방' 문제는 도시 경제학에서 공간 불균형 차원의 문제가 아니고 계급 문제라는 것이다. '지방 살리기' 운동을 하려면 지방 사람들은 수도권 서민층과 연대해야 할 이유가 여기에 있다.

애향심 '판별법'

지자체장이 되려면 애향심이 있어야 할 것 같다. 그런데 지방선거 출마자들에게 애향심이 있느냐고 물었을 때 애향심이 없다고 대답할 사람은 없을 것이다. 문제는 이것이다. 애향심이 있어서 애향심을 외치는 경우와 애향심이 없으면서 애향심을 외치는 경우는 서로 달라도 전혀 다르다. 전자의 경우는 긍정적이라고 볼 수 있다. 후자의 경우는 어떨까? 부정적이다.

하지만 단순하게 '긍정'의 반대 '부정'이라고 생각하면 오해다. 게임이론에 대한 이해가 없으면 그렇게 생각하기 쉽다. 숫자를 써서 표현해보자. '긍정'이 '5'만큼 효용을 준다고 해보자. 그 경우 사람들은 '부정'은 '-5'만큼 비용을 발생시킨다고 생각하기 쉽다. 게임이론 분석에 따르면 그 비용이 '-5'만큼이 아니라 '-20'만큼 발생한다고 본다. 왜냐하면 그런 류의 거짓말이 용인되면 누구든지 선거에 유리해지기 위해서 유사한 형태의 거짓말을 할 유인이 생기고 그 결과 거짓말이 더욱 많아진다. 거짓말이 많아지면서 올바른 정보와 거짓 정보가 뒤섞여서 일차적으로 비용이 발생한다. 그리고 거짓말을 통해 누군가가 이득을 챙기면 그것을 보고 다른 이들에게도 거짓을 말할 유인이 계속 발생하기 때문에 사회적으로 더 큰 비용이 발생하게 된다. 문제는 누군가가 애향심을 외칠 때 그 외침이 진실인지 거짓인지 어떻게 아느냐는 것이다. 열 길 물 속은 알아도 한 길 사람 속은 모른다고 했다.

그 상황에서 게임이론은 방법을 제시한다. 게임이론은 선택을 분석한다. 누구든지 자신에게 가장 좋은 것 또는 가장 유리한 것을 선택한다. 그 사람이 어떤 사람인지는 알지 못한다. 하지만 그 사람의 행동을 관찰하면 그 사람이 어떤 사람인지 파악 가능한 경우가 있다. 애향심도 마찬가지다. 지방선거를 할 때마다 뜨내기 인사들이 나타나 너도나도 떠들썩하게 애향심을 외친다. 이유는 애향심이 표로 연결되기 때문이다. 그럼 그들 중에 누가 가장 애향심이 강할까? 알 수 없다. 모든 후보가 스스로 애향심이 강하다고 거짓말을 해도 얼굴에 써지지 않기 때문이다. 이론에 따르면, 행동을 관찰해 그 사람을 알 수 있듯이 애향심도 판별 가능하다.

거짓말 탐지기를 이용하는 방법도 있다. 하지만 더 쉽게 유인체계를 이용해 어떤 상황을 만들어 제시하면 그 사람 스스로 속내를 드러내게 할 수 있다. 솔로몬 임금은 현명한 군주로 칭송받는다. 그 이유는 그가 판결을 잘한 것도 있지만 정보가 전혀 없는 상황에서 거짓말을 판별해냈기 때문이다. 당시에 두 여인이 한 아기를 놓고 서로 진짜 엄마라고 우기고 있었다. 두 여인은 서로 누가 진짜이고 가짜인지 알고 있지만 그 둘을 제외하고는 그와 같은 사실을 누구도 알지 못했다. 당연히 솔로몬 임금도 알지 못했다. 즉, '정보 비대칭' 상황이었다. 그 상황에서 솔로몬 임금은 아이를 반으로 나눠 가지라고 명령해 '스스로 가짜라고 고백하는' 진짜 엄마를 판별해 낸 것이다. 역설적이다. 진짜 엄마가 스스로 가짜라고 주장하고 그렇게 주장하는 '가짜' 엄마가 진짜 엄마라고 솔로몬 임금은 판별해낸 것이다. 게임이론 시각에서는 솔로몬 임금이 기지를 발휘해 그 짧은 시간 안에 메커니즘을 설계해낸 것으로 본다. 그래서 그가 '현자'인 것이다. 모든 경제 주체들은 사적 정보를 감추려 든다. 하지만 그들이 어떤 상황에 놓이면 그 정보를 털어놓게 된다. 그 상황을 만들어 경기자들에게 제공하는 것을 메커니즘 설계라고 하면 설명이 쉽다. 지방선거에 출마한 이들도 사적 정보가 있다. 그들이 그 지역에 대해 품고 있는 애착 정도일 것이다. 바로 애향심이다. 지방이 발전하지 못하는 이유는 지방에 있다고 했다. 위선적인 지자체장들 때문이다. 그런 이들이 지방에서 권력을 장악하고 있는 것을 보면 발전 못 하는 지방의 모습이 당연하게 여겨진다. 첫째, 그들은 애향심이 전혀 없다. 둘째, 그들은 너무나 후안무치하다. 그들 안중에는 지역민들이 전혀 없다. 그들은 선거 기간에는 유권자들에게 친절하지만, 선거 끝나면 그렇게 친절하지도 않다. 지역민들 위에 군림하려 든다. 조선시대 사고방식으로 그들은 스스로 지방을 다스리는 '벼슬'을 하고 있다고 생각한다. 착각이다. 지금은 조선시대가 아니다. 그리고 자기가 임금에게서 하사받은 '벼슬'이 아니고 지역민들에 의해 위임된 권한일 뿐이다. 더 정확히 말하면 그들이 행사하는 권한은 지역민들의 것이다. 하지만 그들의 사고방식은 이상하다. 지금도 그들은 벼슬을 하고 있다고 착각하는 듯하다. 그들이 행사하는 권력은 지역의 유권자들에게서 나왔기 때문에 그들이 두려워해야 하는 이들은 그 지역 유권자들일 것이다. 그런데 그들이 정말 두려워하는 이들은 자신들의 공천 여부를 결정하는 중앙의 유력 정치인들이다. 특정 지역에서는 그 경향이 더욱 두드러진다. 그 지역에서는 특정 정당 공천만 받으면 대개 당선으로 이어지기 때문이다. 어찌 보면 그들 스스로 자신들이 지역민들에게 관심을 두지 않는 것을 당연하게 여길 수도 있다. 공천만 받으면 당선으로 연결되기에 지역민들의 표심을 신경 쓸 필요가 없기 때문이다.

실제 문재인 대통령 시절 어처구니없는 일들이 있었다. 문재인 정부는 부동산 가격을 안정시키겠다며 여러 정책을 쏟아냈다. 하지만 모두 실패로 돌아가고 말았다. 실패로 끝난 정도가 아니라 오히려 정반대의 결과가 나타났다. 도리어 집값이 큰 폭으로 상승해 집 없는 사람들이 더욱 곤경에 처해졌다. 그 와중에 노영민 당시 대통령 비서실장 소유 아파트들이 논란이 되었다. 문재인 정부는 주요 공직자들 가운데 다주택 보유자들로 하여금 스스로 알아서 주택을 처분하라고 권고했다. 당시 청와대 노영민 비서실장은 충북 청주에 지역구를 둔 국회의원 신분이었다. 그래서 더욱 논란이 일었다. 자본주의 국가에서 누군가에게 주택을 팔라 말라 간섭하는 것도 우습다. 더 우스운 것은 노영민 실장은 그와 같은 주택 매각 권고가 있자 청주가 지역인 국회의원임에도 청주 아파트를 미련없이 매각했다. 그리고 서울 강남 아파트를 택했다. 놀라운 것은 그런 그의 선택을 보고 지역민들조차 개의치 않았다는 사실이다.

도대체 이게 말이 될까 싶다. 노 실장은 청주에서 지지받아 국회의원까지 됐는데 서울 주택을 위해 천연덕스럽게 청주 주택을 처분해버린 것이다. 더 황당한 것은 노 실장의 당당한 태도였다. 해당 지역민들에게 미안함이나 가책 같은 것은 없어 보였다. 그래서 '몸은 지역에 재산은 서울에'라는 말도 나왔다. 다시 강조하지만 자유민주주의 국가에서는 법에 저촉되지 않는 한 선택은 자유다. 따라서 어느 지역 아파트를 선택할지도 노실장의 자유다. 그런데 이런 포인트가 있다. 노 실장이 청주를 택하지 않고 서울 강남을 택했으면 국회의원도 서울에서 하고 싶어야 할 것이다. 노실장은 고향인 청주의 주택을 아무 고민 없이 매각했다. 그리고 온갖 눈총을 무릅쓰고 서울 주택을 선택했다. 그러면서 고향인 청주를 지역구로 하는 국회의원을 한다는 거야말로 비상식을 넘어 몰상식이다. 논리적 사고가 결여됐거나 거짓말이거나 둘 중 하나라고 보면 틀림없다. 그는 청주에서 국회의원 선거전에 나섰을 때는 표를 구할 목적으로 애향심이 있는 듯한 표현을 많이 했을 것이다. 그런데도 청주 지역구 아파트를 재빠르게 처분하고 서울 아파트를 챙긴 것은 자신에게 표를 준 지역구 주민들에 대한 배신으로 볼 수밖에 없다. 노 실장은 억울할 수도 있다. 실제 그의 표정에 전혀 가책 같은 것이 없고 오히려 떳떳하고 당당해 보였던 이유는 노실장 같은 정치인들이 많기 때문이다. 실제로 그런 정치인 출신 지자체 단체장들이 차고 넘친다. 그런 모습을 보는 지역 주민들은 허탈할 뿐이다. 지역에 주택을 보유하고 있으면 재산세를 내게 되고, 그럼 그 세금들이 모여 지방 재정을 구성하게 된다. 지자체장들은 입으로는 지역을 사랑한다고 외치지만 실제 지역을 사랑하지 않음을 드러낸 것으로 해석할 수 있다.

도지사의 '똘똘한' 서울 집

애향심 여부를 판별할 수 있는 메커니즘이 발견됐다. 게임이론 분야에 기여할 수도 있을 것 같다. 엉뚱하게도 그 메커니즘 설계자는 문재인 전 대통령이다. 이미 언급했지만 문재인 정부는 서울 집값을 잡겠다고 다주택 보유 고위 공직자들로 하여금 집을 팔도록 유도한 적이 있다. 그 과정에서 핵심적인 인사들이 다주택 보유로 도마에 올랐다. 다시 노영민 전 비서실장 얘기다. 그의 다주택 보유가 큰 논란이 됐다. 주택을 매각하라고 권해지자 그의 애향심이 판별된 결과가 나타났다. 서울의 아파트냐, 고향의 아파트냐 선택이 강요되었기 때문이다. 노영민 실장은 서울 아파트를 선택하고 미련 없이 자신의 고향 청주의 아파트를 매각해 버렸다. 노영민 전 비서실장 아파트 처분 논란은 지방의 현실을 말해줬다.

노영민 실장은 대학 시절에 학생운동을 열심히 했었다고 한다. 한국에서는 좌파건 우파건 너도나도 모두 부동산 사재기를 통해 자산증식이 인생 목표라는 것이 확인됐다. 노 실장이 보여준 처신은 한국인들에게 '강남불패' 신화를 재확인시켜 준 효과를 낳았다. 노실장은 다소 억울할 수도 있겠다. 비단 노 실장만 수도권에 주택을 보유한 것이 아니기 때문이다. 찾아보면 비슷한 사례는 수도 없이 많을 것 같다. 문재인 정부가 국민들에겐 집을 팔라고 연일 강조했던 가운데 지자체장들은 지방에서 '내부자들'의 어떤 모습인지를 여실히 보여주고 말았다. 말 그대로 '몸은 지역에, 재산은 서울에'였다. 그렇게 해서라도 그들의 이중적인 행태가 드러남으로써 지방 정치에 기여할 수도 있겠다는 생각이 든다. 지역 주민들은 크게 실망했어야 마땅하지만 2022년 지방선거에서 '애향심' 여부는 영향이 미미했던 것으로 보인다. 지방 사람들은 지역별로 편이 갈려 또다시 당을 보고 찍었다.

지자체장들은 선거 때만 되면 고향 발전과 애향심을 목청껏 외친다. 그리고 고향을 위해서는 모든 일을 할 것처럼 말하지만 실제로 고향보다 자신의 자산증식이 먼저인 것 같다. 형식은 지방 사람을 자처했지만, 내용을 따지고 보면 대부분 서울 사람에 가깝다. 그런 그들이 지역발전을 위해 열심히 일할 유인이 있을까 싶다. 수도권 부동산 가격이 오르면 그들은 수혜자이지 결코 피해자가 아니다. 반면 수도권에 집을 보유하지 못한 이들은 상대적으로 피해자가 된다. 왜냐하면 물가수준이 상승할 수 있고 물가수준이 상승하면 그들의 명목임금은 제자리일지라도 그들의 실질임금이 감소하기 때문이다. 그뿐이 아니다. 좀 더 구체적으로 지적하자면 그러한 지자체장들은 주택보유분 지방세를 내지 않는 것이 된다. 지방세는 지자체의 재원이 된다. 그 지자체장들은 주택보유분 지방세조차도 서울에 납부해 온 것이라고 볼 수 있는데, 그렇게 하면서 지역발전 운운하는 것은 도무지 말이 안 된다. 그런데도 그 지역에 출마하면 또 당선된다는 것이 그저 신기할 따름이다. 그렇게 열심히 찍어주는 지역민들을 보면 그 지자체장들은 무슨 생각을 할까 싶기도 하다. 그러한 지자체장의 처신을 보며 일부 주민들은 허탈감과 분노감을 보였지만, 지자체장에게 도덕심을 호소해서 해결될 문제가 아니다.

노영민 실장만이 아니었다. 자본주의 사회에서 남의 재산에 관심 가질 이유는 없겠지만 고위 공직자들이 부동산을 통해 자산증식을 시도했다면 미담은 아닐 것이다. 노 실장 외에도 상당히 많은 정치인 또는 지자체장이 서울 또는 수도권에 주택을 보유하고 있었던 것으로 드러나 또 다른 논란이 일게 되었다. 송하진 전 전북지사는 서울 서초구에 아파트를 보유하고 있었지만, 정작 전북도청이 있는 전주에는 주택이 없었다. 그는 관사에 살고 있었다고 한다.

그러한 사실들이 각 선거에서 공론화되지 않았다는 것도 의문이다.

'민주화의 성지' 광주도 마찬가지였다. 이용섭 광주시장은 서울 송파구에 아파트를 보유하고 광주에서는 남의 집을 빌려 전세로 살고 있었다고 한다. 광주시장이면서 정작 광주에 자기 집이 없었다는 것이다. 가난해서 집이 없었다면 말이 되겠지만 집은 서울에 사놓고 재산세도 서울에 내고 있었던 것이다. 도대체 이게 말이 되는가? 노 실장과 고향이 같은 충북인 이시종 충북지사도 노 실장과 같은 상황에 처해 비난이 일자 충북의 주택만 처분했다고 한다. 이시종 지사의 서울 송파구 아파트에는 현재 미혼인 두 자녀가 거주하고 있다고 한다. 몸은 지방에 있고 주택 자산은 서울에 있었다. 바로 지방 내부자들의 행태이다.

　기초단체장들 상황은 더 심각할 수도 있다. 광역단체장들보다 검증이 미약해서 그 꼴사나운 추태들이 드러나지 않았을 수도 있기 때문이다. 지방 언론이 나서서 감시를 강화할 필요가 있다. 그들 역시 몸은 지역에서 있으면서 주택은 서울에 둔 사례가 허다할 것이다. 그러한 경우를 보면 지역 주민들의 일차적인 반응은 대체로 '배신감'을 느끼는 것이다. 배신감을 느끼지 않는다면 정상이 아닐 것이다. 그런데 배신감을 전혀 느끼지 않고 그게 뭐가 잘못이냐고 주장하는 주민들도 많다. 대한민국은 자유의 나라다. 강조하지만 집을 어디에 사건 자기 자유다. 하지만 지자체장은 실제로 그 지역에 거주하는 이가 맡아야 한다고 본다. 주민등록만 그 지역에 옮겨놓고 형식만 갖추어선 안 된다. 지방자치제는 다른 것이 아니다. 그 지방에서 필요로 하는 것은 그 지방이 가장 잘 안다는 전제에서 시작한다. 고을 원님이 잘 아는 것이 아니다. 필요한 것을 그 지방 스스로 구하라고 제도를 마련한 것이 바로 지방자치제다. 그렇기에 조선시대처럼 임금이 고을 사또를 뽑아서 보내는 것이 아니고 그 지역 백성들이 고을 사또를 스스로 뽑고 필요한 것을 스스로 구하라고 배려하는 것이다. 그런데 선거 때는 그 지역 사람들을 위해 무엇이든 할 것처럼 해놓고선 알고 보니 그 주민등록 형식만 유지하고 있으면 지방자치 본래 의미가 퇴색될 것이다. 그렇다면 조선시대 고을에 부임한 원님과 뭐가 다른지 묻고 싶다. 따라서 주민들의 분노는 당연하다. 다주택을 뭐라는 것이 아니다. 자본주의 사회에서 재산이 많은 것은 자랑이다. 열심히 노력했다는 증거가 될 수 있기 때문이다. 태만함보다 성실함이 칭찬받아야 한다. 그런데 그렇게 다주택을 보유한 지자체장에게 집을 팔도록 권장하자 서울 집을 파는 것이 아니라 관할 지역의 집을 팔았다고 하면 그 사람은 지자체장 자격이 없다고 볼 수 있다.

주민들의 분노와 배신감이 선거에 미치는 영향은 미미할 수도 있다. 특히 호남과 영남은 지지 성향이 너무 극명하기 때문에 그런 배신감이 반영될 여지가 적다. 따라서 지방에 애정이 없는 이들이 다시 지자체장에 당선될 가능성이 크다. 아무리 생각해봐도 서울에 주택을 보유하고 있으면서 정작 자신의 정치 기반인 지역에는 주택조차 보유하려 하지 않는 사람들이 지역발전을 외치면 허언이라고밖에 볼 수 없다. 게임이론에서는 그런 말을 '허구적'이라고 한다. 쉽게 표현하면 거짓말이다. 지역균형발전 기조와도 맞지 않고 지방분권 추세에 역행하기도 한다. 그들은 항상 수도권 초집중화 문제를 제기한다. 강조하지만 그들이 지역발전에 기여할 수 있는지 여부는 그들 언행을 관찰하면 알 수 있다. 서울에만 주택을 보유하고 있고 자신이 단체장을 맡고 있는 지역에 자기 소유 주택이 없다고 한다면 그건 그가 서울 친화적이라는 뜻이다. 이율배반이고 자기모순이다. 입으로 애향심을 외치고 막상 퇴임하고 나면 서울에 사는 경우도 다반사다. 외국에서는 지자체장이 퇴임하고 나면 대부분 그 지역에 남아 여생을 보낸다. 물론 어디 살건 그것도 자유다. 하지만 공직을 맡을 이들이라면 언행일치가 중요하다. 거짓말과 위선은 안 된다. 지방의 '내부자들'은 모두 입으로는 지역발전을 외치지만 실제로는 서울 사람들보다 서울을 더 사랑하는 뼛속까지 서울 사람이다.

　서울도시공사 김헌동 사장은 과거 경실련 소속 부동산건설개혁본부장이었다. 그는 주택처분 서약 불이행 규탄 기자회견을 열기도 했다. 경실련은 당시 더불어민주당 원내대표와 총선기획단이 총선을 앞두고 시행한 보여주기식 주택 처분 권고에 대해 사과하고, 지금이라도 당 소속 다주택 국회의원들의 실거주 외 주택 보유 실태를 조사해야 한다고 주장했다. 중요한 것은 지역구에 주택을 보유하고 있는지 정보공개다. 지자체 단체장뿐이 아니다. 단체장을 견제하고 감시해야 할 지방의원들 중에도 상당수가 서울에 주택을 보유하고 있다는 언론보도가 있었다. 전북의 어떤 지방의원은 무려 11채를 가진 '건물 부자'도 있다고 한다. 2021년 3월 25일 정부공직자윤리위원회 등이 공개한 '2021년 재산등록사항'을 분석한 결과 송하진 지사 외에도 전북 지역 단체장 3명이 서울에 주택을 보유하고 있었다. 이상한 일이다. 전북 사랑과 발전을 외치며 표를 호소해온 지역단체장들이 자신의 지역에 주택이 없고 수도권에 주택이 있다는 것이 뭘 의미할까? 또 말하지만 어디에 집을 사건 자유다. 서울에 집을 사지 말란 법도 없다. 하지만 전북의 지자체장이 서울에 주택을 보유하고 있고 정작 전북에는 주택이 없다는 것은 선뜻 이해하기 어렵다. 그 외에도 많을 것이다. 지역민들은 지역단체장들의 주택 보유 현황에 대해 알 권리가 있다. 왜냐하면 그들이 정말 그 지역에 애향심이 있는지 여부를 가릴 수 있는 '리트머스 시험지'가 될 수 있기 때문이다. 그러한 정보들이 공개되고 공론화될 수 있도록 지역 언론의 역할도 필요하다.

전원일기 판타지아

　한국인들은 '시골'하면 '전원일기'를 떠올린다. 하지만 '전원일기'는 없다. '전원일기' 판타지가 있을 뿐이다. 옛날 MBC 드라마 '전원일기'가 있었다. 드라마가 시작되면 말 그대로 전원적인 느낌을 주는 음악이 먼저 흐른다. 널따란 논들이 나오고 농부들이 오순도순 웃으면서 논 일 하는 장면도 나온다. 정겹게 떠드는 시골 아낙네들의 모습도 나오고 해맑게 노는 아이들의 모습도 나온다. 전원일기가 왜 그렇게 오랫동안 방영되었는지는 모르겠지만 한국에서 최장수 드라마가 전원일기라고 한다. 전원일기가 얼마나 잘나갔으면 한때 경쟁 드라마도 있었다. KBS '대추나무 사랑 걸렸네'였다. 지금은 케이블 TV 시대다. TV를 켜고 무심결에 채널을 돌리다 보면 지금도 '전원일기'가 방영되고 있다. 전형적인 '판타지'이다. 옛날 시골에 대한 향수를 떠올리게 하면서 중간중간 광고를 하고 있다. 판타지와 상업성이 결합한 새로운 방식의 마케팅이라고 볼 수 있다. 새로 드라마를 찍을 필요도 없고 옛날 시골의 모습들을 보여주면 사람들은 호기심이 생기기도 하고 정말 그 세월이 그리워져 보는 사람들도 있을 것 같다. 지적하고 싶은 것은 한국인들의 이중성이다. 막상 고향에 가서 살라고 하면 펄쩍 뛸 사람들이 TV를 보면서 과거를 떠올리고 고향에 대해 향수를 느낀다는 것이 약간 이상하다. 시골을 끔찍이 싫어하면서 시골의 삶을 그리워한다고 하는 격이다. 그렇게 시골이 좋으면 지금도 늦지 않았다. 귀농해서 얼마든지 농사를 지으며 살 수 있다. 지금 시골은 드라마 전원일기에서 묘사하는 시골보다 훨씬 더 편하고 행복감을 줄 수도 있다. 현대화되었기 때문이다. 물론 거주지 선택은 자유다.

강조하자면 지금 서울 초집중화는 지방 사람들이 만들어냈다고 해도 과언이 아니다. 산업화 과정에서 지방 사람들이 대거 서울로 이주해가면서 서울 초집중화 현상이 나타난 것이다. 전원일기 등장인물들이 있다. 영남이, 수남이, 복길이 등. 그 중에 몇이나 지방을 지키면서 살고 있을까? 거의 없을 것이다. 지방에서 형편이 어려운 사람들일수록 고향을 떠날 유인이 더 크다. 전원일기로 치면 양촌리 '김회장'보다 '응삼이'가 양촌리를 떠날 유인이 더 크다고 볼 수 있다. 시골에서 부족하게 사는 만큼 시골이 더 싫어지기 때문이다. 경제적인 궁핍도 있지만 고향에 살면 그 궁핍한 이미지를 평생 안고 살아야 하기 때문이다. 지방에서 한번 편견이 형성되면 그 편견 해소가 훨씬 더 어렵다. 그 편견들 때문에 사람들은 지방에서 더 어려움을 겪을 수도 있다. 자신에게 또는 자신의 집안에 편견이 내려진 경우 고향을 더 싫어할 수밖에 없다. 그래서 그들은 고향을 떠난다. 한국 사람들은 시골이라고 하면 안분지족을 떠올린다. 하지만 한국에서는 시골이 그렇게 평화로운 곳이 아니다. 모든 지방이 시골은 아니겠지만 시골이라고 하면 반드시 지방에 속한다. 서울에는 시골이 없기 때문이다.

한국의 시골이 평화로운 곳일까? '아전인수'란 말이 있다. 말 그대로 '제 논에 물 대기'이다. 이해관계가 얽혀 있음을 표현한다. 한국 농업의 근본은 벼농사다. 지금도 마찬가지다. 벼농사에서 가장 중요한 작업이 바로 '물 대기'다. 밀과 보리와 달리 벼는 물이 없으면 농사를 지을 수 없다. 그렇기에 조선시대에 비가 안 오고 가뭄이 들면 방법이 없었다. 기근이 심해졌던 이유다. 그때는 천수답이었다. 백성들이 할 수 있는 일은 비가 적당하게 내려주길 바라는 것밖에 없었다. 그나마 요즘은 비가 좀 오지 않는다고 해서 한 해 농사 전체를 망치는 일은 드물다. 댐이 있고 관개시설이 잘 정비되어 있기 때문이다. 조선시대 때 댐이 있었더라면 홍수가 날 때 물을 가두었다가 가뭄이 들면 그 물을 활용해 식수로도 쓰고 농업용수로 쓸 수 있었을 것이다. 그랬다면 백성들의 삶이 훨씬 더 편했을 것 같다. 아쉽게도 조선시대 양반들은 공자 맹자 글들을 열심히 외워 출세할 생각은 했지만 댐을 만들 생각은 하지 않았던 것 같다. 어쨌든 시골에서 '물 대기' 때문에 여전히 갈등이 발생한다. 같은 문제가 매년 발생하기도 한다. 그 과정에서 이웃들은 앙숙으로 변할 수도 있다. '이웃사촌'이란 말도 있지만 이해관계 때문에 살인이 나기도 한다. 게다가 시골은 정주문화가 강하다. 조상들 때부터 몇 대째 내려온 삶의 터전이기에 갈등이 대물림되기도 한다. 어디나 마찬가지였겠지만 6.25전쟁 때 전국은 살육의 장이었다. 서울 사람들이 생각하는 전원일기는 시골에 없다고 보면 된다.

전원일기는 드라마일 뿐이다. 서울에 있는 '서울' 방송국에서 만들었고 배우들도 모두 '서울' 사람들이었다. '서울의, 서울에 의한, 서울을 위한' 드라마였던 것이다. 그들이 보고 싶은 각도에서 시골의 모습을 그려냈다고 볼 수 있다. 그런 면에서 전원일기는 위험하기까지 하다. 지방의 현실을 호도할 가능성이 있기 때문이다. 지방은 전원일기와 전혀 다르다. 강조하지만 실제 해묵은 갈등들이 서울보다 지방에 더 많다. 이웃사촌이란 말이 민망할 정도로 인간 혐오 현상이 번진 곳도 있다. 갈등 때문일 것이다. 정파적이기까지 하다. 게다가 지방자치제가 도입되면서 시골 전역이 모두 선거전을 위한 진지가 되고 말았다. 시골 노인정 표심을 위해 선거 전문가들은 더욱 전략적으로 행동한다. 요즘 중앙 정치권에서 화두로 떠오르고 있는 '갈라치기'도 많다. 전원일기에 등장하는 '김회장네(김혜자 역)'와 '일용엄니(김수미 역)'가 득표 경쟁을 하며 앙칼지게 싸운다고 생각해보자. 모두 '제 논에 물 대기' 식의 갈등이다. 그러한 싸움의 전통은 지방에서 더 오래됐다고 볼 수 있다. 그리고 정겨운 풍경도 실은 많지 않다. 수도권이야 익명성이 있다고 치지만 지방은 익명성이 없어 정신적 피로감도 더 클 수 있다. 개인의 의사결정도 서울에 비해 관계 의존적일 수밖에 없다. 즉, 집단적 결정(collective choice)이 많고 관습에 의존하는 경향이 있다. 한국 언론은 지방 현실에 무관심하다. 그들에겐 서울만이 한국이기 때문이다. 언론이 그토록 지방에 무관심하다가 갑자기 크게 관심을 가질 때가 있다. 바로 명절과 선거 때이다.

칼부림 잔혹사

한국에만 존재하는 독특한 형태의 칼부림이 있다. 바로 '명절 칼부림'이다. 사랑하는 가족들이 오랜만에 모여 푸근한 정이 넘쳐야 할 분위기 속에서 누군가가 스트레스를 못 참고 사랑하는 가족의 가슴에 칼을 꽂고 만다. 비극이 아닐 수 없다. 언론 표현을 인용한다면 '언제나 푸근함을 주는' 고향 마을에서 발생하는 일이다. 공간적 배경이다. 가장 마음이 여유로워야 할 명절에 그러한 칼부림이 발생한다. 시간적 배경이다.

비극도 비극이지만 역설이 아닐 수 없다. 한국에서 명절은 그렇게 뉴스로 존재한다. 명절이 다가오기도 전에 여러 가지 뉴스들을 내보내며 분위기를 끌어올린다. 장바구니 물가부터 성묘하는 날 날씨 소식까지 뉴스들도 참 다양하다. 그리고 항상 빠지지 않는 뉴스가 또 하나 있다. 지방의 인구 감소 뉴스다. 세태가 변하고 있다는 뉴스도 전한다. 어김없이 나오는 뉴스가 또 있다. 지방에서 자녀들을 보려고 혼잡함을 피해 서울로 올라가는 노인들이 많아졌다는 뉴스다. 그 중에 가장 볼 만한 것은 꽉 막힌 고속도로의 모습이다. 비효율의 극치다. 서울에서 부산까지 가는 데 몇 시간이 소요되고 광주까지 가는 데 몇 시간이 소요된다고 뉴스가 나간다. 막히면 막힐수록 더 신이 나는 듯하다. 그래도 고향 갈 생각에 마음만은 푸근해 보인다며 소식을 전한다. 보도가 더 억지스러워 보인다. 열차표는 일찌감치 마감됐다는 뉴스도 빠지지 않는다. 헬기가 떠서 정찰을 다닌다. 고속도로 정체 상황을 보여주기도 하고 명절 연휴 기간 지방의 세시풍속들을 보여주기도 한다. 명절 연휴가 다 지나갈 때쯤 되면 헬기가 또 뜬다. 그래서 고향에서 반가운 만남을 뒤로 하고 돌아서는 모습들이 아쉽지만 그래서 더 정겹다는 식의 뉴스가 나간다. 그리고 항상 말한다. 고향은 언제나 정겹고 푸근하다고.

전원일기 판타지다. 드라마 전원일기에는 여러 소동들이 나온다. 그런 소동들이 이야기를 만들고 웃게 하기도 하고 그야말로 '정겹게' 하기도 한다. 그런데 빠진 것이 있다. 정확한 설명이 빠져 있다. 그 소동이 어떻게 일어나서 누구의 실수이고 누가 무엇을 어떻게 해야 했는지 등에 대한 설명이다. 물론 정으로 뭉친 사회에서 자세한 설명은 금기다. 꼬치꼬치 '따진다'고 오해를 살 수 있기 때문이다. 명절도 마찬가지다. 명절이 다가오면 언론들은 호들갑만 떤다. '고향을 찾는 귀성객들 얼굴에는 벌써 고향에 도착한 것처럼 미소가 환하다'고 전한다. 고향이 싫어 떠난 사람들도 많고 고향을 떠난 이후 고향을 등지고 사는 사람들도 부지기수다. 심지어 고향이 얼마나 싫었으면 본적을 바꾸는 사람들도 많다.

관찰하면 한국인들이 명절을 꼭 반가워하는 것 같지 않다. 장거리를 이동해야 하는 사람들은 더욱 그렇다. 왜냐하면 스트레스를 주기 때문이다. 형식이나마 선물도 사야 하고 귀성객들이 동시에 고속도로를 이용하면서 교통체증은 정말 상상 이상이다. 안 주고 안 받으면 서로 편하겠지만 언제부턴가 관습으로 만들어져 있어서 수고로움을 감수한 채 선물을 사주고 자신은 별로 필요 없는 것을 받으면서 그렇게 명절이 지나간다. 관습적으로 선물의 크기도 대부분 정해져 있다. 사회적 동의가 있는 것도 아니다. '알아서 하라'고 하지만 대개 어느 정도 범위들이 정해져 있다. 선물을 주고받는 과정에서 서운함 때문에 감정이 틀어지기도 한다. 며느리들은 시댁이 항상 불편할 수밖에 없다. 피 한 방울 섞이지 않았기 때문이다. 그런데도 명절 때 중노동에 시달리는 사람들은 며느리들이다. 한국에서는 가정주부들이 대부분 가사 노동에 시달린다. 명절 기간 주부들은 며느리 신분이 되어 평소보다 더 많은 일을 해야 한다. 그렇기에 부부싸움도 많이 일어난다고 한다. 명절 끝에 이혼율이 증가하는 이유다. 이 모든 것들이 대부분 지방에서 일어나는 일들이다. 명절에는 쉬는 것이 정상일 것 같다.

　강조하지만 명절이 다가오면 언론들은 지방에 대한 편견을 만들어 재생산한다. 귀성행렬. 사람들이 고향을 찾아 힘들게 내려가는 과정. 그리고 그들을 기다리는 시골의 노인들. 한국에서 지방에 대해 갖는 편견이다. 지방은 그런 곳일까? 여전히 과거에 정체되어 있고 노인들이 많이 사는 곳. '노인과 바다'라는 조롱도 있다. 바뀌지 않는 그런 곳이 정겹다고 하면 할 말이 없다. 하루 이틀 정을 나누고 다시 귀경행렬. 그렇게 시간을 허비하기에 명절 연휴는 너무 짧다. 언론들은 그렇게 요란한 귀성과 귀경이 정겹다고 할지 모르지만 실은 비효율이 극대화된 상태이다. 그 기간 안에 전국 도로에 인파들이 몰리며 교통체증이 발생한다. 고스란히 비용이다. 그 교통체증은 수도권 거주자들에 의해 발생하는 것이라고 보면 맞다. 비슷한 시간대에 몰리기 때문이다. 그렇게 고향을 찾는 것이 애향심으로 보이지 않는다. 교통체증이 발생하니 고속도로 통행료를 올릴 법한데 오히려 통행료를 면제해준다고 하는 것도 이상하다. 수요가 많으니 가격이 올라야 하는데 오히려 가격을 면제해주는 격이다. 귀성객들에게 인기를 얻기 위해 과거 정부가 선심 쓰듯 그렇게 한 것 같다. 전형적인 포퓰리즘이다. 교통체증으로 인해 도로 위에서 보내는 시간이 많아져도 사람들은 고향 갈 생각에 마냥 행복해 보인다고 언론은 요란을 떤다. 실은 너도나도 모두가 스트레스를 받는 상황인데 그 사실을 외면하고 있는 것 같다. 왜 그 아까운 연휴 기간을 도로 위에서 보내는 걸까? 낭비가 아닐 수 없다. 명백한 조정 실패 사례다. 먼저 이유를 분석해보자. 왜 그와 같은 교통체증이 발생할까? 간단하다. 모두 비슷한 시간대에 고향을 찾기 때문이다. 그렇게 고향이 좋은 사람들이 왜 평소에는 고향을 가지 않는 것일까? 고향을 떠나 수도권에 몰려 살면서 명절 때만 그리고 선거 때만 나타나는 요란한 고향 사랑이 여유로워야 할 명절을 스트레스로 만들고 있다.

지방을 정확히 묘사하자면 정이 넘치는 곳이 아니라 칼부림이 빈번한 곳이다. 앞서 '명절 칼부림'을 언급했다. 한국 명절은 쉬는 기간이 아니라는 증거다. 언론 표현대로 지방이 정겹고 마음 푸근한 곳이 아니라는 증거도 된다. 오랜만에 찾은 고향에서 가족들과 시간을 보내다 칼부림이 많아지고 있다. '정겹기만'한 고향에서 '정겨운' 농기구가 잔혹한 살상 도구가 되기도 한다. 자주 사용되는 농기구는 '낫'이다. 드물게 가족의 가슴팍에 대고 공기총을 쏘기도 한다. 도대체 무엇 때문에 그렇게 잔혹한 살상이 발생하는 것일까? 명절 스트레스로 시달리고 가족 구성원들 간에 이해관계가 엇갈리기 때문이다. 체면 때문에 감춰져서 그렇지 실제 '명절 칼부림'은 훨씬 많을 것으로 추산된다. 인명사고로 이어지지 않으면 언론에 보도가 잘 안 되는 경향도 있다. 폭력과 폭언도 많을 것이다. 그러한 것들은 너무 많아서 더 이상 특별한 뉴스도 아닐 것이다.

게임이론 시각에서 볼 때 명절 스트레스는 전형적인 조정 실패 사례라고 볼 수 있다. 문화와 관습 때문이다. 왜 여성들이 쉬어야 할 명절 때 시댁에 가서 힘들게 음식 장만을 하여야 하고 얼굴 한 번 본 적 없는 남편 조상들을 위해 제사를 지내야 하고 그것도 모자라 설거지까지 해야 할까? 그리고 시부모들에게 핀잔까지 듣고 나면 여성들 스트레스 지수는 높아질 수밖에 없다. 여성들 시각에서는 명절 때 시댁을 가느니 차라리 명절이 없었으면 하고 바라는 경우도 많다고 한다. 직장 여성들은 명절 때 일부러 특근을 신청하기도 한다. 그럴 유인이 존재한다. 한국의 기혼 여성들에게 명절은 더 이상 쉬는 날들이 아니기 때문이다. 그들에게 명절은 오히려 더 가혹한 노동과 스트레스의 날들이다. 여성들 시각에서는 왜 시댁을 먼저 가고 친정을 나중에 가야 하는지도 이해가 안 될 것이다. 그냥 문화이고 관습일 뿐이다. 지금까지 그래 왔고 남들 다 그렇게 하니까 그냥 그렇게 하는 것이다. 사람들은 지방에서 관습의 폐해를 더 많이 느낀다. 어렸을 때부터 관습 때문에 가정불화를 목격해온 청년들은 기회만 되면 지방을 더 떠나고 싶어 할 것이다.

　문화라는 이름으로 관습에서 비롯되는 스트레스를 짊어지고 사는 한국인의 모습은 참 슬프기까지 하다. 중요한 것은 그러한 스트레스가 주로 지방에서 일어난다는 사실이다. 편안함과 풍요로움 속에서 사랑이 넘쳐야 할 명절에 그리고 언론이 찬양해 마지않은 '마음 푸근한' 고향에서 사람들은 직간접적으로 스트레스에 노출되게 된다. 그 스트레스들이 누적되어 '명절 칼부림'으로 이어지는 것이다. 중요한 것은 고향 동네 또는 지방에서 나고 자란 청년들은 그 모든 소동들을 지켜본다는 점이다. 청년들이 서울을 선호하는 것은 일자리 때문만은 아니다. 관습에서 벗어나 자유를 누리고 싶은 이유도 있다고 한다. 실제로 도시가 시골보다 관습에서 더 자유로울 것이다. 90년대 인기를 끌었던 MBC 드라마 '아들과 딸'이 있다. 시골에 사는 아들딸 쌍둥이들의 이야기를 그린 드라마였다. 아들의 이름은 '귀남(최수종 역)'이고 딸의 이름은 '후남(김희애 역)'이다. 극중에서 후남이가 귀남이보다 공부도 더 잘하고 재능도 더 풍부했지만, 그 쌍둥이 남매의 어머니는 귀남만을 위해주고 후남으로 하여금 학업을 포기하도록 강요하기까지 한다. 결국 귀남은 대학에 떨어지고 후남이가 합격하자 그 어머니는 탄식하며 후남이가 귀남이 앞길을 막았다며 후남에게 화를 푸는 장면이 나온다. 물론 드라마였을 뿐이다. 하지만 현실은 드라마보다 더 드라마틱하다고 한다. 실제로 한국 사회에 지금 기준으로 보면 어이없는 얘기들이 많았다. 그 드라마에서도 보면 서울 사람들이 시골 사람들의 생활 모습과 생각 등을 잘 이해하지 못하는 것처럼 묘사된다. 유교 사회 한국은 관습이 많은 나라이다. 그 와중에 지방은 서울보다 더 관습적이라고 볼 수 있다. 청년들이 고향보다 서울을 더 선호하는 이유가 되기도 한다.

영화 시실리와 텃세

2004년에 개봉된 임창정 주연의 한국 코미디 영화다. 극 중에 조폭 조직원 석태(권오중 분)는 수백 원에 이르는 다이아몬드를 들고 달아난다. 그러다 사고로 인해 아름답고 평화로운 어느 시골 마을 시실리에 불시착하게 된다. 영화를 보면 시골 마을이 보이고 '전원일기' 테마 음악이 깔린다. 누가 봐도 평화롭고 정겨운 시골 마을이다. 들판에서는 사람들이 일하고 있다. 그 마을 사람들은 석태를 환대한다. 사람들의 환대에 마음을 뺏긴 석태는 시실리에서 하룻밤을 묵게 된다. 그런데 석태는 화장실에서 어이없이 낙상해 질식사하게 될 위기에 처한다. 주민들은 석태가 죽었다고만 생각하고 살인 누명을 쓸까 두려워 석태를 어딘가에 묻기로 결의한다. 한편, 지구를 뒤져서라도 석태와 다이아몬드를 찾고 말겠다는 일념으로 양이(임창정 분)가 그 뒤를 쫓는다. 양이는 휴대폰 위치추적으로 겨우겨우 시실리까지 당도하게 된다. 양이는 현장에서 석태의 양말 한 짝을 발견하고 석태가 그 마을에 숨어 있음을 확신하게 된다. 그리고 순박해 보이는 마을 주민들을 향해 윽박지르고 언어폭력을 행사한다. 순박한 마을 주민들은 다이아몬드라는 말을 듣고 본색을 드러낸다. 그들은 석태를 더욱 숨기려 하고 양이는 석태를 찾기 위해 부하들과 시실리에 주저앉는다. 주민들은 다이아몬드를 손에 쥐기 위해 농기구로 무장하고 조직원들을 공격한다. 마을 주민들이 실은 조폭보다 더 무서운 사람들이었다. 영화의 웃음 코드는 반전이다. '전원일기' 테마 음악이 나오면서 정겨운 분위기를 연출했지만, 그 마을 주민들이 실제 조직폭력배들을 압도할 정도로 더 무서운 사람들이라는 것이다. 농약을 살포해 폭력배들을 공격하는 모습도 웃음을 준다. 그 영화는 충북 단양에서 촬영했다고 한다.

'전원일기'를 보면 이웃 간의 긴밀한 연결성이 바로 그 '정겨움'의 근원이다. 긴밀한 연결성은 문제를 야기하기도 한다. 인맥과 연줄로 매우 복잡하게 얽혀 있기 때문이다. 그 지향점은 단순하다. 관습이다. 대개 관습은 현상 유지를 목적으로 한다. 시골에서는 누구 아들, 누구 딸, 학교 선후배, 그리고 동네 선후배 등으로 인연들이 맺어져 있다. 해당 지역에서 살고 있지만 그곳에서 태어나지 않았으면 외부인으로 간주되는 경우도 있다. 전북에서 고건 전 총리는 아버지가 전북이 고향이었다는 이유로 '전북인 대상' 수상 자격이 있지만, 전북 발전을 위해 목청을 높이는 전북대 강준만 교수는 수상 자격이 되지 않는다고 한다. 고건 전 총리는 전북에서 생활한 적이 거의 없다. 그는 태어날 때부터 서울 특별시민이다. 반면 강준만 교수는 전북에서 태어나지는 않았어도 전북대에서 교수 생활을 시작한 뒤로 가족 모두 전주에 살고 있고 누구보다 전북 발전을 위해 애써 왔다. 그런데 강준만 교수가 '전북인 대상' 수상 자격이 없다고 하면 그것은 코미디에 가깝다. 그럼 '전북인 대상'은 누구에게, 왜 주려고 제정했을까?

지방에서는 특히 연고를 강조한다. 강준만 교수는 전북에서 교수 생활을 하기 전 특별한 연고가 없었기 때문에 전북인들이 볼 때 그를 외부인 취급하는 것 아닐까 싶다. 시골에서는 옆집에 숟가락이 몇 개 있는 것까지 다 안다고 한다. 따라서 연줄이 없는 외지인들은 지방에서 상대적인 불이익을 받을 수 있다. 게다가 사회성이나 사교성이 서투르면 그는 지방에서 더 큰 어려움을 겪을 수도 있다. 반면에 그 지역에서 인맥과 연줄이 많은 사람은 범죄 전과가 있거나 심각한 인격 이상자라 하더라도 사회생활에 훨씬 유리하다. 모두 텃세 때문이다. 지방에서 외지인은 '굴러 들어온 돌' 정도로 여겨질 때가 있다. 텃세 이상으로 적개심을 보이는 경우도 많다.

오지랖이란 폭력

시골에서 살려면 동네 지역민들과 잘 지낼 필요가 있다. 쉽게 볼 일이 아니다. 도시 지역의 가장 큰 장점은 익명성이다. 물론 단점이 되기도 한다. 도시에서는 집 밖을 나가면 아는 사람들보다 모르는 사람들을 더 많이 만나게 된다. 도시인들에겐 그것이 당연하고 정상일 것이다. 하지만 시골에서는 집 밖을 나가면 모두 아는 사람들이다. 따라서 낯선 이가 나타나면 일단 의아해한다. 도시에서 생활하다 귀농하는 사람들이 더러 있는데 그들이 겪는 어려움들 중에 하나가 바로 '익명성'이 없다는 것이다. 모르는 사람들은 관계가 나빠질 일이 없다. 말 그대로 모르는 사람들이고 그냥 스쳐 가는 사람들이기 때문이다. 익명성이 편할 때도 많다. 모르는 사람들끼리 그냥 스쳐 지나가면 되기 때문이다. 하지만 아는 사람을 만나게 될 때 그냥 지나치면 오해를 살 수 있다. 물론 아는 사람을 만나면 반갑기도 하다. 하지만 조용히 혼자만의 시간을 갖고 싶을 때도 있다. 사람에겐 혼자만의 시간도 필요하다. 그래야만 자신을 돌아볼 수 있기 때문이다. 시골에서는 더더욱 처신을 조심할 필요가 있다. 좁은 사회이기 때문에 누군가에게 오해를 사면 문제가 될 수 있기 때문이다.

지방은 도시에 비해 공동체 문화가 많이 남아 있다. 하지만 그 공동체 문화는 그 정서에 낯선 누군가에게는 집단주의로 느껴질 수도 있다. '정'도 실은 주관적 감상에 불과할 수도 있다. 오히려 과도한 오지랖 또는 간섭으로 여겨질 수도 있다. 도시의 삭막함에 피로를 느낀 이들은 시골에서 볼 수 있는 이웃 간의 강한 유대감이 긍정적으로 다가갈 수도 있겠다. 하지만 지나친 유대감은 폐쇄성의 다른 표현일 수도 있다. 실제 귀농한 사람들 가운데 그 마을 사람들에게 미운털이 박힌 이후 어려움을 호소하는 경우도 많다. 말 그대로 '따돌림' 당할 수 있기 때문이다. 이웃 간에 강한 유대감은 좋지만 실은 그 유대감도 그 마을에서 태어나고 오랫동안 관계를 유지해온 사람들로 한정되기도 한다. 외부인들은 예외다. 쉽게 마음을 열지 않기 때문이다. 처음에는 정겨움으로 다가갔던 것이 점차 참견 또는 오지랖으로 느껴질 가능성도 있다. 개인주의적 성향이 강하거나 사회성이 부족한 사람들은 시골 생활이 더 어려울 수도 있다. 강조하지만 지방은 닫힌 사회다. 물론 도시에도 오지랖 넘친 사람들이 많을 것이다. 하지만 지방에서는 외부인들을 향해 적대감을 표출하는 경우도 있고 바가지를 씌우는 경우도 많다. 심지어는 범죄를 목격해도 이해관계나 연고주의 때문에 모르는 척하는 경우도 있어 큰 문제가 되기도 한다. 그리고 지방이 도시보다 더 출세 지향적일 수도 있다. 지방에는 민원들이 매우 많다. 하지만 중앙정부가 그 민원에 관심을 주지 않는 한 민원 문제는 해결될 수 없다. 그래서 지방 사람들은 민원 해결을 위해 '줄'과 '빽'이 절실하다는 것을 본능적으로 안다. 지금도 시골 마을에서는 그 마을 출신 누군가가 명문대에 입학했거나 공무원 또는 자격증 시험에 합격하면 '경축'이라며 현수막들이 걸린다. 그뿐이 아니다. 고향을 떠나 오래전에 잊힌 사람이지만 그가 높은 관직에 오르면 고향 사람들이 그를 잊지 않는다. 그리고 현수막을 올려 알린다. 때로는 마을 주민들이 모여 잔치를 하기도 한다. 지방은 폐쇄성이 강하다. 개성이 강한 사람은 지방에서 생활이 더 힘들 수도 있다. 특히 특이한 취미활동이 있는 사람들은 지방에 살기 더욱 어렵다. 개인주의나 사생활도 제한적이지만 편견도 강하기 때문이다.

지방에서 자유를 추구하려는 사람들은 처음부터 그 동네 주민들과 친해질 생각을 버리든지 아니면 그 동네와 다소 떨어진 곳에 거주하는 것이 유리할 수도 있다. 그것이 아니라면 그나마 사람들이 많은 읍내 또는 그

근처에 거주하면 좀 더 편할 수도 있다. 시골로 갈수록 공권력이 더 허술하다. 지자체의 안일함도 있다. '전원일기 판타지'가 낳은 문제라고 볼 수 있다. 드라마 전원일기를 상상하고 있는 이들은 시골에서 범죄가 발생하리라고 상상하기 어렵다. 지자체 공무원들도 낮은 인구밀도를 이유로 들어 큰 관심을 기울이지 않는다. 도시처럼 CCTV가 많이 설치된 것도 아니다. 따라서 범죄가 발생해도 적발되지 않는 경우도 많다. 간단한 예로, 도심 한가운데에서 전선이나 케이블을 절단해 훔치는 경우는 많지 않다. 하지만 시골에서는 전선 절도 사건들이 자주 발생한다. 실은 절도 범죄가 자주 발생한다. 도시 사람들이 귀농해서 가장 어이 없어 하는 경우가 바로 도난을 당했을 때다. 타인의 소유물을 마음대로 가져가 놓고 차후 문제가 되면 '쓰고 갔다 놓으려고 했다'고 둘러대기도 한다. 도시와 시골의 문화 차이일 수도 있다. 시골에서는 그런 경우들이 더러 있다. 서로 아는 사이이기 때문에 뭔가를 빌리려 방문했다가 주인이 없으면 일단 쓰고 가져다 놓겠다고 생각한다. 그리고 한번 쓴다고 닳아지는 것도 아닌데 급할 때 쓰고 되돌려 주면 문제 될 것 없다고 생각하는 경우도 많다. 그게 관습적으로 용인되기도 한다. 문제가 발생하면 따로 '정'을 표시하고 넘어가는 경우도 많다. '정'으로 얽힌 사회의 특징이기도 하다.

하지만 도시 사람들 시각에서 보면 이는 범죄행위로 여겨질 것이다. 실제 그런 허술함을 이용해 시골에 전문적인 절도범들도 있다. 요즘에는 범죄자들이 도시 대신 시골을 범행 장소로 정하는 경우도 늘고 있다고 한다. '정'으로 얽혀진 시골 사람들은 외지인들에 대해선 경계하지만 서로 아는 사이이거나 조금이라도 인연이 있는 사람들에 대해선 경계가 느슨해지기 때문이다. 따라서 시골에서 범죄가 은폐되는 경우도 많다. '정'으로 얽혀 있기 때문이다. 특히 그 사람이 지역 유지의 친척이거나 또는 지역 내에서 영향력이 있는 사람이면 동네 사람들이 그를 숨겨주기도 한다.

그러한 '정 네트워크' 때문에 시골에서 범죄들이 근절되지 않을 수도 있다. 등산객 또는 외지인들 대상으로 각종 범죄가 발생하기도 한다. 시골 민가에서는 가정폭력도 자주 일어난다. 가정폭력은 시골 마을 안에서 쉬쉬하며 모른 척하는 걸 당연시한다. 그러다가 결국 살인사건으로도 비화되기도 한다. 미제謎題 사건들도 상당수가 시골에서 발생한다. 사소한 사건이라도 도시 지역에서는 목격자들이 많지만 시골은 그렇지 않기 때문이다. 범죄자들이 범행 장소로 시골을 더 선호하는 이유가 된다. 도시에서 범죄를 저지른 사람들이 그러한 맹점을 노려 시골로 숨어 들어가는 경우도 많다.

법은 멀고 주먹은 가깝다고 했다. 시골의 '정'은 좋은 것이 아닐 수도 있다. 정은 공짜가 아니다. 주고받는 것이기 때문이다. 일종의 거래다. 정이 개입된다고 하면 원칙 없이 자기 편한 방식으로 한다는 뜻이 될 수 있다. 한국은 정 때문에 망하는 나라다. 지방은 더 심각하다. 공정함은 투명성과 객관성에서 나오는 것이지 정에서 나오는 것이 아니다. 그 정 때문에 누군가가 혜택을 입었다면 다른 누군가는 노력만큼 보상을 받지 못했다는 결론이 된다. 지방에서는 모든 것이 연줄이라고 보면 된다. 인구가 적기 때문에 배타적인 공동체를 형성할 수밖에 없다. 그래서 사람들도 무슨 일을 하려 들면 인적 구성을 먼저 따져 본다. 내부적으로는 친밀해 보이지만 실제 서로 불신하는 경우도 많다. 폐쇄적이면서 불신감이 공존하기 때문에 정체감을 형성하지 못한다. 진정한 애향심으로 뭉친 것이 아니라 얄팍한 이해관계로 묶여 있기에 정체감이 형성되지 못하는 것이다. 지방이 망해가는 이유이기도 하다. 지역에는 '유지'라고 불리는 이들이 있다. 그들은 지자체와 결탁해 세력을 형성하고 지역을 장악하고 있다. 때로는 그 지역의 공무원과 경찰 등 공권력까지 한패를 이루는 경우가 많다. 전형적인 부패 시스템이다. 그들은 이런저런 단체들을 만들어 활동하면서 영향력을 행사한다. 공무원과 경찰은 그 지역 자치단체가 선발하는 것이 아니어서 그나마 다행일 수도 있다. 만약 지역에서 자체적으로 공무원들을 선발하게 되면 그야말로 낙하산 천국이 되고 말 것이다. 하지만 지자체장이 지방 공무원들을 관리하기 때문에 공무원들이 눈치를 볼 수밖에 없다. 대체 군복무로 시골에서 의료봉사를 한 공중보건의들조차 시골에 대한 이미지가 부정적으로 바뀌는 경우가 많다. 시골에 대해 좋은 이미지를 가지고 있었는데 부정적인 것을 목격하고 난 이후 생각이 바뀐 것이다. 언론에 잘 보도되지 않지만 심지어는 보건소조차 지역 유지와 한패가 되어 비리를 저지르는 경우가 있다고 전한다. 경찰관이 그러한 사실을 알아도 지역 내 창궐해 있는 부패 시스템을 무시할 수 없기에 눈 감는 경우도 많다고 한다. 시골은 규칙 적용이 더 어렵다. 조직적 보복이 두렵기 때문이다. 따라서 적당주의로 봐주고 편익을 챙기는 것이 더 유리해진다. 따라서 지방은 인센티브 시스템이 아니라 부패 시스템을 통해 돌아가게 된다.

지방의 백년지대계

없다. 지방에는 백년지대계가 없다. 백년지대계는 고사하고 십년지대계도 없다. 교육이 백년지대계라고 한다. 지방에는 교육이 없다. 입시지옥 한국에 원래도 백년지대계가 없었다. 그런데 소멸을 앞둔 지방에서 백년지대계를 기대할 수 없을 것이다. 시골에서는 학령 인구가 적어 교육에 대한 인적 또는 물적 투자를 찾아보기 어렵다. 따라서 교육의 질도 높을 수 어렵다. 물론 뜻이 있는 교육자들은 존재한다. 그들은 열의를 갖고 열심히 학생들을 가르친다 하더라도 그들의 도덕성만으로 지방의 구조적인 문제를 해결할 순 없다. 지방의 경우 고등학교가 비평준화인 경우가 많다. 따라서 학교에 따라 교육 여건의 편차가 클 수도 있다. 농어촌 특별전형을 위해 기숙사까지 지어 놓고 면학 분위기를 조성하는 학교도 있다. 반면 설렁설렁 적당주의도 횡행하고 있다. 물론 이러한 설렁설렁 적당주의는 한국 모든 지역에서 나타난다고 볼 수 있다. 하지만 지방은 더욱 심각하다. 시골 학교에 다니는 학생들의 경우 집안 형편이 좋지 못한 경우가 많다. 부모가 있어도 아버지가 알코올 중독이거나, 가정폭력을 저지르는 사람인 경우도 있다. 실제 한국 어디를 가도 마찬가지겠지만 부모가 경제 활동에 전념하느라 자녀의 인성교육을 방치하는 경우가 지방에 더 많을 수밖에 없다. 준법 의식이 약한 것도 문제다. 지방에서도 여유가 있는 이들은 교육열이 강하다. 자신은 시골에서 나고 자랐지만 자식들만큼은 도시에서 학교를 보내고 싶어 한다. 이유가 있다. 교육 환경과 입시 때문이다. 시골 출신 고학력자들은 빠르면 고등학교 늦어도 대학을 갈 때쯤이면 대부분 도시에 정착해 도시 사람이 된다. 시골 유지들일수록 교육열이 더 강하기 때문에 자식들을 대부분 대도시에 보내 교육 시킨다. 설령 공부를 잘하지 못하더라도 기회를 잡기 위해서는 수도권이 지방보다 유리하다. 인구 유출이 심화되는 이유다.

지방의 교육 여건이 서울에 비해 좋지 못한 것은 사실이다. 언론에 보도되는 학교폭력 사건을 보면 서울이 많아 보이지만 실제로 지방이 더 많을 수도 있다. 다만 언론의 관심이 적을 뿐이다. 학교폭력 형태가 더 심각할 수도 있다. 비행청소년들도 많은데 그 이유는 빈민층이 많기 때문이다. 현행 입시제도도 지방에서 인구 유출을 심화시키는데 한몫하고 있다. 지방에는 입시 관련 정보를 얻기가 어렵기 때문에 학생부 위주의 전형에서 지방 학생들이 더 불리할 수밖에 없다. 지방의 학생들은 차라리 과거의 학력고사 또는 수능제도가 덜 불리할 수도 있다. 시골에서 농사를 짓고 살아도 자녀 교육에 관심과 열정이 있는 부모들은 늦어도 초등학교 졸업 전까지는 대도시가 아니면 인근 도시 지역으로라도 이사하는 경우가 많다. 도시에서 시골로 농사를 짓기 위해 출퇴근하는 것이다. 그렇게 가정 형편이 상대적으로 나은 아이들은 모두 시골을 떠나가면 불량 청소년들 비중이 더 많아질 수밖에 없다. 그리고 악순환이 계속된다.

과거 한국의 이농현상은 주로 교육 기회를 몰아준 장남들 때문이었다. 그 장남들은 '개천의 용'들이었다. 요즘은 주로 교육 문제 때문에 이농현상이 가속화된다. 지방에도 대학들이 많다. 이는 대부분 그 지역 국회의원, 지자체 단체장과 지방의원들이 자신들의 치적을 쌓으려고 무리하게 유치한 결과로 볼 수 있다. 그 과정에서 땅값이 오르기 때문에 그 지역 유지들에게도 이득이 돌아간다. 대학을 만들기만 했을 뿐 대학 발전에 대해선 별로 고려가 없어 보인다. 지방 대학이 공동화되면서 지방 도시도 공동화된다. 문제는 또 있다. 다문화가정이다. 지방에는 다문화가정들 수가 상당히 많아지고 있다. 다문화가정의 학생들이 부모가 모두 한국인인 학생들을 따돌리는 현상도 발생하고 있다. 한국은 인권에 대한 의식 수준이 선진국에 비해 높지 않다. 그 와중에 지방은 더 낮을 수밖에 없을 것이다. 이미 언급한 대로 폐쇄성과 배타성 때문이다. 새로운 문화 유입이 드문 것도 이유가 된다. 그렇기에 개인의 취향을 존중한다는 생각도 부족할 수밖에 없다. 개인 의사 생활과 인간의 존엄성 등에 대해서도 개념이 더 희박할 수도 있다. 죄책감을 느끼지 않고 사회적 약자들에 대해 멸시 및 모욕 등을 가하는 경우도 많다. 특히 '이방인'들에 대해 배타적인 지방에서는 그런 일들이 더 자주 일어날 수도 있다. 따라서 여러 가지 이유로 시골에 장기 거주하는 외국인들은 법의 사각지대에 있다고 해도 과언이 아니다. 심심치 않게 외국인 노동자 학대 사건이 터지는 이유다. 외국인 노동자에 대한 인종차별은 서울과 지방을 구분하지 않는다. 하지만 그 차별은 오히려 지방에서 덜할 수도 있다. 이는 외국인 노동자들과 다문화가정들이 그 지역의 경제 주체가 되었기 때문이다.

지방이 더 오염됐다

지방에 대한 선입견이 또 있다. 자연 친화적일 것이라는 생각이다. 과거에는 그랬을 수도 있다. 하지만 지금은 전혀 아니다. 환경오염 문제가 서울보다 지방에서 더 많이 발생하고 있다. 지방이 서울에 비해 혼잡함은 덜할 수도 있다. 하지만 지방이 옛날처럼 공기 좋고 물 좋은 곳이라고 생각한다면 그건 큰 착각이다. 옛날과 달리 지금 한국은 미세먼지 때문에 공기 좋은 곳이 거의 없다. 지방의 물이 수도권보다 깨끗하다는 보장도 없다. 수도권에서는 감시의 눈이 많기 때문에 조금이라도 오염이 발생하면 즉각 조치가 내려진다. 그리고 언론을 통해 큰 이슈로 부각되기 때문에 지방에 비해 오히려 서울이 환경오염에서 더 자유로울 수도 있다. 사람이 많아지면 오염과 공해가 더 많이 발생한다. 당연하다. 그 말이 맞으면 그 역도 성립해야 할 것이다. 사람이 적어지면 오염과 공해가 더 적게 발생한다. 당연할까? 그렇지 않다. 역설적으로 한국의 지방은 오염과 공해의 사각지대가 더 많다. 무관심과 부패 시스템 때문이다.

무관심이라고 한다면 교육 수준이 낮고 소득 수준이 낮아서 주민들이 환경에 대해 신경 쓸 겨를이 없다는 뜻이다. 따라서 어딘가에서 환경이 훼손되고 있지만 이슈로 부각되지 않는 경우가 많다. 지금도 지방에서는 악취로 고생을 하는 곳이 많다. 지방에는 가축사육장이 더 많음에도 관리를 소홀히 하기 때문이다. 관리를 잘하려면 비용이 발생한다. 따라서 이윤을 먼저 생각하는 축산업자들은 악취보다 비용 절감을 생각할 수밖에 없다. 관리 소홀 때문에 발생한 악취는 그 지역 전체에 걸쳐 부정적인 외부성을 발생시킨다. 그 부정적인 외부성은 비용으로 직결된다. 이론적으로 해석하면 악취라는 부정적 외부성 때문에 발생한 비용을 지역사회 전체 구성원들이 모두가 나누어 부담하는 격이다. 사료비나 축사 관리비 등은 온전히 축산업자 자신들에게 돌아가는 비용이다. 그렇기에 축산업자들은 악취에 신경을 기울이는 것보다 사료비나 축사 관리비에 더 신경을 기울일 유인이 존재한다. 지방에서는 비가 많이 내릴 때 누군가 가축 분뇨를 몰래 하천에 버려 소동이 벌어지는 경우가 많다. 그로 말미암아 물이 썩고 악취가 발생한다. 사후적으로 문제를 일으킨 이들을 잡아 처벌하면 늦다. 이미 하천이 오염됐기 때문이다. 강조하자면 도덕성이 문제가 아니다. 그러한 문제 발생을 놓고 지방의 축산업자들은 도덕성이 없고 서울의 축산업자들은 도덕성이 있다고 해석한다면 큰 오류일 것이다. 문제의 핵심은 도덕성의 유무가 아니다. 하천에 오염물질을 내다 버릴 유인이 존재하느냐 여부이다.

수도권 축산업자들은 도덕적이어서 하천에 오염물질을 버리지 않는 것이 아니고 그렇게 파렴치한 짓을 할 유인이 존재하지 않아서다. 왜냐하면 감시하는 눈이 많기 때문이다. 그리고 수도권에는 다양한 배경의 사람들이 모여 있기 때문에 불이익이 발생하면 즉각 고소 고발이 이뤄진다. 어떤 축산업자가 법적 처벌을 받으면 이윤이 감소할 수밖에 없다. 그렇기에 수도권 축산업자들은 법을 준수할 유인이 존재한다. 지방은 상황이 다르다. 감시하는 눈도 많지 않거니와 근방 사람들이 이런저런 사적 인연으로 얽혀 있기 때문이다. 환경오염을 알면서도 그 사실을 지자체가 외면하는 경우도 있다. 지자체 높은 공무원 중에 누군가가 그 축산업자와 사적 인연으로 맺어져 있을 수 있기 때문이다. 따라서 부패 시스템이 공고할수록 환경오염이 더 심각해질 가능성이 크다.

앞서 언급했지만, 지방의 공기도 서울에 비해 더 이상 깨끗하지 않다. 일단 미세먼지와 황사는 전방위적이다. 시도 때도 없이 한반도 방방곡곡

구석구석에 퍼져나간다. 예외 지역이 거의 없다. 따라서 '공기 좋은 시골'이란 말은 이젠 성립하지 않는다. 서울이나 지방이나 공기의 질은 비슷하다. 반면 상수도 오염은 지방이 더 심각할 수도 있다. 관리 부실 때문이다. 수도권에서 수질오염 문제는 큰 이슈지만 지방에서는 언론 보도조차 되지 않는 경우가 흔하다. 지방에서는 지금도 지하수를 식수로 사용하기도 한다. 지하수라고 하면 깨끗하고 청량감이 있다고 생각하기 쉽다. 하지만 지금은 토양오염 때문에 지하수를 무턱대고 마실 수 없다. 오염물질이 녹아 있을 수 있기 때문이다. 혐오시설도 대부분 지방에 들어선다. 수도권에는 사람들이 많고 반대 의사 또한 명확히 하기 때문이다. 반면 지방에는 인구가 적은 와중에 고령자들이 많다. 그들 중에 아직도 지방자치 개념에 익숙하지 않은 이들도 많다. 당연히 민주주의에 대한 이해나 시민 의식도 높지 않을 수도 있다. 그렇기에 중앙정부에서 그 지역에 혐오시설 설치를 결정하면 대응 방식에서 문제가 발생할 수 있다. 혐오시설을 좋아하지는 않지만 적극적으로 나서서 반대 의사를 표명하는 것이 서투르기 때문이다. 그 외에도 지방이 환경보호 면에서 불리한 이유는 많다. 쓰레기 무단 투척도 지방이 훨씬 많다. 인구가 많지 않기에 목격될 가능성이 적고 CCTV 또한 많이 설치되지 않았기 때문이다. 지방의 도로들을 달리다 보면 군데군데 쓰레기들이 나뒹구는 모습들이 많다. 같은 이유 때문이다. 쓰레기를 종량제 봉투에 담아 버리지 않을 뿐 아니라 집 근처에서 태우기도 한다. 그 과정에서 화재가 발생해 큰 피해가 나기도 한다. 산불도 대부분 그렇게 발생한다.

지방을 두 번 떠나는 사람들

"자네도 참. 저 아름다운 곳에서 무슨 범죄가 일어나겠나?"
"왓슨, 런던 뒷골목의 범죄보다 평화로운 시골의 범죄가 더 끔찍한

법이라네. 뒷골목이라도 도시에는 사람들이 있지. 병이 깨지는 소리와 아이의 울부짖음을 들어줄 시민들과 공무원들(주로 경찰관들)이 있단 말일세. 하지만 시골에는 법도 감시도 없지. 난 저 고립된 곳에서 일어났을 수많은 범죄를 생각하면 몸서리가 쳐진다네!"

코난도일의 소설 '너도밤나무집' 중에 나오는 대화이다. 한국의 방송과 언론이 상업적 목적으로 시골을 아름답게 묘사하는 것이 지나쳐 '전원일기 판타지'가 나타났다. 그런 판타지에 현혹되어 귀농했다가 낭패를 보는 경우도 많다. 강조했지만 시골의 삶이 전원적일 것이라고 생각하면 큰 착각이다. 단정 지어 말하지만 '전원일기'는 방송사에만 존재한다. 현실이 아니다. 따라서 '전원일기 판타지' 때문에 귀촌한다면 실패할 수밖에 없다. 시골도 어디까지나 사람 사는 곳이고 이해관계가 더 많이 얽힌 사회이기 때문이다. 갈등구조도 매우 다층적이다. 방송과 언론매체들이 시골을 정겨운 모습으로 묘사하는 과정에서 정보가 왜곡된다. 정보 왜곡은 고스란히 사회적 비용이 된다. 그러한 정보 왜곡을 통해 한국인들 무의식에 판타지가 자리하게 된다. 그런 판타지는 지방 발전에 결코 도움이 되지 않는다. 실제 지역에서 사람들의 생활과 환경의 모습은 서울보다 훨씬 더 다양할 수도 있다. MBC의 '전원일기', KBS의 '대추나무 사랑 걸렸네', '6시 내 고향' 등이 한국인들에게 판타지를 심어준 주범들이다. 이런 프로그램들은 장년층 시청자들에게 고향에 대한 향수를 자극하기 위해 기획된 상업적인 방송 프로그램들이다. 시청률이 떨어지면 폐지한다. 지방 출향민들 중에 향수에 젖어 자기 고향을 미화하는 경우도 많다. 반대로 출향민들 중에 지방에 더 큰 반감과 혐오를 품는 경향도 있다. 젊은 세대로 갈수록 그 경향이 더 강할 수도 있다.

수도권에 사는 청년들 중에 명절에 고향 내려가는 것을 스트레스로 여기는 이들도 많다. 그들은 부모님 때문에 고향에 내려가더라도 대개 바로 수도권으로 올라간다. 요즘은 명절 연휴 때 부모님으로 하여금 서울로 올라오게 하는 경우도 많아지고 있다. 시골은 삶에 지친 도시인들이 찾아가는 휴양지가 아니다. 그런 생각을 조장하는 상업방송들이 바로 지방을 망치는 것이다. 지방도 사람들이 살고 있고 자본주의 체제를 유지하며 경제가 돌아가는 곳이다. 하지만 한국인들에게 지방은 '맛집'들이 넘쳐나고 스트레스를 풀기 위해 놀러 가는 곳이라는 의식이 강하다. 작은 나라 한국 안에서 지방과 서울이 크게 다를 수도 없거니와 달라야 할 이유도 없을 것 같다. 지방이 촌스럽다면 서울도 촌스럽다. 서울이 각박하다면 지방도 각박하다. 다만 차이가 있다면 지방이 서울에 비해 인프라가 더 열악할 뿐이다. 그리고 문화와 관습이 더 많이 남아 있고 폐쇄성과 배타성이 더 심할 뿐이다. 하지만 그 폐쇄성과 배타성은 지방에만 있는 것이 아니다. 한국 어디에나 있다. 물론 서울에도 있다.

지방을 두 번 떠난다고 한다. 요즘 귀농이 인기다. 하지만 귀농했다 다시 떠나는 사람들도 많다. 귀농이란 말도 있고 귀촌이란 말도 있다. 서로 뜻이 다르다고 한다. 귀농이란 본래 도시에서 태어나고 살다가 농사를 짓기 위해 농촌에 가는 것을 귀농이라고 한다. 반면 시골에서 태어나고 도시에 나가 살다가 고향 생각이 나서 다시 농촌으로 돌아가는 것을 귀촌이라고 한다. 직장을 도시에 두고 주거를 위해 생활권을 시골로 옮기는 경우도 귀촌에 해당한다고 한다. 그렇게 하면 굳이 농사를 짓지 않더라도 세금이나 여러 지원금의 혜택을 받을 수 있다. 1997년 IMF 사태 이후 경기가 나빠지면서 일부 시골 출신들 중심으로 고향으로 돌아가는 경우도 많았다. 직장에서 은퇴하고 남은 인생을 고향에서 보내고 싶은 마음도 동기가 되었다. 특히 요즘은 언론을 통해 잔디와 정원이 있는 시골집들이 소개되면서 도시 사람들의 호기심도 많아지고 있다. 실제 미국이나 서유

럽의 동화 같은 마을들을 보면 주거환경이 매우 좋다. 성냥갑처럼 꽉 들어찬 한국의 아파트 단지들을 보면 농촌의 전원주택 수요가 있을 수밖에 없다.

어떤 마을에서는 귀농인들에게 마을 발전기금을 요구하기도 한다. 많다. 마을 발전기금을 검색해보면 그 실상을 알 수 있다. 즉 귀농 가구로부터 마을 발전기금이라는 명목으로 돈을 기부받는 것인데 액수가 다양하다. 적게는 100만 원, 많으면 1,000만 원까지도 받는다. 도로나 상수도 또는 기타 시설이 미비해 시설 확충을 위해 마을 주민들로부터 사비가 지출된 경우 그 마을의 발전기금 액수는 더 커진다. 이 때문에 주택과 땅을 마련해 놓고도 마을 발전기금 때문에 상심해서 귀농을 포기하는 사람들도 많다. 만약 발전기금을 내지 않으면 그 마을 사람들에게 말 그대로 찍힌다. 결국 그 귀농인은 기금을 내든가 마을을 떠나든가 사실상 양자택일이 강요된다. 설령 분쟁 끝에 발전기금을 내겠다고 다짐해도 그동안 마을 주민들을 섭섭하게 했으니 또 다른 방식으로 '성의'를 보이도록 강요하기도 한다. 마을 주민들과 척져서 좋을 게 없다. 발전기금을 흔쾌히 내면 주민들에 의한 텃세가 상당히 줄어든다. 강요는 하지 않지만 내면 좋겠다는 식으로 눈치를 주기도 한다. 마을 주민들이 발전기금을 내라고 하면 강요가 아니라고 하더라도 흔쾌히 내주는 편이 유리하다. 시골 특유의 정서가 있기 때문이다. 심지어는 교사, 동사무소 직원과 공무원 또는 공중보건의들에게조차 마을 발전기금을 강요하는 경우도 있다. 이미 언급했지만, TV 드라마를 비롯한 예능 프로그램에서 보여주는 농촌 이미지들은 과장됐다. 그렇게 과장된 이미지만 보고 귀농을 시도했다가 낭패를 보는 경우가 많다. 사전 정보와 각오 그리고 다짐이 필요하다.

한국은 어디를 가나 그런 특징이 있다. 닫힌 사회이기 때문이다. 하지만 시골의 경우 그런 닫힌 사회의 특징이 더 노골적으로 드러난다는 것이다. 농사일이 고된 것도 사람을 지치게 하지만 폐쇄성이 사람을 더 지치게 할 수도 있다. 현실은 전원일기가 아니다. 닫힌 사회의 큰 특징 중의 하나는 바로 끼리끼리 문화다. 아는 사람들끼리는 유대관계가 매우 강하다. 반면 모르는 이는 배척한다. 시골에서 나고 자란 사람들은 귀농에 회의적이다. 시골 사람이 순박하고 착하다는 고정관념도 버릴 필요가 있다. 그리고 법의 사각지대도 많다. 시골 출신 사람들은 시골을 '정겨움'이 넘치는 곳으로 묘사하는 상업방송들을 보면 여러 생각들이 교차할 것이다. 시골도 서울처럼 사람 사는 곳이고 서울처럼 이해관계가 얽혀있다. 오히려 서울보다 이해관계가 더 직접적으로 얽혀있기에 마냥 정겨울 순 없다. 그러한 발상 자체가 모두 서울 중심적인 사고에서 나온다고 볼 수 있다.

6

이것이 지방 발전 전략이다

6. 이것이 지방 발전 전략이다

　지금 지방의 소멸 위기는 막연한 것이 아니다. '위기'라는 표현은 많다. 그런데 그냥 '위기'가 아니라 '소멸 위기'다. 사실 지방에 인구가 줄어드는 것을 꼭 걱정할 필요는 없다. 전략만 잘 갖추면 오히려 긍정적일 수도 있다. 인구밀도가 낮아지면 좋은 점도 있기 때문이다. 혼잡비용이 감소한다. 그에 따라 주거환경을 개선할 수 있다. 중요한 건 전략이다. 그 시각에서 대안을 제시하고자 한다. 요즘 한국은 균형발전이 화두인데 전략적 사고 없이 막연하게 외치는 수준에 그치고 있다. 전략 부재 상황이다. 모든 것을 양적인 시각에서 문제를 바라보고 있다. 어느 한쪽에 양보를 요구하고 다른 한쪽에 혜택을 베풀면 그건 전략이라고 볼 수 없다. 지방이 일방적으로 유리해지도록 정책을 설계한다는 것도 불가능하다. 그러한 외눈박이 정책은 반드시 반작용을 일으키고 엉뚱한 결과를 빚어낸다. 지역의 혁신도시들을 보라. 주말에는 혁신도시가 아니라 '유령도시'로 변한다. 원래 유령도시를 만들려는 의도가 아니었을 것이다. 지역에 좋은 일자리를 제공하면 인적 자본들이 많아지고 집적 효과를 낼 것으로 기대했다. 하지만 결과는 정반대였다. 주말부부만 많아졌을 뿐이다. 그로 인해 비효율이 발생하고 비용이 발생하고 있다. 한국에 '기러기 아빠'뿐이 아니라 이젠 '기러기 엄마'까지 생겨났다. 엄마가 지방 근무를 하면서 주말에만 엄마를 볼 수 있게 됐기 때문이다. 그래서 '가시고기 아빠'도 생겨났다. 엄마가 없는 주중에 아빠가 직장일, 가사일 그리고 양육 일을 모두 도맡아 해야 하기 때문이라고 한다. 아빠가 자녀 교육을 위해 모든 것을 희생하기 때문에 '가시고기 아빠'라고 불린다. 지방에 혁신도시 건설이 전혀 엉뚱한 결과를 낳고 말았다.

수도권에 있던 공공기관을 지방으로 강제 이전하자 기관 종사자들은 의심하기 시작했다. 속된 말로 지방이 얼마나 '비전'이 없으면 '강제 이주'까지 시키려 할까? 법칙이다. 작용에는 반드시 반작용이 따른다. 또 법칙이다. 그 작용이 커지면 그 반작용도 더 커지게 된다. 어떤 기관은 지방 발령을 내면 그만두는 분위기라고 한다. 조선시대 때와 같이 현재도 지방은 유배지처럼 여겨지고 있다. 내려가기 싫은 사람들 억지로 내려가라고 할 것이 아니다. 차라리 지역에 거주하는 전문직 종사자들 그리고 직장인들이 그 지역을 떠나지 않도록 유인을 제공하는 것이 빠르다. 소득세를 감면해주는 것도 한 방법이 된다. 기업을 유치하겠다고 지자체장들이 요란하게 떠들 필요도 없다. 기업이 내려오도록 유인을 제공해주면 된다. 법인세를 감면해주는 것도 한 방법이 된다. 간단하다.

지금 지방에서 그리고 지자체별로 떠들고 있는 '지역발전전략'이란 말은 허구에 가깝다. '전략'을 외치는 이들의 말을 들어보면 그 '전략' 뜻 자체도 잘못 이해하고 있는 경우도 많다. 그럼 전략은 뭘까? 전략은 주어진 상황에서 최선을 택하려는 계획이라고 볼 수 있다. 그래서 전략은 행동으로 나타난다. 전략과 행동은 다르다. 그 행동을 선택하게 한 계획이 바로 전략이다. 최근 한국에서 '전략'이란 말이 유행어가 되고 있다. 전략을 수립한다고 하면 행동계획을 세우는 것을 의미한다. 어떠한 선택을 자신이 원한다고 해서 무조건 선택하는 것이 아니다. 자신의 선택이 어떤 결과를 가져올지 예상하고 그 실효성을 생각해봐야 한다. 자신의 이득을 극대화하기 위해 어떤 '전략'을 선택하면 그 전략선택은 경쟁자들 사이에서 상호작용을 일으키게 된다. 즉, 경쟁자들은 그 선택된 전략에 대해 반응하게 된다. 그 '상호작용'에 대한 헤아림이 바로 '전략적 사고'라고 말할 수 있다. 그 시각에서 볼 때 그동안 한국에서 추구됐던 지역발전 전략들은 엉터리가 아닐 수 없다. 대부분 전략적 사고가 배제됐기 때문이다. 예를 들면, 중앙정부가 지역을 배려하기 위해 어떠한 정책을 내놓았을 때 그 정책으로 인해 이득이 줄어드는 쪽은 격하게 반응할 수밖에 없다. 그 반응에 대한 예상 없이 정책을 추진하면서 부작용이 나타났던 것으로 평가할 수 있다. 지방이 소멸 위기를 맞고 아수라장이 된 것은 바로 그 엉터리 정책들 때문이다.

대표적인 사례가 바로 전국에 산재해 있는 '혁신도시'들이다. '나눠 먹기'식 사고방식에서 비롯된 정책이다. 집적 이익을 고려하지 않은 정치적 결정이었다고 평가할 수 있다. '나눠 먹기' 방식으로 지역은 결코 발전할 수 없다. 물론 정치인들에게 정치적 이득은 매우 중요하다. 표로 연결되기 때문이다. 따라서 많은 지역에 골고루 나눠주면 더 많은 지역으로부터 지지를 얻게 되고 그 지지가 정치적 힘으로 연결된다는 계산이 있었기에 그토록 '나눠 먹기'에 집착한 것이다. 하지만 '혁신도시' 프로젝트는 사실상 실패로 끝났다. 이유는 간단하다. 크지 않은 양을 잘게 쪼갰기 때문이다. 균형발전 전략은 파이를 잘게 쪼개 '나눠 먹기' 하자는 것이 될 수 없다. 시스템을 갖춰 공간 양극화에서 나타난 비효율을 해소하고 파이를 같이 키우자는 것이다. 반론이 많겠지만 어느 정도 '몰아주기'도 필요하다. 예를 들어 전략적으로 몇 개 지역 도시들을 선택해서 공공기관들을 몰아서 이전시켰다면 집적 효과가 발생했을 것이다. 그렇다면 결과가 지금과는 많이 달라졌을 수도 있다. 더 쉽게 표현하면 전략적 '몰아주기'가 필요했다는 것이다. 몰아준다고 하면 펄쩍 뛸 사람들이 많을 것이다. 거부감을 주기 때문이다. 하지만 정말 발전을 원한다면 그리고 실효적인 전략이 필요하다면 시작 단계에서는 일단 몰아줘야 한다. 강조하지만 집적경제 때문이다. 일단 배를 만들어서 띄우는 것이 중요하다. 배가 물 위에 뜨고 안뜨고는 이산적(discrete)이다. 즉, 뜬 상태와 뜨지 않은 상태에 중간이란 있을 수 없다. 일단 배를 물 위에 띄우는 데 성공하면 그때부터는 싣는 것이다. 싣는 양은 이산적이지 않고 연속적이다. 그렇기에 한계에 도달하기 전까지는 10kg을 더 실을 수도 있고 덜 실을 수도 있다. 포인트는 배에 얼마를 싣느냐보다 배를 어떻게 띄우느냐가 더 중요하다. 큰 줄기로 봤을 때 지역발전 전략도 그와 유사하다. 일단 지방이 생동감 있게 돌아가고 발전에 대한 기대감을 끌어내기 위해선 서울과 비교될 수 있어야 한다. 애석하게도 지금 한국 지방 도시 중에서 서울과 비교될 수 있는 곳은 단 하나도 존재하지 않는다. 한국 제2의 도시 부산은 어떨까? 부산 시민들이 섭섭하게 생각할지 몰라도 지금 상황에서는 부산이 서울과 경쟁할 수 있다고 보는 이들은 부산 시민들을 제외하곤 없을 것 같다. 그것이 문제다.

정말 균형발전을 원한다면 서울 말고 지방 도시 하나 또는 두 개를 선택해서 전략적으로 몰아줄 필요가 있다. 그럼 반론이 있을 수 있다. 수도권과 지역 간에 불균형 때문에 정책을 마련하고 있는데 또 다른 불균형을 만들어내는 것 아니냐? 그렇다면 결국은 그게 그거고 달라진 것이 뭐가 있느냐고 물을 수도 있다. 하나 빼고 달라질 것이 없다. 서울에 맞설 수 있는 도시가 '최소한' 한 개가 생긴다는 것이다. 앞서 언급했지만, 지방 소멸 위기는 '불균형'이 아니라 '균형'에서 온 것이다. 전 국민 모두에게 균형 전략은 무조건 수도권을 선택해 몰려가는 것이다. 그 결과 지역 불균형 발전 현상이 나타난 것이다. 지금 가장 필요한 인식은 '불균형' 발전 현상보다 그 '불균형' 발전 현상이 나타난 이유다. 그 이유는 쉽다. 도시 간의 경쟁이 없어서다. 잘라 말하지만 지금 한국에서 서울과 경쟁할 수 있는 도시는 단 한 곳도 없다. 말 그대로 서울과 경쟁을 붙여보면 '게임'이 안 된다. 그게 바로 문제의 근원이다. 그와 같은 한국의 현실을 그대로 두고 지방에서 서울로의 인구 유입을 막아 보자며 중앙정부와 지자체가 정책들을 짜내는 모양이지만 거듭 강조한다. 그러한 정책들은 절대 실효적일 수 없다. 그 '게임' 결과가 너무 빤해서 그렇다.

이렇게 생각하면 쉽다. 지방 도시 중에 서울과 붙어 이길 수 있는 도시가 없기에 사람들은 지방이 단체로 서울과 맞서겠다고 나설 때 그걸 '게임'으로 보지 않고 모여서 '떼쓰기' 정도로 이해한다. 게임에는 정당성이 있지만 떼쓰기에는 정당성이 없다. 게임은 겨뤄서 정당하게 가져가는 것이지만 떼쓰기는 단순하게 시혜를 호소하는 것이다. 그 두 가지는 전혀 다르다. 그 차이를 애써 무시하면서 선거전에 이길 요량으로 중앙 정치인과 출세 지향적 지방 '내부자'들이 결탁해 임기응변식으로 서울에 있는 기관 몇 개를 그 지역으로 이전해 가는 방식을 써서 지역이 절대 발전할 수 없다. 그와 같은 방법은 오히려 지역 발전을 가로막는 것이다. 지방이 스스로 발전하기 위해선 서울과 겨룰 수 있어야 한다.

지금과 같은 상황에서 사람들에게 서울말고 다른 도시에 베팅하라고 해보자. 서울 말고는 베팅할 곳이 없는 것이다. 지금은 서울과 지방 간에 게임의 형식만 존재한다. 하지만 내용이 없다. 서울을 위한 부전승 체제이기 때문이다. 즉 서울이 무조건 이긴다. 그런 과정에서 지방은 서울의 들러리가 되어 가는 것이다. 무엇보다 게임을 게임답게 만들 필요가 있다. 그렇게 하기 위해선 '서울 부전승' 체제인 지금의 판을 바꾸어야 하는데 이 상황에서 한국이 직면한 것이 바로 '균형발전' 딜레마다.

잘라 말한다. 모든 지역이 골고루 모두 발전하는 것은 불가능하다. 그리고 그러한 유토피아적 해결 방식은 실현 가능성도 없거니와 자유 시장 원리에 부합하지도 않는다. 그래서 결론은 전략적으로 몇 개 도시들을 선택해 '몰아' 주려면 그 외 다른 도시들을 설득해야 한다. 그들을 설득하기 위해선 진정한 균형발전 전략은 게임의 '순차성'에 있음을 주지시켜야 한다. 즉 먼저 파이를 키우고 그 파이를 '순차적으로' 나누는 것이다. 시급한 것은 전략적으로 경쟁력 갖춘 도시를 키워 서울의 일방 독주에 제동을 걸어야 한다. 세종시 또는 부산시가 전략적 거점 도시가 된다고 해보자. 한 도시가 서울에 도전장을 내밀고 서울과 경쟁을 벌이면서 경기력을 보여줘야 사람들은 차후에라도 그 도시에 베팅할 수가 있을 것이다. 앞서 언급했지만 게임은 크게 동시적인 게임과 순차적인 게임으로 나눌 수 있다. 동시적인 게임과 달리 순차적인 게임에서는 순서가 중요하다. 야구를 생각해 보자. 볼넷이 나오고 홈런이 나오는 것과 홈런이 나오고 볼넷이 나오는 건 다르다. 전자의 경우 2득점이 되지만 후자의 경우에는 1득점에 그치기 때문이다. 그래서 타순이 중요한 것이다. 한 지방 도시가 서울과 맞붙어 내용 있는 경기력을 보여주면 다음부터는 사람들의 기대가 달라진다. 강조하지만 기대는 '자기 실현성'이 있다. 모두의 기대가 같으면 그 기대는 실현된다. 모두가 경제 호황이 찾아올 것으로 기대하면 정말 호황이 찾아오고 모두가 경제 불황이 찾아올 것으로 기대하면 정말 불황이 찾아온다. 사람들이 모두 세종시에 대해 뭔가를 기대하기 시작하면 기업들도 세종시에 대해 뭔가를 기대하게 된다. 기업들이 어느 지역에 투자하는 것은 그 지역 사람들을 위해서가 아니라 기업 스스로 이윤을 창출하기 위해서다. 이윤 창출 기대가 있어야 투자하는 것이다. 지금처럼 명분론에 사로잡혀 '균형발전'에 집착해 기업들에 대해 지역 투자를 권한다면 역설적으로 서울 초집중화만 더 심해질 뿐이다. 물론 그건 서울이 바라는 바일 것이다. 여기서 서울이라고 하면 좌파 우파를 떠나고 여야를 막론해 서울에 자산을 심어 놓은 모든 정치인들과 그 이해관계자들을 말한다. 결론을 말하면 균형발전을 외치면서 지방이 여러 갈래로 쪼개져 '나눠 먹기' 사고방식으로 접근하면 가장 큰 수혜자는 서울이 된다. 서울에 맞설 도시가 만들어지지 않기 때문이다.

전략적 사고가 필요하다

지방 발전을 위해 전략적 사고를 강조하고 싶다. 당신이 돈을 벌기 위해 어딘가에 투자해야 한다고 해보자. 그럼 당신의 경쟁자들도 당신과 비슷한 방식으로 생각하고 투자처를 결정할 것이다. 그들이 바보가 아닌 한 당신이 보유한 정보를 같이 보유하고 있을 수도 있고 당신이 투자하는 방식으로 투자할 수도 있다. 전략적 사고를 위해 필요한 전제다. 그러한 전제가 있는 것과 없는 것은 경우가 전혀 다르다. 지금까지 한국에서 '지역 발전' 정책들은 '전략적 사고'가 결여된 경우가 대부분이었다. 전략 실패라고 결론 내릴 수 있다. 수도권에 투자하면 '돈'이 되고 지방에 투자하면 '돈'이 되지 않을 것이 뻔한 상황에서 지방에 투자를 종용하면 어리석을 것이다. 지방에 투자도 안 하려고 하는 판에 정부가 누군가를 지정해 지방으로 내려가 살도록 독려한다면 그것도 어리석기는 마찬가지일 것이다. 금지하면 더 하고 싶고, 강요하면 더 하기 싫은 법이다. 지금의 '지방 소멸' 위기는 엉터리 전략들이 엉터리 결과를 빚은 것에 불과하다. 엉터리 전략들을 벗어나 현실적인 전략들을 모색할 때다.

중앙대 마강래 교수의 '지방분권이 지방을 망친다'라는 책이 있다. 마 교수는 자신의 책에서 '거점 도시'들을 강조한다. 마 교수 주장의 핵심은 '거점'과 '광역화'다. 전국을 몇 개 권역으로 묶어 그 권역 내에 거점 도시들을 중심으로 발전을 모색해야 한다는 것이다. 게임이론 시각에서 볼 때 그 몇 개 광역도시들을 육성하자는 것도 실은 현실적이지 못하다. 동시적이기 때문이다. 동시적일 수 없다. 순차적이다. 강조하지만 진정한 지방 발전 전략은 동시적 게임이 아니라 순차적 게임이다. 1차 단계가 먼저 서울의 일극 체제를 깨뜨리는 것이다. 생각해 보자. 아무리 명분이 좋아도 서울의 일극 체제를 깨뜨리지 못하면 다음 단계로 넘어갈 수조차 없다. 여기서 다음 단계란 지역들이 진정한 경기자로 성장할 수 있는 그 상태를 말한다.

게임이론에서는 '비현실적 균형'이란 개념이 있다. 그럴 듯하게 전략을 세우지만 비현실적이다. 왜냐하면 다음 단계로 넘어가 전략을 택할 기회 자체가 없어지기 때문이다. 예를 들어보자. 복싱 선수가 결승에 오르면 투혼을 발휘해 싸우겠다고 행동계획을 세운다고 해보자. 그 행동계획은 상대 선수가 링 위에 있어야 비로소 실현될 수 있다. 만약 상대 선수가 링 위에 오르지 않으면 그 경기는 부전승이 되고 애초에 '투혼을 발휘해 싸우겠다'고 다짐한 그 선수의 행동계획 자체가 필요 없어진다. 즉, 그 행동계획을 실행할 단계 자체가 나타나지 않았기 때문이다. 서울 일극 체제가 먼저 해체되지 않으면 한국의 지방 도시들이 경쟁을 위해 나설 수 있는 단계 자체가 도래하지 않는다. 그 단계를 거쳐야 비로소 지방 발전 기회가 주어지는 것이다. 그렇기에 먼저 서울과 '맞짱' 뜰 수 있는 도시를 키울 필요가 있다. 수도권 사람들은 '균형발전전략'에 대해 깊이 생각하지 않을 것이다. 하지만 순차성을 고려할 필요가 있다. 한국에서 균형발전은 곧 국가발전이며 나아가 시장 확대 효과를 낳는다. 서울과 수도권에는 더 이상 개발을 위한 물리적 공간이 없는 상황이다. 실은 더 개발할 필요도 없다. 무리한 개발로 인한 인구 과밀화가 서울 시민들에게 불리함을 줄 수 있다. 문제는 '삶의 질 지수(QOL Index)'이다. 서울의 '삶의 질 지수'가 높다고 말하기 어렵다. 따라서 서울의 발전 방향은 삶의 질 향상으로 방향을 잡아야 한다. 자연 친화적인 생태환경을 유지하기 위해서라도 서울은 더 개발해서는 안 된다. 멋진 문화공간 그리고 아름다운 공원을 만들어갈 필요가 있다. 수도권도 마찬가지다. 대화를 해보면 수도권 주민들 가운데 상당수가 수도권 과밀화 문제에 대해 공감하고 있다. 그들 중에 추가적인 개발을 우려하는 사람들도 많다.

한국 경제는 위기를 맞고 있다. 바야흐로 저상장 뉴노멀 시대가 되었다. 그 경제위기는 지방 소멸 위기와도 맞닿아 있다. 지방 소멸은 시장소멸이다. 반면 지방 발전은 시장확대 효과를 가져온다. 따라서 한국경제 위기 타개책은 지방에서 찾을 수밖에 없다. 공간 균형 차원에서도 지역 개발은 필요하다. 지방 발전을 외치는 사람들도 많고 그동안 대안을 제안하는 책들도 많았다. 하지만 전략적 사고를 바탕으로 현실성 있는 대안이 필요하다. 요란한 청사진이 아니고 현실적인 발전 전략이 있어야 한다.

불의는 참아도 불이익은 못 참는다

불의를 보고 참아선 안 될 것이다. 하지만 동방예의지국 한국의 지식인들 가운데 불의를 보고 참는 사람들이 많다. 불의를 보고 참지 못하면 자신에게 불이익이 돌아가기 때문이다. 그래서 그들은 참는다. 하지만 그런 사람들일수록 불이익은 절대 못 참는다. 불의는 추상적이지만 불이익은 구체적이기 때문이다. 불이익은 자신의 호주머니에 들어 있는 현금과 유사하다. 사회체계가 엉성할수록 그리고 후진국으로 갈수록 불의를 참고 불이익을 참지 못하는 경향이 강하다. 불의를 보고 못 참는 지식인들이 많아져야 그 사회가 발전할 수 있을 것이다. 누군가가 불의를 보고 잘 참는다고 해서 그를 무작정 비난할 일도 아니다. 한국에서는 그렇게 나섰다가 불이익을 감수하고 사는 사람들도 많다.

전략적 사고라 하면 전략 간의 상호작용을 미리 헤아리는 것을 말한다고 했다. 그 헤아림을 통해 누가 무엇을 얻게 되는지를 예측할 수 있게 된다. 그렇게 상호작용을 분석해 본 결과 게임이론에서는 균형상태가 찾아진다. 그것이 내쉬 균형이다. 그 균형에서는 누군가가 홀로 이탈하게 되면 그에게 불이익이 돌아간다. 따라서 누구도 나설 '유인'이 없다. 그럼 어떻게 해야 할까? 누군가를 움직이게 하려면 그 '유인'을 만들어줘야 한다. 한국은 도덕의 나라다. 예부터 동방예의지국이라고 했다. 그래서 모든 문제를 도덕심에 호소해서 해결하려는 경향이 있다. 그러한 시도를 보면 안타깝기만 하다. 대안이 될 수 없기 때문이다. 물론 인센티브나 경제적 보상 없이도 누군가는 솔선수범해서 나서기도 할 것이다. 천성적으로 이타심 많은 이들이라고 볼 수 있다. 그렇게 이타심 많은 이들이 사회 발전에 크게 기여한다. 하지만 게임이론 시각에서는 그렇게 이타심 많은 이들이 스스로 나타나 주길 앉아서 기다리라고 가르치지 않는다. 비슷한 시각으로 지방 소멸 문제를 해결하려면 서울 사람들에게서 이타심을 기대해선 안 된다. 그들에게 이타심을 발휘해 지방에 내려가 살도록 권유할 것이 아니라 그들 스스로 지방에 내려가도록 만들 필요가 있다. 그런 정책이 바로 실효적인 정책이다. 정책의 실효성이 있을 때 비로소 지방이 발전할 수 있다. 여기서 딜레마가 존재한다. 서울 자산가들 또는 서울 엘리트들은 그 과정에서 자신들의 자산가치가 줄어들 수 있다고 우려하는 것이다. 그렇기에 그들은 균형발전을 공감하지 못하는 것이다. 정책 설계를 담당하는 이들도 마찬가지다. 입으로는 균형발전을 외친다고 하지만 실제로는 진정성이 부족할 수밖에 없다. 즉, 균형발전에 마음을 쏟지 않는다. 그들에게 지방이 고르게 발전한다는 것은 명분이고 당위일 뿐이다. 그렇게 해서 지방 사람들의 자산가치가 늘어나면 자신들의 자산가치가 줄어들게 되고 자신들에게 경제적 불이익이 돌아간다고 생각할 것이다.

다시 강조하지만 '불의는 참아도 불이익은 못 참는다'고 했다. 서울 엘리트들이 불의는 참을 수 있다. 하지만 자신에게 돌아갈 경제적 불이익은 절대 참을 수 없을 것이다. 문제는 서울의 엘리트들과 지방의 여론 주도 계층의 이해관계가 같다는 점이다. 지방의 여론 주도 계층은 소위 '유지'라고 불리는 사람들이다. 누군가는 지방이 균형발전하길 바라는 마음에 전략을 제시하기도 하지만 누군가는 전략적으로 그 균형발전을 가로막는 사람들도 있다. 전술하였지만 바로 지방의 '내부자'들이다. 그들은 자신들이 살고 있는 지역이 발전하지 않고 낙후된 채로 남아 있으면 더 큰 이득을 볼 수 있다. 그래서 그들은 지방에 남아 전략적으로 역선택을 조장하는 것이다. 역선택은 정보 비대칭에서 나타난다. 역선택이 해소되려면 정보 대칭이 필요하다. 지역민들에게 정보가 고르게 퍼져야 하건만 그들은 오히려 정보를 독점하고 감추려 든다. 정보를 감춤으로써 자신들의 이득이 더 커질 수 있기 때문이다. 주로 지역 정치에 관한 정보이다.

　지금까지 수많은 사람이 지방선거에 출마했고 단체장 또는 지방의원에 당선되었으며, 지방자치 역사가 30년이 넘었음에도 지방은 발전은커녕 오히려 퇴보를 거듭해왔다. 이젠 지방 소멸 위기까지 맞게 되었다. 반대로 수도권은 초집중화로 극단적 혼잡 상태를 보인다. 이 모든 것이 수도권이 지방에 비해 여러 가지 면에서 우위에 있었던 결과일까? 그렇지 않을 수도 있다. 수도권과 지방이 경쟁하면 지방이 유리한 것도 많다. 인구도 원래 지방이 훨씬 더 많았고 땅은 지금도 훨씬 넓다. 그런데 지방은 완전히 허물어지고 말았다. 지방의 경쟁력이 없는 것이 아니고 지방의 일부 정치인들이 이해관계가 서울 사람들과 같았던 것이다. 그들이 그렇게 서울 중심 사고방식과 세계관을 지방에 전파하고 철저히 서울 이익에 부합하도록 움직인 결과 지방이 고사된 것이다. 지방 경쟁력을 약화시킨 사람들이 바로 지방 '내부자들'이다. 지방 정치인들의 자격조건은 학력과 경력이 아니라 정체감과 애향심이라고 볼 수 있다. 각종 선거를 위해 그 지역에 출마하는 이들의 면면을 살펴보라. 아무리 학력과 경력이 화려하다고 해도 애향심이 없다면 그들은 오히려 지방을 더 황폐하게 만들 수도 있다. 누가 진정 그 지역을 위해 일할 수 있는 적임자인지 주민들은 쉽게 알지 못한다. 후보자들에 대한 정보가 제한적이기 때문이다. 즉 정보가 대칭적이지 않다. 후보자들 자신은 자신들에 대해 알고 있지만 유권자들은 그 후보자들에 대해 알지 못한다. 즉 정보 비대칭 상황이다. 정보 비대칭 때문에 역선택이 발생하고 그 역선택으로 인해 지방이 망해가는 것이다. 따라서 지역민들이 진정 지역발전을 원한다면 지역 정치인들에 대한 정보 대칭화를 목표로 삼아야 한다. 어떻게 하면 정보 대칭화가 가능할까? 즉 그 정보를 어떻게 얻어낼 수 있을까? 그 후보자들이 그 지역을 위해 무엇을 해왔는지를 따져보면 알 수 있을 것이다.

어느 도지사의 분노

충청북도 김영환 지사는 2022년 지방선거에서 당선됐고 현재 임기를 수행 중이다. 그는 충북 발전을 위해 많은 노력을 기울이고 있다고 전한다. 실제 사익추구를 자제해 도지사 관사를 충북도민들에게 돌려주기도 했다. 그런 그가 2022년 8월 18일 페이스북에 아래와 같은 글을 올렸다.

충청북도는 대한민국인가? 어제는 기재부 예산실장을 만나 충청북도에 화급하게 SOC 예산을 포함해 충북의 예산을 한 푼이라도 더 반영하기 위해 서울을 다녀왔다. 숙소를 잡아 놓고 애쓰는 직원들의 집요하고 적극적인 노력이 눈물겨웠다. 그러나 돌아오는 차 안에서 나는 그동안 지역균형발전에 매달려 충청북도에만 들씌워진 멍에와 지리적 조건, 그리고 호수지방이 가진 역차별과 불공정에 대한 올바른 인식도 주장도 없었던 지금까지의 자세로는 더 이상 충북의 발전이 없이 충북 소멸을 벗어던질 수 없다는 생각을 하게 되었다. 올 한 해 6조 4,000억

원이 넘는 해양수산부 예산 가운데 우리 도에 편성된 예산이 55억 원, 0.08% 남짓으로 도대체 이러고도 충청북도는 과연 대한민국인가? 바다가 없으니 바다 예산이 없고 바다 예산이 없으니 발전에서 뒤처지는 국토균형발전의 양극화의 악순환을 벗어날 수가 없다. 구조적으로 불평등하고 원천적으로 차별적이다. 어느 정부에서도 바다가 없는 충북도를 배려하거나 이런 불균형을 보완하기 위한 정책을 들어본 적이 없다. 이런 불평등 차별적인 모순에 대해 분노해 본 적도 없는 유순하고 운명에 순응하는 충청북도는 이제 상투를 자를 때가 되었다. (중략) 우리는 아름다운 계곡과 강을 막고 드넓은 수변공간을 포기하고 나서야 충주호, 청풍호, 단양호, 대청호, 괴산호를 갖게 되었다. 이 남한강은 팔당을 거쳐 2,500만 수도권 주민과 금강의 충청, 세종, 전북 357만 국민의 생명을 지키는 식수원이 되었다. 어찌 그뿐이랴. 반도체 등 산업용수를 제공하는 젖줄이 되었다. 우리는 대한민국 물의 주인이다. 그러나 우리는 그 대가로 10조 원도 넘는 규제의 올가미를 쓰고 가난의 빈사에 내몰리는 신세가 되었다. 우리는 물을 주고 규제 폭탄을 받는 그야말로 물주가 되고 말았다. 아! 차라리 이럴 바에는 충주호와 대청호의 수문을 닫을 수만 있다면 닫아버리고 싶다. 이제 나는 대한민국 정부에 대해 예산을 구걸하지 않겠다. 우리의 권리를 위한 투쟁은 정당하고 민주주의의 길이며 헌법정신에 부합한다. 충청북도는 대한민국이다. 충청북도민은 대한민국 국민이다.

김영환 지사는 충북 청주에서 태어났다. 대학 시절부터는 수도권에서 살아온 것으로 보인다. 정치 활동도 수도권에서 시작했다고 한다. 그런 그가 고향을 발전시키겠다고 충북에 돌아가 현재 열심히 뛰는 중이다. 막상 고향에 돌아가 일하려고 보니 지방의 현실이 보였나 보다. 고향 발전을 위해 불철주야 노력하는 도지사의 모습을 높이 평가하고 싶다. 실은 도지사가 저렇게 울분을 토해가며 중앙정부를 향해 각을 세우기가 쉽지 않기 때문이다. 그렇게 지역 현안을 놓고 분노할 수 있는 이가 도지사직을 맡는 것이 자연스럽다. 분노한다는 것은 정체감 때문이다. 김영환 지사는 충북인으로서 정체감을 느끼기 때문에 충북에 대한 중앙정부의 홀대를 두고 섭섭함이 일었을 것이다. 하지만 처음 김영환 지사의 글을 읽었을 때 그 느낌을 한 마디로 정리한다면 '새삼스럽다'였다. 새삼스러울지언정 그렇게 분노를 표시한 도지사를 높이 평가하고 싶다.

지역발전을 가로막는 것은 예산 부족도 있지만 더 큰 문제는 지역의 정체감 부족이다. 그리고 한국 전반에 번진 차별의식일 수도 있다. 지금도 지방에 대한 편견과 차별이 없다고 장담할 수 없다. 그런데 정확히 문제를 짚자면 그 편견과 차별은 지역의 정체감 부족에서 온 것이다. 수도권 사람들 가운데 상당수는 지방 출신이다. 자신이 지방 출신임에도 불구하고 수도권에 살면 자신이 떠나온 지방을 더 무시하기도 한다. 그리고 지방 대학을 더 무시한다. 물론 사람에 따라 다를 수도 있다. 앞에서 설명했듯 개인차가 있다. 유복한 환경에서 자랐으면 고향에 대한 좋은 기억이 많고 그리움이 남아 있겠지만 상처를 겪고 자랐다면 그리움이 남아 있지 않을 것이다. 그 경우 고향을 더 부담스러워하는 경우도 많다. 출향 인사들도 그렇게 지방에 대한 편견이 남아 있는데 서울 사람들이 지방에 대한 편견이 없을 수 없다. 차별받는 곳은 충북뿐이 아니다. 보기에 따라 충북은 그 차별감에서 좀 더 자유로울 수도 있다. 실제 충북은 수도권과 가깝기도 하고 최근 인구변화 추세를 보더라도 인구가 늘고 있기 때문이다. 수도권을 제외한 전국 대부분 지역에서 같은 고민을 동시에 하고 있다고 볼 수 있다. 그리고 김영환 지사가 주장하는 포인트는 해양수산부 예산과 관련해서다. 어찌 보면 바다가 없어서 바다 관련 예산을 적게 배정받는 것이 크게 이상할 것도 없다. 그런데도 그는 도지사로서 분노할 줄 알았다. 지금 지방은 발전은커녕 퇴행하고 있다. 그 퇴행 문제를 해결하기 위해 지자체 단체장들이 갖춰야 할 기본 덕목은 애향심이다. 애향심은 정체감에서 나온다. 김영환 충북지사의 분노는 정체감에서 나온 것으로 파악할 수 있다. 그렇게 도지사가 중앙정부를 향해 분노감을 표출할 수 있는 지역은 발전 희망이 있다고 볼 수 있다. 김영환 충북지사는 '대한민국 정부에 예산을 구걸하지 않겠다'고 스스로 다짐했다. 지자체장들 가운데 자신을 뽑아준 그 지역에 애향심도 없고 정체감마저 결여된 경우도 많다. 그런 사람들은 중앙정부에 대해 분노할 일이 없다. 수직적 서열을 당연시하는 사람들에게 자아존중감은 없다. 따라서 분노도 할 줄 모른다. 지역민들이 차별받고 무시 받더라도 자신과 무관하다고 여긴다. 그리고 자신은 중앙에서 힘깨나 쓰는 사람들 접대하느라고 바쁘다. 그게 지방의 한계다.

김영환 충북지사가 오죽 답답했으면 '충주호와 대청호의 수문을 닫을 수만 있다면 닫아버리고 싶다'고 표현했을까 싶다. 코믹하게 들릴지 모르지만, 그 말에 게임이론의 의미가 담겨 있다. 바로 교섭력이다. 김영환 지사 말이 맞다. 충청북도가 수도권 사람들 식수를 대고 있다고 해도 과언이 아니다. 그 상황에서 충청북도가 충주호와 대청호 수문을 닫아버리면 수도권 주민들은 당장 한강 물을 쓸 수 없게 된다. 게임이론 시각으로 보면 충북도민들이 서울시민들에 대해 전략적 우위가 성립하는 것이다. 정상이라면 서울에서 예산을 들여 충북을 배려하는 것이 맞을 텐데 거꾸로다. 충북지사가 예산을 더 따내기 위해 서울에 올라가 아쉬운 소리를 하고 있기 때문이다. 그렇게 전략적 우위를 확보하고 있으면서도 전략적 열위에 있는 양 행동하는 것은 매우 역설적이다. 그 이유는 전적으로 교섭력 부재 때문이다.

교섭력이 필요하다

교섭은 이런 것이다. 뭔가를 나눈다고 하자. 당사자들이 동의하고 협상이 타결되면 모두가 이득을 얻는 상황이다. 다만 어떻게 나눠 갖느냐가 관건이다. 말하자면 5대 5로 나눠 갖느냐 6대 4로 나눠 갖느냐를 정하는 것이 바로 교섭이라고 볼 수 있다. 가장 단순하게 무력으로 위해를 가해 이득 분배에 대한 합의를 끌어내는 방법도 있다. 그래서 영화에서 보면 총칼을 들이대는 것이다. 엄밀히 말하면 무력을 과시해 겁을 주는 것이지 그 무력을 직접 사용하는 것이 아니다. 즉, 총을 쏘겠다고 위협하고 상대가 동의하면 총을 쏘지 않는다. 무력을 과시하며 동의를 강요하는 쪽도 그 상대가 양보를 통해 얻을 것이 있음을 알고 있다. 양쪽 모두 얻는다. 다만 어느 한쪽이 더 많이 가져가고 다른 한쪽이 덜 가져가게 된다. 위협은 이렇게 발생한다. '더 많이' 가져갈 이유를 상대에게 설명하지 못한다. 그냥 더 많이 가져가고 싶은 것이다. 상대도 자신이 '더 적게' 가져가야 할 이유를 알지 못하기에 양보를 할 수 없다. 명확한 이유 없이 양보한다면 스스로 바보가 된 듯한 생각이 들기 때문이다. 정리하자면, 교섭이 타결되면 서로에게 이득이 돌아간다. 다만 서로 상대보다 더 가져가고 싶기에 교섭 과정에서 다툼이 일어나는 것이다.

한국 소매점에서 '바겐 세일'이라고 쓴 경우를 흔히 본다. 여기서 '바겐'은 'Bargain'을 뜻하는 것인데, 우리가 지금 논의하고 있는 교섭을 뜻한다. 교섭력은 'Bargaining Power'이다. 교섭을 통해서 가격이 더 낮아질 수 있음을 뜻한다. 예를 들어 사업자가 폐업을 생각하면 재고 남기길 원하지 않는다. 다시 팔 일이 없기 때문이다. 아깝다고 재고를 남기면 오히려 재고비용이 든다. 이때 시간은 사업주 편이 아니다. 따라서 그는 무조건 파는 것이 유리하다. 미련이 남아 팔지 않고 재고로 남기면 처치 곤

란해진다. 그 상황을 내다본다면 낮은 가격에라도 일단 파는 것이 낫다. 고객이 그러한 상황을 이해하고 있다면 그가 최후통첩을 할 수 있다. 구매자가 판매자와의 교섭에서 우위를 점하는 상황이다. 판매자가 20만 원을 제안한다면 거부하고 문 닫을 때쯤 다시 가서 사고 싶은데 돈이 10만 원밖에 없다고 하는 것이다. 감정 상하지 않게 말을 잘하면 그 판매자는 더 낮은 가격에 넘길 수도 있다. 그래서 '말만 잘하면 공짜'라고 하는 것이다. 이론적으로 정리하면 그 상황에서는 고객의 교섭력이 더 강하기 때문이다. 한국에는 '떨이'라는 말이 있다. 청과물 가게 또는 슈퍼마켓에서 과일이 안 팔리고 남으면 낮은 가격에라도 처분하는 것이 유리하다. 판매자 입장에서 그 과일이 재고로 남으면 신선도가 떨어져 안 팔릴 가능성이 더 높아지고 결국 버리게 된다. 따라서 아깝지만 낮은 가격에라도 처분하는 것이 재고로 남기는 것보다 유리하다. 미국에서 이사를 앞두고 가구를 내다 파는 경우가 많다. 전형적인 교섭 상황이다. 흥정만 잘하면 대개 구매자가 원하는 가격에 거래가 성사되는 경우가 많다. 왜냐하면 판매자는 가구를 갖고 이사하기가 곤란스럽기 때문이다. 버리기도 쉽지 않다. 가구가 안 팔리면 판매자는 일손을 구해서 버려야 되는 상황에 직면할 수도 있다.

바겐 세일은 이처럼 정가가 정해지지 않았고 흥정을 통해 가격이 더 낮아질 수 있는 상태를 의미한다. 말 그대로 '바겐' 즉, 교섭을 통해 가격이 정해지는 것이다. 교섭이 성사되면 양쪽 거래 당사자들이 모두 이득을 얻는다. 가격이 낮아지면 구매자가 이득을 '더 많이' 가져가는 것이고 가격이 높아지면 판매자가 이득을 '더 많이' 가져가는 것이다. 서로 얼굴을 붉힐 필요가 없다. 판매자 입장에서는 구차하게 돈 몇 푼 받겠다고 지리멸렬한 흥정을 계속하는 것보다 차라리 무상으로 줄 수도 있다. '돈'보다 '인심'을 얻는 것이 더 유리하기 때문이다. 그래서 '말만 잘하면 공짜'인 것이다. 교섭력은 그렇게 중요하다.

　이미 언급했지만 상업적 거래 대부분의 경우는 상호제안게임 형태를 띤다. 갑돌과 을순은 다음과 같은 교섭을 앞두고 있다. 갑돌과 을순은 1미터 길이의 아이스크림을 나눠 갖기로 하고 서로 교섭에 돌입했다. 막대기 형태의 아이스크림을 생각해보자('아이스크림바'를 생각해보라). 앞서 갑돌의 부동산 거래에서는 갑돌이 최후통첩권을 보유하고 있다고 가정한 바 있다. 부동산 거래 교섭과 지금의 아이스크림 나눠 갖기 교섭은 크게 다른 점이 존재한다. 그것은 전자의 경우에는 시간이 좀 지난다고 해서 땅이 줄어들거나 하지 않았다는 것이다. 하지만 아이스크림은 다르다. 아이스크림은 시간이 갈수록 녹는다. 따라서 교섭 당사자들은 빠른 시간 안에 합의하는 것이 중요하다. 상호제안게임을 생각해보자. 상호제안게임이란 누구도 최후통첩권이 없는 상태이다. 즉, 한 당사자가 제안하면 다른 당사자가 거부할 수 있다. 이해를 쉽게 하기 위해 한 당사자의 제안이 거부되고 다른 당사자에게 제안권이 넘어갈 때 아이스크림이 10센티미터씩 녹는다고 가정해보자. 실제로 아이스크림은 녹는다. 그리고 피자는 식어간다. 식으면 맛이 없다. 원리적 이해를 위해 제안권이 넘어갈 때마다 아이스크림이 10센티미터 줄어드는 것을 빼고는 맛이나 식감은 변함이 전혀 없다고 가정한다. 먼저 갑돌이 최후통첩권이 있다고 해보자. 즉, 그는 아이스크림을 쥐고 을순에게 제안할 수 있는데 을순은 거부권이 없다. 그렇다면 갑돌은 을순에게 아이스크림을 어떻게 나눠 먹자고 제안할까? 앞서서 설명한 바 있다. 최후통첩권을 가진 사람은 갑이다. 즉, 그는 아이스크림 나눠 먹기 교섭을 통해서 발생하는 모든 이득을 다 가져갈 수 있다. 그래서 갑이고 그와 같은 형태의 제안을 '갑질'이라고 설명했었다. 을순은 갑돌의 제안을 수용하지 않으면 협상이 결렬되고 만다. 협상이 결렬되면 을순은 아이스크림보다 더 큰 것을 잃어버릴 수 있다고 가

정해도 좋다. 을순은 갑돌의 제안은 무조건 수용할 것이다. 갑돌은 을순이 어떤 제안을 한다 해도 수용할 것임을 안다. 그렇다면 갑돌은 을순에게 아이스크림을 자신이 다 가져가겠다고 제안할 것이고 을순은 그와 같은 제안을 마지못해 수용할 것이다. 교수가 대학원생을 무급으로 일 시킬 수 있었던 것은 그와 같은 최후통첩권에서 비롯되었다고 설명한 바 있다. 이번에는 을순이 거부권을 갖는다고 가정해보자. 즉, 갑돌이 아이스크림을 쥐고 을순에게 얼마만큼을 제안하면 을순이 그 제안을 들어보고 좋으면 수락하고 싫으면 거부할 수 있다. 을순이 갑돌에게서 받은 제안을 거부하면 이번에는 을순이 갑돌에게 역으로 제안을 할 수 있고 이 경우 갑돌은 거부권이 없다고 해보자. 그렇다면 갑돌은 을순에게 아이스크림을 어떻게 나누자고 제안할 것인지 예상해보자. 답을 얻기 위해선 역진귀납법이 도움이 된다. 일단 갑돌은 먼저 얼마만큼을 제안하면 을순이 거부하지 않고 수락할까를 생각해봐야 할 것이다. 그렇다면 그는 을순의 입장이 되어 생각해봐야 한다. 을순은 스스로 거부권이 있기 때문에 갑돌에게서 받은 제안이 싫다면 거부하고 역제안하면 오히려 갑돌에게 거부권이 없다는 것을 알고 있다. 이 경우 갑돌이 처음 제안할 때 을순의 수락을 받아내지 못하면 오히려 을순이 최후통첩권을 얻게 된다. 갑돌은 그와 같은 사실을 알기 때문에 제안해서 을순의 수락을 받아내려 할 것이다. 수락을 받아내려면 어떻게 제안해야 할까? 간단하다. 을순이 갑돌의 제안을 거부하고 다시 역제안해서 얻어갈 수 있는 만큼을 제안하면 을순은 제안을 수락할 것이다. 여기에서 하나 가정이 필요한데 어떤 당사자가 수락과 거부를 통해 얻을 수 있는 각각의 보수가 같다면 그 당사자는 수락하는 것을 택한다는 것이다. 을순은 갑돌의 제안을 거부하고 그에게 다시 역제안하면 그녀가 최후통첩권을 보유하기 때문에 갑돌에게 아이스크림을 나눠 주지 않아도 된다. 하지만 한 번 제안을 거부하면서 아이스크림이 10센티미터가 녹았기 때문에 아이스크림은 90센티미터만 남아 있을 것이다. 즉, 그녀는 갑돌의 제안을 거부하면 아이스크림 90센티미터 만큼을 얻을 수 있다. 따라서 갑돌은 처음에 제안할 때 자신이 10센티미터를 가져가고 을순에게 90센티미터를 제안하면 그녀는 그 제안을 거부할 이유가 없을 것이다.

이런 제안은 역진귀납법을 통해 가능하다. 위 상황에서 갑돌의 제안을 거부하고 을순이 갑돌에게 다시 역제안했다. 이때 갑돌이 다시 을순의 역제안을 거부할 수 있고 역역제안을 하면 최후통첩권이 있다고 해보자. 즉, 갑돌의 역역제안에 을순은 거부권이 없다. 이때는 갑돌이 을순에게 어떻게 제안할 수 있을까? 위 상황에서 을순이 역제안할 때 최후통첩권이 있었고, 이때 그녀는 90센티미터를 가져갔다. 단순하게는 갑돌에게 거부권이 없었기 때문이다. 만약 갑돌에게 거부권이 있다면 얘기가 달라진다. 왜냐하면 갑돌이 그 제안이 싫으면 거부했다가 다시 역역제안을 할 수 있을 것이다. 그렇게 되면 그가 아이스크림을 을순에게 하나도 주지 않아도 된다. 하지만 그 과정에서 제안이 두 번 거부되었기 때문에 아이스크림은 20센티미터가 녹았을 것이다. 따라서 갑돌이 최후통첩권을 통해 가져갈 수 있는 아이스크림은 80센티미터가 된다. 그렇다면 처음에 을순에게 제안할 때 갑돌은 자신이 제안과 역역제안을 통해 가져갈 수 있는 아이스크림은 80센티미터라는 것을 알고 있고 을순 역시 자신이 역제안을 한다 해도 궁극적으로는 갑돌이 최후통첩권이 있다는 것을 알고 있다. 그리고 자신이 그 교섭 게임에서 거부하고 역제안을 해봐야 아이스크림만 녹고 만다는 것을 알고 있다. 따라서 갑돌이 자신이 80센티미터를 가져가고 을순에게 20센티미터를 제안하면 을순은 수락할 것이다. 결국 갑돌이 80센티미터를 가져가고 을순은 20센티미터를 가져가게 된다.

만약 갑돌과 을순이 서로 계속해서 거부하고 계속해서 역제안할 수 있다고 가정하자. 즉, 갑돌의 제안이 싫으면 을순은 그 제안을 거부하고 다시 역제안하는데 이때 갑돌은 그 역제안을 거부할 수 있고 다시 역역제안을 할 수 있으며 이때 을순은 그 역역제안을 거부할 수 있고 다시 역역역제안을 할 수 있다 이때 갑돌은 처음에 어떻게 을순에게 제안할까? 반반으로 나눠 갖자고 할 것이고 을순은 동의할 것이다. 이 같은 경우는 두 당사자가 교섭력이 동일할 경우를 말한다. 최후통첩권이 있는 당사자가 교섭력이 더 강하고 그 강한 교섭력 때문에 아이스크림을 더 가져갔었다. 하지만 두 당사자가 거부권을 같이 보유하고 있고 누구도 최후통첩권이 없다는 얘기는 둘 다 같은 교섭력을 갖고 있다는 뜻이다. 교섭에 들어가기 전 두 당사자가 서로 교섭력이 동등하다는 것을 알면 둘은 동일하게 나눠 갖는 것이 합리적이라고 생각할 것이다. 실제로 반반씩 나눠 갖는 것이 내쉬 균형이다. 이는 수학적인 방법을 통해 증명 가능하다. 꼭 수학적으로 증명하기 전에 사람들에게 물어보면 대부분 반반씩 나눠 가져갈 것이라고 대답한다. 매우 직관적이다. 교섭력이 동일하면 동등하게 나눠 갖는다. 이 얘기는 다시 생각해 보면 당사자들 간에 교섭력이 동일하지 않다면 동등하게 나눠 가질 수 없다는 것을 뜻한다. 우리는 일상에서 무엇이든지 동등하게 나누는 것이 공정하다고 생각하는 경향이 있다. 하지만 게임이론적인 시각에서 분석해보면 교섭력의 크기에 따라 가져가는 몫이 달라진다. 따라서 국가 간의 교섭은 큰 이슈가 된다. 왜냐하면 교섭력에서 우위에 선 나라가 그 교섭에서 조금이라도 더 얻어가게 되어 있다. 국가 간에 군비 경쟁이 벌어지고 위험천만한 핵을 보유하려 드는 이유가 있다. 바로 교섭력을 확보하기 위해서다. 서울과 지방이 교섭을 벌이는 상황이라고 해보자. 지방이 교섭력이 없으면 서울을 상대로 해서 얻어낼 수 있는 것이 없다. 그래서 교섭력 확보를 강조하는 것이다.

강준만 교수는 자신의 저서 '지방 식민지 독립선언'에서 '지역주의에서 지방주의로의 전환'을 강조했다. 매우 의미 있는 지적이다. 강 교수는 "우리 지역 사람이 권력을 잡아야 한다고 보는 게 지역주의라면 어디가 됐든 지방이 수도권과 동등하게 맞먹을 수 있어야 한다고 보는 게 지방주의일 것"이라고 강조했다. 바로 그것이다. 게임이론 시각에서 보면 그와 같은 주장이 바로 교섭력과 맥이 닿는다. 한국에서 지방이 차지하는 비중은 매우 크다. 전체 영토 중에 89.2%를 차지한다. 하지만 이상하리만치 존중받지는 못한다. 돈과 자원 등 모든 것이 서울에 쏠려 있고 지방에는 빈집들 빼고 모든 것이 사라지고 있다. 비하되거나 무시되기 일쑤다. 누가 봐도 말이 안 된다. 비정상이다. 그 이유는 다양할 것이다.

표준경제학 시각에서 이유를 찾으라고 한다면 자본의 양일 것이다. 하지만 게임이론 시각에서 볼 때는 지방이 중앙정부에 대항할 수 있는 수단이 없어서라고 말할 수 있다. 즉, 교섭력이 없다. 따라서 지방 소외문제를 해결하기 위해 가장 절실한 것이 바로 교섭력이다. 교섭력은 말 그대로 '힘'이다. 약탈을 위한 원시적인 힘이 아니라 자신을 지키고 존중을 받아내는 힘이다. 경기자들 지위는 다를 수밖에 없다. 누군가가 우위에 있다면 다른 누군가는 상대적으로 열위에 있다는 뜻이 된다. 그 상황을 그대로 방치하면 지배와 굴종이 나타날 수밖에 없다. 선진국에서는 대부분 열위에 있는 경기자가 존중받을 수 있도록 제도가 설계되어 있다. 게임이론에서 그 제도의 핵심은 교섭력이다. 예를 들어, 과거 노동자들에겐 거부권이 없었다. 고용자가 어떤 노동자에게 일방적으로 임금을 깎고 싶으면 퇴사하라고 말한다고 해보자. 그 노동자는 퇴사해서 대책 없이 실업자가 되는 것보다 줄어든 임금을 수용할 '유인'이 존재한다. 말 그대로 그 노동자는 줄어든 임금을 '거부'할 힘이 없는 상황이다. 그렇다고 노동자 한 명이 나서서 고용자를 상대로 협상을 벌일 수도 없다. 그 경우 고용자는 그 노동자를 해고하고 말 것이다. 노동자가 너무 불리한 위치에 있다.

그렇기에 제도 설계를 통해 노동자들에게 단체교섭권을 부여한 것이다. 노동자들이 조합을 결성해 단체교섭에 나서기 시작하면서 비로소 노동자들은 부당한 임금 삭감 조치에 대항할 수 있게 된 것이다. 고용자들에게 도덕심을 호소해 문제를 해결할 수 없다. 지금 지방이 처한 문제도 그런 시각에서 볼 필요가 있다. 지방이 무시당하고 소멸 위기에 처한 것은 짧게 말해 힘이 없기 때문이지 중앙정부가 도덕심이 없어서가 아니다.

중앙정부가 선심 쓰듯 지방에 선거용 혁신도시를 만들고 공공기관 몇 개 이전한다고 해서 지방에 교섭력이 생기는 것이 아니다. 공공기관을 특정 지역으로 강제로 옮기는 것보다 공공기관 스스로가 그 지역의 가능성을 보고 스스로 옮겨 가겠다고 선언할 때 비로소 공공기관 이전 효과가 발생할 수 있다. 하지만 지금 같은 상황에서 공공기관 스스로 입지를 선택하라고 하면 지방을 선택하지 않을 것 같다. 다시 강조하지만 그 이유는 지방에 '힘'이 없기 때문이다. 공공기관 종사자들이 볼 때 서울은 지방과 '급'이 다르다. 즉, 서울의 '힘'이 훨씬 더 세다. 대개 본사는 서울에 있고 공장은 지방에 있다. 그리고 대개 지방공장이나 지사에 의사 결정권이 부여되지 않는다. 중요한 결정은 모두 서울 본사에서 이뤄진다. 그것도 교섭력이다. 지사는 본사를 상대로 교섭력이 전혀 없다. 더 쉬운 표현으로, 중앙에서 시키면 지방은 시키는 대로 할 수밖에 없는 구조이다. 기업뿐이 아니다. 정부 부처와 공공기관은 중앙 집중화가 더욱 심하다. 한국에서 '중앙집권' 전통은 오래됐다. 조선시대부터 엘리트들은 모두 서울에 살았다. 당시 엘리트들이 지방에 살 '유인'이 존재하지 않았다. 서울에 임금과 엘리트 신하들이 살면서 임금 눈 밖에 난 누군가가 유배지인 지방으로 좌천되는 식이었다. 지방 한 고을의 수령이 중앙에서 시키는 대로 하지 않는다면 그는 이유를 불문하고 반역죄로 몰렸을 것이다.

지금 한국은 어떠한가? 형식은 지방자치제이다. 하지만 내용을 따져 볼 때다. 지방자치제가 제대로 기능하고 있는지 식자들에게 묻는다면 시각에 따라 답이 다양할 것이다. 나름대로 근거도 있을 것이다. 지방자치제 문제를 꿰뚫는 한 마디를 찾자면 바로 '교섭력 부재'다. 예를 들면, 미국에서 각 주는 교섭력을 보유하도록 설계가 되어 있다. 한국은 어떨까? 지자체에 교섭력이 있을까? 없다. 가장 중요한 것이 없는 상태다. 그러면서 각 지역이 각자도생 격으로 발전 전략을 수립하겠다고 부산 떠는 모습이다. 우물가에서 숭늉을 찾는 격이다. 교섭력이 없으니 서울을 향해 '카운트 오퍼'를 날리지 못한다. 스스로 금과옥조처럼 떠받치고 있는 지역발전 전략도 실은 서울에서 만들어 내려준 경우가 대부분이다. 대개 중앙정부의 관료, 중앙의 정치인, 중앙의 연구기관, 중앙의 언론, 그리고 중앙에서 활동하는 지식인들이 그러한 전략 수립에 영향을 미친다. 지방은 항상 서울이 시키면 시키는 대로 한다. 지금 지방 소멸 위기는 자원 부족이 아니라 전략 실패에서 비롯되었다. 교섭력 부재는 전략 실패의 결과라고 파악할 수 있다. 전략 실패는 전략적 사고가 결여됐기 때문이다. 전략적 사고가 결여됐다는 것은 지방이 당면해 있는 게임 상황을 정확히 이해하고 있지 못하기 때문이다. 지금 상황은 절대적 지배력의 한 경기자가 존재하고 존재감 없는 다수의 경기자가 동시적 게임을 벌이고 있는 것으로 묘사할 수 있다. 그 절대적 지배력의 경기자는 서울이고 존재감 없는 다수의 경기자들은 바로 여러 갈래로 쪼개진 지역들이다. 그렇게 동시적으로 경기를 치르면 서울에 도전할 수 있는 지역이 없다. 그래서 어떤 지역을 막론하고 지역은 반드시 패한다는 공식이 성립하는 것이다. 지방 패배주의의 실체다.

'지방'이란 어떤 전체를 이르는 단어다. 수도권의 여집합이라고 보면 맞다. 그 전체가 부분으로 잘게 쪼개져 있기에 교섭력을 낼 수 없는 것이다. 시장지배력은 교섭력이 확보된 다음이다. 지방이 서울을 상대로 교섭력을 확보하기 위해서 방법은 의외로 간단하다. 수도권의 여집합으로써 지방은 여러 지역을 아우르는 연맹체여야 한다. 즉, 지역들이 연맹을 맺어야 한다는 것이다. 그렇게 하지 않고 어느 한 지역이 나서서 서울에 맞섰다가 포기하고 차후에 다른 한 지역이 나서다가 또 포기하는 식이기 때문에 지방은 저평가되고 패배주의가 번지는 것이다. 싸우는 방법을 모르고 있다는 뜻도 된다. 지방이 소멸 위기에 몰리고 있는 와중에도 작은 지방권력을 위해 서로 분열되어 있다는 것은 매우 놀라운 일이다.

법보다 주먹이다

사람들이 교섭하면 먼저 떠오르는 말이 있다. '기싸움'이다. 일단 유리한 고지를 점하기 위해 상대의 기부터 꺾어 놓아야 한다고 믿는다. 그래서 지역민들은 자기 지역에 불리한 결정이 내려지면 단체로 서울로 올라가 시위를 벌이기도 한다. 자신들이 얼마만큼 분노하고 있는지 그리고 자신들이 뭉치면 얼마만큼 힘을 쓸 수 있는지 등을 먼저 보여주려는 시도다. 퍼포먼스다. 이때 그 지역 출신 '중앙 인맥'들도 등장한다. 자신들의 세를 보여주려는 의도일 것이다. 그런 군집 행태를 전략이라고 표현하는 사람들도 있다. 물론 그렇게 해서 정치적 효과를 낼 수도 있다. 법보다 주먹이 가깝기 때문이다.

한국 언론에는 '최후통첩'이란 표현이 자주 등장한다. 게임이론에서 교섭을 설명할 때 '최후통첩(ultimatum)'이란 말을 쓴다. 최후통첩은 전략이다. 즉, 상대에게 제안을 하나 던지고 그 제안을 수용하든지 아니면 교섭을 포기하든지 둘 중에 하나를 택하라고 한다. 최후통첩은 교섭력이 없는 상대에게 제안할 수 있다. 상대가 그 제안을 수용하지 않으면 그 교섭은 결렬된다. 최후통첩은 중요한 의미를 지닌다. 왜냐하면 두 당사자 모두 교섭이 타결되길 바라기 때문이다. 교섭에서 최후통첩을 할 수 있는 입장이면 무조건 유리하다. 그럼 최후통첩권은 어떻게 얻어질까? 간단하다. 교섭력이 강하면 된다. 그럼 교섭력이 없는 당사자는 어떻게 할까? 과학적으로는 방법이 없다. 그 경우 심리전밖에 없다. 그래서 '벼랑 끝 전략'이 나오는 것이다. 교섭력이 열위에 있는 당사자가 조금이라도 더 유리해지기 위해선 평범하게 싸워선 안 될 것이다. 그렇기에 교섭력 강한 상대를 벼랑 끝으로 몰고 가 상대 허리에 깍지를 낀 채 요구하면서 동시에 위협하는 것이다. 벼랑 끝에서는 교섭력 우위 또는 열위가 의미 없을 것이다. 발가락 하나라도 잘못 디디면 천 길 낭떠러지로 떨어지고 말기 때문에 그 순간에는 심리적 요인 즉, 담력과 배짱이 중요해진다. 그와 같은 심리전에서는 잃을 것이 많은 쪽보다 잃을 것이 없는 쪽이 보다 유리한 경향이 있다. 그래서 잃을 것이 없는 쪽이 더 공세적으로 나갈 수 있는 것이다. 이때 잃은 것이 많은 쪽이 더 큰 위협을 느끼고 먼저 양보하는 상황도 벌어진다. 말 그대로 '벼랑 끝 전략'이다. 여담이지만 작은 나라가 핵을 보유하려는 이유가 있다. 큰 나라와 작은 나라가 같이 핵을 보유한다고 해보자. 큰 나라가 작은 나라를 상대로 핵을 갖고 위협할 일은 없을 것이다. 굳이 핵을 쓰지 않고도 충분히 이길 수 있기도 하거니와 중요한 것은 그 두 나라를 제외한 모든 나라들 또한 그렇게 '기대'하고 있기 때문이다. 하지만 작은 나라는 핵을 쓰지 않고는 그 큰 나라와 정면으로 겨뤄 이길 수 없다. 그것이 사실이기도 하고 모두 또한 그렇게 '기대'하고 있기 때문이다. 따라서 작은 나라가 큰 나라의 침략을 받게 될 때 핵을 쓰겠다고 위협하면 그 위협이 전혀 허구적이지 않다. 그렇기에 작은 나라가 핵을 보유하고 있는 경우 큰 나라와의 교섭에서 더 많은 양보를 얻어낼 가능성이 커진다.

어느 나라든지 핵을 실제 터뜨리기 위해 개발하는 경우는 없다. 교섭력 강화를 위해서 개발할 뿐이다. 그렇기에 이웃 나라가 핵을 개발하면 자국에 유리할 것이 전혀 없다. 영화에서 보면 부당이득을 나누는 과정에서 서로에게 칼이든 총이든 무기를 들이대는 경우가 많다. 무기가 없으면 양보해야 한다. 바로 교섭력을 표현한다. 법보다 주먹이 가깝다고 말하는 이유다. 굳이 무력을 과시하지 않고도 최후통첩권을 얻는 방법도 있다. 교섭의 전개 방향을 예측해보는 것이다. 때로는 '째깍째깍' 타들어 가는 시간을 이용하기도 한다. 교섭 결렬 바로 직전에 어느 한쪽이 뭔가를 제안하고 상대가 마지못해 수용하는 결과가 나오기도 한다. 그 경우 시간이 누구에게 유리한지 파악할 필요가 있겠다. 지방과 서울 간의 경쟁에서 시간은 서울 편이다. 시간이 갈수록 더 불리해지는 쪽은 지방이란 뜻이다. 한국 사회에서 '갑질'이란 말이 화두가 된 적 있는데 '갑'과 '을'은 게임이론에서 나온 말이다. 최후통첩권이 있는 당사자가 바로 '갑'이고 거부권이 없는 상대가 '을'이다. 서울은 '갑'이고 지방은 '을'이다. 시장이 완전할수록 어느 한 당사자가 최후통첩권을 갖고 교섭을 일방적으로 유리하게 끌고 가는 경우는 드물다. 지금 시장에 가서 물건을 사면 대부분 정가제다. 가격이 정가제라고 하면 거래 당사자들 간에 서열이 존재하지 않는다는 뜻이다. 전적으로 구매자 기호에 따른다. 구매자는 물건이 마음에 들면 사고 마음에 들지 않으면 안 사면 그만이다. 판매자도 마찬가지다. 가격이 마음에 들면 팔고 그렇지 않으면 안 팔고 다른 고객을 기다리면 된다. 판매자와 구매자 간에 서열이 존재하지 않는다. 하지만 정치적 거래에서는 대개 서열이 존재한다. 지방은 중앙과 정치적으로 거래해선 안 된다. 전략적으로 열위에 있기 때문에 거부권도 없거니와 역제안권도 없다. 그래서 중앙에서 시키면 시키는 대로 할 수밖에 없는 것이다. 지방은 중앙에 줄을 대려 노력할 때가 아니라 거부권을 갖고 역제안할 수 있도록 모색해야 할 것이다.

상원 의원제와 비토 파워

 교섭력 확보를 위해 지방에 가장 필요한 것이 바로 '비토 파워 (veto power)'이다. 다시 말하지만, 거부권이다. 지방에는 그게 없다. 대안이 있다. 바로 상원의원제 도입이다. 선진국들 대부분은 양원제를 시행하고 있다. 미국, 영국, 프랑스, 독일 등 서방 선진국들을 비롯해 G7 국가들이 양원제를 시행하고 있다. 인구 1000만 명 이상 되는 OECD 15개 국가 중 양원제를 채택하지 않은 나라는 터키와 한국뿐이다. 공교롭게도 터키는 한국의 '형제 나라'다. GDP 상위 15개 국가 중에서는 유일하게 한국만 양원제를 채택하고 있지 않은 상황이다. 다양한 유형의 양원제가 있다. 미국, 독일과 같은 연방제 국가에서 상원은 지역을 대표하는 성격이 강하고 상원과 하원이 대등한 권한을 가진다. 반면 영국, 프랑스 같은 나라들은 권한이 주로 하원에 집중되고 상원은 약한 거부권을 갖고 있다. 특히 미국의 경우 인구 규모와 상관없이 각 주에서 2명씩 주민 직선으로 상원의원을 선출하고 그 주를 대표하게 한다. 한국식으로 생각하면 말이 안 된다고 여길 것이 분명하다. 예를 들어, 서울의 상원의원이 2명이고 인구가 몇 십 배 적지만 제주 역시 상원의원이 2명이 되는 셈이다. 미국 역시 인구가 가장 많은 캘리포니아는 2020년 기준으로 인구가 약 4,000만 명 가까이 되고 인구가 가장 적은 와이오밍 주는 인구가 50만 명 가까이 된다. 하지만 상원의원 수는 모든 주가 똑같이 두 명이다. 상원의원은 지방정부로부터 법률적 지시나 간섭을 받지 않고 그 지역을 대표한다. 연방 헌법은 양원의 동의 없이 제정될 수 없고 개정될 수도 없다. 하원이 세입 법안을 먼저 심의할 수 있지만, 상원은 예산에 대한 권한을 갖고 있고 법률안에 대해 수정 권한을 갖고 있다. 또한 상원이 고위직 후보자 인사 청문회, 인준동의권과 조약비준권 등의 권한들도 보유하고 있다. 주 지역을 대표하는 상원은 소규모지만 막강한 권한이 있다. 한국도 양원제가 도입된 적이 있다. 헌법에 처음 규정된 것은 1952년 제1차 개헌 때다. 대통령 직선제 개헌을 위해 당시 야당과의 타협안으로 양원제를 포함한 것으로 민의원(하원), 참의원(상원) 양원 체제를 헌법에 최초로 규정하였다. 이후 우여곡절이 있었지만 1962년 양원제에서 단원제로 개헌이 이뤄지면서 양원제는 헌법에서 완전히 사라지게 되었다. 지역이 교섭력을 확보하고 '비토 파워'를 지니기 위해선 지역 대표형 상원 도입이 필요하다고 볼 수 있다. 지역대표형 상원은 입법 과정에서 지역의 이해를 반영할 수 있고 결과적으로 수도권 초집중화를 완화하고 나아가 국토균형발전에도 기여할 수 있기 때문이다. 현재 한국 인구 절반 이상이 수도권에 살고 있다. 공식적으로 등록된 인구가 그렇다. 주민등록은 지방에 되어 있지만 실제 수도권에 거주하는 이들도 많다. 그 인구까지 합치면 실제 수도권에 더 많은 인구가 거주하고 있다고 볼 수 있다. 국민을 대표하는 지역구 국회의원 중 수도권 의원 비율 역시 꾸준히 증가해 왔다. 2000년 16대 총선에서는 42.7% 수준이었지만 20년이 지난 21대 총선의 경우는 그 비율이 47.8%까지 높아졌다. 인구 절반 이상이 수도권에 살고 있고 국회의원들 반 가까이가 수도권에 지역구를 두고 있고 수도권 이해를 대변하고 있는 상황에서 균형발전은 허구다. 또 하나 특기할 만한 사항은 비수도권 지역구 의원들과 그 가족들도 대부분 수도권에 살고 있다. 그들 모두가 수도권 중심 정책을 선호할 수밖에 없다. 단원제 국회의 한계를 보여주는 것일 수도 있다. 인구 비례에 의존해 수도권 국회의원 수가 반 가까이 되는 현실은 매우 모순적이다. 한국 영토의 89.2%는 수도권이 아닌 지방이기 때문이다. 단원제는 영토를 배려하지 않는 결과라고 볼 수 있다. 영토는 매우 중요하다. 이를 반영하기 위해서라도 지역을 대표하는 상원의원제 도입이 필요하다. 미국처럼 상원의원 의석수를 각 지역에 같은 수를 배정하는 것도 좋은 방법이다. 그렇게 하지 않으면 수도권의 쏠림은 계속될 수밖에 없다. 따라서 파멸적 집적을 막을 수 없게 된다. 지방정부가 균형발전에 적극적인 역할을 하게 하기 위해서는 무엇보다 그들에게 교섭력을 부여해야 한다. 교섭력은 거부권에서 나온다. 상원의원제가 필요한 이유다. 지역 대표형 상원은 지역갈등을 완화할 수도 있다. 현재 한국의 국회는 소선거구제에 따른 승자독식 선거제도를 바탕으로 한다. 지역별로 유권자의 선택이 특정 정당의 후보에게 집중된다. 이는 지역 정당 지배체제를 더욱 강화시킨다. 지역에서는 '일당 독재' 현상도 나타난다. 어떤 지역은 지방자치제 시행 이래로 지방권력이 한 번도 바뀐 적이 없다. 그게 민주주의는 아닐 것이다. 그뿐이 아니다. 정당 간의 대립이 지역주의 형태를 띠면서 사회적 갈등이 격화된다. 상원은 하원보다 정파적 색채가 덜하도록 제도를 설계하는 것도 방법이 된다. 지역 대표형 상원이 정파적 대립과 갈등을 완화하고 정당 지배 하원을 견제할 수 있도록 해야 한다. 현행 단원제 국회로는 지방 소멸 문제를 해결할 수 없다. 지역대표형 상원의원제 도입도 대안이 될 수 있다.

'정당 공천제' 폐지하라

지방도 중앙 정치권에서 나서 문제를 해결해줄 때까지 마냥 손 놓고 있어선 안 된다. 지금 소멸 위기는 지방이 자초한 것이다. 지방정치에 새로운 시스템이 도입될 필요도 있다. 한국에는 4년마다 지방선거가 있다. 정상이라면 지역 사람들에겐 대통령·국회의원선거보다 지방선거가 더 중요하다. 대통령과 국회의원 선거는 국가 전체의 일을 다루지만 광역단체장과 기초단체장 그리고 지방의원들은 지역 주민들 삶과 직결된 일을 맡기 때문이다. 그래서 그들의 정책 설계와 결정은 지역 사람들의 삶의 질에 직접적인 영향을 미친다. 2022년 지방선거에서도 온갖 흑색선전과 비방들이 난무했고 그로 인해 많은 상처를 남기기도 했다. 당선자에게는 축하를, 낙선자에게는 위로와 격려를 보내야 할 것이다. 한국 지방선거는 특징이 있다. 중앙당에서 공천하고 중앙당 수뇌부가 전국을 누비며 자당 후보들을 당선시키기 위해 열을 올린다는 것이다. 그래서 지방선거는 대선 '전초전' 또는 '후반전'이라고 표현된다. 2022년 지방선거는 대선 '후반전'이라고 표현됐다. 하지만 분명히 할 것은 지방선거는 지역을 위해 일할 사람들을 뽑는다. 그 지역과 무관한 중앙당 정치인들이 모여 그 지역 출마자를 공천한다는 것이 약간 이상해 보인다. 그런데 항상 그런 식이다. 입후보자들은 선거에 나서기 위해 늘 중앙당의 눈치부터 살핀다. 공천받기 힘들 것 같으면 당적을 옮기기도 한다. 이른바 '철새'들이다. 유권자들도 문제다. 후보자들의 능력, 경륜, 도덕성보다는 정당을 먼저 보고 찍는 경우가 많기 때문이다. 한국에서 지방 정치는 없다. 지방 정치가 철저히 중앙 정치에 예속되어 있기 때문이다. 그러니 지방자치제가 제대로 될 턱이 없다. 지방선거를 할 때마다 '줄대기'와 '밀실공천'이란 말이 빠지지 않는 이유이기도 하다. 여론조사를 해보면 대다수 국민은 정당 공천제를 반대하고 있다. 지방자치의 목적은 '풀뿌리' 민주주의 실현이다. 지방선거가 도입되기 전까지 한국에서 '민주주의'는 오해로 점철됐다. 정부에 반대하고 야당 지도자를 맹목적으로 추종하는 것을 민주주의라고 잘못 생각했다. 민주주의는 누군가를 추종하는 것이 아니다. 그건 민주주의 탈을 쓴 또 다른 독재에 불과하다. 야당 지도자를 떠받드는 사람들 그리고 그 사람들을 밑에서 떠받드는 그 수하의 사람들로 구성된 권력 피라미드이기 때문이다. 수직적이며 종적 서열이 존재한다. '풀뿌리' 민주주의는 수평적 사회를 지향한다. 수평적 사회가 되어야 진짜 민주주의다. 하지만 그 '풀뿌리' 민주주의는 한국에서 말과 구호로만 존재한다. 결코 현실이 되지 않는다. 정당 공천으로 인한 예속과 '줄빽' 시스템의 부작용에 따라 '풀뿌리' 민주주의는 교과서에 존재하는 모형일 뿐이다.

공천제도도 합리적이라고 말하기 어렵다. 그 지역을 위해 일할 준비가 되어 있다 하더라도 일단 중앙에 '줄'이 있어야 한다. '줄'이 없으면 뜻을 펼칠 수 없는 구조이다. 지방에서 의제를 발굴하러 다녀야 할 사람들이 서울에서 '줄'을 찾으려 다니는 것은 뭔가 이상하다. 지방선거는 지역 주민들을 위한 생활 정치의 현장이다. 그래서 대선이나 총선과 달리 반드시 선거일 기준으로 해당 지역 내에 60일 이상 거주요건이 있다. 실은 60일도 짧다. 지난번 2022년 지방선거에서 유권자의 선택권을 박탈한 무투표 당선자가 지난 2018년 지방선거에 비해 무려 5배 넘게 늘었다. 2018년에는 무투표 당선자가 86명이었는데 2022년에는 494명이나 됐다. 전체 선출 인원의 12%가 주민들 의사와 무관하게 당선된 것이다. 그러한 당선자들은 주로 호남과 대구·경북 지역에 몰렸다. 이게 정상인지 묻고 싶다. 이유는 쉽다. 당을 보고 찍기 때문이다. 무조건 몰아주는 투표 행태는 지방을 더 망하게 한다. 물론 정당 공천제가 장점도 있다. 중앙당에서 검증만 잘한다면 지방 정치를 선진화하는 데 기여할 수 있을 것이다.

하지만 현행 정당 공천제는 지자체장들과 지방의원들을 수직계열화하려는 중앙당의 의도가 숨겨져 있다. 정당 공천제는 폐지되어야 한다. 하지만 정당 공천을 폐지하자고 하면 그 지역구의 국회의원은 반대할 유인이 있다. 사람은 누구든 사익 추구 목적이 있기 때문이다. 국회의원도 자기와 생각이 비슷한 사람들과 일하고 싶기 때문이다. 그 의식이 사라져야 한다. 정치권에는 적당한 긴장과 경쟁이 필요하다. 시장에서 독과점을 금지하는 것은 경쟁을 유도하기 위해서다. 따지고 보면 독과점 기업들도 모두 노력을 통해 그 지위를 얻은 것이다. 하지만 대부분 선진국은 법 제정을 통해 그러한 독과점 기업들을 규제한다. 정치도 경쟁이 필요하다. 하지만 정치인들 입장에서는 경쟁이 반가울 리 없을 것이다. 그래서 정당 공천 폐지 문제가 나오면 여야가 반목하다가도 그때만큼은 합심해 정당 공천 폐지를 저지하는 것이다. 정치도 시장원리가 적용된다. 정치 시장에서 수요자들은 바로 유권자들이다. 그들에게 더 많은 '정치 상품'들을 공급해주는 것이 맞다. 그래야만 사회적 후생이 증가하는 것이다. 경쟁이 없으면 견제와 균형도 없게 된다. 물론 국회의원과 지자체장 간에 호흡이 서로 잘 맞을 필요도 있을 것이다. 그렇다 하더라도 균형발전을 위한다면 지방의회만큼이라도 정당 공천을 폐지하는 것이 맞다. 같은 지역에서 국회의원 단체장 지방의원 모두가 한 팀으로 구성되면 견제와 균형은 어디에서 나올까? 다른 것이 독재가 아니라 그것이 독재다. 그런 방식으로 생활 속에 독재가 실현된다. 그렇게 생활 속에 독재가 실현되고 있는 지역에서 민주주의는 형식에 불과하다.

'빨간-파란' 동네들과 '보라색' 동네

한국에는 '빨간색' 동네가 있고 '파란색' 동네가 있다. 각종 선거에서 투표가 끝나고 개표 결과를 발표할 때 뉴스 보도를 보면 한반도 남부가 온통 빨간색 아니면 파란색으로 표시된다. 미국도 그렇다. '빨간색' 주들이 있고 '파란색' 주들이 있다. 문제는 어떤 주는 항상 '빨간색'이고 어떤 주는 항상 '파란색'이다. 모두 지지 성향이 분명한 주들이다. '보라색' 주들도 있다. '퍼플 스테이트 (purple state)'라고 불린다. 민주당의 파란색과 공화당의 빨간색이 섞였다고 해서 '보라색' 주라고 불리는데, 지지 성향이 모호한 주들을 가리킨다. 실익은 '보라색' 주들이 가져가는 경향이 있다. 대통령제를 택하고 있는 미국은 양당제 국가다. 권력을 쥐기 위해 공화당과 민주당이 경쟁한다.

한국도 대통령제 국가다. 그리고 한국도 이젠 사실상 양당제 국가라고 볼 수 있다. 군소정당들이 있기는 하지만 대한민국 국민 누구도 군소 정당이 수권 정당이 될 것이라고 기대하지 않는다. 군소 정당들의 목표는 주로 '노이즈' 마케팅이다. 일부러 비현실적인 공약들을 내세워 강성 지지층이라는 '틈새' 시장을 겨냥한다. 그 '틈새'를 위해 맞춤형 공약들을 내세우고 관심을 불러일으켜 그 강성 지지를 바탕으로 당의 살림을 꾸려간다. 고도의 정치 마케팅이라고 볼 수 있다. 지금 한국의 양당이라고 하면 국민의힘과 민주당이다. 공교롭게도 국민의힘은 상징 색깔이 빨간색이고 민주당은 파란색이다. 잘 아는 대로 미국은 공화당과 민주당이 있는데 공화당이 상대적으로 보수적이고 민주당이 상대적으로 진보적이다. 공화당의 상징 색깔은 빨간색이고 민주당의 상징 색깔은 파란색이다. 미국도 지역별로 지지가 많이 엇갈린다. 전통적으로 동부와 서부는 민주당 지지세가 강하다. 반면 남부와 중서부는 공화당 지지세가 강하다. 민주당과 공화당 사이를 오가는 주들도 있는데 '스윙 스테이트(swing state)'라고 불린다. 이쪽과 저쪽을 오간다는 뜻이다. '스윙 스테이트'는 앞서 말한 '퍼플 스테이트'의 다른 표현이다. 플로리다 주와 오하이오 주가 대표적이다. 갈수록 많아지는 추세다. 그 주들은 선거 때마다 지지 정당이 달라진다.

한국은 어떨까? 한국에서는 어떤 지역들이 보라색에 가까울까? 전라남북도 그리고 광주는 완전 파란색이다. 경북과 대구는 완전 빨간색이다. 부산, 울산, 경남도 거의 빨간색이라고 볼 수 있다. 보라색 지역들은 수도권과 충청권이다. 게임이론 시각에서 보면 그 '보라색' 지역들이 다른 지역들과 달리 '혼합전략'을 구사하고 있다고 평가할 수 있다. 따라서 발전할 가능성이 크다. '혼합전략'은 무엇인가 하나를 완전히 선택하는 것이 아니고 일정 빈도를 정해놓고 다양한 선택을 하는 것이다. 그 빈도는 누구도 알지 못하고 자신만 알고 있다. 그것이 포인트다. 즉, 다른 경기자들로 하여금 자신이 무엇을 선택할지 예상하지 못하도록 '헷갈리게' 하는 것이다. 그것도 매우 유용한 투표전략이 될 수 있다. 왜냐하면 그 지역 유권자들 선호도와 민심이 어떻게 바뀔지 모르기 때문에 각 정당은 그 지역 민심을 얻기 위해 더 노력할 유인이 발생하기 때문이다. 한국 정치 뉴스에서 선거 때마다 나오는 말이 있다. 충청권이 캐스팅 보트라는 것이다. 맞는 말이다. 실제 대선은 항상 충청권에서 더 많은 지지를 얻는 후보가 최종 승자가 되어 왔다. 충청권에서 그 후보에게 표를 완전히 몰아줘서 이긴 것이 아니고 '조금' 더 줘서 이긴 것이다. 역설적으로 그렇게 표를 '조금' 더 줬건만 각 정당은 그 지역 민심 변화에 민감할 수밖에 없다. 그 민심이 돌아서면 정권을 창출할 수도 없고 유지할 수도 없기 때문이다. 한 번 지지를 얻었다면 그 얻은 지지를 잃지 않기 위해서라도 더욱 노력할 유인이 발생한다. 따라서 그 지역 민원 해결에도 더욱 적극적일 수밖에 없다. 반면 어떤 지역들은 특정 정당 후보에게 표를 완전히 몰아주지만 결과적으로 더 낙후되기도 한다. 표 몰아주기가 두드러지는 전남과 경북에서 고령화가 빨라 지방 소멸 지수가 전국에서 가장 높다는 것은 우연이 아니다.

영호남 '연횡책'

교섭력 확보를 위해서는 지역 간에 협조가 필요하다. 지금까지 한국은 주로 합종책이었다. 즉, 수도권과 호남 또는 영남이 연합해 정권을 창출하는 방식이었다. 그러한 합종책 때문에 가장 타격을 입은 지역은 역설적으로 호남과 영남이었다. 이젠 호남과 영남의 연횡책이 필요하다. 소멸 위기를 맞닥뜨리고 있는 지역들이 연맹을 맺어 수도권에 대항할 필요가 있다. 호남도 그리고 영남도 자력으로 수도권과 붙어 경쟁할 수 없다. 스포츠에는 정규 리그가 끝나고 성적이 우수한 팀들 중심으로 포스트 시즌이 도래한다. 그 포스트 시즌은 대개 토너먼트 방식이다. 토너먼트에는 '와일드카드'란 것이 있는데 각 리그의 2위 팀들에게 자격이 주어진다. '패자부활전'이라고 표현하기도 한다. 본질은 2등 경쟁이다. 호남과 영남은 와일드카드를 쥐기 위해 경쟁하는 경기자들이라고 볼 수 있다. 와일드카드 승부는 특징이 있다. 격렬하면서 극단적이다. 일회적이고 비협력적이면서 제로섬 게임이기 때문이다. 현재 상황에서는 호남 또는 영남 한쪽의 승리는 반드시 다른 한쪽의 패배를 의미한다. 결과가 이산적(discrete)이다. 즉, 승리와 패배 사이에 중간은 없다. 승리 아니면 패배다. 그렇기에 경쟁이 격렬해지고 극단적인 형태를 띤다. 경기 내용에 대한 분석도 없다. 단판 승부이기 때문이다. 그렇게 격렬하고 극단적인 2등 경쟁이 거듭되면서 시간이 갈수록 모두 패배자가 된다. 2등 경쟁에 집착하고 있는 상황에서 미래가치를 생각해 볼 틈이 없기 때문이다. 그 경쟁은 소모전이 되고 만다. 지역 간 분열은 수도권의 교섭력만 강화시킨다.

이 와중에 황당한 것은 서울 중심 사고방식이다. 지방은 스스로 리그를 만들지 못하고 서울-중앙 리그에 들어가기 위해 열심히 와일드카드 레이스를 뛰는 격이다. 서울을 1등으로 정해놓고 서로 2등을 하겠다고 나서는 격이다. 서울은 서울이고 지방은 지방이다. 영호남 지역감정도 실은 서울-중앙 권력에 들어가고 싶은 욕망의 표현이라고 볼 수 있다. 그렇기에 소모전을 벌이며 분열해 있는 것이다. 영호남이 연맹을 맺어 서울에 맞서도 시원찮을 마당에 서로 분열해 있으니 서울 시각에서는 '황금분할'일 수밖에 없다. 각종 선거 때마다 지겨운 와일드카드 승부가 계속되는 이유이기도 하다.

와일드카드는 한국의 코드로 자리 잡았다. 2002년 월드컵을 기억해보자. 당시 한국인들의 열광적인 응원은 전 세계를 놀라게 했다. 정부가 국민을 동원했다고 오해받기도 했다. 사실 월드컵을 할 때마다 한국은 조별리그에서 2등 지위를 노린다. 그래서 조 추첨할 때부터 약한 팀들과 같은 조가 되길 노골적으로 바란다. 방송에서 전문가를 자처하는 사람들도 그런 희망을 드러낸다. 조별리그가 시작되면 경우의 수를 따지기 시작한다. 한국 팀이 자력으로 본선 진출이 힘들어질 것 같으면 특정 나라 팀이 못하길 온 국민이 같이 염원한다. 방송사에서도 그런 걸 이슈화하기도 한다. 어느 나라가 이기고 어느 나라가 져야 한국이 16강에 진출한다고 호들갑을 떤다. 한국 팀의 본선 진출을 결정짓는 게임은 한국의 경기든 다른 나라 경기든 한국인들을 들끓게 한다. 어느새 선수들도 국민도 모두 '와일드' 해진다. 한국을 요동치게 하는 것은 바로 와일드카드 경쟁이다. 한국의 선거판도 묘하게 닮았다. 지역별로 지지 후보를 정하고 자신들의 지지만으로 승리가 어려울 것 같으면 제3 후보가 표를 많이 얻기를 기원한다. 정책은 없고 정략만 있다. 지자체들은 와일드카드 경기자들이면서 패배주의자들이다.

패배주의자가 되지 않기 위해서 가장 좋은 방법은 남의 리그를 기웃거리지 말고 자신들의 리그를 만드는 것이다. 지자체들은 와일드카드를 통해 서울 리그에 들어갈 생각하지 말고 지역 간에 연횡책을 맺어 리그를 먼저 창설하기를 바란다. 강조하지만 호남과 영남이 반목하면 가장 이득을 보는 쪽은 수도권이다. 수도권 사람들 가운데 상당수는 지방에서 올라간 이들이다. 하지만 그들은 지방 사람들이 아니라 이제 서울 사람들이다. 그들은 서울에 살기 때문에 서울 입장에서 생각할 뿐이다. 그리고 자신들의 고향보다 수도권의 자산가치가 더 상승하길 바라고 있다. 당연하다. 그들은 서울 토박이들보다 지방에 대해 더 편견을 갖고 있기도 하다.

한국에서 발생하는 지역감정을 보면 흥미로운 점이 있다. 지역감정의 진앙지는 주로 수도권이다. 지방 사람들이 수도권에 이주해가서 고향 출신 정치인을 지지하기 때문이다. 호남이건 영남이건 한쪽 지지를 받아 당선된 사람은 그 지역을 위해 정책을 만들기보다 수도권을 위해 정책을 만들 수밖에 없다. 유권자들이 더 많기 때문이다. 그리고 수도권에서 '분위기'만 깔아주면 지방에서는 무조건 '묻지 마' 지지를 해줄 것을 알기 때문이다. 그러한 '묻지 마' 지지가 바로 지역에서 정책을 실종시키고 인구 유출이 일어나도록 하는 것이다. 발전을 위한다면 이젠 호남과 영남이 그리고 영남과 호남이 반목을 끝내야 할 때다. 두 지역이 연맹을 맺어야 한다는 것이다. 지금까지 한국은 모든 것이 세로축에 따랐다. 남부지방에서 수도권 지역으로 인구가 유출되고 자원이 오가는 데 그 방향이 주초 세로축이었다. 이젠 가로축이 필요하다. 가로축 교통망은 세로축에 비해 드물다. 가로축 교통 인프라를 구축하고 연맹을 긴밀히 할 때다. 그게 진정한 균형발전전략이다. 바로 연횡책이다. 강조하지만 한국에는 합종책만 있었다. 수도권과 호남 또는 수도권과 영남이 선거전을 이기고 정권을 만들어냈다는 뜻이다. 그렇기에 수도권은 항상 승리했고 늘 수도권 정권이었다. 이젠 연횡책이 필요하다. 교섭력 강화를 위한 필요조건이기도 하다. 지금 지방 소멸 위기는 교섭력 부족으로부터 나왔다. 그 교섭력 부족은 전략 부재를 반영한다. 게임이론 시각에서 볼 때 교섭력이 부족한 경기자에겐 많은 것이 돌아갈 수 없다. 도덕심과는 다른 문제이다.

수도권과 맞서기 위해 지방은 '전략의 순차성'을 이해해야 할 때다. 지금 상황은 이렇다. 올망졸망한 경기자들이 서로 분열되어 '수도권'이란 막강한 경기자에 맞서고 있는 격이다. 동시적 게임으로 이해하면 그 상황에서 어느 경기자도 수도권과 1대 1로 맞붙어 승리할 수 없다. 승리 방법은 딱 하나다. 동시적 게임을 순차적 게임으로 전환하는 지혜가 필요하다. 그렇게 하기 위해선 '전략의 순차성'에 대한 이해가 있어야 한다. 영남과 호남이 연맹을 맺고 일단 수도권과 경쟁에서 이긴 다음 영남과 호남이 어떻게 나눠 가질지 고민하면 된다. 순차적 게임에서는 순서가 매우 중요하다. 생각해 보자. 서울, 호남, 그리고 영남이 동시적으로 경쟁해 자원을 배분하는 것과 순차적으로 서울과 지역 연맹체가 먼저 경쟁하고 다음 그 연맹 내에서 지역 간에 자원을 배분하는 것은 전혀 다른 결과를 가져온다. 전자의 경우에는 매번 수도권이 승리해 모든 것을 다 가져가는 채로 경기가 끝난다. 하지만 후자의 경우에는 호남과 영남이 주기적으로 한 번씩 승리하게 되므로 자원배분 형태가 달라진다. 수도권은 전자의 경우가 항상 유리하고 호남과 영남은 후자의 경우가 항상 유리하다.

중부권 대 남부권

호남과 영남은 지역대결 구도를 극복하기 위해 먼저 독자적인 '리그'를 만들 필요가 있다. 특히 지방 거점 대학들이 더 적극적으로 나설 필요가 있다. 대학은 연구만 하는 곳이 아니다. 일자리만 찾는 곳도 아니다. 남녀노소가 모여 열린 자세로 다른 이들의 아이디어들을 듣고 그 과정에서 새로운 것들을 배우는 곳이기도 하다. 지방에 부족한 것이 많다. 많은 것들이 부족한 가운데 가장 부족한 것은 다시 강조하지만 정체감이다. 정체감 형성을 위해 좋은 방법은 스포츠팀 육성이다. 한국 교육에서 가장 큰 문제를 꼽으라고 한다면 스포츠 교육일 것 같다. 대학에도 스포츠가 비활성화 되어 있다. 지방으로 가면 상황이 더 심각하다. 지방 대학들 가운데 인기 스포츠 종목인 야구, 축구, 농구를 통해 이름이 알려진 경우가 드물다. 과거에는 지방 고교들 가운데 스포츠를 잘해 두각을 나타내는 경우도 많았다. 하지만 지방 대학에는 스포츠가 거의 없었다.

지역에서 스포츠 리그들이 활성화되어야 정체감이 강화될 수 있다. 실제 미국에는 대학 리그들이 많다. 리그 안에서 대학들이 같이 경쟁하면서 같이 성장하는 것이다. 한 리그에서 어떤 대학팀이 챔피언십에 진출하면 해당 리그에 소속된 다른 대학들이 그 대학팀을 같이 응원하는 경향도 있다. 리그 내에서는 경쟁 학교였지만 그 리그를 대표해 다른 리그 팀과 승부를 겨루기 때문이다. 리그 자체도 상품성이 있다. 한국인들에게 가장 많이 알려진 대학 리그는 '아이비 리그(Ivy League)'이다. 미국 동부지역 명문 사립대학 그룹이다. 그 외에도 많은 리그들이 있는데 빅(Big) 12, 빅(Big) 10, AAC, PAC 10, SEC 등이 대표적이다. 아이비 리그 대학들이 스포츠를 잘하는 것은 아니다. 그러니 TV에서 아이비 리그 대학 스포츠 중계를 한다고 해도 시청률이 높게 나오지 않는다. 한 리그의 챔피언인 대학이 전미 챔피언십에 진출해 멋진 경기 내용을 보여주면 그 리그는 더 많은 사람의 관심을 끌게 된다. 그렇게 되면 그 리그는 장차 더 큰 TV 중계 계약을 이끌어낼 수 있다. 그 계약 규모가 커지면 해당 리그 내 학교들에 더 큰 배당이 돌아간다. 학교 위상도 높아지고 '돈'도 버는 것이다. 큰 비즈니스이다. 한국의 대학들도 스스로 리그를 창설해 같이 경쟁도 하고 같이 정체감을 느끼고 협력하면서 같이 발전해야 한다. 물론 리그 내에서 더 훌륭한 연구를 위해 그리고 학생들을 더 잘 가르치기 위해 뜨거운 경쟁을 한다. 그건 선의의 경쟁이다.

한국 대학들은 중앙정부로부터 지원을 더 많이 받아내겠다고 낮 뜨거운 경쟁을 벌인다. 그러다 보니 중앙정부에 더 예속될 수밖에 없다. 그러한 구조를 극복해야 대학 발전의 길이 열릴 수 있다. 지방의 대학들도 자체적인 발전 전략이 있어야 한다. 그 기본은 '리그'를 만들어 서울과 다른 정체감을 형성하는 것이다. 그 정체감이 자존감도 만들어낼 수 있다. 지방정부도 마찬가지다. 중앙정부가 지역에 차별적인 정책을 제시하면 그땐 지역 간에 서로 협력하면서 거부권을 행사할 수 있어야 한다. 그게 바로 스스로 시장을 지키는 것이다. 문제는 지역의 정체감이다. 정체감이 있어야 선의의 경쟁과 진정한 협력도 할 수 있을 것이다. 정체감 형성과 지방에 활력을 불어넣기 위해선 대학 스포츠 리그가 보다 더 활성화될 필요가 있다.

지적했지만 현재 지방 거점 대학들 가운데 인기 스포츠를 육성하는 경우가 매우 드물다. 대부분 재정적 이유를 댄다고 한다. 건물들은 그렇게 지어대면서 스포츠팀을 육성할 돈이 없다고 하니 그 말이 곧이들릴 리 없다. 그런 상태에서 대학 재학생들에게 정체감을 안겨줄 수 없다. 정체감이 없는데 학교에 애착이 생길 수도 없다. 그건 지역민들도 마찬가지다. 미국에서는 프로팀 경기들도 인기가 많지만, 대학팀 경기들도 인기가 많다. 중앙정부도 정말 균형발전을 생각한다면 지방 대학들이 스포츠팀들 육성할 수 있도록 재정지원을 모색할 필요가 있다. 그래서 대학들이 지역에서 스포츠 이벤트들을 통해 관심을 끌게 하고 지역민들이 그러한 스포츠 이벤트들을 즐기게 할 필요가 있다. 그러한 과정에서 정체감도 자연스레 형성될 수 있다. 지금 한국에서 지역의 정체감은 오로지 선거판에서만 표출된다. 선거는 정치권력과 연결된다. 그 권력이 정체감과 애향심으로 굴려지는 것이 아니다. 구체적인 이해관계를 표상하는 '줄'과 네트워크를 통해 돌아간다. 선거는 '제로섬' 게임이다. 한쪽이 이기면 다른 한쪽은 반드시 패한다. 하지만 리그 경쟁은 다르다. 리그 경쟁에서는 승부도 중요하지만 그보다 더 중요한 것은 바로 리그의 시장을 키우는 것이다. 그 리그의 시장 규모가 커지면 리그 내 학교들에 돌아가는 경제적 이득도 더 커지기 때문이다. 그래서 같은 리그 내에 대학들은 공통된 관심사가 있다. 호남과 영남도 저질 권력 다툼만 벌일 때가 아니다. 지방을 황폐화시키는 것이 바로 그러한 저질 권력 다툼이라는 사실을 알아야 한다. 경쟁하면서 자신들의 리그 규모를 키우기 위해 같이 노력해야 한다.

스포츠가 약한 이유가 있다. 한국은 공부에 환장한 나라라서 그렇다.

스포츠 대학 리그는 없는 와중에 국가대표 대항전에만 온 국민이 열광한다. 진정한 스포츠 발전도 없거니와 재능 있는 유소년 발굴도 어려울 수밖에 없는 구조다. 공부도 좋지만 공부만 중요한 것이 아니다. 어차피 혁신적인 기술은 소수의 천재들 머리로부터 나온다. 한국인들은 '알기' 위해 공부를 하는 것이 아니라 '등수'를 정하기 위해 '문제풀이' 연습에 매진하는 격이다. 그 '등수'에 따라 '성공'과 '출세'가 정해지기 때문이다. 따라서 객관식 시험 고득점이 목표가 될 수밖에 없다. 문제 풀이에는 특화된 기술이 필요하고 그것도 엄연히 능력이다. 대학 스포츠 리그가 활성화되려면 중등교육 커리큘럼도 변화가 필요하다. 먼저 지역 고교 리그도 활성화될 필요가 있을 것이다. 그렇게 하려면 고교에서 체육 수업 비중이 더 커질 필요가 있다. 청소년 교육이 주입식 입시 중심에서 지덕체 교육 중심으로 바뀌어야 한다.

이유도 충분하다. 한국은 청소년들이 공부를 너무 많이 한다. 대학생들보다 고등학생들이 공부를 더 많이 하고 있다. 따라서 시스템 변화가 필요하다. 미국처럼 고교를 다닐 때 두 가지 스포츠를 하게 하는 것이다. 예를 들어, 어떤 학생이 야구와 축구를 동시에 할 수 있다. 모든 지역 고교에서 그렇게 체육 수업이 이뤄지면 그 중에는 튀는 학생이 있게 마련이다. 그 학생이 두각을 나타내고 미래 유망주로 이름이 알려지면 그 고등학교 경기들이 인기를 얻을 수 있다. 지역 언론들도 중앙의 정치권 뉴스를 전하는 것만 하지 말고 그러한 유망주 선수들을 발굴해 정보를 제공할 필요가 있다. 그것도 정보다. 그 유망주 학생은 스포츠를 통해 대학 진학도 할 수 있고 훗날 프로 선수가 되어 활약할 길도 열리게 된다. 한국에도 쇼헤이 오타니 같은 선수가 있을 수 있다. 다만 지금과 같은 교육 시스템에서는 발굴하기 어렵다. 청소년 교육이 주입식 입시교육보다는 차라리 체육 교육에 중점을 두어 재능 있는 선수들을 발굴해 직업 선수로 육성도 하고 좋은 선수들이 많아지면 스포츠 시장도 커질 수 있다. 모든 청소년이 공부를 다 잘할 필요가 있을까 싶다. 모든 청소년이 입시교육에 매달리고 온 국민이 공부를 잘한다고 해서 경제가 좋아진다는 보장이 없다. 경제가 좋아지려면 시장이 커져야 한다. 시장은 상품시장만 있는 것이 아니다. 스포츠 시장도 큰 시장이 될 수 있다. 한국에는 스포츠 시장이 작다. 그나마 프로 스포츠 시장만 존재한다. 대학 스포츠 시장은 없다. 미국에서는 스포츠에 소질 있는 학생이 굳이 대학에 진학하려고 하지 않는다. 직업 선수로 성공하는 것이 빠르기 때문이다. 장학금을 받고 대학에 진학하는 길도 많이 열려 있다. 대학을 졸업하고 직업 선수가 되지 못하면 학업을 계속해 대학원에 진학하는 경우도 많다. 우리나라 청소년들에게도 입시 부담을 덜어주고 청소년 시절에 또래 아이들과 어울리게 하면서 규칙을 배우게 하는 데 스포츠가 좋은 역할을 할 수 있다. 교과목 명칭도 체육이라는 말보다 스포츠라고 쓰는 것이 더 편하게 다가갈 수도 있다.

시스터 캐리가 본 시카고

통계청에서 발표한 '2021년 국내인구이동 결과'는 매우 흥미롭다. 2021년 국내 이동자 수는 721만 3,000여 명으로 전년 대비 6.7% 증가한 것으로 나타났다. 연령대별 이동률은 20대와 30대가 각각 25.3%, 21.8%로 높았다. 60대 이상 연령층의 이동률은 10% 미만으로 낮은 수준이었다. 괄목할 것은 세종, 경기, 인천 지역은 전 연령층에서 인구가 순유입되었다는 사실이다. 권역별 인구 이동을 보면 수도권과 중부권은 인구 순유입을 보였고 영남권과 호남권은 인구 순유출을 보였다. 순유입을 보인 지자체들 가운데 세종과 경기의 인구 순유입 사유는 주택이었고, 충남과 충북은 그 사유가 직업이었다고 한다.

정리하자면 인구 유출입 사유는 크게 '주택'과 '직업'이라고 꼽을 수 있다. 서울에서는 인구 순유출이 발생했는데 대개는 주택 문제였던 것으로 보인다. 서울에서 살던 청년들이 결혼할 때쯤 되어 주택가격이 상대적으로 낮은 인천과 경기도로 이사하는 경향이 있다. 흥미로운 점은 인구 증가세의 제주이다. 충남과 충북 그리고 강원은 수도권과 인접해 인구가 유입될 유인이 존재한다. 하지만 제주는 섬이면서 수도권과도 가장 멀기 때문이다. 산업단지와 일자리가 많다고 보기도 어렵다.

청년들이 수도권과 제주로 몰리는 이유는 '하드웨어'가 아니라 '소프트웨어'에서 찾아야 할 것이다. 심리적인 이유도 있다고 한다. 익명성이 주는 편리함도 작용한다고 한다. '익숙한 시선으로부터의 자유' 때문이라는 것이다. 리처드 플로리다 교수는 '관용'을 주장했다. 한국에서는 관용을 기대하기 어렵다. 관용은 고사하고 비합리적인 관습들로 인해 청년들이 불편을 겪는 경우도 비일비재하다. 특히 지방은 관습이 서울보다 더 심하다. 지방에서 서울로 올라간 청년들이 서울을 고향보다 편하게 여기는 것도 당연하다. 전국에서 모여든 사람들이 함께 있는 공간에서는 익명성이 주어지기 때문이다. 실제 지방은 관계망이 발달해 있다. 말 그대로 사람을 '한 다리 건너면' 대충 알고 '두 다리 건너면' 다 안다고 한다. 예를 들어 '누구의 자녀' 또는 '조카' 이런 식으로 관계망이 작동한다. 관계망을 통해 사람을 알게 되면 반가움도 주지만, 익명성이 주는 편리함이 사라지게 된다. 청년들은 관계망보다 편리함을 추구하는 경향이 있다. 따라서 지역에 존재하는 촘촘한 관계망 속에서 불편을 느끼는 청년들은 서울을 좋아할 수밖에 없다. 자유롭기 때문이다. 유학생들이 외국에 가면 힘든 과정에서도 자유가 느껴지는 것도 비슷한 맥락에서 파악이 가능하다.

역량이 갖추어진 지역 청년들은 수도권에 더 '두터운 노동시장'이 존재하고 정서적으로도 더 편하니 수도권으로 떠나지 않을 수 없을 것이다. 물론 사회적 관계망에 기댈 것이 없어지면 '소외감'을 느낄 수 있다. 하지만 그들은 자유와 '재미'만 있다면 소외감은 크게 문제 삼지 않는 경향도 있다. 물론 수도권이라고 해서 모든 것이 좋을 수 없음을 청년들도 잘 알고 있다. 서울도 한국이다. 따라서 관습이 없을 수 없다. 뉴욕, LA 또는 런던 같은 세계적인 도시들과 비교할 때 서울에 부족한 것이 '관용'이라고 한다. 한국의 수도권 인구는 전체 인구 비중 50%를 훌쩍 넘어섰다. 수도권 중심에 서울이 있다. 따라서 서울의 노동시장은 매우 크다고 볼 수 있다. 서울의 매력이 부각되지 않는 이유는 바로 '관용' 부족일 수 있다. 관용 부족은 폐쇄성과 연결될 수 있다. 폐쇄성은 다른 것이 아니다. 생각이 다른 사람들을 관대하게 포용하지 못하는 것이다.

　미국 소설가 시오도어 드라이저가 있다. 그는 인디애나 주의 작은 도시인 테레호테에서 태어났다. '시카고 글로브'라는 언론사에 기자로 취직하고 시카고에서 생활했다. 이후 그는 미국 도시 노동자들의 고달픈 삶과 권력자들의 위선을 통찰력 있게 묘사하는 작가가 되었다. 그의 대표 소설은 '시스터 캐리'다. 여주인공 이름은 캐리 미버다. 소설은 주인공 캐리가 위스콘신 주에서 기차를 타고 시카고로 향하는 장면으로 시작된다. 시카고라는 도시는 캐리에게 경제적 기회뿐만 아니라 이보다 더 중요한 활기를 준다. 물론 대도시가 주는 즐거움 뒤에는 일탈적 행동들도 많지만 작가 드라이저는 캐리가 시골 농장에 머물면서 인근 동네의 농부와 결혼했을 때 누렸을 삶보다 시카고에서 그녀의 삶이 훨씬 더 즐겁다는 느낌을 독자들이 갖게 한다. 캐리는 시카고에서 유부남들과 어울리기도 한다. 그녀의 삶에서 부도덕성도 발견된다. 도시에서는 전통과 관습이 시골보다 덜하다는 사실을 반영한다. 캐리가 고향인 위스콘신에서는 유부남들과 어울렸다면 마을에서 추방당했을 것이다. 도시는 사람들을 관습으로부터 자유로워지게 한다. 반면 시골은 관습이 그 사회의 규칙이 된다. 그 규칙을 깨면 관계망이 단절되고 소외감을 감내해야 한다. 도시에서는 다른 관계망이 존재하기 때문에 누구에게도 가혹한 규칙을 강제할 수 없다. 그렇기에 사람들은 관습이 덜한 지역을 선호한다.

이러한 시각에서 20대 청년들의 제주 유입을 바라볼 필요가 있다. 제주에 거주하는 연예인들과 그에 대한 관심을 부추기는 언론의 상업성도 한몫했을 수 있다. 하지만 분명한 것은 청년들이 일자리를 찾아 제주로 가지 않았을 것이라는 점이다. 이 상태로 지방에 청년 유입을 기대하긴 어렵다. 청년 유입을 기대하기 전에 청년 유출을 막을 필요가 있다. 그래야만 지역에 미래가 생긴다. 청년들이 자신들의 고향을 떠나지 않도록 환경조성이 필요하다.

즐거운 지역의 보헤미안 지수

리처드 플로리다의 저서 『도시는 왜 불평등한가』에서 사람들이 기업과 일자리를 좇아간다는 전통적인 사고는 더 이상 유효하지 않다고 주장한다. 예를 들면, 미국 러스트 벨트의 대표적인 도시 피츠버그는 기업 유치를 위해 세금 감면 등 인센티브를 제공했었다. 인프라 구축에도 많은 투자도 했다. 하지만 기업들은 그런 것들보다 사람들을 찾아 나섰다. 플로리다 교수는 당시 피츠버그에 소재한 카네기멜론대학교 교수였는데 그의 제자들마저도 피츠버그를 선호하지 않았다고 한다. 반면 보스턴은 기업 유치를 위해 세금 감면이나 다른 인센티브를 제공하지 않았다. 지금은 사라졌지만, 라이코스라는 IT 기업도 보스턴으로 갔다. 그 이유가 뭘까? 인적 자본 때문이라는 것이 플로리다 교수의 주장이다. 젊은 인재들이 보스턴에 많았기 때문에 기업들이 보스턴 입지를 선호했던 것이다.

도시 성공 이유는 기업 유치가 아니라 인재 유입이라고 볼 수 있다. 창의성 있는 인재들이 늘어나고 그 외에도 다양한 문화 상품을 만들어낼 수 있을 때 청년 유입이 많아지고 도시가 성공할 수 있다는 것이다. 창의성 있는 인적 자본은 고임금 일자리가 많고 노동시장이 큰 지역에도 관심을 갖겠지만 '즐거운 도시'에 큰 관심을 갖는다고 한다. 즉, 그 지역이 좋은 사람들을 만나고 대화하기에 충분해야 한다. 훌륭한 레스토랑과 멋진 카페가 있으며 아름다운 음악이 흐르는 곳이라면 더욱 좋을 것이다. 성공한 도시는 이른바 '3T'가 있다고 한다. 'Technology (기술)', 'Talent (재능)', 그리고 'Tolerance (관용)'이다. 즉, 성공한 도시들은 첨단기술산업 중심지이고 재능 있는 인재가 많고 문화적으로도 개방적이고 관용적이라는 것이다. 그래서 성별, 인종, 국적에 따라 차별이 덜한 경향이 있다. 플로리다 교수는 성공적인 도시를 만들기 위해서는 특히 '관용'을 강조한다. 그의 시각에서 볼 때 도시를 생활하기 좋고 일하기 좋은 곳으로 만들어야 한다는 것이다. 예를 들면, 보행자 입장을 고려한 친화적 거리, 자전거 도로, 공원, 예술적인 공간과 음악, 사람들이 좋은 유대관계를 맺을 수 있는 카페와 레스토랑이 있어야 그 지역에 활기가 넘치고 청년 유입을 기대할 수 있다는 것이다. 그의 주장을 해석해 보면 도시가 경쟁력을 갖추기 위해 문화적 환경도 갖추어야 할 필요가 있다. 『도시의 승리』를 쓴 하버드대 에드워드 글레이져 교수도 '즐거운 도시'가 성공한다고 했다. 그 얘기를 지방에 적용하자면 즐거운 지역이 성공한다고 말할 수 있다. 한국은 즐거움과 거리가 멀어 보인다. 그나마 상대적으로 '즐거운' 곳이 서울이다. 지방은 전혀 즐겁지 못하다. '정'이 넘치고 마음 푸근하다는 '전원일기' 판타지만 있을 뿐이다. 그렇게 지방이 정이 넘치고 마음 푸근하다면서 막상 지방에 살겠다는 사람들은 드물다. 전술했듯이 그건 판타지다. 판타지란 현실이 아님을 뜻한다. '전원일기' 같은 드라마들이 '정'이라는 코드로 지방을 규범화해서 그렇지 한국에서 지방은 즐거운 곳이 될 수 없다. 문화생활을 위한 인프라가 매우 열악하기 때문이다. 일자리가 부족하고 소득수준도 낮다. 그나마 관습으로 얽매여 있어 자유로움도 주지 못한다. '아메리칸 뷰티'로 유명한 연기파 배우 케빈 스페이시가 있다. 한국에서는 '유주얼 서스펙트'로도 잘 알려져 있기도 하다. 그가 2003년 영국 올드빅 극장 예술 감독을 맡기 위해 런던으로 건너갔다고 한다. 그는 캘리포니아 주에서 성장했지만 뉴저지 출신이다. 모두 아는 데로 헐리우드는 돈이 많다. 따라서 헐리우드는 케빈 스페이시를 붙잡을 능력도 있었고 캘리포니아는 좋은 기후와 쾌적한 주거환경 때문에 미국인들에게 인기가 많은 편이다. 그런데 왜 그가 런던을 택했을까? 그가 런던의 라이브 극장에 매료됐기 때문이라고 한다면 의아함이 남는다. 라이브 극장은 미국 뉴욕의 브로드웨이가 훨씬 더 유명하기 때문이다.

글레이저 교수는 스페이시가 그와 같은 결정을 할 수 있었던 배경에 '재미' 또는 '즐거움'이 있다고 본다. 작가와 배우들 간에 끊임없이 교류하고 '재미'를 선사하는 도시를 선택했다는 것이다. 그래서 그는 '즐거운 도시'가 승리한다고 주장한다. 글레이져 교수는 런던과 파리 같은 도시들이 '즐거운 도시'로 변한 이유는 건축물, 박물관, 공원, 요리, 패션, 그리고 교류 기회를 꼽았다. 그렇게 하려면 무엇보다도 인재들이 풍부해야 한다고 한다. 그의 이런 생각은 『왜 도시는 불평등한가』의 저자 리처드 플로리다가 고안한 '보헤미안' 지수와도 같은 맥락이다. 보헤미안 지수란 지역에 작가, 디자이너, 음악가, 배우, 감독, 화가, 사진가 등의 예술가들이 얼마나 많이 사는지를 나타내는 지표다. 다양한 예술가들이 사는 도시는 그렇지 않은 도시보다 분명 재미있고 즐거울 것이다. 요즘은 보헤미안 지수가 지역 내 고용과 인구 증가를 예상하는 지표로도 활용된다. 즐겁고 재밌는 도시가 사람들을 끌어들이기 때문이다. 즐거운 도시가 되기 위해서는 쇼핑하기 좋아야 하고 유명 관광지를 끼고 있으면 더욱 유리하다. 때로는 카지노 같은 엔터테인먼트 시설들도 역할을 한다.

즐거운 도시를 만들고 유지하기 위해서는 무대도 있어야 한다. 뮤지컬과 오페라, 연극을 공연할 수 있는 공간을 확보하기 위해선 고정비용이 많이 들어갈 수밖에 없다. 대형 무대를 설치하고 세련된 조명과 여러 장비들이 필요하다. 관객들이 충분하지 못하면 그러한 시설들을 유지할 수조차 없다. 지방 도시들 가운데에는 대구가 최근 공연 도시로서 명성을 얻어 가고 있다고 한다. 이젠 지방 도시들도 즐거운 도시를 지향해야 한다. 이제 도시는 경제성장과 부의 증가에 중점을 두기보다는 시민들의 삶의 질과 행복 증진에 초점을 맞출 필요가 있다.

'백 투 더 뮤직'

전북의 중심 도시는 전주다. 주말을 위해 전주 KBS에서 자체 제작하는 방송 프로그램이 있다. 바로 '백 투 더 뮤직 (Back to the Music)'이다. 옛날 인기 가수들을 찾아가 그들의 근황을 시청자들에게 전해주고 다시금 그 옛 노래들을 들을 수 있도록 기회를 준다. 마치 시간여행을 하는 듯하다. 옛날에 좋아했던 가수의 노래들을 들으면 추억이 떠오른다. 지방에서 자체적으로 만든 방송 프로그램 중에 성공적이라고 평가하고 싶다. 다른 방송 프로그램들과 차별성이 있기 때문이다. 지역 방송사가 자체 제작해 내보내는 프로그램은 흥행에 한계가 있다. 많은 제작비 투입이 어렵기 때문이다. 그래서 지역 방송은 주로 시사 프로를 많이 하는 경향이 있다. 토론은 제작비가 덜 들어간다. 균형발전을 위해 토론도 많이 한다. 솔직히 토론 내용이 너무 원론적이다. 좋은 게 좋다는 식이다. 날 선 비판도 하기 어렵다. 양비론 또는 양시론이 주류이고 양보를 이끌어내 같이 잘해

보자고 결론 내린다. 언젠가 언론학자 강준만 교수도 지적했지만, 지역 방송 시사프로는 토론다운 토론을 끌어내지 못한다. 좁은 지역 사회에서 서로 알고 지내는 풍토 때문이다. '한 다리 건너면' 대충 알고 '두 다리 건너면' 모두 다 알기 때문이다. 따라서 서로 논리적인 공격을 자제하고 그 뜻을 최대한 완곡하게 그리고 정중함을 갖춰 전달하려고 노력한다. 토론보다는 의논에 가깝다고 볼 수 있다. 시사토론을 제외하면 지역 방송사는 문화재나 '맛집' 들을 소개하는 경우가 대부분이다. 그런 것들도 좋지만 정말 '재미'를 주고, 타 지역 사람들이 찾아오게 하려면 다른 접근 방식도 필요할 것 같다.

일단 그 지역을 찾을 이유가 있어야 한다. 글레이저 교수 주장대로 그 이유는 즐거움에서 찾아야 한다. 음악이란 묘하다. 한번 좋아했던 노래는 잘 잊히지 않고 따라 부르게 하는 마력이 있다. 설령 한 번 잊혀졌어도 우연히 다시 듣게 되면 기억이 되살아나기도 한다. 지역에서 지금 한참 인기 있는 아이돌 가수들을 섭외해 공연을 주최하려면 큰 비용이 들어갈 것이다. 그뿐이 아니다. 현재로서는 지역에 대형 공연장도 많이 존재하지 않는 실정이다. 반면에 중소규모 공연장들은 얼마든지 있다. 옛날에 큰 인기를 누렸던 가수들에게 접근해 그들로 하여금 그 지역에서 콘서트를 계속할 수 있도록 해보자는 것이다. 예를 들면, 신승훈과 이문세는 90년대 큰 인기를 끌었던 가수들이다. 그 외에도 많다. 전주시가 어떤 한 가수와 계약을 맺고 1년간 전주에서 상시적으로 공연을 할 수 있도록 한다고 해보자. 그럼 과거 그 가수를 좋아했던 팬들도 있지만 무엇보다 시간여행 하는 기분이 들어 호기심을 자극할 수도 있다. 전주를 방문해 문화재들도 관람하고 한옥마을도 방문한 다음 밤에는 옛날 추억의 가수 음악회를 저렴한 비용으로 즐길 수 있게 하는 것이다. 그 가수들도 과거 큰 인기를 누렸던 때와 달리 지금은 팬들과 더 부담 없이 만나고 대화할 수 있다. 그리고 무엇보다 그 가수들도 얻는 것이 있다. 흥행 가능성이다. 팬들에게 잊히는 것보다 음악 활동을 계속 함으로써 노년에 흥행 기회가 주어지는 것이다. 그렇게 공연이 상시적으로 이뤄지면 사람들은 전주에 가면 추억 속에 신승훈 또는 이문세가 있다고 생각하게 된다. 프로그램을 잘만 만들면 충분히 흥행이 가능하다. 흥행이 이뤄지면 지자체들이 옛날 가수들 초빙하기 위해 경쟁이 이뤄질 수 있다. 그러면 사람들이 지역을 나누어서 방문하게 되기도 하고 그런 과정에서 또 다른 문화시장이 만들어질 수도 있다. 밤에 음악회를 하고 인근 호텔에서 하루 묵고 가게 하면 지역에도 유동 인구가 많아지게 된다. 그렇게 지역에 묵는 시간이 많아지면 지역에 대한 편견도 사라지게 되고 그 지역의 좋은 점도 찾아보게 된다. 가수뿐이 아니다. 그 지역 출신 연예인들이나 유명 인사들이 노년에 그 지역에서 시간을 보낼 수 있도록 해보자. 그렇게 해서 다채로운 문화 상품을 만들어 보는 것이다.

'올망졸망' 지역 축제들을 통합하라

지역에 축제들이 있다. 참 요란하다. 전국을 다녀 보라. 각 기초단체마다 축제가 없는 곳이 없을 정도다. 문제는 너무 올망졸망하다. 2022년에만 총 944개 축제가 열렸다고 한다. 경남 121개, 경기도 112개, 충남 107개, 강원도 104개, 전남 98개, 경북 77개, 전북 75개, 부산 51개, 제주 41개, 대구 38개, 충북 29개, 서울 24개, 울산 21개, 대전 18개, 인천 17개, 광주 7개, 세종 4개 등이다. 물론 지자체가 축제를 개최하고 안 하고는 자유다. 전주만 해도 축제가 무려 10개다. 전주국제영화제, 전주 재즈페스티벌, 전주한지문화축제, 세계문화주간, 전주대사습놀이 전국대회, 전주 단오 행사, 전주얼티밋뮤직페스티벌, 전주비빔밥축제, 서학동갤

러리길 미술축제(쿤스트서학), 얼굴없는천사축제 등이다. 이상의 축제들은 전주시민들도 다 기억하지 못할 것 같다. 전북도민들은 말할 것도 없다. 자신이 사는 지역의 축제들을 알지 못하는데 타 지역 사람들이 그 지역 축제들을 알아줄 수는 없을 것이다. 시즌 별로 두세 개로 통합해 운영하는 것이 나을 듯하다. 전주뿐이 아니다. 전북은 전주를 중심으로 기초단체들 대부분이 한 시간 정도 운전하면 갈 수 있는 거리에 위치한다. 미국으로 치면 전북 전체가 '카운티(county)' 두 개 정도 크기라고 볼 수 있다. 그렇게 협소한 지역에 75개의 축제가 난립하고 있다는 것은 약간 민망하다. 그리고 흥행을 위해서도 결코 유리하지 못하다. 지자체가 정말 흥행을 생각한다면 그렇게 할 리가 없다. 그럼 왜 그렇게 할까? 조용한 시골에서 떠들썩하게 뭐라도 해야 지자체장이 생색을 낼 수 있기 때문이다. 그렇게 생색을 내면 각종 선거에서 효과가 있다.

그나마 전북에서 가장 역사가 오래된 축제는 남원의 춘향제로 알려져 있다. 전북을 몇 개 권역으로 쪼개고 따로 묶어서 축제들을 통합해 운영하면 흥행을 기대해 볼 수 있다. 예를 들면, 남원 장수 임실 순창 등을 묶어서 남원에서 춘향제를 하는 기간에 다른 지역에서도 동시에 지역 특색에 따라 축제를 같이하면 시너지 효과를 기대해 볼 수 있다. 그와 함께 규모를 키워야 한다. 그래야만 관광객에게 관심 끌 수 있고 그들이 해당 지역을 방문한 다음에도 기억에 남을 것이다. 지금처럼 올망졸망한 모습으로 소규모 축제들이 난립해 각자도생식 경쟁을 펼쳐봐야 관심을 끌지도 못할 뿐 아니라 오히려 민망한 모습으로 인해 편견만 남길 수 있다. 그렇게 올망졸망한 축제를 통해 이득을 얻는 이들만 이득을 얻어 가는 구조다. 그 이득도 알고 보면 대부분 근원은 지원금 또는 보조금 등일 것이다. 그렇게 해서는 지역 브랜드가 될 수 없다.

지역은 브랜드 가치를 만들어야 한다. 남원시도 춘향제를 이태리의 '로

미오와 쥴리엣' 마을처럼 육성해야 한다. 그렇게 하기 위해선 남원시 홀로 준비하는 것보다 전라북도와 연계할 필요가 있다. 광역단체에서 기초단체별로 경쟁력 있는 브랜드를 발굴하여 적극적으로 나서서 육성하고 규모를 키워야 관광객들을 유인할 수 있다. 지금 지역을 다녀 보면 산이고 강이고 유원지는 대개 비슷한 모습이다. 즉, 그 모습이 그 모습이다. 차별점이 별로 없다. 과거와 달라진 것이 있다면 전국적으로 출렁다리와 케이블카가 좀 더 많아졌다는 사실이다.

기초단체들이 앞다투어 출렁다리를 만들고 케이블카를 놓으면 출렁다리와 케이블카 자체가 관광 상품이 될 수 없다는 딜레마에 직면한다. 차별성이 사라지기 때문이다. 하지만 각 기초단체는 그렇게 영세하게나마 운영하는 것이 운영하지 않는 것보다 유리하다고 여길 것이다. 전형적인 내쉬 경쟁 상황이다. 다른 기초단체들과 '전략적 대체관계'에 있다고 생각하기 때문이다. 하지만 진정 발전을 위한다면 '전략적 보완관계'라고 봐야 할 것이다. 어느 한 기초단체의 브랜드가 확실한 성공을 거두면 인근 지자체들에도 이득이 돌아가게 된다. 따라서 '전략적 보완관계'가 맞다.

현수막을 걷어치워라

현수막은 '플랑카드'를 말한다. 중앙에는 언론 플레이가 있지만 지방에는 '플랑카드' 플레이가 있다고 말할 수 있다. '플랑카드'가 아니라 '플래카드'가 맞는 표기이다. 표기가 잘못된 것도 있지만 실제로는 '배너(banner)'라고 해야 정확하다. 현수막이라고 하면 더 쉽다. 앞서 언급했지만 지방에서는 출향 인사가 출세를 하면 현수막을 내거는 풍습이 있다. 지방뿐이 아니다. 한국은 어디를 가도 현수막이 주렁주렁 내걸려 있는 풍경을 쉽게 찾아 볼 수 있다. 그 현수막들을 보면 어느 동네 누가 어떻게 출세했는지를 쉽게 알 수 있다. 꼭 출세가 아니어도 좋다. 누군가가 어떤 대회에 입상하거나 대학 입시에서 성공해도 현수막을 내건다. 그런데 그 양이 엄청나다. 제작 업체가 따로 있다. 업체가 디자인을 해주기도 하고 의뢰인이 그렇게 요구하기도 한다. 지자체가 현수막 게시대를 설치해놓고 돈을 받아 현수막을 게시해 주는 경우도 있다. 법적으로 해당 게시대 외의 장소에 거는 현수막은 모조리 불법이고 철거 대상이다. 불법 현수막은 흔하고 흔하다. 넘쳐난다. 불법 현수막들이 너무 많아서 지자체가 불법 현수막을 수거하는 사람을 돈을 주고 고용하는 실정이라고 한다. 그럴수록 불법 현수막을 거는 이들도 요령이 늘어난다. 법망에 걸리지 않게 현수막을 슬쩍 걸었다가 걸리기 전에 철거하는 방법도 있다. 게릴라 현수막이라고 한다. 분양 광고업체들이 이 수법을 많이 사용한다고 한다. 이런 게릴라 현수막을 이용해 광고를 한다. 전문 업체는 의뢰인인 고객에게 잘못하면 과태료를 물 수 있다고 경고한다. 하지만 과태료는 법적으로 불법 현수막의 관리자와 설치자 모두에게 부과할 수 있다고 한다. 불법 현수막은 위치 선정만 잘하면 광고 효과가 상당하다고 입소문이 난 탓에 없어지지 않는다.

지자체가 알아야 할 것이 있다. 그러한 불법 현수막들 자체가 공해다. 지자체 이미지를 더 나빠지게 할 수도 있다. 오래전에 설치된 현수막들이 철거되지 않고 방치되는 경우도 많다. 현수막은 서울에도 많다. 전국 어디를 가도 넘쳐난다. 이런 상황에서 지자체가 모색해야 할 것은 차별화이다. 현실은 녹록지 않다. 아쉽게도 지자체가 차별화할 수 있는 것은 많지 않다. 작은 것에서부터 시작해야 한다. 전국에 현수막들이 넘쳐날 때 어느 한 지자체가 나서서 현수막을 모두 걷어내면 깨끗한 도시 이미지를 줄 수 있다. 광고 목적으로 걸린 현수막들은 시야를 가로막아 눈살을 찌푸리게 하기도 하고 아름다운 풍경도 가린다. 그 지역 이미지를 나쁘게 하는 요인으로 작용한다. 전국 유원지에 현수막을 당장 걷어내면 훨씬 아름다운 풍경이 눈에 들어오게 된다. 당장 시도해 볼 수도 있다. 그렇게 어렵지도 않다. 지자체장 권한을 통해 지자체 내에 모든 현수막을 일거에 걷어내는 것이다. 예상되는 것은 현수막 제작 업체들의 반발이다. 하지만 그들에게 다른 사업 거리를 찾도록 유도할 수도 있다.

현수막은 환경도 오염시킨다. 특히 선거가 끝나고 나면 지방 구석구석에 현수막들이 넘쳐난다. 그러한 현수막들은 모두 일회용품에 가깝다. 매해 막대한 양이 폐기되고 있다. 재활용을 고민하고 있지만 쉽지 않다. 폐기되는 현수막들 때문에 환경오염도 심각하다. 현수막은 대개 플라스틱이 포함된 합성섬유로 만들어진다. 썩지도 않고 소각 과정에서 환경오염 물질들이 많이 나온다. 미국, 유럽 등 선진국에서 현수막을 쉽게 찾아볼 수 없는 이유이기도 하다. 한국의 공직선거법은 선거용 현수막의 게시 기간, 규격, 수량 등을 제한하는 규정이 있다. 하지만 해외에는 이런 규정조차 존재하지 않는 경우가 많다. 선거전에서 현수막을 사용하고 있지 않고 현수막을 사용해 홍보하면 오히려 역효과가 나기 때문이다. 자원 낭비와 환경오염 문제를 생각해서라도 현수막 사용을 규제할 필요가 있다. 지자체가 차별화를 위해 현수막 사용을 원천적으로 금지하는 것도 고려해 볼 만하다. 좋은 풍경을 가로막지 않아서 좋고 환경오염도 막을 수 있어서 좋다. 그리고 무엇보다 방문객들에게 좋은 이미지를 줄 수 있다.

지금 지방은 '주목 끌기' 투쟁이 한창이다. 주목하게 만들어야 생존할 수 있다는 식이다. 광고와 홍보에 열을 올리는 지자체가 많다. 방송도 신문도 심지어는 SNS에도 지자체를 광고하고 있다. 수도권에 가보면 지역을 선전하는 옥외 광고가 눈에 많이 띈다. 지역을 방문해 달라고 광고를 하는 것이다. 얼마나 사람이 안 오길래 그렇게까지 전투적으로 광고할 생각을 할까 싶지만 현실이다. 하지만 실효성이 있느냐를 따져 볼 필요가 있다. 광고를 보고 그 지역에 찾아간다면 대개 관광 목적일 것이다. 관광 목적이라면 그렇게 옥외 광고를 보고 가기보다는 인터넷 검색을 해보고 갈 것이다. 옥외 광고가 비용에 비해 그렇게 실효적이지 못한 이유다. 지방 대학들도 수도권에서 옥외 광고를 하고 있다. 비용도 비용이지만 대학이 그렇게 옥외 광고해서 입학을 호소할 정도라면 그건 오히려 좋지 못한 '신호'가 될 수밖에 없다. 대학 '간판'이 그토록 중요한 한국에서 그렇게 옥외 광고를 보고 쉽사리 대학을 결정할 것 같지 않다. 그러한 광고들이 지자체와 지방 대학의 전략 부재 상황을 노출하는 것일 수도 있다.

기회발전특구; 법인세 소득세 감면

2022년 윤석열 정부가 들어서면서 지방에 파격적인 세제 혜택을 약속했다. 지방으로 이전하는 기업과 개인에게 소득세 법인세 감면 등 파격적인 세제 혜택을 주는 '기회발전특구(ODZ·Opportunity and Development Zone)' 제도를 추진한다고 한다. 현재 지역균형발전특별위원장은 김병준 전 장관이다. 그는 '지방자치 살리기'에 관한 책도 쓴 바 있다. 그는 '지역 균형발전과 국정과제'를 발표하면서 "어디에 살든 균등한 기회를 누리는 공정과 자율, 희망의 지방시대를 열겠다"고 포부를 밝혔다.

윤석열 정부는 지방에 '기회발전특구'를 조성하기로 했다. 지방으로 이전하는 기업들에 파격적인 세제 지원과 규제 특례를 약속하고 있다. 특구로 이전하는 기업들에 대해 양도소득세를 감면하고 창업자들에 대해선 증여세를 감면하기로 했다. 그리고 취득세와 재산세 감면 혜택도 누릴 수 있도록 했다. 특구 내에서 기업을 운영하는 단계에서 법인세와 소득세를 감면해주기로 했다. 또한 특구 내에서 자산을 처분하는 단계에서는 양도세, 법인세, 그리고 상속세 등을 감면해주기로 했다. 각종 규제 완화도 추진되고 있다. 언론 보도에 따르면 김 위원장은 '이곳(특구)에서 기업하기 좋은 환경을 만들기 위해 중앙정부의 기존 201개 법률의 규제를 유예 및 면제하고, 각 지방정부의 차별화된 규제 특례를 적용할 것'이라며 밝히고 있다. 김 위원장은 지역 균형발전을 여러 비전들 제시하고 있다. 주요 내용들을 보면 '진정한 지역 주도 균형발전', '혁신 성장 기반 강화를 통한 일자리 창출', '지역 고유 특성 극대화' 등이다. 하지만 공공기관 이전을 통해 교훈을 얻을 수 있었듯이 기관이 지역에 내려간다고 지역이 발전하는 것이 아니다. 지금 전국적으로 혁신도시들을 건설하고 공공기관을 대부분 이전했다. 하지만 그 효과들은 미미한 실정이다. 이미 언급했지만 혁신도시가 아니라 유령도시다. 이유는 간단하다. 건물은 지역에 위치하고 있지만 사람들 마음은 여전히 서울에 있기 때문이다.

지방으로 이전해 간 공공기관의 직원들이 그 지역에서 가족들과 정착할 수 있도록 유인을 제공해야 비로소 혁신도시 본래의 취지를 살릴 수 있을 것이다. 기회특구도 마찬가지일 것이다. 아무리 기업이 이전한다고 해도 직원들이 가족들은 수도권에 두고 홀로 내려가 원룸에서 생활하면 기업 이전의 의미가 퇴색될 수밖에 없다. 지역 도시들이 성장하기 위해서는 인적 자본이 필요하다. 그 인적 자본을 끌어들이기 위해 유인책을 제시해야 하는데 세제 혜택이 가장 효과가 뚜렷할 것으로 보인다. 즉, 지역에 있는 공공기관 종사자들 사기업 직원들에 대해 소득세를 감면해 준다거나 세금 공제를 해주면 직접적인 효과가 있을 수 있다. 생각해 보자. 수도권에 거주하면 잘 갖추어진 인프라 때문에 많은 혜택을 누릴 수 있다. 따라서 그 인프라를 포기하고 지역에 내려가도록 유인하기 위해서는 반드시 그 인프라를 포기한 만큼보다 더 많은 혜택을 줘야 할 것이다. 지금 방식으로는 혜택을 주기는커녕 지방 이주를 위해 오히려 비용이 발생하는 격이니 어느 누구도 지방 이주를 생각하기 어렵다. 최소한 수도권 인프라를 포기한 만큼이라도 보상을 해줘야 수도권 사람들이 지방 이주를 모색할 것이라는 결론에 도달하게 된다. 답은 세제 혜택이다. 혁신도시 공공기관 종사자와 그 가족들이 모두 그 지역에 거주하면 소득세를 감면해 주고 지역의 전문직 종사자들에게도 소득세 감면 혜택을 주는 것이다. 기업들이 지방으로 이전해 가면 법인세를 감면해 주는 것도 좋은 방법이다. 상속세를 감면해주는 것도 생각해볼 수 있다. 중요한 것은 분명한 유인 요소가 있어야 한다는 점이다.

참고문헌

강준만 (2015), '지방 식민지 독립선언', 개마고원

구혜란 (2019), '우울한 청년, 불안한 장년의 나라', 한국사회학, 서울대 아시아 연구소

김병준 (2002), '지방자치 살리기', 한울

김영세 '게임이론: 전략과 정보의 경제학', 박영사

경향신문 (2010), '서울, 세계 최악의 도시 3위?', 2010년 1월 6일자 기사

마강래 (2018), '지방분권이 지방을 망친다', 개마고원

이양승 (2021), '와일드 게임이론', 박영사

에드워드 글레이져 (2021, 이진원 역), '도시의 승리', 해냄

아서 코넌 도일 (2021, 조미영 편역), '너도밤나무 집', 느낌이있는책

이사벨라 버드 비숍 (2002, 신복룡 역), '조선과 그 이웃 나라들', 집문당

로버트 쉴러 (2014, 이강국 역), '비이성적 과열', 알에이치코리아

로버트 쉴러와 조지 애커로프 (2009, 김태훈 역), '야성적 충동', 랜덤하우스코리아

대런 애쓰모글루, 제임스 A. 로빈슨 (2012, 최완규 역), '국가는 왜 실패하는가?', 시공사

대런 애쓰모글루, 제임스 A. 로빈슨 (2020, 장경덕 역), '좁은 회랑', 시공사

제임스 윌슨과 조지 켈링(1982), '깨진 유리창(Broken Windows)', 월간지 '아틀란틱(Atlantic)', 3월

브루스 커밍스 (2001, 이교선, 한기욱, 김동노, 이진준 역), '한국 현대사, 창비

1956년 찰스 티보(Charles Tiebout)

리처드 플로리다(2018, 안종희 역), '도시는 왜 불평등한가', 매일경제신문사

그레고리 헨더슨 (2021, 이종삼 박행웅 역), '소용돌이의 한국정치', 한울

Harold Hotelling (1929), 'Stability in Competition', Economic Journal, 39(153), 41-57

Charles M. Tiebout (1956), 'A Pure Theory of Local Expendi-tures', Journal of Political Economy, 64(5), 416-424

통계청(2022) '2021년 국내인구이동 결과'